LE PEUPLE — NOS FILS

IMPRIMERIE E. FLAMMARION, 26, RUE RACINE, PARIS.

ŒUVRES COMPLÈTES DE J. MICHELET

LE PEUPLE

NOS FILS

ÉDITION DÉFINITIVE, REVUE ET CORRIGÉE

PARIS
ERNEST FLAMMARION, ÉDITEUR
26, RUE RACINE, PRÈS L'ODÉON

Tous droits réservés.

LE PEUPLE

INTRODUCTION

A M. EDGAR QUINET

Ce livre est plus qu'un livre ; c'est moi-même. Voilà pourquoi il vous appartient.

C'est moi et c'est vous, mon ami, j'ose le dire. Vous l'avez remarqué avec raison, nos pensées, communiquées ou non, concordent toujours. Nous vivons du même cœur... Belle harmonie qui peut surprendre ; mais n'est-elle pas naturelle? Toute la variété de nos travaux a germé d'une même racine vivante : « Le sentiment de la France et l'idée de la Patrie. »

Recevez-le donc, ce livre du Peuple, parce qu'il est vous, parce qu'il est moi. Par vos origines militaires, par la mienne, industrielle, nous représentons nous-mêmes, autant que d'autres peut-être, les deux faces modernes du Peuple, et son récent avènement.

Ce livre je l'ai fait de moi-même, de ma vie, et de mon cœur. Il est sorti de mon expérience, bien plus que de mon étude. Je l'ai tiré de mon observation, de mes rapports d'amitié, de voisinage; je l'ai ramassé sur les routes; le hasard aime à servir celui qui suit toujours une même pensée. Enfin, je l'ai trouvé surtout dans les souvenirs de ma jeunesse. Pour connaître la vie du peuple, ses travaux, ses souffrances, il me suffisait d'interroger mes souvenirs.

Car, moi aussi, mon ami, j'ai travaillé de mes mains. Le vrai nom de l'homme moderne, celui de *travailleur*, je le mérite en plus d'un sens. Avant de faire des livres, j'en ai *composé* matériellement; j'ai assemblé des lettres avant d'assembler des idées, je n'ignore pas les mélancolies de l'atelier, l'ennui des longues heures...

Triste époque! c'étaient les dernières années de l'Empire; tout semblait périr à la fois pour moi, la famille, la fortune et la patrie.

Ce que j'ai de meilleur, sans nul doute, je le dois à ces épreuves; le peu que vaut l'homme et l'historien, il faut le leur rapporter. J'en ai gardé surtout un sentiment profond du peuple, la pleine connaissance du trésor qui est en lui : *la vertu du sacrifice*, le tendre ressouvenir des âmes d'or que j'ai connues dans les plus humbles conditions.

Il ne faut point s'étonner si, connaissant autant que personne les précédents historiques de ce peuple, d'autre part ayant moi-même partagé sa vie, j'éprouve, quand on me parle de lui, un besoin exigeant de vérité. Lorsque le progrès de mon *Histoire* m'a conduit à m'occuper des questions actuelles, et que j'ai jeté les yeux sur les livres où elles sont agitées, j'avoue que j'ai été surpris de les trouver presque tous en contradiction avec mes souvenirs. Alors, j'ai fermé les livres, et je me suis replacé dans le peuple autant qu'il m'était possible; l'écrivain solitaire s'est replongé dans la foule, il en a écouté les bruits, noté les voix... C'était bien le même peuple, les changements sont extérieurs; ma mémoire ne me trompait point... J'allai donc consultant les hommes, les entendant eux-mêmes sur leur propre sort, recueillant de leur bouche ce qu'on ne trouve pas toujours dans les plus brillants écrivains, les paroles du bon sens.

Cette enquête, commencée à Lyon, il y a environ dix ans, je l'ai suivie dans d'autres villes, étudiant en même temps auprès des hommes pratiques, des esprits les plus positifs, la véritable situation des campagnes si négligées de nos économistes. Tout ce que j'amassai ainsi de renseignements nouveaux qui ne sont dans aucun livre, c'est ce qu'on aurait peine à croire. Après la conversation des hommes de génie et des savants très spéciaux, celle du peuple est certainement la plus instructive. Si l'on ne peut causer avec Béranger, Lamennais ou Lamartine, il faut s'en aller dans les champs et causer avec un paysan. Qu'apprendre avec ceux du milieu? Pour les salons, je n'en suis sorti jamais sans trouver mon cœur diminué et refroidi.

Mes études variées d'histoire m'avaient révélé des faits du plus grand intérêt que taisent les historiens, les phases par exemple et les alternatives de la petite propriété avant la Révolution. Mon enquête *sur le vif* m'apprit de même beaucoup de choses qui ne sont point dans les statistiques. J'en citerai une, que l'on trouvera peut-être indifférente, mais qui pour moi est importante, digne de toute attention. C'est l'immense acquisition du linge de coton qu'ont faite les ménages pauvres vers 1842, quoique les salaires aient baissé, ou tout au moins diminué de valeur par la diminution naturelle du prix de l'argent. Ce fait, grave en lui-même, comme progrès dans la propreté qui tient à tant d'autres vertus, l'est plus encore en ce qu'il prouve une fixité croissante dans le ménage et la famille, l'influence surtout de la femme qui, gagnant peu par elle-même, ne peut faire cette dépense qu'en y appliquant une partie du salaire de l'homme. La femme, dans ces ménages, c'est l'économie, l'ordre, la providence. Toute influence qu'elle gagne, est un progrès dans la moralité[1].

Cet exemple n'était pas sans utilité pour montrer combien les documents recueillis dans les statistiques et autres ouvrages d'économie, en les supposant exacts, sont insuffisants pour faire comprendre le

---

1. Cette prodigieuse acquisition de linge dont tous les fabricants peuvent témoigner fait supposer aussi quelque acquisition de meubles et objets de ménage. Il ne faut pas s'étonner si les caisses d'épargne reçoivent moins de l'ouvrier que du domestique. Celui-ci n'achète point de meubles, et peu de nippes ; il trouve bien moyen de se faire nipper par ses maîtres. Il ne faut pas mesurer, comme on fait, le progrès de l'économie à celui des caisses d'épargne, ni croire que tout ce qui n'y va pas se boit, se mange au cabaret. Il semble que la famille, je parle surtout de la femme, ait voulu avant tout rendre propre, attachant, agréable, le petit intérieur qui dispense d'y aller. De là aussi le goût des fleurs qui descend aujourd'hui dans des classes voisines de la pauvreté.

peuple ; ils donnent des résultats partiels, artificiels, pris sous un angle étroit, qui prête aux malentendus.

Les écrivains, les artistes, dont les procédés sont directement contraires à ces méthodes abstraites, semblaient devoir porter dans l'étude du peuple le sentiment de la vie. Plusieurs d'entre eux, des plus éminents, ont abordé ce grand sujet, et le talent ne leur a pas fait défaut ; les succès ont été immenses. L'Europe, depuis longtemps peu inventive, reçoit avec avidité les produits de notre littérature. Les Anglais ne font plus guère que des articles de revues. Quant aux livres allemands, qui les lit, sinon l'Allemagne ?

Il importerait d'examiner si ces livres français qui ont tant de popularité en Europe, tant d'autorité, représentent vraiment la France, s'ils n'en ont pas montré certaines faces exceptionnelles, très défavorables, si ces peintures où l'on ne trouve guère que nos vices et nos laideurs, n'ont pas fait à notre pays un tort immense près des nations étrangères. Le talent, la bonne foi des auteurs, la libéralité connue de leurs principes, donnaient à leurs paroles un poids accablant. Le monde a reçu leurs livres comme un jugement terrible de la France sur elle-même.

La France a cela de grave contre elle, qu'elle se montre nue aux nations. Les autres, en quelque sorte, restent vêtues, habillées. L'Allemagne, l'Angleterre même, avec toutes ses enquêtes, toute sa publicité, sont en comparaison peu connues ; elles ne peuvent se voir elles-mêmes, n'étant point centralisées.

Ce qu'on remarque le mieux sur une personne qui est nue, c'est telle ou telle partie qui sera défectueuse. Le défaut d'abord saute aux yeux. Que serait-ce, si une main obligeante plaçait sur ce défaut même un verre grossissant qui le rendrait colossal, qui l'illuminerait d'un jour terrible, impitoyable, au point que les accidents les plus naturels de la peau ressortiraient à l'œil effrayé!

Voilà précisément ce qui est arrivé à la France. Ses défauts incontestables, que l'activité infinie, le choc des intérêts, des idées, expliquent suffisamment, ont grossi sous la main de ses puissants écrivains, et sont devenus des monstres. Et voilà que l'Europe tout à l'heure la voit comme un monstre elle-même.

Rien n'a mieux servi, dans le monde politique, *l'entente des honnêtes gens*. Toutes les aristocraties, anglaise, russe, allemande, n'ont besoin que de montrer une chose en témoignage contre elle : les tableaux qu'elle fait d'elle-même par la main de ses grands écrivains, la plupart amis du peuple et partisans du progrès. Le peuple qu'on peint ainsi, n'est-ce pas l'effroi du monde? Y a-t-il assez d'armées, de forteresses, pour le cerner, le surveiller, jusqu'à ce qu'un moment favorable se présente pour l'accabler?

Des romans classiques, immortels, révélant les tragédies domestiques des classes riches et aisées, ont établi solidement dans la pensée de l'Europe, qu'il n'y a plus de famille en France.

D'autres, d'un grand talent, d'une fantasmagorie terrible, ont donné pour la vie commune de nos villes celle d'un point où la police concentre sous sa main les repris de justice et les forçats libérés.

Un peintre de genre, admirable par le génie du détail, s'amuse à peindre un horrible cabaret de campagne, une taverne de valetaille et de voleurs, et sous cette ébauche hideuse, il écrit hardiment un mot qui est le nom de la plupart des habitants de la France.

L'Europe lit avidement, elle admire, et reconnaît tel ou tel petit détail. D'un accident minime, dont elle sent la vérité, elle en conclut facilement la vérité du tout.

Nul peuple ne résisterait à une telle épreuve. Cette manie singulière de se dénigrer soi-même, d'étaler ses plaies et comme d'aller chercher la honte, serait mortelle à la longue. Beaucoup, je le sais, maudissent ainsi le présent, pour hâter un meilleur avenir; ils exagèrent les maux pour nous faire jouir plus vite de la félicité que leurs théories nous préparent[1].

---

1. Philosophes, socialistes, politiques, tous semblent d'accord aujourd'hui pour amoindrir dans l'esprit du peuple l'idée de la France. Grand danger! Songez donc que ce peuple plus qu'aucun autre est, dans toute l'excellence et la force du terme, une *vraie société*. Isolez-le de son idée sociale, il redevient très faible. La France de la Révolution, qui fut sa gloire, sa foi, tous les gouvernements lui disent, depuis cinquante ans, qu'elle fut un désordre, un non-sens, une pure négation. La Révolution, d'autre part, avait biffé l'ancienne France, dit au peuple que rien, dans son passé, ne méritait un souvenir. L'ancienne a disparu de sa mémoire, la nouvelle a pâli. Il n'a pas tenu aux politiques que le peuple ne devînt table rase, ne s'oubliât lui-même.

Comment ne serait-il pas faible dans ce moment? Il s'ignore; on fait tout pour qu'il perde le sens de la belle unité qui fut sa vie; on lui ôte son âme. Son âme fut le sens de la France, comme grande fraternité d'hommes vivants, comme société glorieuse avec nos Français des vieux âges. Il les contient ces âges, il les porte, les sent obscurément qui se meuvent, et il ne peut les reconnaître; on ne lui dit pas ce que c'est que cette grande voix basse qui

Prenez garde, pourtant, prenez garde. Ce jeu-là est dangereux. L'Europe ne s'informe guère de toutes ces habiletés. Si nous nous disons méprisables, elle pourra bien nous croire. L'Italie avait encore une grande force au seizième siècle. Le pays de Michel-Ange et de Christophe Colomb ne manquait pas d'énergie. Mais lorsqu'elle se fut proclamée misérable, infâme, par la voix de Machiavel, le monde la prit au mot, et marcha dessus.

Nous ne sommes pas l'Italie, grâce à Dieu, et le jour où le monde s'entendrait pour venir voir de près la France, serait salué par nos soldats comme le plus beau de leurs jours.

Qu'il suffise aux nations de bien savoir que ce peuple n'est nullement conforme à ses prétendus portraits. Ce n'est pas que nos grands peintres aient été toujours infidèles ; mais ils ont peint généralement des détails exceptionnels, des accidents, tout au plus, dans chaque genre, la minorité, le second côté des choses. Les grandes faces leur paraissaient trop connues, triviales, vulgaires. Il leur fallait des effets, et ils les ont cherchés souvent dans ce qui s'écartait de la vie normale. Nés de l'agitation, de l'émeute, pour ainsi dire, ils ont eu la force orageuse, la passion, la touche vraie, parfois aussi bien

souvent, comme un sourd retentissement d'orgue dans une cathédrale, se fait entendre en lui.

Hommes de réflexion et d'études, artistes, écrivains, nous avons un devoir saint et sacré envers le peuple. C'est de laisser là nos tristes paradoxes, nos jeux d'esprit, qui n'ont pas peu aidé les politiques à lui cacher la France, à lui en obscurcir l'idée, lui faire mépriser sa patrie.

que fine et forte ; — généralement, il leur a manqué le sens de la grande harmonie.

Les romantiques avaient cru que l'art était surtout dans le laid. Ceux-ci ont cru que les effets d'art les plus infaillibles étaient dans le laid moral. L'amour errant leur a semblé plus poétique que la famille, et le vol que le travail, et le bagne que l'atelier. S'ils étaient descendus eux-mêmes, par leurs souffrances personnelles, dans les profondes réalités de la vie de cette époque, ils auraient vu que la famille, le travail, la plus humble vie du peuple, ont d'eux-mêmes une poésie sainte. La sentir et la montrer, ce n'est point l'affaire du machiniste ; il n'y faut multiplier les accidents de théâtre. Seulement, il faut des yeux faits à cette douce lumière, des yeux pour voir dans l'obscur, dans le petit et dans l'humble, et le cœur aussi aide à voir dans ces recoins du foyer et ces ombres de Rembrandt.

Dès que nos grands écrivains ont regardé là, ils ont été admirables. Mais généralement, ils ont détourné les yeux vers le fantastique, le violent, le bizarre, l'exceptionnel. Ils n'ont daigné avertir qu'ils peignaient l'exception. Les lecteurs, surtout étrangers, ont cru qu'ils peignaient la règle. Ils ont dit : « Ce peuple est tel. »

Et moi, qui en suis sorti, moi qui ai vécu avec lui, travaillé, souffert avec lui, qui plus qu'un autre ai acheté le droit de dire que je le connais, je viens poser contre tous la personnalité du peuple.

Cette personnalité, je ne l'ai point prise à la surface dans ses aspects pittoresques ou dramatiques ; je ne l'ai point vue du dehors, mais expérimentée au dedans. Et, dans cette expérience même, plus d'une chose intime du peuple, qu'il a en lui sans la comprendre, je l'ai comprise, pourquoi ? Parce que je pouvais la suivre dans ses origines historiques, la voir venir du fond du temps. Celui qui veut s'en tenir au présent, à l'actuel, ne comprendra pas l'actuel. Celui qui se contente de voir l'extérieur, de peindre la forme, ne saura pas même la voir : pour la voir avec justesse, pour la traduire fidèlement, il faut savoir ce qu'elle couvre ; nulle peinture sans anatomie.

Ce n'est pas dans ce petit livre que je puis enseigner une telle science. Il me suffit de donner, en supprimant tout détail de méthode, d'érudition, de travail préparatoire, quelques observations essentielles dans l'état de nos mœurs, quelques résultats généraux.

Un mot seulement ici :

Le trait éminent, capital, qui m'a toujours frappé le plus, dans ma longue étude du peuple, c'est que, parmi les désordres de l'abandon, les vices de la misère, j'y trouvais une richesse de sentiment et une bonté de cœur très rares dans les classes riches. Tout le monde, au reste, a pu l'observer ; à l'époque du choléra, qui a adopté les enfants orphelins ? les pauvres.

La faculté du dévouement, la puissance du sacrifice, c'est, je l'avoue, ma mesure pour classer les hommes. Celui qui l'a au plus haut degré est plus près de l'héroïsme. Les supériorités de l'esprit, qui résultent en partie de la culture, ne peuvent jamais entrer en balance avec cette faculté souveraine.

A ceci on fait ordinairement une réponse : « Les gens du peuple sont généralement peu prévoyants ; ils suivent un instinct de bonté, l'aveugle élan d'un bon cœur, parce qu'ils ne devinent point tout ce qu'il en pourra coûter. » L'observation fût-elle juste, elle ne détruit nullement ce qu'on peut observer aussi du dévouement persévérant, du sacrifice infatigable dont les familles laborieuses donnent si souvent l'exemple, dévouement qui ne s'épuise même pas dans l'entière immolation d'une vie, mais se continue souvent de l'une à l'autre, pendant plusieurs générations.

J'aurais ici de belles histoires à raconter, et nombreuses. Je ne le puis. La tentation est pourtant forte pour moi, mon ami, de vous en dire une seule, celle de ma propre famille. Vous ne la savez pas encore ; nous causons plus souvent de matières philosophiques ou politiques que de détails personnels. Je cède à cette tentation. C'est pour moi une rare occasion de reconnaître les sacrifices persévérants, héroïques, que ma famille m'a faits, et de remercier mes parents, gens modestes, dont quelques-uns ont enfoui dans l'obscurité des dons supérieurs, et n'ont voulu vivre qu'en moi.

Les deux familles dont je procède, l'une picarde et

l'autre ardennaise, étaient originairement des familles de paysans qui mêlaient à la culture un peu d'industrie. Ces familles étant fort nombreuses (douze enfants, dix-neuf enfants), une grande partie des frères et des sœurs de mon père et de ma mère ne voulurent pas se marier pour faciliter l'éducation de quelques-uns des garçons que l'on mettait au collège. Premier sacrifice que je dois noter.

Dans ma famille maternelle particulièrement, les sœurs, toutes remarquables par l'économie, le sérieux, l'austérité, se faisaient les humbles servantes de messieurs leurs frères, et pour suffire à leurs dépenses elles s'enterraient au village. Plusieurs cependant, sans culture et dans cette solitude sur la lisière des bois, n'en avaient pas moins une très fine fleur d'esprit. J'en ai entendu une, bien âgée, qui contait les anciennes histoires de la frontière aussi bien que Walter Scott. Ce qui leur était commun, c'était une extrême netteté d'esprit et de raisonnement. Il y avait force prêtres dans les cousins et parents, des prêtres de diverses sortes, mondains, fanatiques; mais ils ne dominaient point. Nos judicieuses et sévères demoiselles ne leur donnaient la moindre prise. Elles racontaient volontiers qu'un de nos grands-oncles (du nom de Michaud? ou Paillart?) avait été brûlé jadis pour avoir fait certain livre.

Le père de mon père qui était maître de musique à Laon, ramassa sa petite épargne après la Terreur, et vint à Paris, où mon père était employé à l'imprimerie des assignats. Au lieu d'acheter de la terre, comme faisaient alors tant d'autres, il confia ce qu'il avait à la fortune de mon père, son fils aîné, et mit le tout dans une imprimerie au hasard de la Révolution. Un frère, une sœur de mon père, ne se marièrent point, pour faciliter l'arrangement, mais mon père se maria; il épousa une de ces sérieuses demoiselles ardennaises dont je parlais tout à l'heure. Je naquis en 1798, dans le chœur d'une église de religieuses, occupée alors par notre imprimerie; occupée, et non profanée; qu'est-ce que la Presse, au temps moderne, sinon l'arche sainte?

Cette imprimerie prospéra d'abord, alimentée par les débats de nos assemblées, par les nouvelles des armées, par l'ardente vie de ce temps. Vers 1800, elle fut frappée par la grande suppression des journaux. On ne permit à mon père qu'un journal ecclésiastique, et l'entreprise commencée avec beaucoup de dépenses, l'autorisation fut brusquement retirée, pour être donnée à un prêtre que Napoléon croyait sûr, et qui le trahit bientôt.

On sait comment ce grand homme fut puni par les prêtres mêmes d'avoir cru le sacre de Rome meilleur que celui de la France. Il vit clair en 1810. Sur qui tomba son courroux?... sur la Presse; il la frappa de seize décrets en deux ans. Mon père, à demi ruiné par lui au profit des prêtres, le fut alors tout à fait en expiation de leur faute.

Un matin, nous recevons la visite d'un Monsieur plus poli que ne l'étaient généralement les agents impériaux, lequel nous apprend que S. M. l'Empereur a réduit le nombre des imprimeurs à soixante ; les plus gros sont conservés, *les petits sont supprimés*, mais avec bonne indemnité, à peu près sur le pied de quatre sols pour quatre francs. Nous étions de ces petits : se résigner, mourir de faim, il n'y avait rien de plus à faire. Cependant, nous avions des dettes. L'Empereur ne nous donnait pas de sursis contre les Juifs, comme il l'avait fait pour l'Alsace. Nous ne trouvâmes qu'un moyen ; c'était d'imprimer pour nos créanciers quelques ouvrages qui appartenaient à mon père. Nous n'avions plus d'ouvriers, nous fîmes ce travail nous-mêmes. Mon père qui vaquait aux affaires du dehors, ne pouvait nous y aider. Ma mère, malade, se fit brocheuse, coupa, plia. Moi, enfant, je composai. Mon grand-père, très faible et vieux, se mit au dur ouvrage de la presse, et il imprima de ses mains tremblantes.

Ces livres que nous imprimions, et qui se vendaient assez bien, contrastaient singulièrement par leur futilité avec ces années tragiques d'immenses destructions. Ce n'était que petit esprit, petits jeux, amusements de société, charades, acrostiches. Il n'y avait là rien pour nourrir l'âme du jeune compositeur. Mais, justement, la sécheresse, le vide de ces tristes productions me laissaient d'autant plus libre. Jamais, je crois, je n'ai tant voyagé d'imagination que pendant que j'étais immobile à cette casse. Plus mes romans personnels s'animaient dans mon esprit, plus ma main était rapide, plus la lettre se levait vite... J'ai compris dès lors que les travaux manuels qui n'exigent ni délicatesse extrême, ni grand emploi de la force, ne sont nullement des entraves pour l'imagination. J'ai connu plusieurs femmes distinguées qui disaient ne pouvoir bien penser, ni bien causer, qu'en faisant de la tapisserie.

J'avais douze ans, et ne savais rien encore, sauf quatre mots de latin, appris chez un vieux libraire, ex-magister de village, passionné pour la grammaire, homme de mœurs antiques, ardent révolutionnaire, qui n'en avait pas moins sauvé au péril de sa vie ces émigrés qu'il détestait. Il m'a laissé en mourant tout ce qu'il avait au monde, un manuscrit, une très remarquable grammaire, incomplète, n'ayant pu y consacrer que trente ou quarante années.

Très solitaire et très libre, laissé tout à fait sur ma foi par l'indulgence excessive de mes parents, j'étais tout imaginatif. J'avais lu quelques volumes qui m'étaient tombés sous la main, une Mythologie, un Boileau, quelques pages de l'*Imitation*.

Dans les embarras extrêmes, incessants, de ma famille, ma mère étant malade, mon père si occupé au dehors, je n'avais reçu encore aucune idée religieuse... Et voilà que dans ces pages j'aperçois tout à coup, au bout de ce triste monde, la délivrance de la mort, l'autre vie et l'espérance! La religion reçue ainsi, sans intermédiaire humain, fut très forte en moi. Elle me resta comme chose mienne, chose libre, vivante, si mêlée à ma vie qu'elle s'alimenta de tout, se fortifiant sur la route d'une foule de choses tendres et saintes, dans l'art et dans la poésie, qu'à tort on lui croit étrangères.

Comment dire l'état de rêve où me jetèrent ces premières paroles de l'*Imitation?* Je ne lisais pas, j'entendais... comme si cette voix douce et paternelle se fût adressée à moi-même... Je vois encore la grande chambre froide et démeublée, elle me parut vraiment éclairée d'une lueur mystérieuse... Je ne pus aller bien loin dans ce livre, ne comprenant pas le Christ, mais je sentis Dieu.

Ma plus forte impression d'enfance, après celle-là, c'est le Musée des monuments français, si malheureusement détruit. C'est là, et nulle autre part, que j'ai reçu d'abord la vive impression de l'histoire. Je remplissais ces tombeaux de mon imagination, je sentais ces morts à travers les marbres, et ce n'était pas sans quelque terreur que j'entrais sous les voûtes basses où dormaient Dagobert, Chilpéric et Frédégonde.

Le lieu de mon travail, notre atelier, n'était guère moins sombre. Pendant quelque temps, ce fut une cave, cave pour le boulevard où nous demeurions, rez-de-chaussée pour la rue basse. J'y avais pour compagnie, parfois mon grand-père, quand il y venait, mais toujours, très assidûment, une araignée laborieuse qui travaillait près de moi, et plus que moi, à coup sûr.

Parmi des privations fort dures et bien au delà de ce que supportent les ouvriers ordinaires, j'avais des compensations : la douceur de mes parents, leur foi dans mon avenir, inexplicable vraiment, quand on songe combien j'étais peu avancé. J'avais, sauf les nécessités du travail, une extrême indépendance, dont je n'abusai jamais. J'étais apprenti, mais sans contact avec des gens grossiers, dont la brutalité aurait peut-être brisé en moi cette fleur de liberté. Le matin, avant le travail, j'allais chez mon vieux grammairien, qui me donnait cinq ou six lignes de devoir. J'en ai retenu ceci, que la quantité du travail y faisait bien moins qu'on ne croit; les enfants n'en prennent jamais qu'un peu tous les jours; c'est comme un vase dont l'entrée est étroite; versez peu, versez beaucoup, il n'y entrera jamais beaucoup à la fois.

Malgré mon incapacité musicale, qui désolait mon grand-père, j'étais très sensible à l'harmonie majestueuse et royale du latin; cette grandiose mélodie italique me rendait comme un rayon du soleil méridional. J'étais né, comme une herbe sans soleil, entre deux pavés de Paris. Cette chaleur d'un autre climat opéra si bien sur moi, qu'avant de rien savoir de la quantité, du rythme savant des langues antiques, j'avais cherché et trouvé dans mes thèmes des mélodies romano-rustiques, comme les *proses* du Moyen-âge. Un enfant, pour peu qu'il soit libre, suit précisément la route que suivent les peuples enfants.

Sauf les souffrances de la pauvreté, très grandes pour moi l'hiver, cette époque, mêlée de travail manuel, de latin et d'amitié (j'eus un instant un ami et j'en parle dans ce livre), est très douce à mon souvenir. Riche d'enfance, d'imagination, d'amour peut-être déjà, je n'enviais rien à personne. Je l'ai dit :

l'homme de lui-même ne saurait point l'envie, il faut qu'on la lui apprenne.

Cependant, tout s'assombrit. Ma mère devient plus malade, la France aussi (Moscou!... 1813!...) L'indemnité est épuisée. Dans notre extrême pénurie, un ami de mon père lui propose de me faire entrer à l'Imprimerie impériale. Grande tentation pour mes parents! D'autres n'auraient pas hésité. Mais la foi avait toujours été grande dans notre famille : d'abord la foi dans mon père, à qui tous s'étaient immolés; puis la foi en moi; moi, je devais tout réparer, tout sauver...

Si mes parents, obéissant à la raison, m'avaient fait ouvrier, et s'étaient sauvés eux-mêmes, aurais-je été perdu, moi? Non, je vois parmi les ouvriers des hommes de grand mérite, qui pour l'esprit valent bien les gens de lettres, et mieux pour le caractère... Mais enfin, quelles difficultés aurais-je rencontrées! quelle lutte contre le manque de tous les moyens! contre la fatalité du temps!... Mon père sans ressources et ma mère malade décidèrent que j'étudierais, quoi qu'il arrivât.

Notre situation pressait. Ne sachant ni vers ni grec, j'entrai en troisième au collège de Charlemagne. Mon embarras, on le comprend, n'ayant nul maître pour m'aider. Ma mère, si ferme jusque-là, se désespéra et pleura. Mon père se mit à faire des vers latins, lui qui n'en avait fait jamais.

Le meilleur encore pour moi, dans ce terrible passage de la solitude à la foule, de la nuit au jour, c'était sans contredit le professeur, M. Andrieu d'Alba, homme de cœur, homme de Dieu. Le pis, c'étaient les camarades. J'étais justement au milieu d'eux, comme un hibou en plein jour, tout effarouché. Ils me trouvaient ridicule, et je crois maintenant qu'ils avaient raison. J'attribuais alors leurs risées à ma mise, à ma pauvreté. Je commençai à m'apercevoir d'une chose : Que j'étais pauvre.

Je crus tous les riches mauvais, tous les hommes ; je n'en voyais guère qui ne fussent plus riches que moi. Je tombai dans une misanthropie rare chez les enfants. Dans le quartier le plus désert de Paris, le Marais, je cherchais les rues désertes... Toutefois, dans cette antipathie excessive pour l'espèce humaine, il restait ceci de bon : Je n'avais aucune envie.

Mon charme le plus grand, qui me remettait le cœur, c'était le dimanche ou le jeudi, de lire deux, trois fois de suite un chant de Virgile, un livre d'Horace. Peu à peu, je les retenais ; du reste, je n'ai jamais pu apprendre une seule leçon par cœur.

Je me rappelle que dans ce malheur accompli, privations du présent, craintes de l'avenir, l'ennemi étant à deux pas (1814!), et mes ennemis à moi se moquant de moi tous les jours, un jour, un jeudi matin, je me ramassai sur moi-même : sans feu (la neige couvrait tout), ne sachant pas trop si le pain viendrait le soir, tout semblait finir pour moi, — j'eus en moi, sans nul mélange d'espérance religieuse, un pur sentiment stoïcien, — je frappai de ma main, crevée par le froid, sur ma table de chêne (que j'ai toujours conservée), et sentis une joie virile de jeunesse et d'avenir.

Qu'est-ce que je craindrais maintenant, mon ami, dites-le-moi? moi, qui suis mort tant de fois, en moi-même, et dans l'histoire. — Et qu'est-ce que je désirerais?... Dieu m'a donné, par l'histoire, de participer à toute chose.

La vie n'a sur moi qu'une prise, celle que j'ai ressentie le 12 février dernier, environ trente ans après. Je me retrouvais dans un jour semblable, également couvert de neige, en face de la même table. Une chose me monta au cœur : « Tu as chaud, les autres ont froid... cela n'est pas juste... Oh! qui me soulagera de la dure inégalité? » Alors, regardant celle de mes mains qui depuis 1813 a gardé la trace du froid, je me dis pour me consoler : « Si tu travaillais avec le peuple, tu ne travaillerais pas pour lui... Va donc, si tu donnes à la patrie son histoire, je t'absoudrai d'être heureux. »

Je reviens. Ma foi n'était pas absurde; elle se fondait sur la volonté. Je croyais à l'avenir, parce que je le faisais moi-même. Mes études finirent bien et vite[1]. J'eus le bonheur, à la sortie, d'échapper aux deux influences qui perdaient les jeunes gens, celle de l'école doctrinaire, majestueuse et stérile, et la littérature industrielle, dont la librairie, à peine ressuscitée, accueillait alors facilement les plus malheureux essais.

---

[1]. Je dus beaucoup aux encouragements de mes illustres professeurs, MM. Villemain et Leclerc. Je me rappellerai toujours que M. Villemain, après la lecture d'un devoir qui lui avait plu, descendit de sa chaire, et vint avec un mouvement de sensibilité charmante s'asseoir sur mon banc d'élève, à côté de moi.

Je ne voulus point vivre de ma plume. Je voulus un vrai métier; je pris celui que mes études me facilitaient, l'enseignement. Je pensai dès lors, comme Rousseau, que la littérature doit être la chose réservée, le beau luxe de la vie, la fleur intérieure de l'âme. C'était un grand bonheur pour moi lorsque, dans la matinée, j'avais donné mes leçons, de rentrer dans mon faubourg, près du Père-Lachaise, et là paresseusement de lire tout le jour les poètes, Homère, Sophocle, Théocrite, parfois les historiens. Un de mes anciens camarades et de mes plus chers amis, M. Poret, faisait les mêmes lectures, dont nous conférions ensemble, dans nos longues promenades au bois de Vincennes.

Cette vie insoucieuse ne dura guère moins de dix ans, pendant lesquels je ne me doutais pas que je dusse écrire jamais. J'enseignais concurremment les langues, la philosophie et l'histoire. En 1821, le concours m'avait fait professeur dans un collège. En 1827, deux ouvrages qui parurent en même temps, mon *Vico* et mon *Précis d'histoire moderne*, me firent professeur à l'École normale[1].

L'enseignement me servit beaucoup. La terrible épreuve du collège avait changé mon caractère, m'avait comme serré et fermé, rendu timide et défiant. Marié jeune, et vivant dans une grande solitude, je désirais de moins en moins la société des hommes. Celle que

---

1. Je l'ai quittée à regret en 1837, lorsque l'influence éclectique y fut dominante. En 1838, l'Institut et le Collège de France m'ayant également élu pour leur candidat, j'obtins la chaire que j'occupe.

je trouvai dans mes élèves, à l'École normale et ailleurs, rouvrit mon cœur, le dilata. Ces jeunes générations, aimables et confiantes, qui croyaient en moi, me réconcilièrent à l'humanité. J'étais touché, attristé souvent aussi, de les voir se succéder devant moi si rapidement. A peine m'attachais-je, que déjà ils s'éloignaient. Les voilà tous dispersés, et plusieurs (si jeunes!) sont morts. Peu m'ont oublié; pour moi, vivants ou morts, je ne les oublierai jamais.

Ils m'ont rendu, sans le savoir, un service immense. Si j'avais, comme historien, un mérite spécial qui me soutînt à côté de mes illustres prédécesseurs, je le devrais à l'enseignement, qui pour moi fut l'amitié. Ces grands historiens ont été brillants, judicieux, profonds. Moi, j'ai aimé davantage.

J'ai souffert davantage aussi. Les épreuves de mon enfance me sont toujours présentes, j'ai gardé l'impression du travail, d'une vie âpre et laborieuse, je suis resté peuple.

Je le disais tout à l'heure, j'ai crû comme une herbe entre deux pavés, mais cette herbe a gardé sa sève, autant que celle des Alpes. Mon désert dans Paris même, ma libre étude et mon libre enseignement (toujours libre et partout le même) m'ont agrandi, sans me changer. Presque toujours, ceux qui montent y perdent, parce qu'ils se transforment; ils deviennent mixtes, bâtards; ils perdent l'originalité de leur classe, sans gagner celle d'une autre. Le difficile n'est pas de monter, mais, en montant, de rester soi.

Souvent aujourd'hui l'on compare l'ascension du

peuple, son progrès, à l'invasion des *Barbares*. Le mot me plaît, je l'accepte... *Barbares!* Oui, c'est-à-dire pleins d'une sève nouvelle, vivante et rajeunissante ; *Barbares*, c'est-à-dire voyageurs en marche vers la Rome de l'avenir, allant lentement, sans doute, chaque génération avançant un peu, faisant halte dans la mort; mais d'autres n'en continuent pas moins.

Nous avons, nous autres Barbares, un avantage naturel; si les classes supérieures ont la culture, nous avons bien plus de chaleur vitale. Elles n'ont ni le travail fort, ni l'intensité, l'âpreté, la conscience dans le travail. Leurs élégants écrivains, vrais enfants gâtés du monde, semblent glisser sur les nues, ou bien, fièrement excentriques, ils ne daignent regarder la terre; comment la féconderaient-ils ? Elle demande, cette terre, à boire la sueur de l'homme, à s'empreindre de sa chaleur et de sa vertu vivante. Nos Barbares lui prodiguent tout cela, elle les aime. Eux, ils aiment infiniment, et trop, se donnant parfois au détail, avec la sainte gaucherie d'Albert Dürer, ou le poli excessif de Jean-Jacques, qui ne cache pas assez l'art; par ce détail minutieux ils compromettent l'ensemble. Il ne faut pas trop les blâmer : c'est l'excès de la volonté, la surabondance d'amour, parfois le luxe de sève; cette sève, mal dirigée, tourmentée, se fait tort à elle-même, elle veut tout donner à la fois, les feuilles, les fruits et les fleurs, elle courbe et tord les rameaux.

Ces défauts des grands travailleurs se trouvent souvent dans mes livres, qui n'ont pas leurs qualités. N'importe! ceux qui arrivent ainsi, avec la sève du peuple, n'en apportent pas moins dans l'art un degré nouveau de vie et de rajeunissement, tout au moins un grand effort. Ils posent ordinairement le but plus haut, plus loin, que les autres, consultant peu leurs forces, mais plutôt leur cœur. Que ce soit là ma part dans l'avenir, d'avoir, non pas atteint, mais marqué le but de l'histoire, de l'avoir nommée d'un nom que personne n'avait dit. Thierry l'appelait *narration* et M. Guizot *analyse*. Je l'ai nommée *résurrection* et ce nom lui restera.

Qui serait plus sévère que moi, si je faisais la critique de mes livres! le public m'a trop bien traité. Celui que je donne aujourd'hui, croit-on que je ne voie pas combien il est imparfait?... « Pourquoi, alors, publiez-vous? Vous avez donc à cela un grand intérêt? »

Un intérêt?... Plusieurs, comme vous allez voir. D'abord, j'y perds plusieurs de mes amitiés. Puis, je sors d'une position tranquille, toute conforme à mes goûts. J'ajourne mon grand livre, le monument de ma vie.

— Pour entrer dans la vie publique apparemment?
— Jamais. Je me suis jugé! Je n'ai ni la santé, ni le talent, ni le maniement des hommes.

— Pourquoi donc alors...? — Si vous voulez le savoir absolument, je vous le dirai.

Je parle, parce que personne ne parlerait à ma place. Non qu'il n'y ait une foule d'hommes plus capables de le faire, mais tous sont aigris, tous haïssent. Moi, j'aimais encore... Peut-être aussi savais-je mieux les précédents de la France; je vivais de sa grande vie éternelle, et non de la situation. J'étais plus vivant de sympathies, plus mort d'intérêts ; j'arrivais aux questions avec le désintéressement des morts.

Je souffrais d'ailleurs bien plus qu'un autre du divorce déplorable que l'on tâche de produire entre les hommes, entre les classes, moi qui les ai tous en moi.

La situation de la France est si grave qu'il n'y avait pas moyen d'hésiter. Je ne m'exagère pas ce que peut un livre; mais il s'agit du devoir, et nullement du pouvoir.

Eh bien! je vois la France baisser d'heure en heure, s'abîmer comme une Atlantide. Pendant que nous sommes là, à nous quereller, ce pays enfonce.

Qui ne voit, d'Orient et d'Occident, une ombre de mort peser sur l'Europe, et que chaque jour il y a moins de soleil, et que l'Italie a péri, et que l'Irlande a péri, et que la Pologne a péri... Et que l'Allemagne veut périr!... O Allemagne, Allemagne!...

Si la France mourait de mort naturelle, si les temps étaient venus, je me résignerais peut-être, je ferais comme le voyageur sur un vaisseau qui va sombrer, je m'envelopperais la tête, et me remettrais à Dieu... Mais la situation n'est pas du tout celle-là, et c'est là ce qui m'indigne : notre ruine est absurde, ridicule, elle ne vient que de nous. Qui a une littérature, qui domine encore la pensée européenne? Nous, tout affaiblis que nous sommes. Qui a une armée? Nous seuls.

L'Angleterre et la Russie, deux géants faibles et bouffis, font illusion à l'Europe. Grands Empires, et faibles peuples!... Que la France soit une, un instant; elle est forte comme le monde.

La première chose, c'est qu'avant la crise[1], nous nous reconnaissions bien, et que nous n'ayons pas, comme en 1792, comme en 1815, à changer de front, de manœuvre et de système en présence de l'ennemi.

La seconde chose, c'est que nous nous fiions à la France, et point du tout à l'Europe.

Ici, chacun va chercher ses amis ailleurs[2], le politique à Londres, le philosophe à Berlin; le communiste dit : Nos frères les Chartistes. — Le paysan seul a gardé la tradition du salut; un Prussien pour lui est un Prussien, un Anglais est un Anglais. — Son bon sens a eu raison, contre vous tous, humanitaires! La Prusse, votre amie, et l'Angleterre, votre amie, ont bu l'autre jour à la France la santé de Waterloo.

Enfants, enfants, je vous le dis : Montez sur une

---

1. Je n'ai jamais vu dans l'histoire une paix de trente années. — Les banquiers qui n'ont prévu aucune révolution (pas même celle de Juillet que plusieurs d'entre eux travaillaient), répondent que rien ne bougera en Europe. La première raison qu'ils en donnent, c'est que *la paix profite au monde*. Au monde, oui, et peu à nous; les autres courent et nous marchons; nous serons dans peu à la queue. Deuxièmement, disent-ils, *la guerre ne peut commencer qu'avec un emprunt, et nous ne l'accorderons pas*. Mais, si on la commence avec un trésor, comme la Russie en fait un, si la guerre nourrit la guerre, comme au temps de Napoléon, etc., etc.

2. Prenez un Allemand, un Anglais au hasard, le plus libéral, parlez-lui de liberté, il répondra liberté. Et puis tâchez un peu de voir comment ils l'entendent. Vous vous apercevrez alors que ce mot a autant de sens qu'il y a de nations, que le démocrate allemand, anglais, sont aristocrates au cœur, que la barrière des nationalités que vous croyez effacée, reste presque entière. Tous ces gens que vous croyez si près, sont à cinq cents lieues de vous.

montagne, pourvu qu'elle soit assez haute; regardez aux quatre vents, vous ne verrez qu'ennemis.

Tâchez donc de vous entendre. La paix perpétuelle que quelques-uns vous promettent (pendant que les arsenaux fument!... voyez cette noire fumée sur Cronstadt et sur Portsmouth), essayons, cette paix, de la commencer entre nous. Nous sommes divisés sans doute, mais l'Europe nous croit plus divisés que nous ne sommes. Voilà ce qui l'enhardit. Ce que nous avons de dur à nous dire, disons-le, versons notre cœur, ne cachons rien des maux, et cherchons bien les remèdes.

Un peuple! une patrie! une France!... Ne devenons jamais deux nations, je vous prie.

Sans l'unité, nous périssons. Comment ne le sentez-vous pas?

Français, de toute condition, de toute classe et de tout parti, retenez bien une chose, vous n'avez sur cette terre qu'un ami sûr, c'est la France. Vous aurez toujours, pardevant la coalition, toujours subsistante, des aristocraties, un crime, d'avoir, il y a cinquante ans, voulu délivrer le monde. Ils ne l'ont pas pardonné, et ne le pardonneront pas. Vous êtes toujours leur danger. Vous pouvez vous distinguer entre vous par différents noms de partis. Mais vous êtes, comme Français, condamnés d'ensemble. Pardevant l'Europe, la France, sachez-le, n'aura jamais qu'un seul nom, inexpiable, qui est son vrai nom éternel : La Révolution !

24 janvier 1846.

PREMIÈRE PARTIE

DU SERVAGE ET DE LA HAINE.

CHAPITRE PREMIER

Servitudes du paysan.

Si nous voulons connaître la pensée intime, la passion du paysan de France, cela est fort aisé. Promenons-nous le dimanche dans la campagne, suivons-le. Le voilà qui s'en va là-bas devant nous. Il est deux heures; sa femme est à vêpres; il est endimanché; je réponds qu'il va voir sa maîtresse.

Quelle maîtresse? Sa terre.

Je ne dis pas qu'il y aille tout droit. Non, il est libre ce jour-là, il est maître d'y aller ou de n'y pas aller. N'y va-t-il pas assez tous les jours de la semaine?... Aussi il se détourne, il va ailleurs, il a affaire ailleurs... Et pourtant, il y va.

Il est vrai qu'il passait bien près; c'était une occasion. Il la regarde, mais apparemment il n'y entrera pas; qu'y ferait-il?... Et pourtant il y entre.

Du moins, il est probable qu'il n'y travaillera pas; il est endimanché; il a blouse et chemise blanches. — Rien n'empêche cependant d'ôter quelque mauvaise herbe, de rejeter cette pierre. Il y a bien encore cette souche qui gêne, mais il n'a pas sa pioche, ce sera pour demain.

Alors, il croise ses bras et s'arrête, regarde, sérieux, soucieux. Il regarde longtemps, très longtemps, et semble s'oublier. A la fin, s'il se croit observé, s'il aperçoit un passant, il s'éloigne à pas lents. A trente pas encore, il s'arrête, se retourne, et jette sur sa terre un dernier regard, regard profond et sombre; mais pour qui sait bien voir, il est tout passionné, ce regard, tout de cœur, plein de dévotion.

Si ce n'est là l'amour, à quel signe donc le reconnaîtrez-vous en ce monde? C'est lui, n'en riez point... La terre le veut ainsi, pour produire; autrement, elle ne donnerait rien, cette pauvre terre de France, sans bestiaux presque et sans engrais. Elle rapporte, parce qu'elle est aimée.

La terre de France appartient à quinze ou vingt millions de paysans qui la cultivent; la terre d'Angleterre, à une aristocratie de trente-deux mille personnes qui la font cultiver [1].

---

[1]. Et sur ces trente-deux mille, douze mille sont des corporations de mainmorte. — Si l'on oppose à ceci qu'en Angleterre près de trois millions de personnes participent à la propriété foncière, c'est que ce nom outre les terres,

Les Anglais, n'ayant pas les mêmes racines dans le sol, émigrent où il y a profit. Ils disent *le pays ;* nous disons *la patrie*[1]. Chez nous, l'homme et la terre se tiennent, et ils ne se quitteront pas ; il y a entre eux légitime mariage, à la vie, à la mort. Le Français a épousé la France.

La France est une terre d'équité. Elle a généralement, en cas douteux, adjugé la terre à celui qui travaillait la terre[2]. L'Angleterre au contraire a prononcé pour le seigneur, chassé le paysan ; elle n'est plus cultivée que par des ouvriers.

Grave différence morale ! Que la propriété soit grande ou soit petite, elle relève le cœur. Tel qui ne se serait point respecté pour lui-même, se respecte et s'estime pour sa propriété. Ce sentiment ajoute au juste orgueil que donne à ce peuple son incomparable

---

désigne les maisons, et les petits terrains, cours, jardins d'agrément, qui sont joints aux maisons, surtout dans les localités industrielles.

1. Nos Anglais de France disent le *pays* pour éviter de dire la patrie. Voy. une page spirituelle et chaleureuse de M. Génin, *Des Variations du langage français,* p. 417.

2. C'est un des caractères spiritualistes de notre Révolution. L'homme et le travail de l'homme lui ont paru d'un prix inestimable et qu'on ne pouvait mettre en balance avec celui du fonds ; l'homme a emporté la terre. Et en Angleterre la terre a emporté l'homme. Dans les pays même qui ne sont nullement féodaux, mais organisés sur le principe du clan celtique, les légistes anglais ont appliqué la loi féodale dans la plus extrême rigueur, décidant que le seigneur n'était pas seulement suzerain, mais propriétaire. Ainsi Mme la duchesse de Sutherland s'est fait adjuger un comté d'Écosse plus grand que le département du Haut-Rhin, et en a chassé (de 1811 à 1820) trois mille familles, qui l'occupaient depuis qu'il y a une Écosse. La duchesse leur a fait donner une indemnité légère, que beaucoup n'ont pas acceptée. Lire le récit de cette belle opération, que nous devons à l'agent de la duchesse : James Loch, *Compte rendu des bonifications faites au domaine du marquis de Stafford,* in-8°, 1820. M. de Sismondi en donne l'analyse dans ses *Études d'économie politique,* 1837.

tradition militaire. Prenez au hasard dans cette foule un petit journalier qui possède un vingtième d'arpent, vous n'y trouverez point les sentiments du journalier, du mercenaire; c'est un propriétaire, un soldat (il l'a été, et le serait demain); son père fut de la *grande armée*.

La petite propriété n'est pas nouvelle en France. On se figure à tort qu'elle a été constituée dernièrement, dans une seule crise, qu'elle est un accident de la Révolution. Erreur. La Révolution trouva ce mouvement très avancé, et elle-même en sortait. En 1785, un excellent observateur, Arthur Young, s'étonne et s'effraie de voir ici la terre *tellement divisée*. En 1738, l'abbé de Saint-Pierre remarque qu'en France « *les journaliers ont presque tous un jardin ou quelque morceau de vigne ou de terre*[1]. » En 1697, Boisguilbert déplore la nécessité où les petits propriétaires se sont trouvés sous Louis XIV de vendre une grande partie des biens acquis aux seizième et dix-septième siècles.

Cette grande histoire, si peu connue, offre ce caractère singulier : aux temps les plus mauvais, aux moments de pauvreté universelle où le riche même est pauvre et vend par force, alors le pauvre se trouve en état d'acheter; nul acquéreur ne se présentant, le paysan en guenilles arrive avec sa pièce d'or, et il acquiert un bout de terre.

---

1. *Saint-Pierre*, t. X. p. 251 (Rotterdam). L'autorité de cet auteur peu grave, est grave ici, parce qu'il écrivait sur les renseignements qu'il avait demandés à plusieurs intendants.

Mystère étrange; il faut que cet homme ait un trésor caché... Et il en a un, en effet : le travail persistant, la sobriété et le jeûne. Dieu semble avoir donné pour patrimoine à cette indestructible race le don de travailler, de combattre, au besoin, sans manger, de vivre d'espérance, de gaieté courageuse.

Ces moments de désastre où le paysan a pu acquérir la terre à bon marché, ont toujours été suivis d'un élan subit de fécondité qu'on ne s'expliquait pas. Vers 1500, par exemple, quand la France épuisée par Louis XI semble achever sa ruine en Italie, la noblesse qui part est obligée de vendre; la terre, passant à de nouvelles mains, refleurit tout à coup; on travaille, on bâtit. Ce beau moment (dans le style de l'histoire monarchique) s'est appelé *le bon Louis XII*.

Il dure peu malheureusement. La terre est à peine remise en bon état, le fisc fond dessus; les guerres de religion arrivent qui semblent raser tout jusqu'au sol[1], misères horribles, famines atroces où les mères mangeaient leurs enfants !... Qui croirait que le pays se relève de là? Eh bien, la guerre finit à peine, de ce champ ravagé, de cette chaumière encore noire et brûlée, sort l'épargne du paysan. Il achète; en dix ans la France a changé de face; en vingt ou trente tous les biens ont doublé, triplé de valeur. Ce moment, encore baptisé d'un nom royal, s'appelle *le bon Henri IV* et le grand Richelieu.

Beau mouvement! quel cœur d'homme n'y pren-

---

1. Voir Fromenteau : *Le secret des finances de France* (1581), Preuves, surtout p. 397-398.

drait part! Et pourquoi donc faut-il qu'il s'arrête toujours, et que tant d'efforts, à peine récompensés, soient presque perdus?... Ces mots : *le pauvre épargne, le paysan achète*, ces simples mots qu'on dit si vite, sait-on bien tout ce qu'ils contiennent de travaux et de sacrifices, de mortelles privations? La sueur vient au front, quand on observe dans le détail les accidents divers, les succès et les chutes de cette lutte obstinée; quand on voit l'invincible effort dont cet homme misérable a saisi, lâché, repris la terre de France... Comme le pauvre naufragé qui touche le rivage, s'y attache, mais toujours le flot l'emporte en mer; il s'y reprend encore, et s'y déchire, et il n'en serre pas moins le roc de ses mains sanglantes.

Le mouvement, je suis obligé de le dire, se ralentit, ou s'arrêta, vers 1650. Les nobles qui avaient vendu, trouvèrent moyen de racheter à vil prix. Au moment où nos ministres italiens, un Mazarin, un Emeri, doublaient les taxes, les nobles qui remplissaient la cour, obtinrent aisément d'être exemptés, de sorte que le fardeau doublé tomba d'aplomb sur les épaules des faibles et des pauvres qui furent bien obligés de vendre ou donner cette terre à peine acquise, et de redevenir des mercenaires, fermiers, métayers, journaliers. Par quels incroyables efforts purent-ils, à travers les guerres et les banqueroutes du grand roi, du régent, garder ou reprendre les terres que nous avons vues plus haut se trouver dans leurs mains au dix-huitième siècle, c'est ce qu'on ne peut s'expliquer.

Je prie et je supplie ceux qui nous font des lois ou

les appliquent, de lire le détail de la funeste réaction de Mazarin et de Louis XIV dans les pages pleines d'indignation et de douleur où l'a consignée un grand citoyen, Pesant de Boisguilbert[1]. Puisse cette histoire les avertir, dans un moment où diverses influences travaillent à l'envi pour arrêter l'œuvre capitale de la France : l'acquisition de la terre par le travailleur.

Nos magistrats spécialement ont besoin de s'éclairer là-dessus, d'armer leur conscience; la ruse les assiège. Les grands propriétaires, tirés de leur apathie naturelle par les gens de loi, se sont jetés dernièrement dans mille procès injustes. Il s'est créé contre les communes, contre les petits propriétaires, une spécialité d'avocats antiquaires qui travaillent tous ensemble à fausser l'histoire pour tromper la justice. Ils savent que rarement les juges auront le temps d'examiner ces œuvres de mensonge. Ils savent que ceux qu'ils attaquent n'ont presque jamais de titres en règle. Les communes surtout les ont mal conservés, ou n'en ont jamais eu; pourquoi? Justement parce que leur droit est souvent très antique, et d'une époque où l'on se fiait à la tradition.

---

1. Grand citoyen, éloquent écrivain, esprit positif, qu'il ne faut pas confondre avec les utopistes de l'époque. On lui a attribué à tort l'idée de la *Dîme royale*. — Quoi de plus hardi que le commencement de son *Factum*, et en même temps, quoi de plus douloureux ? C'est le profond soupir de l'agonie de la France. Boisguilbert le publia en mars 1707, lorsque Vauban venait d'être condamné en février pour un livre bien moins hardi. Comment cet homme héroïque n'a-t-il pas encore une statue à Rouen, qui le reçut en triomphe au retour de son exil ?... (Réimprimé récemment dans la *Collection des économistes.*)

Dans tous les pays de frontière spécialement[1], les droits des pauvres gens sont d'autant plus sacrés que personne sans eux n'aurait habité des marches si dangereuses ; la terre eût été déserte, il n'y eût eu ni peuple ni culture. Et voilà qu'aujourd'hui, à une époque de paix et de sécurité, vous venez disputer la terre à ceux sans lesquels la terre n'existerait pas ! Vous demandez leurs titres ; ils sont enfouis ; ce sont les os de leurs aïeux qui ont gardé votre frontière, et qui en occupent encore la ligne sacrée.

Il est plus d'un pays en France où le cultivateur a sur la terre un droit qui certes est le premier de tous, celui de l'avoir faite. Je parle sans figure. Voyez ces rocs brûlés, ces arides sommets du Midi ; là, je vous prie, où serait la terre sans l'homme ? La propriété y est toute dans le propriétaire. Elle est dans le bras infatigable qui brise le caillou tout le jour, et mêle cette poussière d'un peu d'humus. Elle est dans la forte échine du vigneron qui, du bas de la côte, remonte toujours son champ qui s'écoule toujours. Elle est dans la docilité, dans l'ardeur patiente de la femme et de l'enfant qui tirent à la charrue avec un âne... Chose pénible à voir... Et la nature y compatit elle-même. Entre le roc et le roc, s'accroche la petite vigne. Le châtaignier, sans terre, se tient en serrant le pur caillou de ses racines, sobre

---

1. Ajoutez qu'au Moyen-âge, dans la division de tant de provinces, de seigneuries, de fiefs, qui forment comme autant d'États, *la frontière est partout.* Dans des temps même plus récents, la frontière anglaise était au centre de la France, en Poitou jusqu'au treizième siècle, en Limousin jusqu'au quatorzième siècle, etc.

et courageux végétal ; il semble vivre de l'air, et, comme son maître, produit tout en jeûnant[1].

Oui, l'homme fait la terre ; on peut le dire, même des pays moins pauvres. Ne l'oublions jamais, si nous voulons comprendre combien il l'aime et de quelle passion. Songeons que, des siècles durant, les générations ont mis là la sueur des vivants, les os des morts, leur épargne, leur nourriture... Cette terre, où l'homme a si longtemps déposé le meilleur de l'homme, son suc et sa substance, son effort, sa vertu, il sent bien que c'est une terre humaine, et il l'aime comme une personne.

Il l'aime ; pour l'acquérir, il consent à tout, même à ne plus la voir ; il émigre, il s'éloigne, s'il le faut, soutenu de cette pensée et de ce souvenir. A quoi supposez-vous que rêve, à votre porte, assis sur une borne, le commissionnaire savoyard ? il rêve au petit champ de seigle, au maigre pâturage qu'au retour

---

1. Je sentis tout cela lorsque au mois de mai 1844, allant de Nîmes au Puy, je traversais l'Ardèche, cette contrée si âpre où l'homme a créé tout. La nature l'avait faite affreuse ; grâce à lui, la voilà charmante ; charmante en mai, et même alors toujours un peu sévère, mais d'un charme moral d'autant plus touchant. Là on ne dira pas que le seigneur a donné la terre au vilain : il n'y avait pas de terre. Aussi, combien mon cœur était blessé de voir encore, sur les hauteurs, ces affreux donjons noirs qui ont levé tribut si longtemps sur un peuple si pauvre, si méritant, qui ne doit rien qu'à lui. Mes monuments à moi, ceux qui me reposaient les yeux, c'étaient dans la vallée les humbles maisons de pierre sèche, de cailloux entassés, où vit le paysan. Ces maisons sont fort sérieuses, tristes même avec leur petit jardin mal arrosé, indigent et maigret ; mais les arcades qui les portent, l'escalier à grandes marches, le perron spacieux sous les arcades, leur donnent beaucoup de style. Justement, c'était la grande récolte ; à ce beau moment de l'année, on travaillait la soie, le pauvre pays semblait riche ; chaque maison, sous la sombre arcade, montrait une jeune dévideuse, qui, tout en piétinant sur la pédale du dévidoir, souriait de ses jolies dents blanches et filait de l'or.

il achètera dans sa montagne. Il faut dix ans! n'importe[1]... L'Alsacien, pour avoir de la terre dans sept ans, vend sa vie, va mourir en Afrique[2]. Pour avoir quelques pieds de vigne, la femme de Bourgogne ôte son sein de la bouche de son enfant, met à la place un enfant étranger, sèvre le sien, trop jeune : « Tu vivras, dit le père, ou tu mourras, mon fils ; mais si tu vis, tu auras de la terre ! »

N'est-ce pas là une chose bien dure à dire, et presque impie?... Songeons-y bien avant de décider. « Tu auras de la terre », cela veut dire : « Tu ne seras point un mercenaire qu'on prend et qu'on renvoie demain ; tu ne seras point serf pour ta nourriture quotidienne, tu seras libre !... » Libre ! grande parole, qui contient en effet toute dignité humaine : nulle vertu sans la liberté.

Les poètes ont souvent parlé des attractions de l'eau, de ces dangereuses fascinations qui attiraient le pêcheur imprudent. Plus dangereuse, s'il se peut, est l'attraction de la terre. Grande ou petite, elle a cela d'étrange, et qui attire, qu'elle est toujours incomplète ; elle demande toujours *qu'on l'arrondisse.* Il y manque très peu, ce quartier seulement, ou moins encore, ce coin... Voilà la tentation : s'arrondir, acheter, emprunter. « Amasse, si tu peux, n'emprunte pas », dit la raison. Mais cela est trop long, la passion dit : « Emprunte ! » — Le propriétaire, homme timide,

---

1. Léon Faucher, *La colonie des Savoyards à Paris.* (*Revue des Deux Mondes,* nov. 1837, IV, 343.)
2. Voir plus bas, p. 48, note 2.

ne se soucie pas de prêter ; quoique le paysan lui montre une terre bien nette et qui jusque-là ne doit rien, il a peur que du sol ne surgissent (car nos lois sont telles) une femme, un pupille, dont les droits supérieurs emportent toute la valeur du gage. Donc, il n'ose prêter. — Qui prêtera? l'usurier du lieu, ou l'homme de loi qui a tous les papiers du paysan, qui connaît ses affaires mieux que lui, qui ne sait ne rien risquer, et qui voudra bien, d'amitié, lui prêter? non, lui faire prêter, à sept, à huit, à dix!

Prendra-t-il cet argent funeste? Rarement sa femme en est d'avis. Son grand-père, s'il le consultait, ne le lui conseillerait pas. Ses aïeux, nos vieux paysans de France, à coup sûr, ne l'auraient pas fait. Race humble et patiente, ils ne comptaient jamais que sur leur épargne personnelle, sur un sou qu'ils ôtaient à leur nourriture, sur la petite pièce que parfois ils sauvaient, au retour du marché, et qui la même nuit allait (comme on en trouve encore) dormir avec ses sœurs au fond d'un pot, enterré dans la cave.

Celui d'aujourd'hui n'est plus cet homme-là ; il a le cœur plus haut, il a été soldat. Les grandes choses qu'il a faites en ce siècle l'ont habitué à croire sans difficulté l'impossible. Cette acquisition de terre, pour lui, c'est un combat ; il y va comme à la charge, il ne reculera pas. C'est sa bataille d'Austerlitz ; il la gagnera, il y aura du mal, il le sait, il en a vu bien d'autres *sous l'Ancien.*

S'il a combattu d'un grand cœur, quand il n'y avait à gagner que des balles, croyez-vous qu'il y aille mollement ici, dans ce combat contre la terre? Suivez-le : avant jour, vous trouverez votre homme au travail, lui, les siens, sa femme qui vient d'accoucher, qui se traîne sur la terre humide. A midi, lorsque les rocs se fendent, lorsque le planteur fait reposer son nègre, le nègre volontaire ne se repose pas... Voyez sa nourriture, et comparez-la à celle de l'ouvrier ; celui-ci a mieux tous les jours que le paysan le dimanche.

Cet homme héroïque a cru, par la grandeur de sa volonté, pouvoir tout, jusqu'à supprimer le temps. Mais ici ce n'est pas comme en guerre ; le temps ne se supprime pas ; il pèse, la lutte dure et se prolonge entre l'usure que le temps accumule, et la force de l'homme qui baisse. La terre lui rapporte deux, l'usure demande huit, c'est-à-dire que l'usure combat contre lui comme quatre hommes contre un. Chaque année d'intérêt enlève quatre années de travail.

Étonnez-vous maintenant si ce Français, ce rieur, ce chanteur d'autrefois, ne rit plus aujourd'hui ! Étonnez-vous, si, le rencontrant sur cette terre qui le dévore, vous le trouvez si sombre... Vous passez, vous le saluez cordialement ; il ne veut pas vous voir, il enfonce son chapeau. Ne lui demandez pas le chemin ; il pourrait bien, s'il vous répond, vous faire tourner le dos au lieu où vous allez.

Ainsi le paysan s'isole, s'aigrit de plus en plus. Il a le cœur trop serré pour l'ouvrir à aucun sentiment de bienveillance. Il hait le riche, il hait son voisin, et le monde. Seul, dans cette misérable propriété, comme dans une île déserte, il devient un sauvage. Son insociabilité, née du sentiment de sa misère, la rend irrémédiable ; elle l'empêche de s'entendre avec ceux qui devraient être ses aides et amis naturels[1], les autres paysans ; il mourrait plutôt que de faire un pas vers eux. D'autre part, l'habitant des villes n'a garde d'approcher de cet homme farouche ; il en a presque peur : « Le paysan est méchant, haineux, il est capable de tout... Il n'y a pas de sûreté à être son voisin... » Ainsi, de plus en plus les gens aisés s'éloignent, ils passent quelque temps à la campagne, mais ils n'y habitent pas d'une manière fixe ; leur domicile est à la ville. Ils laissent le champ libre au banquier de village, à l'homme de loi, confesseur occulte de tous et qui gagne sur tous. « Je ne veux plus avoir affaire à ces gens-là, dit le propriétaire ; le notaire arrangera tout, je m'en rapporte à lui ; il comptera avec moi, et donnera, divisera, comme il voudra, le fermage. » Le notaire, dans plusieurs endroits, devient ainsi le seul fermier, l'unique intermédiaire entre le propriétaire riche et le laboureur. Grand malheur pour le paysan. Pour échapper au servage du propriétaire qui, généralement, savait attendre, et se laissait payer très longtemps de paroles, il a pris pour maître l'homme de loi, l'homme d'argent, qui ne connaît que l'échéance.

La malveillance du propriétaire ne manque guère

---

1. Je parlerai plus loin de l'association. Quant aux avantages et inconvénients économiques de la petite propriété, qui sont étrangers à mon sujet, voy. Gasparin, Passy, Dureau-Delamalle, etc.

d'être justifiée près de lui par les pieux personnages que reçoit sa femme. Le matérialisme du paysan est le texte ordinaire de leurs lamentations : « Age impie, disent-ils, race matérielle ! ces gens-là n'aiment que la terre ! c'est toute leur religion ! ils n'adorent que le fumier de leur champ !... » Malheureux pharisiens, si cette terre n'était que de la terre, ils ne l'achèteraient pas à ces prix insensés, elle n'entraînerait pas pour eux ces égarements, ces illusions. Vous, hommes de l'esprit et point matériels, on ne vous y prendrait pas ; vous calculez, à un franc près, ce que ce champ donne en blé ou en vin. Et lui, le paysan, il y ajoute un prix infini d'imagination ; c'est lui qui donne ici trop à l'esprit, lui qui est le poëte... Dans cette terre sale, infime, obscure, il voit distinctement reluire l'or de la liberté. La liberté, pour qui connaît les vices obligés de l'esclave, c'est *la vertu possible*. Une famille qui, de mercenaire devient propriétaire, se respecte, s'élève dans son estime, et la voilà changée ; elle récolte de sa terre une moisson de vertus. La sobriété du père, l'économie de la mère, le travail courageux du fils, la chasteté de la fille, tous ces fruits de la liberté, sont-ce là, je vous prie, des biens matériels, sont-ce des trésors que l'on peut payer trop cher[1] ?

---

[1]. Le paysan n'est pas quitte. Voici venir, après le prêtre, l'artiste pour le calomnier, l'artiste néo-catholique, cette race impuissante de pleureurs du Moyen-âge, qui ne sait autre chose que pleurer et copier... Pleurer les pierres, car pour les hommes, qu'ils meurent de faim s'ils veulent. Comme si le mérite de ces pierres n'était pas de rappeler l'homme et d'en porter l'empreinte. Le paysan, pour ce monde-là, n'est qu'un démolisseur. Tout vieux mur qu'il abat, toute pierre qu'a remuée la charrue, était une incomparable ruine.

Hommes du passé, qui vous dites les hommes de la foi, si vous l'êtes vraiment, reconnaissez que ce fut une foi celle qui, de nos jours, par le bras de ce peuple, défendit la liberté du monde contre le monde même. Ne parlez pas toujours, je vous prie, de chevalerie. Ce fut une chevalerie, et la plus fière, celle de nos paysans-soldats... On dit que la Révolution a supprimé la noblesse ; mais c'est tout le contraire, elle a fait trente-quatre millions de nobles... Un émigré opposait la gloire de ses ancêtres ; un paysan, qui avait gagné des batailles, répondit : « Je suis un ancêtre ! »

Ce peuple est noble, après ces grandes choses ; l'Europe est restée roturière. Mais cette noblesse, il faut que nous la défendions sérieusement : elle est en péril. Le paysan, devenant le serf de l'usurier, ne serait pas misérable seulement, il baisserait de cœur. Un triste débiteur, inquiet, tremblant, qui a peur de rencontrer son créancier et qui se cache, croyez-vous que cet homme-là garde beaucoup de courage ? Que serait-ce d'une race élevée ainsi, sous la terreur des juifs, et dont les émotions seraient celles de la contrainte, de la saisie, de l'expropriation ?

Il faut que les lois changent ; il faut que le droit subisse cette haute nécessité politique et morale.

Si vous étiez des Allemands, des Italiens, je vous dirais : « Consultez les légistes : vous n'avez rien à observer que les règles de l'équité civile. » — Mais vous êtes la France ; vous n'êtes pas une nation seulement, vous êtes un principe, un grand principe politique. Il faut le défendre à tout prix. Comme principe, il vous faut vivre. Vivez pour le salut du monde !

Au second rang par l'industrie, vous êtes au premier dans l'Europe par cette vaste et profonde légion de paysans-propriétaires-soldats, la plus forte base qu'aucune nation ait eue depuis l'Empire romain. C'est par là que la France est formidable au monde, et secourable aussi ; c'est là ce qu'il regarde avec crainte et espoir. Qu'est-ce en effet ? l'armée de l'avenir, au jour où viendront les Barbares.

Une chose rassure nos ennemis ; c'est que cette grande France muette qui est dessous, est depuis longtemps dominée par une petite France, bruyante et remuante. Nul gouvernement, depuis la Révolution, ne s'est préoccupé de l'intérêt agricole. L'industrie, sœur cadette de l'agriculture, a fait oublier son aînée. La Restauration favorisa la propriété, mais la grande propriété. Napoléon même, si cher au paysan et qui le comprit bien, commença par supprimer l'impôt du revenu qui atteignait le capitaliste et soulageait la terre ; il effaça les lois hypothécaires que la Révolution avait faites pour rapprocher l'argent du laboureur.

Aujourd'hui, le capitaliste et l'industriel gouvernent seuls. L'agriculture, qui compte pour moitié et plus dans nos recettes, n'obtient dans nos dépenses qu'un cent-huitième ! La théorie ne la traite guère mieux que l'administration ; elle s'inquiète surtout de l'industrie et des industriels. Plusieurs de nos économistes disent le *travailleur* pour dire l'*ouvrier*, oubliant seulement vingt-quatre millions de travailleurs agricoles.

Et cependant le paysan n'est pas seulement la partie la plus nombreuse de la nation, c'est la plus forte, la plus saine, et, en balançant bien le physique et le moral, au total la meilleure[1]. Dans l'affaiblissement des croyances qui le soutinrent jadis, abandonné à lui-même, entre la foi ancienne qu'il n'a plus et la lumière moderne qu'on ne lui donne pas, il garde pour soutien le sentiment national, la grande tradition militaire, quelque chose de l'honneur du soldat. Il est intéressé, âpre en affaires sans doute ; qui peut y trouver à dire, quand on sait ce qu'il souffre ?... Tel qu'il est, quoi qu'on puisse lui reprocher parfois, comparez-le, je vous en prie, dans la vie habituelle, à vos marchands qui mentent tout le jour, à la tourbe des manufactures.

Homme de la terre, et vivant tout en elle, il semble fait à son image. Comme elle, il est avide ; la terre ne dit jamais : Assez. Il est obstiné, autant qu'elle est ferme et persistante ; il est patient, à son exemple, et, non moins qu'elle, indestructible ; tout passe, et lui, il reste... Appelez-vous cela des défauts? Eh ! s'il ne les avait pas, depuis longtemps vous n'auriez plus de France.

Voulez-vous juger nos paysans? Regardez-les, au retour du service militaire ! vous voyez ces soldats

---

[1]. La population urbaine qui ne fait qu'un cinquième de la nation fournit les deux cinquièmes des accusés.

terribles, les premiers du monde, qui, revenant à peine d'Afrique, de la guerre des lions, se mettent doucement à travailler, entre leur sœur et leur mère, reprennent la vie paternelle d'épargne et de jeûne, ne font plus de guerre qu'à eux-mêmes. Vous les voyez, sans plainte, sans violence, chercher par les moyens les plus honorables l'accomplissement de l'œuvre sainte qui fait la force de la France : je veux dire le mariage de l'homme et de la terre.

La France tout entière, si elle avait le vrai sentiment de sa mission, aiderait à ceux qui continuent cette œuvre. Par quelle fatalité faut-il qu'elle s'arrête aujourd'hui dans leurs mains[1]!... Si la situation présente continuait, le paysan, loin d'acquérir, vendrait, comme il fit au milieu du dix-septième siècle, et redeviendrait mercenaire. Deux cents ans de perdus!... Ce ne serait pas là la chute d'une classe d'hommes, mais celle de la patrie.

Ils paient plus d'un demi-milliard à l'État chaque année! un milliard à l'usure! Est-ce tout? Non, la charge indirecte est peut-être aussi forte, celle que l'industrie impose au paysan par ses douanes, qui, repoussant les produits étrangers, empêchent aussi nos denrées de sortir.

---

1. Elle s'arrête, ou même recule. M. Hipp. Passy assure (*Mém. Acad. polit.*, II, 301) que de 1815 à 1835, le nombre des propriétaires, comparé a celui du reste de la population, *a diminué* de 2 1/2 pour 100 ou *d'un quarantième*. — Il part du recensement de 1815. Mais ce recensement est-il exact ? est-il plus sérieux que celui de 1826, que les tableaux du mouvement de la population au temps de l'Empire, etc. ? Voy. Villermé, *Journal des Économistes*, n° 42, mai 1845.

Ces hommes si laborieux sont les plus mal nourris. Point de viande ; nos éleveurs (qui sont au fond des industriels) empêchent l'agriculteur d'en manger[1], *dans l'intérêt de l'agriculture.* Le dernier ouvrier mange du pain blanc ; mais celui qui fait venir le blé, ne le mange que noir. Ils font le vin, et la ville le boit. Que dis-je ! le monde entier boit la joie à la coupe de la France, excepté le vigneron français[2].

L'industrie de nos villes a obtenu récemment un soulagement considérable, dont le poids retombe sur la terre, au moment où la petite industrie des campagnes, l'humble travail de la fileuse, est tué par la machine à lin.

Le paysan, perdant ainsi, une à une, ses industries, aujourd'hui le lin, demain la soie peut-être, a grand'peine à garder la terre ; elle lui échappe, et elle emporte avec elle tout ce qu'il y a mis d'années

---

1. Et qui lui vendent à si haut prix son unique vache et ses bœufs de labour. — Les éleveurs disent : Point d'agriculteurs sans engrais, ni d'engrais sans bestiaux. — Ils ont raison, mais contre eux-mêmes. Ne changeant rien et n'améliorant rien (sauf pour la production de luxe et les succès de gloriole), maintenant les prix élevés pour les qualités inférieures, ils empêchent tous les pays pauvres d'acheter les petits bestiaux qui leur conviennent, d'obtenir les engrais qui leur sont nécessaires ; l'homme et la terre, ne pouvant réparer leurs forces, languissent d'épuisement.

2. On se rappelle le calcul de Paul-Louis Courier, qui trouvait qu'au total l'arpent de vigne rapportait 150 francs au vigneron et 1,300 francs au fisc. Cela est exagéré. Mais, en récompense, il faut ajouter que cet arpent est aujourd'hui bien plus endetté qu'en 1820. — Point de métier plus pénible cependant ni qui mérite mieux son salaire. Traversez la Bourgogne au printemps ou à l'automne ; vous faites quarante lieues à travers un pays deux fois par an remué, bouleversé, déplanté, replanté d'échalas. Quel travail !... Et pour qu'à Bercy, à Rouen, ce produit qui a tant coûté, soit falsifié et déshonoré ; un art infâme calomnie la nature et la bonne liqueur ; le vin est aussi maltraité que le vigneron.

laborieuses, d'épargne, de sacrifices. C'est de sa vie elle-même qu'il est exproprié. S'il reste quelque chose, les spéculateurs l'en débarrassent ; il écoute, avec la crédulité du malheur, toutes les fables qu'ils débitent ; Alger produit le sucre et le café ; tout homme en Amérique gagne dix francs par jour ; il faut passer la mer ; qu'importe ? L'Alsacien croit, sur leur parole, que l'Océan n'est guère plus large que le Rhin [1].

Avant d'en venir là, avant de quitter la France, toute ressource sera employée. Le fils se vendra [2]. La fille se fera domestique. Le jeune enfant entrera

1. C'est ce qu'un Alsacien disait en propres termes à un de mes amis (septembre 1845). — Nos Alsaciens qui émigrent ainsi, vendent le peu qu'ils ont au départ ; le juif est là à point pour acheter. Les Allemands tâchent d'emporter leurs meubles ; ils voyagent en chariots, comme les Barbares qui émigrèrent dans l'Empire romain. Je me rappelle qu'en Souabe, dans un jour très chaud, très poudreux, je rencontrai un de ces chariots d'émigrants, plein de coffres, de meubles, d'effets entassés. Derrière, un tout petit chariot, attaché au grand, traînait un enfant de deux ans, d'aimable et douce figure. Il allait ainsi pleurant, sous la garde d'une petite sœur qui marchait auprès, sans pouvoir l'apaiser. Quelques femmes reprochant aux parents de laisser leur enfant derrière, le père fit descendre sa femme pour le reprendre. Ces gens me paraissaient tous deux abattus, presque insensibles, morts d'avance de misère ? ou de regrets ? Pourraient-ils arriver jamais ? cela n'était guère probable. Et l'enfant ? sa frêle voiture durerait-elle dans ce long voyage ? Je n'osais me le demander... Un seul membre de la famille me paraissait vivant, et me promettait de durer ; c'était un garçon de quatorze ans, qui, à ce moment même, enrayait pour une descente. Ce garçon à cheveux noirs, d'un sérieux passionné, semblait plein de force morale, d'ardeur : du moins, je le jugeai ainsi. Il se sentait déjà comme le chef de la famille, sa providence et chargé de sa sûreté. La vraie mère était la sœur, elle en remplissait le rôle. Le petit, pleurant dans son berceau, avait son rôle aussi et ce n'était pas le moins important : il était l'unité de la famille, le lien du frère et de la sœur, leur nourrisson commun ; en son petit chariot d'osier, il emportait le foyer et la patrie ; là devait toujours, s'il durait, jusque dans un monde inconnu, se retrouver la Souabe... Ah ! que de choses ils auront, ces enfants, à faire et à souffrir ! En regardant l'aîné, sa belle tête sérieuse, je le bénis de cœur, et le douai, autant qu'il était possible en moi.

2. On méprise trop ces remplaçants. M. Vivien qui, comme membre d'une

dans la manufacture voisine. La femme se placera comme nourrice dans la maison du bourgeois[1], ou prendra chez elle l'enfant du petit marchand, de l'ouvrier même.

L'ouvrier, pour peu qu'il gagne bien sa vie, est l'objet de l'envie du paysan. Lui qui appelle bourgeois le fabricant, il est un bourgeois pour l'homme de campagne. Celui-ci le voit le dimanche se promener vêtu comme un Monsieur. Attaché à la terre, il croit qu'un homme qui porte avec lui son métier, qui travaille sans s'inquiéter des saisons, de la gelée ni de la grêle, est libre comme l'oiseau. Il ignore et ne veut point voir les servitudes de l'homme d'industrie. Il en juge d'après le jeune ouvrier voyageur qu'il rencontre sur les routes, faisant son tour de France, qui gagne à chaque halte pour le séjour et le voyage, puis, reprenant sa longue canne de compagnonnage et le petit paquet, s'achemine vers une autre ville en chantant ses chansons.

commission de la Chambre, a fait une enquête à ce sujet, m'a fait l'honneur de me dire que leurs motifs étaient souvent très louables, venir en aide à la famille, acquérir une petite propriété, etc.

1. Aucun peintre de mœurs, romancier, socialiste, que je sache, n'a daigné nous parler de la nourrice. Il y a pourtant là une triste histoire qu'on ne connaît pas assez. On ne sait pas combien ces pauvres femmes sont exploitées et malmenées, d'abord par les voitures qui les transportent (souvent à peine accouchées), et ensuite par les bureaux qui les reçoivent. Prises comme nourrices *sur lieu*, il faut qu'elles renvoient leur enfant, qui souvent en meurt. Elles n'ont aucun traité avec la famille qui les loue, et peuvent être renvoyées au premier caprice de la mère, de la garde, du médecin ; si le changement d'air et de vie leur tarit le lait, elles sont renvoyées sans indemnité. Si elles restent, elles prennent ici les habitudes de l'aisance et souffrent infiniment quand il leur faut rentrer dans leur vie pauvre ; plusieurs se font domestiques pour ne plus quitter la ville, elles ne rejoignent plus leur mari, et la famille est rompue.

CHAPITRE II

Servitudes de l'ouvrier dépendant des machines.

« Que la ville est brillante ! que la campagne est triste et pauvre ! » Voilà ce que vous entendez dire aux paysans qui viennent voir la ville aux jours de fête. Ils ne savent pas que si la campagne est *pauvre*, la ville, avec tout son éclat, est peut-être plus *misérable*[1]. Peu de gens au reste font cette distinction.

Regardez, le dimanche, aux barrières ces deux foules qui vont en sens inverse, l'ouvrier vers la campagne, le paysan vers la ville. Entre ces deux mouvements qui semblent analogues, la différence est grande. Celui du paysan n'est pas une simple promenade : il admire tout à la ville, il désire tout, il y restera, s'il le peut.

Qu'il y regarde. La campagne, une fois quittée, on

---

1. Distinction posée fort nettement dans l'ouvrage de l'estimable (et regrettable!) M. Buret : *De la misère*, etc., 1840. Il a peut-être dans cet ouvrage accueilli trop facilement les exagérations des enquêtes anglaises.

n'y retourne guère. Ceux qui viennent comme domestiques et qui partagent la plupart des jouissances des maîtres, ne se soucient nullement de revenir à leur vie d'abstinence. Ceux qui se font ouvriers des manufactures voudraient retourner aux champs qu'ils ne le pourraient; ils sont en peu de temps énervés, incapables de supporter les rudes travaux, les variations rapides du chaud, du froid : le grand air les tuerait.

Si la ville est tellement absorbante, il ne faut pas trop l'en accuser, ce semble ; elle repousse le paysan autant qu'il est en elle, par des octrois terribles, par l'énorme cherté du prix des vivres. Assiégée par ces foules, elle essaie ainsi de chasser l'assaillant. Mais rien ne le rebute ; nulle condition n'est assez dure. Il entrera comme on voudra, domestique, ouvrier, simple aide des machines et machine lui-même. On se rappelle ces anciennes populations italiques qui, dans leur frénétique désir d'entrer dans Rome, se vendaient comme esclaves, pour y devenir plus tard affranchis, citoyens.

Le paysan ne se laisse pas effrayer par les plaintes de l'ouvrier, par les peintures terribles qu'on lui fait de sa situation. Il ne comprend pas, lui qui gagne un franc ou deux, qu'avec des salaires de trois, quatre ou cinq francs, on puisse être misérable. « Mais les variations du travail? les chômages? » Qu'importe? Il économisait sur ses faibles journées, combien plus aisément sur un si gros salaire il épargnera pour le mauvais temps !

Même en mettant le gain à part, la vie est plus

douce à la ville. On y travaille généralement à couvert; cela seul, d'avoir un toit sur la tête, semble une grande amélioration. Sans parler de la chaleur, le froid dans nos climats est une souffrance, pour ceux même qui y semblent le plus habitués. J'ai passé pour ma part bien des hivers sans feu, sans être moins sensible au froid. Quand la gelée cessait, j'éprouvais un bonheur auquel peu de jouissances sont comparables. Au printemps, c'était un ravissement. Ces changements de saisons, si indifférents pour les riches, font le fonds de la vie du pauvre, ses vrais événements.

Le paysan gagne encore, en entrant à la ville, sous le rapport de la nourriture; elle est, sinon plus saine, au moins plus savoureuse. Il n'est pas rare, dans les premiers mois du séjour, de le voir engraisser. En récompense, son teint change, et ce n'est pas en bien. C'est qu'il a perdu, dans sa transplantation, une chose très vitale, et même nutritive, qui seule explique comment les travailleurs de la campagne restent forts avec des aliments très peu réparateurs; cette chose, c'est l'air libre, l'air pur, rafraîchi sans cesse, renouvelé des parfums végétaux. L'air des villes est-il aussi malsain qu'on le dit, je ne le crois pas; mais il l'est à coup sûr dans les misérables logis où s'entassent la nuit un si grand nombre de pauvres ouvriers, entre les filles et les voleurs.

Le paysan n'a pas compté cela. Il n'a pas compté davantage qu'en gagnant plus d'argent à la ville, il perdait son trésor, — la sobriété, l'épargne, l'avarice, s'il faut trancher le mot. Il est facile d'épargner, loin des tentations de dépense, lorsqu'un seul plaisir se présente, celui d'épargner. Mais combien est-ce difficile, quelle force faut-il, quelle domination de soi-même, pour tenir l'argent captif et la poche scellée, quand tout sollicite à l'ouvrir ! Ajoutez que la Caisse d'Épargne, qui garde un argent invisible, ne donne nullement les émotions du trésor que le paysan enterre et déterre avec tant de plaisir, de mystère et de peur; encore moins, y a-t-il là le charme d'une jolie pièce de terre qu'on voit toujours, qu'on remue toujours, qu'on veut toujours étendre.

Certes, l'ouvrier a besoin d'une grande vertu pour épargner. S'il est facile, bon enfant et se laisse aller aux camarades, mille dépenses variables emportent tout, le cabaret, le café et le reste. S'il est sérieux, honnête, il se marie dans quelque bon moment, où l'ouvrage va bien; la femme gagne peu, puis rien, quand elle a des enfants; l'homme, à l'aise quand il était garçon, ne sait comment faire face à cette dépense, fixe, accablante, qui revient tous les jours.

Il y avait jadis, outre les droits d'entrée, une autre barrière qui repoussait le paysan des villes et l'empêchait de se faire ouvrier; cette barrière était la difficulté d'entrer dans un métier, la longueur de l'apprentissage, l'esprit d'exclusion des confréries et corporations. Les familles industrielles prenaient peu d'apprentis, le plus souvent leurs enfants qu'elles échangeaient entre elles. Aujourd'hui de nouveaux métiers se sont créés, qui ne demandent guère d'apprentissage et reçoivent un homme quelconque. Le véritable ouvrier, dans ces métiers, c'est la machine; l'homme n'a pas besoin de beaucoup de force, ni d'adresse; il est là seulement pour surveiller, aider cet ouvrier de fer.

Cette malheureuse population asservie aux machines comprend quatre cent mille âmes, ou un peu plus [1]. C'est environ la quinzième partie de nos ouvriers. Tout ce qui ne sait rien faire, vient s'offrir aux manufactures pour servir les machines. Plus il en vient, plus le salaire baisse, plus ils sont misérables. D'autre part, la marchandise, fabriquée ainsi à vil prix, descend à la portée des pauvres, en sorte que la misère de l'ouvrier-machine diminue quelque peu la misère des ouvriers et paysans, qui très probablement sont soixante-dix fois plus nombreux.

C'est ce que nous avons vu en 1842. La filature était aux abois. Elle étouffait; les magasins crevaient, nul

---

[1]. Ceux qui étendent ce chiffre y comprennent des ouvriers occupés, il est vrai, dans les manufactures qui emploient des machines, mais nullement asservis aux machines. Ceux-ci sont et seront toujours une exception. — L'extension du *machinisme* (pour désigner ce système d'un mot) est-elle à craindre? La machine doit-elle tout envahir? La France deviendra-t-elle sous ce rapport une Angleterre? — A ces questions graves, je réponds sans hésiter : Non. Il ne faut pas juger de l'extension de ce système par l'époque de la grande guerre européenne où il a été surexcité par des primes monstrueuses que le commerce ordinaire n'offre point. Éminemment propre à abaisser le prix des objets qui doivent descendre dans toutes les classes, il a répondu à un besoin immense, celui des classes inférieures, qui, dans un moment d'ascension rapide, ont voulu tout d'abord avoir le confortable, le brillant même, mais en se contentant d'un brillant médiocre, souvent vulgaire, et, comme on dit, *de fabrique*. Quoique, par un effort admirable, la manufacture se soit élevée à des produits très beaux qu'on ne pouvait attendre, ces produits fabriqués en gros et par des moyens uniformes, sont irrémédiablement marqués d'un caractère monotone. Le progrès du goût rend sensible cette mono-

écoulement. Le fabricant terrifié n'osait ni travailler, ni chômer avec ces dévorantes machines ; l'usure ne chôme pas ; il faisait des demi-journées, et il encombrait l'encombrement. Les prix baissaient, en vain ; nouvelles baisses, jusqu'à ce que le coton fût tombé à six sols... Là, il y eut une chose inattendue. Ce mot, *six sols*, fut un réveil. Des millions d'acheteurs, de pauvres gens qui n'achetaient jamais, se mirent en mouvement. On vit alors quel immense et puissant consommateur est le peuple, quand il s'en mêle. Les magasins furent vidés d'un coup. Les machines se remirent à travailler avec furie ; les cheminées fumèrent... Ce fut une révolution en France, peu remarquée, mais grande révolution : dans la propreté, embellissement subit dans le ménage pauvre ; linge de corps, linge de lit, de table, de fenêtres ; des classes entières en eurent, qui n'en avaient pas eu depuis l'origine du monde.

tonie, et la fait parfois trouver ennuyeuse. Telle œuvre irrégulière des arts non mécaniques charme l'œil et l'esprit plus que ces irréprochables chefs-d'œuvre industriels qui rappellent tristement par l'absence de vie le métal qui fut leur père, et leur mère, la vapeur.

Ajoutez que chaque homme maintenant ne veut plus être *telle classe*, mais *tel homme :* il veut être lui-même ; par suite, il doit souvent faire moins de cas des produits fabriqués *par classes*, sans individualité qui réponde à la sienne. Le monde avance dans cette route ; chacun veut, tout en comprenant mieux le général, caractériser son *individualité*. Il est très vraisemblable que, toute chose égale d'ailleurs, on préférera aux fabrications uniformes des machines les produits variés sans cesse qui portent l'empreinte de la personnalité humaine, qui pour aller à l'homme, et changer comme il change, partent de l'homme immédiatement. — Là est le véritable avenir de la France industrielle, bien plus que dans la fabrication mécanique où elle reste inférieure. — Au reste, les deux systèmes se prêtent un mutuel appui. Plus les premiers besoins seront satisfaits à bas prix par les machines, plus le goût s'élèvera au-dessus des produits du machinisme, et recherchera les produits d'un art tout personnel.

On le comprend assez, sans autre exemple : la machine, qui semble une force tout aristocratique par la centralisation de capitaux qu'elle suppose, n'en est pas moins, par le bon marché et la vulgarisation de ses produits, un très puissant agent du progrès démocratique ; elle met à la portée des plus pauvres une foule d'objets d'utilité, de luxe même et d'art, dont ils ne pouvaient approcher. La laine, grâce à Dieu, a descendu partout au peuple, et le réchauffe. La soie commence à le parer. Mais la grande et capitale révolution a été l'indienne. Il a fallu l'effort combiné de la science et de l'art pour forcer un tissu rebelle, ingrat, le coton, à subir chaque jour tant de transformations brillantes, puis transformé ainsi, le répandre partout, le mettre à la portée des pauvres. Toute femme portait jadis une robe bleue ou noire qu'elle gardait dix ans sans la laver, de peur qu'elle ne s'en allât en lambeaux. Aujourd'hui, son mari, pauvre ouvrier, au prix d'une journée de travail, la couvre d'un vêtement de fleurs. Tout ce peuple de femmes qui présente sur nos promenades une éblouissante iris de mille couleurs, naguère était en deuil.

Ces changements qu'on croit futiles, ont une portée immense. Ce ne sont pas là de simples améliorations matérielles, c'est un progrès du peuple dans l'extérieur et l'apparence, sur lesquels les hommes se jugent entre eux ; c'est, pour ainsi parler, l'*égalité visible*. Il s'élève par là à des idées nouvelles qu'autrement il n'atteignait pas ; la mode et le goût sont pour lui une initiation dans l'art. Ajoutez, chose plus grave encore, que l'habit impose à celui même qui le porte; il veut en être digne, et s'efforce d'y répondre par sa tenue morale.

Il ne faut pas moins, en vérité, que ce progrès de tous, l'avantage évident des masses, pour nous faire accepter la dure condition dont il faut l'acheter, celle d'avoir, au milieu d'un peuple d'hommes, un misérable petit peuple d'hommes-machines qui vivent à moitié, qui produisent des choses merveilleuses, et qui ne se reproduisent pas eux-mêmes, qui n'engendrent que pour la mort, et ne se perpétuent qu'en absorbant sans cesse d'autres populations qui se perdent là pour toujours.

Avoir, dans les machines, créé des créateurs, de puissants ouvriers qui poursuivent invariablement l'œuvre qui leur fut imposée une fois, certes, c'est une grande tentation d'orgueil. Mais à côté, quelle humiliation de voir, en face de la machine, l'homme tombé si bas!... La tête tourne, et le cœur se serre, quand, pour la première fois, on parcourt ces maisons fées où le fer et le cuivre éblouissants, polis, semblent aller d'eux-mêmes, ont l'air de penser, de vouloir, tandis que l'homme faible et pâle est l'humble serviteur de ces géants d'acier. « Regardez, me disait un manufacturier, cette ingénieuse et puissante machine qui prend d'affreux chiffons et, les faisant passer, sans se tromper jamais, par les transformations les plus compliquées, les rend en tissus aussi beaux que les plus belles soies de Vérone! » J'admirais tristement; il m'était impossible de ne pas voir en même temps ces pitoyables visages d'hommes, ces jeunes filles fanées, ces enfants tortus ou bouffis.

Beaucoup de gens sensibles, pour ne pas trop souffrir de leur compassion, la font taire, en disant bien vite que cette population n'a une si triste apparence que parce qu'elle est mauvaise, gâtée, foncièrement corrompue. Ils la jugent ordinairement sur le moment où elle est le plus choquante à voir, sur l'aspect qu'elle présente à la sortie de la manufacture, lorsque la cloche la jette tout à coup dans la rue. Cette sortie est toujours bruyante. Les hommes parlent très-haut, vous diriez qu'ils disputent; les filles s'appellent d'une voix criarde ou enrouée; les enfants se battent et jettent des pierres, ils s'agitent avec violence. Ce spectacle n'est pas beau à voir; le passant se détourne; la dame a peur, elle croit qu'une émeute commence, et prend une autre rue.

Il ne faut pas se détourner. Il faut entrer dans la manufacture quand elle est au travail, et l'on comprend que ce silence, cette captivité pendant de longues heures, commandent, à la sortie, pour le rétablissement de l'équilibre vital, le bruit, les cris, le mouvement. Cela est vrai surtout pour les grands ateliers de filage et tissage, véritable enfer de l'ennui. *Toujours, toujours, toujours,* c'est le mot invariable que tonne à votre oreille le roulement automatique dont tremblent les planchers. Jamais l'on ne s'y habitue. Au bout de vingt ans, comme au premier jour, l'ennui, l'étourdissement sont les mêmes, et l'affadissement. Le cœur bat-il dans cette foule? Bien peu, son action est comme suspendue; il semble, pendant ces longues heures, qu'un autre cœur, commun à tous, ait pris la place, cœur métallique, indifférent, impitoyable, et que ce grand bruit assourdissant dans sa régularité n'en soit que le battement.

Le travail solitaire du tisserand était bien moins pénible. Pourquoi? C'est qu'il pouvait rêver. La machine ne comporte aucune rêverie, nulle distraction. Vous voudriez un moment ralentir le mouvement, sauf à le presser plus tard, vous ne le pourriez pas. L'infatigable chariot aux cent broches est à peine repoussé, qu'il revient à vous. Le tisserand à la main tisse vite ou lentement selon qu'il respire lentement ou vite; il agit comme il vit; le métier se conforme à l'homme. Là, au contraire, il faut bien que l'homme se conforme au métier, que l'être de sang et de chair où la vie varie selon les heures, subisse l'invariabilité de cet être d'acier.

Il arrive dans les travaux manuels qui suivent notre impulsion, que notre pensée intime s'identifie le travail, le met à son degré, et que l'instrument inerte à qui l'on donne le mouvement, loin d'être un obstacle au mouvement spirituel, en devient l'aide et le compagnon. Les tisserands mystiques du Moyen-âge furent célèbres sous le nom de *lollards*, parce qu'en effet, tout en travaillant, ils *lollaient*, chantaient à voix basse, ou du moins en esprit, quelque chant de nourrice. Le rythme de la navette, lancée et ramenée à temps égaux, s'associait au rythme du cœur; le soir, il se trouvait souvent qu'avec la toile s'était tissue, aux mêmes nombres, un hymne, une complainte.

Aussi quel changement pour celui qui est forcé de quitter le travail domestique pour entrer à la manufacture ! Quitter son pauvre *chez soi*, les meubles vermoulus de la famille, tant de vieilles choses aimées, cela est dur, plus dur encore de renoncer à la libre possession de son âme. Ces vastes ateliers tout blancs, tout neufs, inondés de lumière, blessent l'œil accoutumé aux ombres d'un logis obscur. Là, nulle obscurité où la pensée se plonge, nul angle sombre où l'imagination puisse suspendre son rêve ; point d'illusion possible, sous un tel jour, qui sans cesse avertit durement de la réalité. Ne nous étonnons pas si nos tisserands de Rouen[1], nos tisserands français de Londres, ont résisté à cette nécessité, de tout leur courage, de leur stoïque patience, aimant mieux jeûner et mourir, mais mourir au foyer. On les a vus longtemps lutter du faible bras de l'homme, d'un bras amaigri par la faim, contre la fécondité brillante, impitoyable, de ces terribles Briarées de l'industrie qui, jour et nuit, poussés par la vapeur, travaillent de mille bras à la fois ; à chaque perfectionnement de la machine, son rival infortuné ajoutait à son travail, diminuait de sa nourriture. Notre colonie des tisserands de Londres s'est éteinte ainsi peu à peu. Pauvres gens, si honnêtes, d'une vie si résignée et si

---

1. Le testament des tisserands de Rouen est le remarquable petit livre qu'écrivit l'un d'eux. (Noiret, *Mémoires d'un ouvrier rouennais*, 1836.) Il déclare qu'ils ne font plus d'apprentis.

innocente, pour qui l'indigence et la faim ne furent jamais une tentation ! Dans leur misérable Spitalfield, ils cultivaient les fleurs avec intelligence ; Londres aimait à les visiter.

J'ai parlé tout à l'heure des tisserands de Flandre au Moyen-âge, des Lollards, Béghards, comme on les appelait. L'Église, qui souvent les persécuta comme hérétiques, ne reprocha jamais à ces rêveurs qu'une seule chose : l'*amour ;* l'amour exalté et subtil pour l'invisible amant, pour Dieu ; parfois aussi l'amour vulgaire, sous les formes qu'il prend dans les centres populeux de l'industrie, vulgaire et néanmoins mystique, enseignant pour doctrine une communauté plus que fraternelle qui devait mettre un paradis sensuel ici-bas.

Cette tendance à la sensualité est la même chez ceux d'aujourd'hui, qui d'ailleurs n'ont pas, pour s'élever au-dessus, la rêverie poétique. Un puritain anglais, qui de nos jours a fait un tableau délicieux du bonheur dont jouit l'ouvrier des manufactures, avoue que *la chair s'y échauffe fort* et s'y révolte. Cela ne vient pas seulement du rapprochement des sexes, de la température, etc. Il y a une cause morale. C'est justement parce que la manufacture est un monde de fer, où l'homme ne sent partout que la dureté et le froid du métal, qu'il se rapproche d'autant plus de la femme, dans ses moments de liberté. L'atelier mécanique, c'est le règne de la nécessité, de la fatalité. Tout ce qui y entre de vivant, c'est la sévérité du contre-maître ; on y punit souvent, ou n'y récompense jamais. L'homme se sent là si peu homme, que dès qu'il en sort, il doit chercher avidement la plus vive exaltation des facultés humaines, celle qui concentre le sentiment d'une immense liberté dans le court moment d'un beau rêve. Cette exaltation, c'est l'ivresse, surtout celle de l'amour.

Malheureusement, l'ennui, la monotonie à laquelle ces captifs éprouvent le besoin d'échapper, les rendent, dans ce que leur vie a de libre, incapables de fixité, amis du changement. L'amour changeant toujours d'objet, n'est plus l'amour, ce n'est plus que débauche. Le remède est pire que le mal; énervés par l'asservissement du travail, ils le sont encore plus par l'abus de la liberté.

Faiblesse physique, impuissance morale. Le sentiment de l'impuissance est une des grandes misères de cette condition. Cet homme, si faible devant la machine et qui la suit dans tous ses mouvements, il dépend du maître de la manufacture, et dépend plus encore de mille causes inconnues qui d'un moment à l'autre peuvent faire manquer l'ouvrage et lui ôter son pain. Les anciens tisserands, qui pourtant n'étaient pas, comme ceux-ci, les serfs de la machine, avouaient humblement cette impuissance, l'enseignaient, c'était leur théologie : « Dieu peut tout, l'homme rien. » Le vrai nom de cette classe, c'est le premier que l'Italie leur donne au Moyen-âge : *Humiliati*[1].

---

1. J'ai plusieurs fois, dans mes cours et mes livres (surtout au tome V de l'*Histoire de France*) esquissé l'histoire de l'industrie. Pour la comprendre

Les nôtres ne se résignent pas si aisément. Sortis de races militaires, ils font sans cesse effort pour se relever, ils voudraient rester hommes. Ils cherchent, autant qu'ils peuvent, une fausse énergie dans le vin. En faut-il beaucoup pour être ivre ? Observez au cabaret même, si vous pouvez surmonter ce dégoût : vous verrez qu'un homme en état ordinaire, buvant du vin non frelaté, boirait bien davantage sans inconvénient. Mais pour celui qui ne boit pas de vin tous les jours, qui sort énervé, affadi par l'atmosphère de l'atelier, qui ne boit, sous le nom de vin, qu'un misérable mélange alcoolique, l'ivresse est infaillible.

Extrême dépendance physique, réclamations de la vie instinctive qui tournent encore en dépendance, impuissance morale et vide de l'esprit, voilà les causes de leurs vices. Ne la cherchez pas tant, comme on fait aujourd'hui, dans les causes extérieures, par exemple, dans l'inconvénient que présente la réunion d'une foule en un même lieu : comme si la nature humaine était si mauvaise que pour se gâter tout à fait, il suffit de se réunir. Voilà

---

cependant, il faudrait remonter plus haut, ne pas l'envisager d'abord, comme on fait, dans ces grandes et puissantes corporations qui dominent la cité même. Il faudrait prendre d'abord le travailleur dans son humble origine, méprisé comme il fut à son principe, lorsque le primitif habitant de la ville, propriétaire de la banlieue, le marchand même qui y avait halle, cloche et justice, s'accordaient pour mépriser l'ouvrier, l'*ongle bleu*, comme ils l'appelaient, lorsque le bourgeois le recevait à peine hors la ville à l'ombre des murs, entre deux enceintes (pfahlburg), lorsqu'il était défendu de lui faire justice s'il ne pouvait payer impôt, lorsqu'on lui fixait avec un arbitraire bizarre le prix auquel il pouvait vendre, tant aux riches, tant aux pauvres, etc.

nos philanthropes, sur cette belle idée, qui travaillent à isoler les hommes, à les murer, s'ils peuvent ; ils ne croient pouvoir préserver ou guérir l'homme moral qu'en lui bâtissant des sépulcres.

Cette foule n'est pas mauvaise en soi. Ses désordres dérivent en grande partie de sa condition, de son assujettissement à l'ordre mécanique qui, pour les corps vivants, est lui-même un désordre, une mort, et qui par cela provoque, dans les rares moments de liberté, de violents retours à la vie. Si quelque chose ressemble à la fatalité, c'est bien ceci. Comme elle pèse durement, presque invinciblement, cette fatalité, sur l'enfant et la femme ! Celle-ci qu'on plaint moins, est peut-être encore plus à plaindre ; elle a double servage ; esclave du travail, elle gagne si peu de ses mains qu'il faut que la malheureuse gagne aussi de sa jeunesse, du plaisir qu'elle donne. Vieille, que devient-elle ?... La nature a porté une loi sur la femme, que la vie lui fût impossible, à moins d'être appuyée sur l'homme.

Dans la violence du grand duel entre l'Angleterre et la France, lorsque les manufacturiers anglais vinrent dire à M. Pitt que les salaires élevés de l'ouvrier les mettaient hors d'état de payer l'impôt, il dit un mot terrible : « Prenez les enfants. » Ce mot-là pèse lourdement sur l'Angleterre, comme une malédiction. Depuis ce temps, la race y baisse ; ce peuple, jadis athlétique, s'énerve et s'affaiblit ; qu'est devenue cette fleur de teint et de fraîcheur qui faisait tant admirer la jeunesse anglaise ?... fanée, flétrie... On a cru M. Pitt, *on a pris les enfants*.

Profitons de cette leçon. Il s'agit de l'avenir; la loi doit être ici plus prévoyante que le père; l'enfant doit trouver, au défaut de sa mère, une mère dans la patrie. Elle lui ouvrira l'école comme asile, comme repos, comme protection contre l'atelier.

Le vide de l'esprit, nous l'avons dit, l'absence de tout intérêt intellectuel est une des causes principales de l'abaissement de l'ouvrier des manufactures. Un travail qui ne demande ni force ni adresse, qui ne sollicite jamais la pensée ! Rien, rien, et toujours rien !... Nulle force morale ne tiendrait à cela ! L'école doit donner au jeune esprit qu'un tel travail ne relèvera pas, quelque idée haute et généreuse qui lui revienne dans ces grandes journées vides, le soutienne dans l'ennui des longues heures.

Dans le présent état des choses, les écoles, organisées pour l'ennui, ne font guère qu'ajouter la fatigue à la fatigue. Celles du soir sont, pour la plupart, une dérision. Imaginez ces pauvres petits qui, partis avant jour, reviennent las et mouillés, à une lieue, deux lieues de Mulhouse; qui, la lanterne à la main, glissent, trébuchent le soir par les sentiers boueux de Déville, appelez-les alors pour commencer l'étude et entrer à l'école !

Quelles que soient les misères du paysan, il y a, en les comparant à celles dont nous nous occupons ici, une terrible différence, qui n'influe pas accidentellement sur l'individu, mais profondément, généralement, sur la race même. On peut la dire d'un mot : à la campagne, l'enfant est heureux.

Presque nu, sans sabots, avec un morceau de pain noir, il garde une vache ou des oies, il vit à l'air, il joue. Les travaux agricoles auxquels on l'associe peu à peu, ne font que le fortifier. Les précieuses années pendant lesquelles l'homme fait son corps, sa force, pour toujours, se passent ainsi pour lui dans une grande liberté, dans la douceur de la famille. Va maintenant, te voilà fort, quoi que tu souffres ou fasses, tu peux tenir tête à la vie !

Le paysan sera plus tard misérable, dépendant peut-être ; mais il a, tout d'abord, gagné douze ans. quinze ans de liberté. Cela seul met pour lui une différence immense dans la balance du bonheur.

L'ouvrier des manufactures porte toute la vie un poids très lourd, le poids d'une enfance qui l'a affaibli de bonne heure, bien souvent corrompu. Il est inférieur au paysan pour la force physique, inférieur pour la régularité des mœurs. Et avec tout cela, il a une chose qui réclame pour lui : il est plus sociable et plus doux. Les plus misérables d'entre eux, dans leurs plus extrêmes besoins, se sont abstenus de tout acte de violence ; ils ont attendu, mourant de faim, et se sont résignés.

L'auteur de la meilleure enquête de ce temps[1],

---

1. Villermé, *Tableau de l'état physique et moral des ouvriers* des manufactures de coton, etc. (1840). On les a vus, en nov. 1839, dans un chômage qui obligeait le manufacturier à ne garder que les plus anciens ouvriers, demander à partager entre tous le travail et le salaire, pour que personne ne fût renvoyé, t. II, p. 71. Voir aussi I, 89, 366-369, et II, 59, 113. — Beaucoup d'entre eux, à qui l'on reproche le concubinage, se marieraient, s'ils

ferme et froid observateur qu'on ne soupçonnera de nul entraînement, porte en faveur de cette classe d'hommes, dont il ne dissimule aucunement les vices, ce grave témoignage : « Je n'ai trouvé chez nos ouvriers qu'une vertu qu'ils possédassent à un plus haut degré que les classes sociales plus heureuses : c'est une *disposition naturelle à aider, à secourir les autres* dans toute espèce de besoins. »

Je ne sais s'ils n'ont que cette supériorité, mais combien elle est grande!... Qu'ils soient les moins heureux et les plus charitables! qu'ils se préservent de l'endurcissement si naturel à la misère! que dans cette servitude extérieure ils gardent un cœur libre de haine, *qu'ils aiment davantage!...* Ah! c'est là une belle gloire, et qui sans doute met l'homme, qu'on croirait dégradé, bien haut, au jugement de Dieu!

---

avaient l'argent et les papiers nécessaires, I, 54, et II, 283 (cf. Frégier, II, 160.) — A l'assertion de ceux qui prétendent que les ouvriers des manufactures gagneraient assez s'ils faisaient un bon usage de leurs salaires, opposons l'observation judicieuse de M. Villermé (II, 14); Pour qu'ils gagnent assez, il faut, selon lui, quatre choses : Qu'ils se portent toujours bien, qu'ils soient employés toujours, que chaque ménage n'ait que deux enfants au plus, enfin qu'ils n'aient aucun vice... Voilà quatre conditions qui se trouveront rarement.

CHAPITRE III

Servitudes de l'ouvrier.

L'enfant qui laisse la manufacture et le service de la machine pour entrer apprenti chez un maître, monte certainement dans l'échelle industrielle ; on exige davantage de ses mains et de son esprit. Sa vie ne sera pas l'accessoire d'un mouvement sans vie, il agira lui-même, il sera vraiment ouvrier.

Progrès dans l'intelligence, progrès dans la souffrance. La machine était réglée, et l'homme ne l'est pas[1]. Elle était impassible, sans caprice, sans colère, sans brutalité. Elle laissait d'ailleurs l'enfant libre, à heure fixe ; au moins la nuit reposait-il. Mais ici, l'apprenti du petit fabricant, le jour, la nuit, appartient à son maître. Son travail n'est borné que par

---

1. M. Léon Faucher a marqué admirablement ces différences dans son mémoire sur le *Travail des enfants à Paris*. (*Revue des Deux Mondes*, 15 nov. 1844.) Voir aussi, sur l'apprentissage dans l'industrie parcellaire, le tome II de ses *Études sur l'Angleterre* ; l'excellent économiste qui s'est montré là très grand écrivain, nous y révèle, par delà l'enfer des manufactures, un autre enfer qu'on ne soupçonnait pas.

l'exigence des commandes qui pressent plus ou moins. Il a le travail, et par-dessus, il a toutes les misères du domestique; outre les caprices du maître, tous ceux de la famille. Ce qui chagrine, irrite le mari ou la femme, retombe bien souvent sur son dos. Une faillite arrive, l'apprenti est battu; le maître revient ivre, l'apprenti est battu; le travail manque, le travail presse... battu également.

C'est le régime ancien de l'industrie, qui n'était que servage. Dans le contrat d'apprentissage, le maître devient un père, mais c'est pour appliquer le mot de Salomon : « N'épargne la verge à ton fils. » Dès le treizième siècle, nous voyons l'autorité publique intervenir pour modérer cette paternité.

Et ce n'était pas seulement du maître à l'apprenti qu'il y avait dureté et violence; dans les métiers où la hiérarchie se compliquait, les coups tombaient de degrés en degrés, toujours multipliant. Certaines nomenclatures du compagnonnage témoignent encore de cette dureté. Le compagnon est *loup;* vexé par le *singe*, qui est le maître, il donne la chasse au *renard*, à l'aspirant, lequel le rend avec usure au *lapin*, au pauvre apprenti.

Pour être maltraité, battu, dix ans de suite, il fallait que l'apprenti payât; et il payait à chaque degré qu'on lui permettait de franchir dans cette rude initiation. Enfin, quand il avait usé comme apprenti la corde, comme *vallet*, le bâton, il subissait le jugement d'une corporation intéressée à ne pas augmenter de nombre, il pouvait être renvoyé, refusé sans appel.

Les portes aujourd'hui sont ouvertes. L'apprentissage est moins long, sinon moins dur. Les apprentis ne sont reçus que trop facilement ; le misérable petit gain qu'on en tire (que le maître en profite, le père, ou le corps du métier) est une tentation continuelle pour en faire de nouveaux, et multiplier les ouvriers, au delà du besoin.

L'ouvrier d'autrefois, admis difficilement, peu nombreux, et jouissant par là d'une sorte de monopole, n'avait nullement les inquiétudes de celui d'aujourd'hui. Il gagnait beaucoup moins[1], mais rarement il

---

1. Nous avons parlé plus haut (p. 66) du salaire des ouvriers des manufactures. Si nous voulons étudier le salaire en général, nous trouverons que cette question tant controversée se réduit à ceci : *Les salaires ont augmenté*, disent les uns. Et ils ont raison, parce qu'ils partent de 1789, ou des temps antérieurs. — *Les salaires n'ont pas augmenté*, disent les autres. Et ils ont raison, parce qu'ils partent de 1824 ; depuis ce temps, les ouvriers de manufactures gagnent moins, et les autres n'ont qu'une augmentation illusoire ; le prix de l'argent ayant changé, celui qui gagne ce qu'il gagnait alors reçoit dans la réalité un tiers de moins ; celui qui gagnait et qui gagne encore trois francs, ne reçoit guère qu'une valeur de deux francs ; ajoutez que les besoins étant devenus plus nombreux avec les idées, il souffre de n'avoir pas mille choses qui alors lui étaient indifférentes. — Les salaires sont très élevés en France, en comparaison de la Suisse et de l'Allemagne ; mais ici les besoins sont bien plus vivement sentis. — La moyenne des *salaires de Paris*, que MM. L. Faucher et L. Blanc fixent également à trois francs cinquante centimes, est suffisante pour le célibataire, très insuffisante pour l'homme marié qui a des enfants. — Je donne ici la moyenne générale des salaires que plusieurs auteurs ont essayé de fixer *pour la France*, depuis Louis XIV ; mais je ne sais s'il est possible d'établir une moyenne pour des éléments si variés :

1698 (Vauban.)	12 sous.
1738 (Saint-Pierre.)	16
1788 (A. Young.)	19
1819 (Chaptal.)	25
1832 (Morogues)	30
1840 (Villermé)	40

Ceci pour l'industrie des villes. Les salaires ont très peu augmenté pour la campagne.

manquait d'ouvrage. Gai compagnon et leste, il voyageait beaucoup. Où il trouvait à travailler, il restait. Son bourgeois le logeait le plus souvent, le nourrissait parfois; sobre nourriture et légère; le soir, quand il avait mangé son pain sec, il montait au grenier, à la soupente, et s'endormait content.

Que de changements survenus dans sa condition, en bien, en mal! amélioration matérielle, condition mobile, inquiète, la sombre obscurité du sort! Mille éléments nouveaux de souffrances morales.

Ces changements, résumons-les d'un mot : *Il est devenu homme.*

Être homme, au vrai sens, c'est d'abord, c'est surtout avoir une femme. L'ouvrier, rarement marié autrefois, l'est souvent aujourd'hui. Marié ou non, il retrouve généralement en rentrant une femme chez lui. Un *chez soi*, un foyer, une femme... Oh! la vie s'est transfigurée.

Une femme, une famille, des enfants tout à l'heure! La dépense, la misère! Si l'ouvrage manquait?...

Il est fort touchant de voir le soir tout ce monde laborieux qui retourne à grands pas. L'homme, après cette longue journée passée souvent à une lieue de chez lui, après avoir tristement déjeuné, dîné seul, cet homme qui est resté quinze heures debout, quelles jambes il a le soir!... Il vole au nid... Être homme une heure par jour, au fait, ce n'est pas trop.

Chose sainte! lui, il apporte le pain à la maison, et, une fois arrivé, il se repose, il n'est plus rien, il se remet, comme un enfant, à la femme. Nourrie par lui, elle le nourrit et le réchauffe; tous deux servent l'enfant, qui ne fait rien, qui est libre, qui est maître... Que le dernier soit maître, voilà bien la cité de Dieu.

Le riche n'a jamais cette grande jouissance, cette suprême bénédiction de l'homme, de nourrir chaque jour la famille, du meilleur de sa vie, de son travail. Le pauvre seul est père; chaque jour il crée encore et refait les siens.

Ce beau mystère est senti de la femme mieux que des sages du monde. Elle est heureuse de tout devoir à l'homme. Cela seul donne au ménage pauvre un charme singulier. Là, nulle chose étrangère, indifférente; tout porte l'empreinte d'une main aimée, tout a le sceau du cœur. L'homme ignore le plus souvent les privations qu'on s'impose pour qu'en rentrant il retrouve cet intérieur modeste, orné pourtant. Grande est l'ambition de la femme pour le ménage, le vêtement, le linge. Ce dernier article est nouveau; l'*armoire au linge* qui fait l'orgueil de la femme de campagne était inconnue à celle de l'ouvrier des villes, avant la révolution industrielle dont j'ai parlé. Propreté, pureté, pudeur, ces grâces de la femme, enchantèrent la maison; le lit s'enveloppa de rideaux, le berceau de l'enfant, éblouissant de blancheur, devint un paradis. Le tout taillé, cousu en quelques veilles... Ajoutez-y encore une fleur sur la croisée... Quelle surprise! l'homme, au retour, ne reconnaît plus sa maison.

Ce goût des fleurs qui s'est répandu (il y en a maintenant ici plusieurs marchés), ces petites dépenses

pour orner l'intérieur, ne sont-elles pas regrettables, quand on ne sait jamais si l'on a du travail demain?
— Ne dites pas *dépenses*, dites *économie*. C'en est une bien grande, si l'innocente séduction de la femme rend cette maison charmante à l'homme, et peut l'y retenir. Parons, je vous prie, la maison, et la femme elle-même. Quelques aunes d'indienne refont une autre femme, la voilà redevenue jeune et renouvelée.

« Reste ici, je t'en prie. » C'est le samedi soir ; elle lui jette le bras au col, et elle retient le pain de ses enfants qu'il allait dépenser[1].

Le dimanche vient, et la femme a vaincu. L'homme rasé, changé, se laisse mettre un bon et chaud vêtement. Cela est bientôt fait. Ce qui est long, ce qui est une œuvre sérieuse, c'est l'enfant, tel qu'on veut le parer ce jour-là. On part, il marche devant, sous l'œil maternel ; qu'il prenne garde surtout de gâter ce chef-d'œuvre.

Regardez bien ces gens, et sachez bien qu'à quelque hauteur que vous montiez, vous ne trouverez rien qui soit moralement supérieur. Cette femme, c'est la vertu, avec un charme particulier de naïve raison et d'adresse pour gouverner la force, à son insu. Cet homme, c'est le fort, le patient, le courageux, qui porte pour la société le plus grand poids de la vie humaine. Véritable *compagnon du devoir* (beau titre du compagnonnage !), il s'y est tenu fort et ferme, comme

---

1. Le pain ! le propriétaire ! deux pensées de la femme, qui ne la quittent pas. Ce qu'il faut souvent d'adresse, de vertu et de force d'âme pour sauver, amasser l'argent d'un terme ! qui le saura jamais ?

un soldat au poste. Plus son métier est dangereux, plus sa moralité est sûre. Un célèbre architecte sorti du peuple, et qui le connaissait bien, disait un jour à un de mes amis : « Les hommes les plus honnêtes que j'aie connus étaient de cette classe. Ils savent, en partant le matin, qu'ils peuvent ne pas revenir le soir, et ils sont toujours prêts à paraître devant Dieu[1]. »

Un tel métier, quelque noble qu'il soit, n'est pas cependant celui qu'une mère souhaite à son fils. Le sien promet beaucoup, il ira loin. Les Frères en font l'éloge, et le caressent fort. Ses dessins, compliments et pièces d'écriture ornent déjà la chambre, entre Napoléon et le Sacré-Cœur. Il sera certainement envoyé à l'École gratuite de dessin. Le père demande pourquoi? Le dessin, dit la mère, lui servira toujours dans son métier. Réponse double, il faut l'avouer, sous laquelle elle cache une bien autre ambition. Cet enfant, si bien né et doué, pourquoi ne serait-il pas peintre ou sculpteur, tout comme un autre? Elle se vole des sous pour les crayons, pour ce papier si cher... Son fils, tout à l'heure, va exposer, emporter tous les prix ; dans les songes maternels roule déjà le grand nom de Rome.

L'ambition maternelle réussit trop souvent ainsi à faire un pauvre artiste, très nécessiteux, de celui qui,

---

1. C'est ce que M. Percier disait un jour au directeur de l'École gratuite de dessin, M. Belloc. Le spirituel artiste saisit ce mot, et le plaça dans un de ses excellents discours (pleins de vues neuves et d'aperçus féconds), et M. Percier, reconnaissant de cet hommage rendu à ses convictions les plus chères, fonda une rente pour l'École, un mois avant sa mort.

comme ouvrier, eût mieux gagné sa vie. Les arts ne peuvent guère produire, même en temps de paix, lorsque tous les gens aisés, spécialement les femmes, au lieu d'acheter des produits d'art, sont artistes eux-mêmes. Qu'une guerre vienne, une révolution, l'art, c'est justement la famine.

Souvent aussi l'artiste en espérance, déjà en route, plein d'ardeur et de souffle, est arrêté tout court; son père meurt, il faut qu'il aide aux siens; le voilà ouvrier. Grande douleur pour la mère, grandes lamentations, qui ôtent le courage au jeune homme.

Toute sa vie, il maudira le sort; il travaillera ici, et il aura l'âme ailleurs. Cruel tiraillement... Et cependant rien ne l'arrêtera. Ne venez point ici avec vos conseils, vous seriez mal reçu. Il est trop tard, il faut qu'il aille à travers les obstacles. Vous le verrez toujours lisant, rêvant; lisant aux courtes heures de repas, et le soir, la nuit encore, absorbé dans un livre, le dimanche, enfermé et sombre. On se figure à peine ce que c'est que la faim de lecture, dans cet état d'esprit. Pendant le travail, et le plus inconciliable de tous avec l'étude, parmi le roulement, le tremblement de vingt métiers, un malheureux fileur que j'ai connu, mettait un livre au coin de son métier, et lisait une ligne chaque fois que le chariot reculait et lui laissait une seconde.

Que la journée est longue quand elle passe ainsi! qu'irritantes sont les dernières heures! Pour celui qui attend la cloche et maudit ses retards, l'odieux atelier, au jour tombant, semble tout fantastique; les démons de l'impatience se jouent cruellement dans ces ombres... « O liberté! lumière! me laissez-vous là pour toujours? »

Je plains sa famille, au retour, s'il a une famille. Un homme acharné à ce combat, et tout préoccupé du progrès personnel, met le reste bien loin après. La faculté d'aimer diminue dans cette vie sombre. On aime moins la famille, elle importune; on se détache même de la patrie, on lui impute l'injustice du sort.

Le père de l'ouvrier lettré, plus grossier et plus lourd, inférieur de tant de manières, avait néanmoins plus d'un avantage sur son fils. Le sentiment national était chez lui bien plus puissant; il pensait moins au genre humain, davantage à la France. La grande famille française, et sa chère petite famille, c'était son monde, il y mettait son cœur. Ce charmant intérieur, ce doux ménage que nous admirions, hélas! que sont-ils devenus?

La science en elle-même ne sèche point le cœur, ne le refroidit point. Si elle produit ici cet effet, c'est qu'elle n'arrive à l'esprit que rétrécie cruellement. Elle ne se présente pas sous son jour naturel, dans sa vraie et complète lumière, mais obliquement, partiellement, comme ces jours étroits et faux que reçoit une cave. Elle ne rend point haineux, envieux, par ce qu'elle fait savoir, mais par ce qu'elle laisse ignorer. Celui par exemple qui ne connaît point les moyens compliqués par lesquels se crée la richesse, croira naturellement qu'elle ne se crée point, qu'elle n'augmente point en ce monde, que seulement elle se déplace, que l'un n'acquiert qu'en dépouillant un autre ; toute acquisition lui semblera un vol, et il haïra tout ce qui possède... Haïr? pourquoi? pour les biens de ce monde? mais le monde même ne vaut que par l'amour.

Quelles que soient les erreurs inévitables d'une étude incomplète, il faut respecter ce moment. Quoi de plus touchant, de plus grave, que de voir l'homme qui jusqu'ici apprenait par hasard, *vouloir* étudier, poursuivre la science d'une volonté passionnée à travers tant d'obstacles? La culture *volontaire* est ce qui met l'ouvrier, au moment où nous l'observons, non seulement au-dessus du paysan, mais au-dessus des classes que l'on croit supérieures, qui en effet ont tout, livres, loisir, que la science vient chercher, et qui pourtant, une fois quittes de l'éducation obligée, laissent l'étude, ne se soucient plus de la vérité. Je vois tel homme, sorti avec honneur de nos premières écoles, qui, jeune encore, et déjà vieux de cœur, oublie la science qu'il cultiva, sans même avoir l'excuse de l'entraînement des passions, mais s'ennuie, s'endort, fume et rêve.

L'obstacle, je le sais, est un grand aiguillon. L'ouvrier aime les livres, parce qu'il a peu de livres ; il n'en a qu'un parfois, et s'il est bon, il n'en apprend que mieux. Un livre unique qu'on lit et qu'on relit, qu'on rumine et digère, développe souvent mieux qu'une vaste lecture indigeste. J'ai vécu des années d'un Virgile, et m'en suis bien trouvé. Un volume dépareillé de Racine, acheté sur le quai par hasard, a fait le poète de Toulon.

Ceux qui sont riches à l'intérieur, ont toujours assez de ressources. Ce qu'ils ont, ils l'étendent, le fécondent par la pensée, le poussent jusque dans l'infini. Au lieu d'envier ce monde de boue, ils s'en font un à eux, tout d'or et de lumière. Ils disent à celui-ci : « Garde ta pauvreté que tu appelles richesse, je suis plus riche en moi. »

La plupart des poésies que les ouvriers ont écrites dans les derniers temps, offrent un caractère particulier de tristesse et de douceur qui me rappelle souvent leurs prédécesseurs, les ouvriers du Moyen-âge. S'il y en a d'âpres et violentes, c'est le petit nombre. Cette inspiration élevée eût porté plus haut encore ces vrais poètes, s'ils n'eussent suivi dans la forme avec trop de déférence les modèles aristocratiques.

Ils commencent à peine. Pourquoi vous hâtez-vous de dire qu'il n'atteindront jamais les premiers rangs? Vous partez de l'idée fausse que le temps et la culture font tout; vous ne comptez pour rien le développement intérieur que prend l'âme par sa force propre, au milieu même des travaux manuels, la végétation spontanée qui s'accroît par l'obstacle. Hommes de livres, sachez bien que cet homme sans livre et de faible culture a en récompense une chose qui en tient lieu : Il est maître en douleurs.

Qu'il réussisse ou non, je n'y vois nul remède. Il ira son chemin, le chemin de la pensée et de la souffrance. « Il chercha la lumière (dit mon Virgile), il l'entrevit, gémit!... » Et, tout en gémissant, il la cherchera toujours. Qui peut l'avoir entrevue, et y renoncer jamais?

« Lumière! plus de lumière encore! » Tel fut le dernier mot de Goethe. Ce mot du génie expirant, c'est le cri général de la nature, et il retentit de monde en monde. Ce que disait cet homme puissant, l'un des aînés de Dieu, ses plus humbles enfants, les moins avancés dans la vie animale, les mollusques le disent au fond des mers, ils ne veulent point vivre partout où la lumière n'atteint pas. La fleur veut la lumière, se tourne vers elle, et sans elle languit. Nos compagnons de travail, les animaux, se réjouissent, comme nous, ou s'affligent, selon qu'elle vient ou s'en va. Mon petit-fils, qui a deux mois, pleure dès que le jour baisse.

Cet été, me promenant dans mon jardin, j'entendis, je vis sur une branche un oiseau qui chantait au soleil couchant; il se dressait vers la lumière, et il était visiblement ravi... Je le fus de le voir; nos tristes oiseaux privés ne m'avaient jamais donné l'idée de cette intelligente et puissante créature, si petite, si passionnée... Je vibrais à son chant... Il renversait en arrière sa tête, sa poitrine gonflée; jamais chanteur, jamais poète, n'eut si naïve extase. Ce n'était pourtant pas l'amour (le temps était passé), c'était manifestement le charme du jour qui le ravissait, celui du doux soleil!

Science barbare, dur orgueil, qui ravale si bas la

nature animée, et sépare tellement l'homme de ses frères inférieurs !

Je lui dis avec des larmes : « Pauvre fils de la lumière, qui la réfléchis dans ton chant, que tu as donc raison de la chanter! La nuit, pleine d'embûches et de dangers pour toi, ressemble de bien près à la mort. Verras-tu seulement la lumière de demain?... » Puis, de sa destinée, passant en esprit à celle de tous les êtres qui, des profondeurs de la création, montent si lentement au jour, je dis comme Goethe et le petit oiseau : « De la lumière ! Seigneur ! Plus de lumière encore ! »

CHAPITRE IV

Servitudes du fabricant.

Je lis dans le petit livre du tisserand de Rouen que j'ai déjà cité : « Nos manufacturiers sont *tous ouvriers d'origine;* » et encore : « La plupart de nos manufacturiers d'aujourd'hui (1836) *sont des ouvriers* laborieux et économes des premiers temps de la Restauration. » Ceci est, je crois, assez général, et non particulier à la fabrique de Rouen.

Plusieurs entrepreneurs des industries du bâtiment m'ont dit qu'ils avaient été *tous ouvriers*, qu'ils étaient arrivés à Paris maçons, charpentiers, etc.

Si les ouvriers ont pu s'élever à l'exploitation si vaste, si compliquée des grandes manufactures, on croira sans peine qu'à plus forte raison, ils sont devenus maîtres dans les industries qui demandent bien moins de capitaux, dans la petite fabrique et les métiers, dans le commerce de détail. Les patentés qui n'avaient presque pas augmenté sous l'Empire, ont doublé de nombre dans les trente ans qui se sont écoulés depuis 1815. Six cent mille hommes environ sont devenus fabricants ou marchands. Or, comme, en ce pays, tout ce qui peut strictement vivre, s'y tient et ne va nullement se jeter dans les hasards de l'industrie, on peut dire hardiment que c'est un demi-million d'ouvriers qui sont devenus maîtres et ont obtenu ce qu'ils croyaient l'indépendance.

Ce mouvement fut très rapide dans les dix premières années, de 1815 à 1825. Ces braves qui, de la guerre, firent subitement volte-face du côté de l'industrie, montèrent comme à l'assaut, et sans difficulté emportèrent toutes les positions. Leur confiance était si grande qu'ils en donnèrent même aux capitalistes. Des hommes d'un tel élan entraînaient les plus froids; on croyait sans difficulté qu'ils allaient recommencer dans l'industrie toute la série de nos victoires, et nous donner sur ce terrain la revanche des derniers revers.

On ne peut contester à ces ouvriers parvenus qui fondèrent nos manufactures, d'éminentes qualités, l'élan, l'audace, l'initiative, souvent un coup d'œil sûr. Beaucoup ont fait fortune; puissent leurs fils ne se pas ruiner!

Avec ces qualités, nos fabricants de 1815 ne prouvèrent que trop la démoralisation de cette triste époque. La mort politique n'est pas loin de la mort morale, on put le voir alors. De la vie militaire, ils gardèrent généralement, non le sentiment de l'honneur, mais bien la violence, ne se soucièrent ni des hommes, ni des choses, ni de l'avenir, et traitèrent impitoyablement deux sortes de personnes, l'ouvrier, le consommateur.

Toutefois l'ouvrier étant rare encore à cette époque, même dans les manufactures à machines, qui demandent si peu d'apprentissage, ils furent obligés de lui donner de gros salaires. Ils *pressèrent* ainsi des hommes dans les villes et dans les campagnes ; ces conscrits du travail, ils les mettaient au pas de la machine, ils exigeaient qu'ils fussent, comme elle, infatigables. Ils semblaient appliquer à l'industrie le grand principe impérial, sacrifier des hommes pour abréger les guerres. L'impatience nationale qui nous rend souvent barbares contre les animaux, s'autorisait contre les hommes des traditions militaires ; le travail devait aller au pas de charge, à la course : tant pis pour ceux qui périraient.

Quant au commerce, les fabricants d'alors le firent comme en pays ennemi ; ils traitèrent l'acheteur justement comme en 1815 les marchandes de Paris rançonnaient le Cosaque. Ils vendaient à faux teint, à faux poids, à fausse mesure ; ils firent ainsi leur main très vite, et se retirèrent, ayant fermé à la France ses meilleurs débouchés, compromis pour longtemps sa réputation commerciale, et, ce qui est plus grave, rendu aux Anglais l'essentiel service de nous aliéner, pour ne rien dire du reste, un monde, l'Amérique Espagnole, un monde imitateur de notre Revolution.

Leurs successeurs, qui sont leurs fils ou leurs principaux ouvriers, ont fort à faire maintenant, retrouvant sur tous les marchés cette réputation. Ils s'étonnent, s'irritent de trouver les bénéfices tellement réduits. La plupart se tireraient de là de grand cœur, s'ils pouvaient; mais ils sont engagés, il faut aller : *Marche! Marche!*

Ailleurs, l'industrie est assise sur de grands capitaux, sur un ensemble d'habitudes, de traditions, de relations sûres; elle porte sur la base d'un commerce vaste et régulier. Ici, elle n'est, à vrai dire, qu'un combat. Un ouvrier hardi qui inspire confiance, s'est fait commanditer; ou bien un jeune homme veut hasarder ce qu'a gagné son père; il part d'un petit capital, d'une dot, d'un emprunt. Dieu veuille qu'il se tire d'affaire entre deux crises; nous en avons tous les six ans (1818, 1825, 1830, 1836). C'est toujours la même histoire; un an, deux ans après la crise, quelques commandes viennent, l'oubli, l'espoir; le fabricant se croit lancé; il pousse, il presse, il éreinte les hommes et les choses, les ouvriers et les machines; le Bonaparte industriel de 1820 reparaît un moment; puis l'on est encombré, l'on étouffe, il faut vendre à perte... Ajoutez que ces coûteuses machines sont, tous les cinq ans à peu près, hors de service, ou dépassées par quelque invention; s'il y a eu quelque bénéfice, il sert à changer les machines.

Le capitaliste, averti par tant de leçons, croit maintenant que la France est un peuple plus industrieux que commerçant, plus propre à fabriquer qu'à vendre. Il prête au nouveau fabricant, comme à un homme qui part pour une navigation périlleuse. Quelle sûreté a-t-il? les fabriques les plus splendides ne se vendent qu'à grande perte ; ces brillants ustensiles, en peu d'années, ne valent plus que le fer et le cuivre. Ce n'est pas sur la fabrique qu'on prête, c'est sur l'homme ; l'industriel a ce triste avantage de pouvoir être emprisonné ; cela donne valeur à sa signature. Il sait parfaitement qu'il a engagé sa personne, parfois bien plus que sa personne, la vie de sa femme et de ses enfants, le bien de son beau-père, celui d'un ami trop crédule, peut-être même un dépôt de confiance, dans l'entraînement de cette vie terrible... Donc, il n'y a pas à marchander, il faut vaincre ou mourir, faire fortune ou se jeter à l'eau.

Un homme dans cet état d'esprit n'a pas le cœur bien tendre. S'il était doux et bon pour ses employés, ses ouvriers, ce serait un miracle. Voyez-le parcourir à grands pas ses vastes ateliers, l'air sombre et dur... Quand il est à un bout, à l'autre bout l'ouvrier dit tout bas : « Est-il donc féroce aujourd'hui ! comme il a traité le contre-maître ! » — Il les traite comme il l'a été tout à l'heure. Il revient de la ville d'argent, de Bâle à Mulhouse par exemple, de Rouen à Déville. Il crie, et l'on s'étonne ; on ne sait pas que le juif vient de lui lever sur le corps une livre de chair.

Sur qui va-t-il reprendre cela? sur le consommateur? Celui-ci est en garde. Le fabricant retombe sur l'ouvrier. Partout où il n'y a pas apprentissage, partout où l'on multiplie imprudemment les apprentis, ils se présentent en foule, s'offrent à vil prix, et le fabricant profite de la baisse des salaires[1]. Puis, l'encombrement de marchandises l'obligeant de vendre, même à perte, l'avilissement des salaires, mortel à l'ouvrier, ne profite plus au fabricant; le consommateur seul y gagne.

Le fabricant le plus dur était pourtant né homme; dans ses commencements, il sentait encore quelque intérêt pour cette foule[2]. Peu à peu, la préoccupation des affaires, l'incertitude de sa situation, ses

---

[1]. Je refusais de croire ce qu'on me racontait des fraudes infâmes que certains fabricants commettent, à l'égard du consommateur sur la qualité, à l'égard de l'ouvrier sur la quantité du travail. J'ai dû me rendre. Les mêmes choses m'ont été confirmées par les amis des fabricants qui en parlaient avec douleur et humiliation, par des notables négociants, et banquiers. Les prud'hommes n'ont nullement l'autorité pour réprimer ces crimes ; le malheureux d'ailleurs n'ose se plaindre. Une telle enquête regarde le procureur du Roi.

[2]. Cet endurcissement graduel, cette habileté que l'on prend peu à peu pour étouffer en soi la voix de l'humanité, est très finement analysé par M. Emmery, dans sa brochure sur *l'Amélioration du sort des ouvriers dans les travaux publics* (1837). Il parle spécialement des ouvriers blessés dans les travaux dangereux que les entrepreneurs font pour le gouvernement.

« Un entrepreneur qui aura le cœur bien placé, pourra, une première fois, peut-être même plusieurs fois d'abord, secourir des ouvriers blessés ; mais quand cela se renouvelle, quand les secours s'accumulent, ils deviennent trop pesants ; l'entrepreneur compose alors avec lui-même : il se défend de ses premiers mouvements de générosité, il en restreint insensiblement les applications, et il diminue d'une manière plus notable le chiffre de chaque secours. Il remarque que dans ses ateliers les plus dangereux, lui entrepreneur ne reçoit aucune plus-value à ce titre, et qu'au contraire il est obligé de payer à ses ouvriers une plus forte journée. Or, cette plus forte journée lui semble bientôt le prix des accidents à craindre. Ces secours additionnels lui paraissent au-dessus de ses moyens. L'ouvrier blessé n'est d'ailleurs pas assez ancien dans le chantier; l'ouvrier malade n'est pas des plus adroits, des plus utiles, etc. C'est-à-dire que le cœur s'endurcit par l'habitude, souvent par la nécessité, que toute charité s'éteint bientôt, que le peu de secours accordé n'est même plus réparti suivant une rigoureuse justice pour tous, et que le seul résultat de toutes les émotions généreuses que devraient faire naître d'aussi tristes tableaux, se réduit à quelques gratifications accordées arbitrairement et calculées, non sur les besoins réels des familles écrasées, mais dans l'intérêt à venir du chantier ou des travaux de l'entrepreneur. »

souffrances morales l'ont rendu fort indifférent aux souffrances matérielles des ouvriers. Il ne les connaît pas aussi bien que son père[1], qui avait été ouvrier lui-même. Renouvelés sans cesse, ils lui apparaissent comme des chiffres, des machines, mais moins dociles et moins régulières, dont le progrès de l'industrie permettra de se passer ; ils sont le défaut du système ; dans ce monde de fer, où les mouvements sont si précis, la seule chose à dire, c'est l'homme.

Ce qui est curieux à observer, c'est que les seuls (bien peu nombreux) qui se préoccupent du sort de l'ouvrier, ce sont parfois de très petits fabricants qui vivent avec lui d'une manière patriarcale, ou bien au contraire les très grandes et puissantes maisons, qui, s'appuyant sur des fortunes solides, sont à l'abri des inquiétudes ordinaires du commerce. Tout l'intervalle moyen est un champ de combat sans pitié.

On sait que nos manufacturiers de Mulhouse ont réclamé, contre leur intérêt, une loi qui réglât le travail des enfants. En 1836, sur un essai que l'un d'eux avait fait pour donner aux ouvriers des logements salubres avec petits jardins, ces mêmes fabricants d'Alsace furent émus de cette heureuse idée, et dans ce mouvement généreux ils souscrivirent pour deux millions. Que devint cette souscription ? je n'ai pu le savoir.

---

1. La différence entre le père et le fils, c'est que celui-ci, qui n'a pas été ouvrier, connaissant moins la fabrication, sachant moins les limites du possible et de l'impossible, est quelquefois plus dur par ignorance.

Les manufacturiers seraient à coup sûr plus humains, si leur famille, souvent très charitable, restait moins étrangère à la manufacture [1]. Elle vit ordinairement à part, ne voit les ouvriers que de loin. Elle s'exagère volontiers leurs vices, les jugeant presque toujours sur ce moment dont j'ai parlé, où la liberté, longtemps contenue, s'échappe enfin avec bruit et désordre, je veux dire, sur le moment de la sortie. Souvent aussi, le manufacturier et les siens haïssent l'ouvrier parce qu'ils s'en croient haïs ; et je dirai, contre l'opinion commune, qu'en cela il n'est pas rare qu'ils se trompent. Dans les grandes manufactures, l'ouvrier hait le contre-maître dont il subit la tyrannie immédiate ; celle du maître, plus éloignée, lui est moins odieuse ; à moins qu'on ne lui ait appris à la haïr, il l'envisage comme celle de la fatalité et il ne s'en irrite pas.

Le problème industriel se complique fort pour la France de sa situation extérieure. Bloquée en quelque

---

1. Je me rappellerai toujours une chose touchante, pleine de grâce et de charme, dont j'ai été témoin. Le maître d'une fabrique ayant eu l'obligeance de me conduire lui-même pour me montrer ses ateliers, sa jeune femme voulut être de la partie. Surpris d'abord de la voir, avec sa blanche robe, tenter ce voyage à travers l'humide et le sec (tout n'est pas beau ni propre, dans la fabrication des plus brillants objets), je compris mieux ensuite pourquoi elle affrontait ce purgatoire. Où son mari me faisait voir des choses, elle voyait des hommes, des âmes, et souvent bien blessées. Sans qu'elle m'expliquât rien, je compris que, tout en glissant à travers cette foule, elle avait un sentiment délicat, pénétrant, de toutes les pensées, je ne dis pas haineuses, mais soucieuses, envieuses peut-être, qui fermentaient là-dedans. Sur sa route, elle jetait des paroles justes et fines, parfois presque tendres, par exemple à une jeune fille souffrante ; maladive elle-même, la jeune dame avait bonne grâce à cela. Plusieurs étaient touchés ; un vieil ouvrier, qui la crut fatiguée, lui présenta un siège avec une vivacité charmante. Les jeunes étaient plus sombres ; elle, qui voyait tout, disait un mot, et chassait le nuage.

sorte par la malveillance unanime de l'Europe, elle a perdu, aussi bien que ses anciennes alliances, tout espoir de s'ouvrir, en Orient ou en Occident, de nouveaux débouchés. L'industrialisme qui a fondé le système actuel sur la supposition étrange que les Anglais, nos rivaux, seraient nos amis, se trouve, avec cette amitié, bloqué, muré, comme dans un tombeau... Certes, la grande France agricole et guerrière de vingt-cinq millions d'hommes, qui a bien voulu croire les industriels, qui s'est tenue immobile, sur leur parole, qui, par bonté pour eux, n'a pas repris le Rhin, elle a droit aujourd'hui de déplorer leur crédulité; plus sensée qu'eux, elle avait toujours cru que les Anglais restaient Anglais.

Distinguons toutefois entre les industriels. Il en est qui, au lieu de s'endormir derrière la triple ligne des douanes, ont noblement continué la guerre contre l'Angleterre. Nous les remercions de leurs héroïques efforts pour soulever la pierre sous laquelle elle crut nous écraser. Leur industrie qui lutte contre elle, avec tous les désavantages (souvent un tiers de frais de plus!) l'a néanmoins vaincue sur plusieurs points, ceux qui exigeaient les facultés les plus brillantes, la plus inépuisable richesse d'invention. Elle a vaincu par l'art.

Il faut un livre exprès pour faire connaître le grandiose effort de l'Alsace, qui, d'une âme nullement mercantile, sans marchander sur la dépense, a réuni tous les moyens, appelé toute science, voulu le beau, quoi qu'il en pût coûter. Lyon a résolu le problème d'une continuelle métamorphose, de plus en plus ingénieuse et brillante. Que dire de cette fée parisienne, qui répond de minute en minute aux mouvements les plus imprévus de la fantaisie ?

Chose inattendue, surprenante ! la France vend !... cette France exclue, condamnée, interdite... Ils viennent malgré eux, malgré eux ils achètent.

Ils achètent... des modèles, qu'ils vont, tant bien que mal, copier chez eux. Tel Anglais déclare dans une enquête qu'il a une maison à Paris, *pour avoir des modèles*. Quelques pièces achetées à Paris, à Lyon, en Alsace, puis copiées là-bas, suffisent au contrefacteur anglais, allemand, pour inonder le monde. C'est comme en librairie : la France écrit, et la Belgique vend.

Ces produits où nous excellons, sont malheureusement ceux qui changent le plus, qui exigent une mise en train toujours nouvelle. Quoique ce soit le propre de l'art d'ajouter infiniment à la valeur des matières premières, un art aussi coûteux que celui-ci ne permet guère de bénéfices. L'Angleterre, au contraire, ayant des débouchés chez les peuples inférieurs des cinq parties du monde, fabrique par grandes masses, par genres uniformes, longtemps suivis sans mise en train, sans recherches nouvelles ; de tels produits, vulgaires ou non, sont toujours lucratifs.

Travaille donc, ô France, pour rester pauvre ! Travaille, souffre, sans jamais te lasser. La devise des grandes fabriques qui font ta gloire, qui imposent ton goût, ta pensée d'art, au monde, est celle-ci : Inventer, ou périr.

CHAPITRE V

Servitudes du marchand[1].

L'homme de travail, ouvrier, fabricant, regarde généralement le marchand comme un homme de loisir. Assis dans sa boutique, qu'a-t-il à faire la matinée que de lire le journal, puis causer tout le jour, le soir fermer sa caisse? L'ouvrier se promet bien que s'il peut épargner quelque chose, il se fera marchand.

Le marchand est le tyran du fabricant. Il lui rend toutes les tracasseries, les vexations de l'acheteur. Or, l'acheteur, dans l'état de nos mœurs, c'est l'homme qui veut acheter pour rien, c'est le pauvre qui veut trancher du riche, c'est l'enrichi d'hier qui tire à grand'peine de sa poche un argent qui vient d'y entrer[2]. Ils exigent deux choses, la qualité

---

1. Nous parlons ici du commerce individuel, comme il est généralement en France, non du commerce en commandite qui n'existe encore que dans quelques grandes villes.
2. Ce sont de nouvelles classes qui arrivent, comme l'explique très bien M. Leclaire (*Peinture en bâtiment*). Ils ne savent nullement le prix réel des objets. Ils veulent du brillant, en détrempe, n'importe.

brillante, et le prix le plus vil ; la bonté de l'objet est secondaire. Qui veut mettre le prix à une bonne montre? Personne. Les riches mêmes ne veulent autre chose qu'une belle montre à bon marché.

Il faut que le marchand trompe ces gens-là, ou qu'il périsse. Toute sa vie se compose de deux guerres : guerre de tromperie et de ruse contre cet acheteur déraisonnable, guerre de vexations et d'exigences contre le fabricant. Mobile, inquiet, minutieux, il lui rend jour par jour les plus absurdes caprices de son maître, le public, le tire à droite, à gauche, change à chaque instant sa direction, l'empêche de suivre aucune idée, et rend presque impossible, dans plusieurs genres, la grande invention.

Le point capital pour le marchand, c'est que le fabricant l'aide à tromper l'acheteur, qu'il entre dans les petites fraudes, qu'il ne recule pas devant les grandes. J'ai entendu des fabricants gémir des choses que l'on exigeait d'eux, contre l'honneur; il leur fallait ou perdre leur état, ou devenir complices des tromperies les plus audacieuses. Ce n'est plus assez d'altérer les qualités, il leur faut quelquefois devenir faussaires, prendre les marques des fabriques en renom.

La répugnance que montraient pour l'industrie les nobles républiques de l'Antiquité, les fiers barons du Moyen-âge, est peu raisonnable sans doute, si par industrie l'on entend les fabrications compliquées qui ont besoin de la science et de l'art, ou bien le grand négoce qui suppose tant de connaissances, d'informations, de combinaisons. Mais cette répugnance est vraiment raisonnable, quand elle s'applique aux habitudes ordinaires du commerce, à la nécessité misérable où le marchand se trouve de mentir, de frauder et de falsifier.

Je n'hésite point à affirmer que pour l'homme d'honneur la situation du travailleur le plus dépendant est libre en comparaison de celle-ci. Serf du corps, il est libre d'âme. Asservir son âme au contraire et sa parole, être obligé du matin au soir de masquer sa pensée, c'est le dernier servage.

Représentez-vous bien cet homme qui a été militaire, qui a conservé dans tout le reste le sentiment de l'honneur, et qui se résigne à cela... Il doit souffrir beaucoup.

Ce qu'il y a de singulier, c'est que c'est justement par honneur qu'il ment tous les jours, pour *faire honneur* à ses affaires. Le déshonneur pour lui, ce n'est pas le mensonge, c'est la faillite. Plutôt que de *faillir*, l'honneur commercial le poussera jusqu'au point où la fraude équivaut au vol, où la falsification est l'empoisonnement.

Empoisonnement benin, à petite dose, je le sais, qui ne tue qu'à la longue. Quand même on voudrait dire qu'ils ne mêlent aux denrées que des substances innocentes[1], sans action, inertes, l'homme de travail

---

1. Il a été constaté *juridiquement* que beaucoup de ces substances n'étaient nullement innocentes. Voy. le *Journal de chimie médicale*, les *Annales d'Hygiène*, et MM. Garnier et Harel, *Falsifications des substances alimentaires*, 1844.

qui croit y puiser la réparation de ses forces, et qui n'y trouve rien, ne peut plus se refaire, il va se ruinant, s'épuisant, il vit (pour parler ainsi) sur le capital, sur le fonds de sa vie; elle lui échappera peu à peu.

Ce que je trouve de coupable, dans ce falsificateur qui vend l'ivresse, ce n'est pas seulement d'empoisonner le peuple, c'est de l'avilir. L'homme fatigué du travail entre confiant dans cette boutique; il l'aime comme sa maison de liberté; eh bien! qu'y trouve-t-il? la honte. Le mélange spiritueux qu'on lui vend sous le nom de vin, produit, dès qu'il est bu, l'effet qu'une double et triple quantité de vin n'eût pas produit; il s'empare du cerveau, trouble l'esprit, la langue, le mouvement du corps. Ivre et la poche vide, le marchand le jette à la rue... Qui n'a le cœur percé, en voyant quelquefois, l'hiver, une pauvre vieille femme, qui a bu du poison pour se réchauffer, et qu'on livre, en cet état, pour jouet à la barbarie des enfants?... Le riche passe, et dit : « Voilà le peuple ! »

Tout homme qui peut avoir, ou emprunter mille francs, commence hardiment le commerce. D'ouvrier, il se fait marchand, c'est-à-dire homme de loisir. Il vivait au cabaret, il ouvre un cabaret. Il s'établit, non pas loin des anciens : au contraire, au plus près, pour leur soutirer la pratique; il se flatte de la douce idée qu'il tuera le voisin. Immédiatement, il a des pratiques en effet, tous ceux qui doivent à l'autre et qui ne payeront pas. Au bout de quelques mois, ce nouveau est devenu ancien; d'autres sont venus tout autour. Il languit, il périt; il a perdu l'argent, mais de plus, ce qui valait mieux, l'habitude du travail... Grande joie parmi les survivants, qui peu à peu finissent de même. D'autres viennent, il n'y paraît pas... Triste et misérable commerce, sans industrie, sans autre idée que celle de se manger l'un l'autre.

La vente augmente à peine, et les marchands augmentent, multiplient à vue d'œil, la concurrence aussi, l'envie, la haine. Ils ne font rien, ils sont là sur leur porte, les bras croisés, à se regarder de travers, à voir si la pratique infidèle ne va pas se tromper de boutique. Ceux de Paris, qui sont quatre-vingt mille, ont eu l'an dernier *quarante-six mille procès* au seul tribunal de commerce, sans parler des autres tribunaux. Chiffre affreux! Que de querelles et de haines il suppose!...

L'objet spécial de cette haine, celui que le patenté poursuit, fait saisir quand il peut, c'est le pauvre diable qui roule sa boutique, et s'arrête un moment, c'est la malheureuse femme qui sur un éventaire porte la sienne! hélas, et souvent encore un enfant [1]... Qu'elle ne s'avise pas de s'asseoir, qu'elle marche toujours... sinon elle est saisie.

Je ne sais pas vraiment si celui qui la fait saisir, ce triste homme de boutique, est plus heureux pour être assis. Ne point bouger, attendre, ne pouvoir rien prévoir. Le marchand ne sait presque jamais d'où lui viendra le gain. Recevant la marchandise de la

---

[1]. Lire la pièce si touchante de Savinien Lapointe.

seconde, de la troisième main, il ignore quel est en Europe l'état de son propre commerce, et ne peut deviner si l'an prochain il fera fortune ou faillite.

Le fabricant, l'ouvrier même, ont deux choses, qui, malgré le travail, rendent leur destinée meilleure que celle du marchand : 1° *Le marchand ne crée point*, il n'a pas le bonheur sérieux, digne de l'homme, de faire naître une chose, de voir avancer sous sa main une œuvre qui prend forme, qui devient harmonique, qui, par son progrès, répond à son créateur, console son ennui et sa peine.

2° Autre désavantage, terrible à mon avis : *Le marchand est obligé de plaire.* L'ouvrier donne son temps, le fabricant sa marchandise pour tant d'argent; voilà un contrat simple, et qui n'abaisse pas. Ni l'un ni l'autre n'a besoin de flatter. Il n'est pas obligé, souvent le cœur navré et les yeux pleins de larmes, d'être aimable et gai tout à coup, comme cette dame de comptoir. Le marchand inquiet, mortellement occupé du billet qui échoit demain, il faut qu'il sourie, qu'il se prête, par un effort cruel, au babil de la jeune élégante qui lui fait déplier cent pièces, cause deux heures, et part sans acheter.

Il faut qu'il plaise, et que sa femme plaise. Il a mis dans le commerce, non seulement son bien, sa personne et sa vie, mais souvent sa famille [1].

L'homme le moins susceptible pour lui-même souf-

---

1. On a parlé de l'ouvrière en soie et du commis qui se faisait payer sa connivence au vol. On a parlé de l'ouvrière en coton, je crois, à tort; le fabricant est très peu en rapport avec ses ouvriers et ouvrières. On a dit

frira, à chaque heure, de voir sa femme ou sa fille au comptoir. L'étranger même, le témoin désintéressé, ne voit pas sans peine dans une honnête famille qui commence un commerce, les habitudes intérieures violemment troublées, le foyer dans la rue, le saint des saints à l'étalage ! La jeune demoiselle écoute, les yeux baissés, l'impertinent propos d'un homme indélicat. On y retourne quelques mois après, on la retrouve hardie.

La femme, au reste, fait bien plus que la fille pour le succès d'une maison de commerce. Elle cause avec grâce, avec charme... Où est l'inconvénient, dans une vie si publique, sous les yeux de la foule ?... Elle cause, mais elle écoute... et tout le monde plutôt que son mari. C'est un esprit chagrin, ce mari, nullement amusant, plein d'hésitation et de minuties, flottant en politique, en tout, mécontent du gouvernement, et mécontent des mécontents.

Cette femme s'aperçoit de plus en plus qu'elle fait là un ennuyeux métier ; douze heures par jour à la même place, exposée derrière une vitre, parmi les marchandises. Elle ne s'y tiendra pas toujours si immobile ; la statue pourra s'animer.

Voilà de grandes souffrances qui commencent pour le mari. Le lieu du monde le plus cruel pour un jaloux, c'est une boutique... Tous viennent, tous flat-

---

enfin que l'usurier de campagne mettait souvent les délais à un prix immoral. Pourquoi n'a-t-on pas parlé de la marchande, si exposée, obligée de plaire à l'acheteur, de causer longuement avec lui, et qui s'en trouve ordinairement si mal ?

tent la dame... L'infortuné ne sait pas même toujours à qui s'en prendre. Parfois il devient fou, ou se tue, ou la tue; tel autre s'alite, et meurt... Plus malheureux peut-être celui qui s'est résigné.

Il s'est trouvé un homme qui est mort ainsi lentement, non pas de jalousie, mais de douleur et d'humiliation, chaque jour insulté, outragé dans la personne de sa femme. Je parle de l'infortuné Louvet. Après avoir échappé aux dangers de la Terreur, rentré à la Convention, mais sans moyens pour vivre, il établit sa femme libraire au Palais-Royal : la librairie était à cette époque un commerce brillant, et le seul. Malheureusement l'ardent Girondin, aussi contraire aux royalistes qu'aux montagnards, avait mille ennemis. La *Jeunesse dorée*, celle qui courut si bien le 13 vendémiaire, venait bravement parader devant la boutique de Louvet, entrait, ricanait, se vengeait sur une femme. Aux provocations du mari furieux ils ne répondaient que par des risées. Lui-même leur avait donné des armes, en imprimant, dans le récit de sa fuite et de ses malheurs, mille détails passionnés, indiscrets sans doute et imprudents, sur sa Lodoïska. Une chose devait la protéger, la rendre sacrée pour des hommes de cœur, son courage, son dévouement; elle avait sauvé son mari... Nos chevaliers ne sentirent point cela; ils poussèrent froidement la cruelle plaisanterie, et Louvet en mourut. Sa femme voulait mourir; ses enfants qu'on lui amena, la condamnèrent à vivre.

CHAPITRE VI

Servitudes du fonctionnaire.

Quand les enfants grandissent et que la famille réunie commence à se demander : « Qu'en fera-t-on? » le plus vif, le moins disciplinable, ne manque guère de dire : « Moi, je veux être indépendant. » Il entrera dans le commerce, et il y trouvera l'indépendance que nous venons de caractériser. L'autre frère, le docile, le bon sujet, sera fonctionnaire.

On tâchera du moins qu'il le devienne. La famille fera pour cela d'énormes sacrifices, souvent par delà sa fortune. Grands efforts, et quel but? Après dix ans de classes, plusieurs années d'école, il deviendra surnuméraire, et enfin petit employé. Son frère, le commerçant qui, pendant ce temps-là, a eu bien d'autres aventures, lui porte grande envie, et perd peu d'occasions de faire allusion aux gens qui ne produisent pas, « qui s'endorment commodément assis au banquet du budget ». Aux yeux de l'industriel, nul ne produit que lui; le juge, le militaire, le professeur, l'employé, sont « des consommateurs improductifs[1] ».

Les parents savaient bien que la carrière des fonctions publiques n'était pas lucrative. Mais ils ont désiré pour cet enfant doux et tranquille une vie sûre, fixe et régulière. Tel est l'idéal des familles, après tant de révolutions, tel, dans leur opinion, est le sort du fonctionnaire; le reste va, vient, varie et change, le fonctionnaire seul est sorti des alternatives de cette vie mortelle, il est comme en un meilleur monde.

Je ne sais si l'employé a jamais eu ce paradis sur la terre, cette vie d'immobilité et de sommeil. Aujourd'hui, je ne vois pas un homme plus mobile. Sans parler des destitutions qui frappent quelquefois et que l'on craint toujours, sa vie n'est que mutations, voyages, translations subites (pour tel ou tel mystère électoral) d'un bout de la France à l'autre, disgrâces inexplicables, prétendus avancements qui, pour deux cents francs de plus, le font aller de Perpignan à Lille. Toutes les routes sont couvertes de fonctionnaires qui voyagent avec leurs meubles; beaucoup ont renoncé à en avoir. Campés dans une auberge, et le paquet tout fait, ils vivent là un an, au moins, d'une vie seule et triste, dans une ville inconnue; vers la fin, lorsqu'ils commencent à former quelque relation, on les dépêche à l'autre pôle.

Qu'ils ne se marient pas surtout; leur situation en

---

[1]. Comme si la justice et l'ordre civil, la défense du pays, l'instruction, n'étaient pas aussi des *productions*, et les premières de toutes!

serait empirée. Indépendamment de cette mobilité, leurs faibles traitements ne comportent point un ménage. Ceux d'entre eux qui sont obligés de faire respecter leur position, ayant charge d'âmes, le juge, l'officier, le professeur, passeront leur vie, s'ils n'ont point de fortune, dans un état de lutte, d'effort misérable pour cacher leur misère et la couvrir de quelque dignité.

N'avez-vous pas rencontré en diligence (je ne dis pas une fois, mais plusieurs) une dame respectable, sérieuse, ou plutôt triste, d'une mise modeste et quelque peu passée, un enfant ou deux, beaucoup de malles, de bagages, un ménage sur l'impériale. Au débarqué, vous la voyez reçue par son mari, un brave et digne officier qui n'est plus jeune. Elle le suit ainsi, avec toute espèce d'incommodité et d'ennui, de garnison en garnison, accouche en route, nourrit à l'auberge, puis se remet encore en route. Rien de plus triste que de voir ces pauvres femmes associées ainsi par l'affection et le devoir aux servitudes de la vie militaire.

Les traitements des fonctionnaires, militaires et civils, ont peu changé depuis l'Empire[1]. La fixité, que l'on considère comme leur suprême bonheur, presque tous l'ont sous ce rapport. Mais comme l'argent a baissé, le même chiffre va diminuant de valeur

---

1. Ils se sont améliorés dans tous les autres États de l'Europe. Ici, ils ont augmenté pour un très petit nombre de places, baissé pour d'autres, par exemple pour les commis de préfectures et sous-préfectures. — Sur le caractère général et les divisions de cette grande armée des fonctionnaires, lire l'important ouvrage de M. Vivien : *Études administratives*, 1845.

réelle, et représentant toujours moins; nous l'avons remarqué pour les salaires industriels.

La France peut se vanter d'une chose, c'est qu'à l'exception de quelques grandes places trop rétribuées, nos fonctionnaires publics servent l'État presque pour rien. Et avec cela, j'affirme qu'en ce pays dont on dit tant de mal, il est peu, très peu de fonctionnaires accessibles à l'argent.

J'entends l'objection : beaucoup sont corrompus par l'espoir d'avancer, par l'intrigue, par les mauvaises influences; je le sais, je l'accorde. Et je n'en soutiendrai pas moins que, parmi ces gens si peu rétribués, vous n'en trouverez pas qui reçoivent de l'argent, comme on voit en Russie, en Italie, dans tant d'autres contrées.

Voyons l'ordre le plus élevé. Le juge qui décide du sort, de la fortune des hommes, qui tous les jours a dans les mains des affaires de plusieurs millions, et qui pour des fonctions si hautes, si assidues, si ennuyeuses, gagne moins que tel ouvrier, le juge ne reçoit pas d'argent.

Prenez en bas, dans une classe où les tentations sont grandes, prenez le douanier : il en est peut-être qui recevraient un léger pourboire dans une occasion insignifiante, mais jamais pour ce qui donne le moindre soupçon de fraude. — Voulez-vous savoir, maintenant, combien il a pour ce service ingrat? six cents francs, un peu plus de trente sous par jour; ajoutons-y les nuits qui ne sont point payées; il passe, de deux nuits l'une, sur la frontière, sur la côte, sans abri que son manteau, exposé à l'attaque du contrebandier, au vent de la tempête, qui, de la falaise, parfois l'emporte en mer. C'est là, sur cette grève, que sa femme lui apporte son maigre repas ; car il est marié, il a des enfants, et, pour nourrir quatre ou cinq personnes, il a à peu près trente sous.

Un garçon boulanger à Paris [1] gagne plus que deux douaniers, plus qu'un lieutenant d'infanterie, plus que tel magistrat, plus que la plupart des professeurs ; il gagne *autant que six maîtres d'école!*

Honte ! infamie !... Le peuple qui paye le moins ceux qui instruisent le peuple (cachons-nous, pour l'avouer), c'est la France.

La France d'aujourd'hui. — Au contraire, la vraie France, celle de la Révolution, déclara que l'enseignement était un sacerdoce, que le maître d'école était l'égal du prêtre. Elle posa en principe que la première dépense de l'État, c'était l'instruction. Dans sa terrible misère, la Convention voulait donner cinquante-quatre millions à l'instruction primaire [2] ; et elle l'eût fait certainement, si elle eût duré davantage... Temps singulier où les hommes se disaient matérialistes, et qui fut en réalité l'apothéose de la pensée, le règne de l'esprit !

Je ne le cache pas ; de toutes les misères de ce temps-ci, il n'y en a pas qui me pèse davantage.

---

1. Je veux dire en général l'ouvrier de salaire moyen, sans chômage d'hiver. Voy. plus haut, p. 70, note.

2. Trois mois après, le 9 thermidor (27 brumaire an III), sur le rapport de Lakanal. Voir l'*Exposé sommaire des travaux de Lakanal*, p. 133.

L'homme de France le plus méritant, le plus misérable [1], le plus oublié, c'est le maître d'école. L'État qui ne sait pas seulement quels sont ses vrais instruments et sa force, qui ne soupçonne pas que son plus puissant levier moral serait cette classe d'hommes, l'État, dis-je, l'abandonne aux ennemis de l'État. Vous dites que les Frères enseignent mieux; je le nie; quand cela serait vrai, que m'importe? le maître d'école, c'est la France; le Frère, c'est Rome, c'est l'étranger et l'ennemi : lisez plutôt leurs livres; suivez leurs habitudes et leurs relations; flatteurs pour l'Université, et tout jésuites au cœur.

J'ai parlé ailleurs des servitudes du prêtre; elles sont grandes, dignes de compassion; serf de Rome, serf de son évêque, d'ailleurs presque toujours dans une position qui donne au supérieur, bien informé, hypothèque sur lui. Eh bien! ce prêtre, ce serf, c'est le tyran du maître d'école. Celui-ci n'est pas son subordonné légalement, mais il est son valet. Sa femme, mère de famille, fait sa cour à madame la gouvernante

---

1. M. Lorain, dans son *Tableau de l'instruction primaire*, ouvrage officiel de la plus haute importance, où il résume les rapports des 490 inspecteurs qui visitèrent en 1833 toutes les écoles, n'a pas d'expressions assez fortes pour dire l'état de misère et d'abjection où se trouvent nos instituteurs. Il déclare (p. 60) qu'il y en a qui gagnent *en tout* 100 francs, 60 francs, 50! Encore attendent-ils longtemps le payement, qui souvent ne vient pas! On ne paye pas en argent; chaque famille met de côté ce qu'elle a de plus mauvais dans sa récolte pour le maître d'école, *quand il vient le dimanche mendier à chaque porte, la besace sur le dos;* il n'est pas bien venu à réclamer son petit lot de pommes de terre, *on trouve qu'il fait tort aux pourceaux,* etc. Depuis ces rapports officiels, on a créé de nouvelles écoles; mais le sort des anciens maîtres n'a pas été amélioré. Espérons que la Chambre des députés accordera cette année l'augmentation de cent francs qui a été demandée en vain l'année dernière.

de M. le curé, à la pénitente préférée, influente. Elle sent bien, cette femme qui a des enfants et qui a tant de peine à vivre, qu'un maître d'école mal avec le curé, c'est un homme perdu!... On ne va pas par deux chemins pour le couler à fond; on ne s'amuse pas à dire qu'il est ignorant; non, il est vicieux, il est ivrogne, il est... Ses enfants, multipliés, hélas! année par année, ont beau témoigner pour ses mœurs. Les Frères seuls ont des mœurs; ils ont bien quelques petits procès, mais si vite étouffés!

Servitude! pesante servitude! je la retrouve en montant, descendant, à tous les degrés, écrasant les plus dignes, les plus humbles, les plus méritants!

Et je ne parle pas de la dépendance hiérarchique et légitime, de l'obéissance au supérieur naturel. Je parle de l'autre dépendance, oblique, indirecte, qui part de haut, qui descend bas, qui pèse lourdement, qui pénètre, qui entre dans le détail, qui s'informe, qui veut gouverner jusqu'à l'âme.

Grande différence entre le marchand et le fonctionnaire! le premier, nous l'avons dit, est condamné à mentir, sur des objets minimes, d'intérêt extérieur; pour ce qui est de l'âme, il garde souvent l'indépendance. C'est justement ce côté-là qu'on attaque dans le fonctionnaire; il est inquiété dans les choses de l'âme, parfois mis en demeure de mentir en ce qui touche la foi et la foi politique.

Les plus sages travaillent à se faire oublier; ils évitent de vivre et de penser, font semblant d'être nuls, et jouent si bien ce jeu qu'à la longue ils n'ont besoin d'aucun semblant; ils deviennent vraiment ce qu'ils voulaient paraître. Les fonctionnaires, qui sont pourtant les yeux et les bras de la France, visent à ne plus voir ni remuer; un corps qui a de tels membres doit être bien malade.

Pour s'annuler ainsi, le malheureux est-il quitte? pas toujours. Plus il cède, plus il recule, et plus on exige. On en vient à lui demander ce qu'on appelle des gages de dévouement, des services positifs. Il pourrait avancer, s'il se rendait utile, s'il éclairait sur telle ou telle personne... « Tel par exemple, qui est votre collègue, est-ce un homme bien sûr? »

Voilà un homme troublé, malade. Il rentre chez lui très soucieux. Pressé tendrement, il avoue ce qu'il a... Où croyez-vous, dans cette grave circonstance, qu'il trouve appui? Dans les siens? Rarement.

Chose triste et dure à dire, mais qu'il faut dire : l'homme aujourd'hui n'est pas corrompu par le monde, il le connaît trop bien; pas davantage par ses amis... qui a des amis?... Non, ce qui le corrompt le plus souvent, c'est sa famille même. Une excellente femme, inquiète pour ses enfants, est capable de tout, pour faire avancer son mari, jusqu'à le pousser aux lâchetés. Une mère dévote trouve tout simple qu'il fasse sa fortune par la dévotion; le but sanctifie tout; comment pécher en servant la bonne cause?... Que fera l'homme, quand il trouve la tentation dans la famille même, qui devait l'en garder? quand le vice lui vient par la vertu, par l'obéissance filiale, par le respect de l'autorité paternelle?

Ce côté de nos mœurs est grave ; je n'en connais pas de plus sombre.

Au reste, que la bassesse, même avec ces moyens, que le servilisme et le jésuitisme puissent triompher en France, je ne le croirai jamais. La répugnance pour tout ce qui est faux et perfide est invincible dans ce noble pays. La masse est bonne ; n'en jugez pas par l'écume qui surnage. Cette masse, quoiqu'elle flotte, elle a en elle une force qui l'assure : le sentiment de l'honneur militaire renouvelé toujours par notre légende héroïque. Tel, au moment de faillir, s'arrête sans qu'on sache pourquoi... C'est qu'il a senti passer sur sa face l'esprit invisible des héros de nos guerres, le vent du vieux drapeau!...

Ah! je n'espère qu'en lui! qu'il sauve la France, ce drapeau, et la France de l'armée! Notre glorieuse armée sur qui le monde a les yeux [1], qu'elle se maintienne pure! qu'elle soit de fer contre l'ennemi, et d'acier contre la corruption! que jamais l'esprit de police n'y pénètre! qu'elle garde l'horreur des traîtres, des vilaines offres, des moyens souterrains d'avancer!

Quel dépôt dans les mains de ces jeunes soldats! quelle responsabilité pour l'avenir!... Au jour du suprême combat de la civilisation et de la barbarie (qui sait si ce n'est pas demain?) il faut que le Juge les trouve irréprochables, leur épée nette, et que leurs

---

[1]. S'il y a eu des actes atroces, ils ont été commandés. Qu'ils retombent sur ceux qui ont donné de tels ordres! — Remarquons, en passant, que trop souvent nos journaux accueillent dans un intérêt de parti les inventions calomnieuses des Anglais.

baïonnettes étincellent sans tache!... Chaque fois que je les vois passer, mon cœur s'émeut en moi : « Ici seulement, ici, vont d'accord la force et l'idée, la vaillance et le droit, ces deux choses séparées par toute la terre... Si le monde est sauvé par la guerre, vous seuls le sauverez... Saintes baïonnettes de France, cette lueur qui plane sur vous, que nul œil ne peut soutenir, gardez que rien ne l'obscurcisse! »

CHAPITRE VII

Servitudes du riche et du bourgeois.

Le seul peuple qui ait une armée sérieuse, est celui qui ne compte pour rien en Europe. Ce phénomène ne s'explique pas suffisamment par la faiblesse d'un ministère, d'un gouvernement; il tient malheureusement à une cause plus générale, au déclin de la classe gouvernante, classe très nouvelle et très usée. Je parle de la bourgeoisie.

Je remonterai un peu haut, pour mieux me faire comprendre.

La glorieuse bourgeoisie qui brisa le Moyen-âge et fit notre première Révolution, au quatorzième siècle, eut ce caractère particulier d'être une initiation rapide du peuple à la noblesse [1]. Elle fut moins encore une classe qu'un passage, un degré. Puis, ayant fait son

---

1. Le passage se faisait, comme on sait, par la noblesse de robe. Mais ce qu'on ne sait pas, c'est la facilité avec laquelle cette noblesse devenait militaire aux quatorzième et quinzième siècles.

œuvre, une noblesse nouvelle et une royauté nouvelle, elle perdit sa mobilité, se stéréotypa, et resta une classe, trop souvent ridicule. Le bourgeois des dix-septième et dix-huitième siècles est un être bâtard, que la nature semble avoir arrêté dans son développement imparfait, être mixte, peu gracieux à voir, qui n'est ni d'en haut ni d'en bas, ne sait ni marcher ni voler, qui se plaît à lui-même et se prélasse dans ses prétentions.

Notre bourgeoisie actuelle, née en si peu de temps de la Révolution, n'a pas rencontré, en montant, de nobles sur sa tête. Elle a voulu d'autant plus être une classe tout d'abord. Elle s'est fixée en naissant, et si bien, qu'elle a cru naïvement pouvoir tirer de son sein une aristocratie ; autant vaut dire, improviser une antiquité. Cette création s'est trouvée, comme on pouvait prévoir, non antique, mais vieille et caduque [1].

Quoique les bourgeois ne demandent pas mieux que d'être une classe à part, il n'est pas facile de préciser les limites de cette classe, où elle commence, où elle finit. Elle ne renferme pas exclusivement les gens aisés ; il y a beaucoup de bourgeois pauvres [2]. Dans nos campagnes, le même homme est journalier ici, et là *bourgeois*, parce qu'il y a du bien. Cela fait, grâce

---

1. L'ancienne France eut trois classes. La nouvelle n'en a plus que deux, le peuple et la bourgeoisie.
2. Si vous observez avec attention comment le peuple emploie ce mot, vous trouverez que pour lui il désigne moins la richesse qu'une certaine mesure d'indépendance et de loisir, l'absence d'inquiétude pour la nourriture quotidienne. Tel ouvrier qui gagne cinq francs par jour appelle sans difficulté *Mon bourgeois* le rentier famélique de trois cents francs de rente, qui se

à Dieu, qu'on ne peut opposer rigoureusement la bourgeoisie au peuple, comme font quelques-uns, ce qui n'irait pas à moins qu'à créer deux nations. Nos petits propriétaires ruraux, qu'on les appelle ou non *bourgeois*, sont le peuple et le cœur du peuple.

Qu'on étende ou qu'on resserre cette dénomination, ce qui importe à observer, c'est que la bourgeoisie qui s'est chargée presque seule d'agir depuis cinquante ans semble aujourd'hui paralysée, incapable d'action. Une classe toute récente semblait devoir la renouveler; je parle de la classe industrielle, née de 1815, grandie dans les luttes de la Restauration, et qui plus qu'une autre a fait la Révolution de Juillet. Peut-être plus française que la bourgeoisie proprement dite, elle est bourgeoise d'intérêt; elle n'ose bouger. La bourgeoisie ne le veut, ne le peut; elle a perdu le mouvement. Un demi-siècle a donc suffi pour la voir sortir du peuple, s'élever par son activité et son énergie, et tout à coup, au milieu de son triomphe, s'affaisser sur elle-même. Il n'y a pas d'exemple d'un déclin si rapide.

Ce n'est pas nous qui disons cela, c'est elle. Les plus tristes aveux lui échappent sur son déclin et celui de la France qu'elle entraîne.

Un ministre disait, il y a dix ans, devant plusieurs

---

promène en habit noir au plein cœur de janvier. — Si la sécurité est l'essence du bourgeois, faudra-t-il y comprendre ceux qui ne savent jamais s'ils sont riches ou pauvres, les commerçants, d'autres encore qui semblent mieux assis, mais qui, pour des achats de charge, ou autrement, sont les serfs du capitaliste? S'ils ne sont pas vraiment bourgeois, ils se rattachent néanmoins à la même classe par l'intérêt, la peur, l'idée fixe de la paix à tout prix.

personnes : « La France sera la première des puissances secondaires. » Ce mot, qui alors était humble, au point où les choses sont venues depuis, est presque ambitieux. Tellement la descente est rapide !

Aussi rapide au dedans qu'au dehors. Le progrès du mal se marque au découragement de ceux même qui en profitent. Ils ne peuvent guère s'intéresser à un jeu où personne n'espère plus tromper personne. Les acteurs s'ennuient presque autant que les spectateurs; ils bâillent avec le public, excédés d'eux-mêmes et de sentir qu'ils baissent.

L'un d'eux, homme d'esprit, écrivait il y a quelques années qu'il ne fallait plus de grands hommes, que désormais on saurait s'en passer. Ce mot venait à point. Seulement, s'il le réimprime, il faudra qu'il l'étende et prouve cette fois que les hommes moyens, les talents secondaires, ne sont pas indispensables et qu'on peut s'en passer aussi.

La presse, il y a dix ans, prétendait influer. Elle en est revenue. Elle a senti, pour parler seulement de la littérature, que la bourgeoisie qui lit seule (le peuple ne lit guère), n'avait plus besoin d'art. Donc elle a pu, sans que personne s'en plaignît, réformer deux choses coûteuses, l'art et la critique ; elle s'est adressée aux improvisateurs, aux romanciers en commandite, puis, gardant seulement leur nom, aux ouvriers de troisième ordre.

L'affaissement général est moins senti, parce qu'il a lieu d'ensemble ; tous descendant, le niveau relatif est le même.

Qui dirait, au peu de bruit qui se fait, que nous ayons été un peuple si bruyant? l'oreille s'y fait peu à peu, la voix aussi. Le diapason change. Tel croit crier, et crie tout bas. Le seul bruit un peu haut, c'est celui de la Bourse. Celui qui l'entend de près, et qui voit cette agitation, croira trop aisément que ce courant trouble profondément le grand marais dormant de la bourgeoisie. Erreur. C'est faire trop de tort, trop d'honneur à la masse bourgeoise que de lui supposer tant d'activité pour les intérêts matériels[1]. Elle est fort égoïste, il est vrai, mais routinière, inerte. Sauf quelques courts accès, elle s'en tient ordinairement aux premières acquisitions qu'elle craint de compromettre. Il est incroyable combien cette classe, en province surtout, se résigne aisément à la médiocrité en toute chose. Elle a peu, elle l'a d'hier; pourvu qu'elle le garde, elle s'arrange pour vivre sans agir, sans penser[2].

---

[1]. La France n'a pas l'âme marchande, sauf ses moments anglais (comme celui de Law et celui-ci), qui sont des accès rares. Cela se voit surtout à la facilité avec laquelle les hommes qui d'abord semblent les plus âpres s'arrêtent généralement de bonne heure sur le chemin de la fortune. Le Français qui a gagné dans le commerce ou autrement quelques mille livres de rente se croit riche et ne fait plus rien. L'Anglais, tout au contraire, voit dans la richesse acquise un moyen de s'enrichir; il persévère jusqu'à la mort dans le travail. Il reste rivé à sa chaîne, définitivement spécialisé dans son affaire; seulement il poursuit cette spécialité sur une plus grande échelle. Il n'éprouve pas le besoin du loisir, qui lui permettrait d'arranger sa vie librement.

Aussi il y a fort peu de riches en France, si vous mettez à part nos capitalistes étrangers. Ce peu de riches seraient presque tous des pauvres en Angleterre. De nos riches, déduisez nombre de gens qui font bonne figure et dont la fortune est ou engagée ou incertaine encore, hypothétique.

[2]. Je connais, près de Paris, une ville assez considérable, où l'on compte quelques centaines de propriétaires ou rentiers de 4,000, 6,000 livres de rente

Ce qui caractérisait l'ancienne bourgeoisie, ce qui manque à la nouvelle, c'est surtout la sécurité.

Celle des deux derniers siècles, fortement assise sur la base de fortunes déjà anciennes, sur des charges de robe et de finance qui comptaient pour propriétés, sur le monopole des corporations marchandes, etc., se croyait tout aussi ferme en France que le Roi. Son ridicule fut l'orgueil, la gauche imitation des grands. Cet effort pour monter plus haut qu'on ne le peut, se traduit par l'emphase, la bouffissure qui marque la plupart des monuments du dix-septième siècle.

Le ridicule de la nouvelle bourgeoisie, c'est le contraste de ses précédents militaires, et de cette peur actuelle qu'elle ne cache nullement, qu'elle exprime à tout propos avec une naïveté singulière. Que trois hommes soient dans la rue à causer de salaires, qu'ils demandent à l'entrepreneur, riche de leur travail, un sol d'augmentation! le bourgeois s'épouvante, il crie, il appelle main-forte.

L'ancien bourgeois du moins était plus conséquent. Il s'admirait dans ses privilèges, il voulait les étendre, il regardait en haut. Le nôtre regarde en bas, il voit monter la foule derrière lui, comme il a monté, et il n'aime pas qu'elle monte, il recule, il se serre du côté du pouvoir. S'avoue-t-il nettement ses tendances

---

ou un peu plus, qui ne songent nullement à aller au delà, qui ne font rien, ne lisent rien, ni livres, ni journaux (presque), ne s'intéressent à rien, ne se voient point, ne se réunissent jamais, se connaissent à peine. L'entraînement de la Bourse ne se fait sentir là aucunement, mais malheureusement plus bas, parmi les pauvres économes des villes, et jusque dans les campagnes, où le paysan n'a pas même un journal qui puisse l'éclairer sur le guet-apens.

rétrogrades? Rarement, son passé y répugne ; il reste presque toujours dans cette position contradictoire, libéral de principes, égoïste d'application, voulant, ne voulant pas. S'il lui reste quelque chose de français qui réclame, il l'apaise par la lecture de quelque journal innocemment grondeur, pacifiquement belliqueux.

La plupart des gouvernements, il faut le dire, ont spéculé sur ce triste progrès de la peur qui n'est autre à la longue que celui de la mort morale. Ils ont pensé qu'on avait meilleur marché des morts que des vivants. Pour leur faire peur du peuple, ils ont montré sans cesse à ces gens effrayés deux têtes de Méduse qui les ont à la longue changés en pierre : la Terreur et le Communisme.

L'histoire n'a pas encore examiné de près ce phénomène unique de la Terreur, qu'aucun homme, aucun parti, à coup sûr, ne pourrait ramener. Tout ce que j'en puis dire ici, c'est que, derrière cette fantasmagorie populaire, les meneurs, nos grands Terroristes, n'étaient nullement des hommes du peuple, mais des bourgeois, des nobles, des esprits cultivés, subtils, bizarres, des sophistes et des scolastiques.

Quant au Communisme, auquel je reviendrai, un mot suffit. Le dernier pays du monde où la propriété sera abolie, c'est justement la France. Si, comme disait quelqu'un de cette école, « la propriété n'est autre chose que le vol », il y a ici vingt-cinq millions de voleurs, qui ne se dessaisiront pas demain.

Ce n'en sont pas moins là d'excellentes machines politiques pour effrayer ceux qui possèdent, les faire agir contre leurs principes, leur ôter tout principe. Voyez le bon parti que les Jésuites et leurs amis tirent du Communisme, spécialement en Suisse. Chaque fois que le parti de la liberté va gagner du terrain, on découvre, à point nommé, on publie à grand bruit quelque noirceur nouvelle, quelque atroce menée qui fait frémir d'horreur les bons propriétaires, protestants, catholiques, Berne autant que Fribourg.

Nulle passion n'est fixe, la peur moins qu'aucune autre. Il faut en subir le progrès. Or, la peur a ceci qu'elle va toujours grossissant son objet, toujours affaiblissant l'imagination maladive. Chaque jour nouvelle défiance; telle idée semble dangereuse aujourd'hui, tel homme demain, telle classe; on s'enferme de plus en plus, on barricade, on bouche solidement sa porte et son esprit; plus de jour, point de petite fente par où puisse entrer la lumière.

Plus de contact avec le peuple. Le bourgeois ne le connaît plus que par la *Gazette des Tribunaux*. Il le voit dans son domestique qui le vole et se moque de lui. Il le voit, à travers les vitres, dans l'homme ivre qui passe là-bas, qui crie, tombe, roule dans la boue. Il ne sait pas que le pauvre diable est, après tout, plus honnête que les empoisonneurs en gros et en détail qui l'ont mis dans ce triste état.

Les rudes travaux font les hommes rudes, et les rudes paroles. La voix de l'homme du peuple est âpre; il a été soldat, il affecte toujours l'énergie militaire. Le bourgeois en conclut que ses mœurs sont violentes, et le plus souvent il se trompe. Le progrès du temps n'est sensible en nulle chose plus qu'en ceci. Récemment, lorsque la force armée entra brusquement chez la *mère* des charpentiers, que leur caisse fut brisée, leurs papiers saisis, leurs pauvres épargnes, n'avons-nous pas vu ces hommes courageux se contenir dans la modération, et s'en remettre aux lois?

Le riche, c'est l'enrichi généralement, c'est le pauvre d'hier. Hier, il était lui-même l'ouvrier, le soldat, le paysan qu'il évite aujourd'hui. Je comprends mieux que le petit-fils, né riche, puisse oublier cela; mais que, dans une vie d'homme, en trente ou quarante ans, on se méconnaisse, c'est chose inexplicable. De grâce, homme des temps belliqueux, qui cent fois avez vu l'ennemi, ne craignez pas d'envisager en face vos pauvres compatriotes dont on vous fait tant de peur. Que font-ils? ils commencent aujourd'hui comme vous avez commencé. Celui qui passe là-bas, c'est vous plus jeune... Ce petit conscrit qui s'en va, chantant la *Marseillaise*, n'est-ce pas vous, enfant, qui partiez en 92? L'officier d'Afrique, plein d'ambition et d'un souffle de guerre, ne vous rappelle-t-il pas 1804 et le camp de Boulogne? Le commerçant, l'ouvrier et le petit fabricant ressemblent fort à ceux qui, comme vous, vers 1820, ont suivi la fortune.

Ceux-ci sont comme vous; s'ils peuvent, ils monteront, et très probablement par de meilleurs moyens, étant nés dans un temps meilleur. Ils gagneront, et vous n'y perdrez rien... Laissez cette idée fausse qu'on ne gagne qu'en prenant aux autres. Chaque flot de peuple qui monte, amène avec lui un flot de richesse nouvelle.

Savez-vous le danger de s'isoler, de s'enfermer si bien? c'est de n'enfermer que le vide. En excluant les hommes et les idées, on va diminuant soi-même, s'appauvrissant. On se serre dans sa classe, dans son petit cercle d'habitudes où l'esprit, l'activité personnelle ne sont plus nécessaires. La porte est bien fermée; mais il n'y a personne dedans... Pauvre riche, si tu n'es plus rien, que veux-tu donc si bien garder?

Ouvrons cette âme, voyons avec elle, si elle a du souvenir, ce qui y fut, ce qui y reste. Le jeune élan de la Révolution, hélas! qui en trouverait ici la moindre trace? La force guerrière de l'Empire, l'aspiration libérale de la Restauration, n'y paraissent pas davantage.

Cet homme d'aujourd'hui, nous l'avons vu décroître, à chaque degré qui semblait l'élever. Paysan, il eut les mœurs sévères, la sobriété et l'épargne; ouvrier, il fut bon camarade et secourable aux siens; fabricant, il était actif, énergique, il avait son patriotisme industriel, qui faisait effort contre l'industrie étrangère. Tout cela, il l'a laissé en chemin, et rien n'est venu à la place; sa maison s'est remplie, son coffre est plein, son âme n'est que vide.

La vie s'allume et s'aimante à la vie, s'éteint par l'isolement. Plus elle se mêle aux vies différentes d'elle-même, plus elle devient solidaire des autres existences, et plus elle existe avec force, bonheur, fécondité. Descendez dans l'échelle animale jusqu'aux pauvres êtres qui laissent douter s'ils sont plantes ou animaux, vous entrez dans la solitude; ces misérables créatures n'ont presque aucun rapport avec les autres.

Égoïsme inintelligent! de quel côté la classe craintive des riches et bourgeois regarde-t-elle? où va-t-elle s'allier, s'associer? justement à ce qui est le plus mobile, aux puissances politiques qui vont et viennent en ce pays, aux capitalistes qui, le jour des révolutions, prendront leurs portefeuilles et passeront le détroit... Propriétaires, savez-vous bien celui qui ne bougera point, pas plus que la terre même?... C'est le peuple. Appuyez-vous sur lui.

Le salut de la France et le vôtre, gens riches, c'est que vous n'ayez pas peur du peuple, que vous alliez à lui, que vous le connaissiez, que vous laissiez-là les fables qu'on vous fait et qui n'ont nul rapport à la réalité... Il faut s'entendre, desserrer les dents, le cœur aussi, se parler, comme on fait entre hommes.

Vous irez descendant, faiblissant, déclinant toujours, si vous n'appelez à vous et n'adoptez tout ce qui est fort, tout ce qui est capable. Il ne s'agit pas *des capacités* dans le sens ordinaire. Peu importe qu'une assemblée qui possède cent cinquante avocats, en ait trois cents. Les hommes élevés dans nos scolastiques modernes ne renouvelleront pas le monde... Non, ce sont les hommes d'instinct, d'inspiration, sans culture, ou d'autres cultures (étrangères à nos procédés et que nous n'apprécions pas), ce sont eux dont l'alliance rapportera la vie à l'homme d'étude, à l'homme d'affaires le sens pratique, qui certainement lui a manqué aux derniers temps ; il n'y paraît que trop à l'état de la France.

Ce que je dois espérer des riches et des bourgeois pour l'association large, franche, généreuse, je l'ignore. Ils sont bien malades ; on ne revient pas aisément de si loin. Mais, je l'avoue, j'ai encore espérance en leurs fils. Ces jeunes gens, tels que je les vois dans nos écoles, devant ma chaire, ont de meilleures tendances. Toujours ils ont accueilli d'un grand cœur toute parole en faveur du peuple. Qu'ils fassent plus, qu'ils lui tendent la main, et forment de bonne heure avec lui l'alliance de la régénération commune. Qu'elle n'oublie pas, cette jeunesse riche, qu'elle porte un poids lourd, la vie de ses pères, qui, en si peu de temps, ont monté, joui et déchu ; elle est lasse en naissant, et, toute jeune qu'elle est, elle a grand besoin de rajeunir en recueillant la pensée populaire. Ce qu'elle a de plus fort, c'est d'être encore tout près du peuple, sa racine, d'où elle est à peine sortie. Eh bien ! qu'elle y retourne de sympathie et de cœur, qu'elle y reprenne un peu de la sève puissante qui a fait, depuis 89, le génie, la richesse, la force de la France.

Jeunes et vieux, nous sommes fatigués. Pourquoi ne l'avouerions-nous pas, vers la fin de cette journée laborieuse qui fait une moitié de siècle?... Ceux même qui ont traversé, comme moi, diverses classes, et qui, à travers toute sorte d'épreuves, ont conservé l'instinct fécond du peuple, ils n'en ont pas moins perdu, sur la route, en luttes intérieures, une grande partie de leurs forces... Il est tard, je le sens, le soir ne peut tarder. « Déjà l'ombre plus grande tombe du haut des monts. »

A nous donc, les jeunes et les forts. Venez, les travailleurs. Nous vous ouvrons les bras. Rapportez-nous une chaleur nouvelle; que le monde, que la vie, que la science, recommencent encore.

Pour ma part, j'espère bien que ma science, ma chère étude, l'histoire, ira se ravivant à cette vie populaire, et deviendra par ces nouveaux-venus la chose grande et salutaire que j'avais rêvée. Du peuple sortira l'historien du peuple.

Celui-là ne l'aimera pas plus que moi, sans doute. J'y ai tout mon passé, ma vraie patrie, mon foyer et mon cœur... Mais bien des choses m'ont empêché d'en prendre l'élément le plus fécond. La culture tout abstraite qu'on nous donne, m'a bien longtemps séché. Il m'a fallu de longues années pour effacer le sophiste qu'on avait fait en moi. Je ne suis arrivé à moi-même qu'en me dégageant de cet accessoire étranger; je ne me suis connu que par voie négative. Voilà pourquoi, toujours sincère, toujours passionné pour le vrai, je n'ai pas atteint l'idéal de simplicité grandiose que j'avais devant l'esprit... A toi, jeune homme, à toi reviennent les dons qui m'ont manqué[1]. Fils du peuple, t'étant moins éloigné de lui, tu arriveras tout d'abord sur le terrain de son histoire

---

[1]. Mais je dois l'aider d'avance et le préparer, ce jeune homme. Voilà pourquoi je continue mon *Histoire*. Un livre est un moyen de faire un meilleur livre.

avec sa force colossale et son inépuisable sève; mes ruisseaux viendront d'eux-mêmes se perdre dans tes torrents.

Je te donne tout ce que j'ai fait... Toi, tu me donneras l'oubli. Puisse mon *Histoire* imparfaite s'absorber dans un monument plus digne, où s'accordent mieux la science et l'inspiration, où parmi les vastes et pénétrantes recherches on sente partout le souffle des grandes foules et l'âme féconde du peuple!

CHAPITRE VIII

Revue de la première partie. — Introduction à la seconde.

En repassant des yeux cette longue échelle sociale, indiquée en si peu de pages, une foule d'idées, de sentiments pénibles m'obsède, un monde de tristesse... Tant de douleurs physiques! mais combien plus de souffrances morales!... Peu me sont inconnues; je sais, je sens, j'ai eu ma bonne part... Je dois néanmoins écarter et mes sentiments et mes souvenirs, et suivre dans ce nuage ma petite lumière.

Ma lumière d'abord, qui ne me trompera pas, c'est la France. Le sentiment français, le dévouement du citoyen à la patrie, est ma mesure pour juger ces hommes et ces classes; mesure morale, mais naturelle aussi; en toute chose vivante, chaque partie vaut surtout par son rapport avec l'ensemble.

En nationalité, c'est tout comme en géologie, la chaleur est en bas. Descendez, vous trouverez qu'elle augmente; aux couches inférieures, elle brûle.

Les pauvres aiment la France, comme lui ayant obligation, ayant des devoirs envers elle. Les riches l'aiment comme leur appartenant, leur étant obligée. Le patriotisme des premiers, c'est le sentiment du devoir; celui des autres, l'exigence, la prétention d'un droit.

Le paysan, nous l'avons dit, a épousé la France en légitime mariage; c'est sa femme, à toujours; il est un avec elle. Pour l'ouvrier, c'est sa belle maîtresse; il n'a rien, mais il a la France, son noble passé, sa gloire. Libre d'idées locales, il adore la grande unité. Il faut qu'il soit bien misérable, asservi par la faim, le travail, lorsque ce sentiment faiblit en lui; jamais il ne s'éteint.

Le malheureux servage des intérêts augmente encore, si nous montons aux fabricants, aux marchands. Ils se sentent toujours en péril, marchent comme sur la corde tendue... La faillite! pour l'éviter partielle, ils risqueraient plutôt de la faire générale... Ils ont fait et défait Juillet.

Et pourtant peut-on dire que dans cette grande classe de plusieurs millions d'âmes, le feu sacré soit éteint, décidément et sans remède? Non, je croirais plus volontiers que la flamme est chez eux à l'état latent. La rivalité étrangère, l'Anglais, les empêchera d'en perdre l'étincelle.

Quel froid, si je monte plus haut! c'est comme dans les Alpes. J'atteins la région des neiges. La végétation morale disparaît peu à peu, la fleur de nationalité pâlit. C'est comme un monde saisi en une nuit d'un froid subit d'égoïsme et de peur... Que je monte encore un degré, la peur même a cessé, c'est l'égoïsme pur du calculateur sans patrie; plus d'hommes, mais des chiffres... Vrai glacier abandonné de la nature[1]... Qu'on me permette de descendre, le froid est trop grand ici pour moi, je ne respire plus.

Si, comme je le crois, l'amour est la vie même, on vit bien peu là-haut. Il semble qu'au point de vue du sentiment national, qui fait qu'un homme étend sa vie de toute la grande vie de la France, plus on monte vers les classes supérieures, moins on est vivant.

Du moins, en récompense, est-on moins sensible aux souffrances, plus libre, plus heureux? j'en doute. Je vois par exemple que le grand manufacturier, tellement supérieur au misérable petit propriétaire rural, est comme lui, et plus souvent encore que lui, esclave du banquier. Je vois que le petit marchand qui a mis son épargne aux hasards du commerce, qui y compromet sa famille (comme j'ai expliqué), qui sèche d'attente inquiète, d'envie, de concurrence,

---

1. Ces glaciers n'ont pas l'impartiale indifférence de ceux des Alpes, qui n'accumulent les eaux fécondes que pour les verser indistinctement aux nations. Les Juifs, quoi qu'on dise, ont une patrie, la Bourse de Londres; ils agissent partout, mais leur racine est au pays de l'or. Aujourd'hui que la paix armée, cette guerre immobile qui ronge l'Europe, leur a mis les fonds de tous les États entre les mains, que peuvent-ils aimer? le pays du *statu quo*, l'Angleterre. Que peuvent-ils haïr? le pays du mouvement, la France... Ils ont cru dernièrement l'amortir en achetant une vingtaine d'hommes que la France renie. Autre faute : par vanité, par un sentiment exagéré de sécurité, ils ont mis des rois dans leur bande, se sont mêlés à l'aristocratie, et par là, se sont associés aux hasards politiques. Voilà ce que leurs pères, les Juifs du Moyen-âge, n'auraient jamais fait. Quelle décadence dans la sagesse juive!

n'est pas beaucoup plus heureux que l'ouvrier. Celui-ci, s'il est célibataire, s'il peut, sur sa journée de quatre francs, épargner trente sols pour les chômages, est sans comparaison plus gai que l'homme de boutique, et plus indépendant.

Le riche, dira-t-on, ne souffre que de ses vices. — Cela déjà, c'est beaucoup ; mais il faut ajouter l'ennui, la défaillance morale, le sentiment d'un homme qui valut mieux, et qui conserve assez de vie pour sentir qu'elle baisse, pour voir dans les moments lucides qu'il enfonce dans les misères et les ridicules du petit esprit... Baisser, ne plus pouvoir faire acte de volonté qui vous relève, quoi de plus triste? Du Français, tomber au cosmopolite, à l'homme quelconque, et de l'homme au mollusque !

Qu'ai-je voulu dire, en tout ceci? que le pauvre est heureux? Que toute destinée est égale? « Qu'il y a compensation? » Dieu me garde de soutenir une thèse si fausse, si propre à tuer le cœur, à rassurer l'égoïsme!... Ne vois-je pas, ne sais-je pas d'expérience que la souffrance physique, loin d'exclure la souffrance morale, s'unit le plus souvent à elle? terribles sœurs qui s'entendent si bien pour écraser le pauvre !... Voyez, par exemple, le destin de la femme dans nos quartiers indigents ; elle n'enfante presque que pour la mort, et trouve dans le besoin matériel une cause infinie de douleurs morales.

Au moral, au physique, cette société a, par-dessus les autres, un mal qui lui est propre : elle est devenue infiniment sensible. Que les maux ordinaires à l'homme aient diminué, je le crois, l'histoire le prouve assez. Ils ont diminué toutefois dans une proportion finie, et la sensibilité a augmenté infiniment. Pendant que la pensée agrandie ouvrait une sphère nouvelle à la douleur, le cœur donnait, par l'amour, par les liens de famille, de nouvelles prises à la fortune... Chères occasions de souffrir, que personne, à coup sûr, ne veut sacrifier... Mais combien elles ont rendu la vie plus inquiète ! On ne souffre plus du présent seulement, mais de l'avenir, du possible. L'âme, tout endolorie d'avance, sent et pressent le mal qui doit venir, celui parfois qui ne viendra jamais.

Pour comble, cet âge d'extrême sensibilité individuelle est justement celui où tout se fait par les moyens collectifs qui se prêtent le moins à ménager l'individu. L'action, en tout genre, se centralise autour de quelque grande force, et bon gré, mal gré, l'homme entre dans ce tourbillon. Combien peu il y pèse, ce que deviennent, dans ces vastes systèmes impersonnels, ses pensées les plus chères, ses poignantes douleurs, hélas ! qui peut le dire ?... La machine roule immense, majestueuse, indifférente, sans savoir seulement que ses petits rouages, si durement froissés, ce sont des hommes vivants.

Ces roues animées qui fonctionnent sous une même impulsion, se connaissent-elles au moins les unes les autres ? Leur rapport nécessaire de coopération produit-il un rapport moral ?... Nullement. C'est le mystère étrange de cet âge; le temps où l'on agit le plus ensemble, est peut-être celui où les cœurs sont le moins unis. Les moyens collectifs qui mettent en commun la pensée, la font circuler, la répandent, n'ont jamais été plus grands : jamais l'isolement plus profond.

Le mystère reste inexplicable, pour qui n'observe pas historiquement le progrès du système dont il résulte. Ce système, je l'appelle d'un mot : le *Machinisme;* qu'on me permette d'en rappeler l'origine.

Le Moyen-âge posa une formule d'amour, et il n'aboutit qu'à la haine. Il consacrait l'inégalité, l'injustice, qui rendait l'amour impossible. La violente réaction de l'amour et de la nature qu'on appelle la Renaissance, ne fonda point l'ordre nouveau, et parut un désordre. Le monde, pour qui l'ordre était un besoin, dit alors : « Eh bien ! n'aimons pas ; c'est assez d'une expérience de mille ans. Cherchons l'ordre et la force dans l'union des forces ; nous trouverons des machines qui les tiendront assemblées sans amour, qui encadreront, serreront si bien les hommes, cloués, rivés, vissés, que, tout en se détestant, ils agiront d'ensemble. » Et alors, on refit des machines administratives, analogues à celles du vieil Empire romain, bureaucratie à la Colbert, armées à la Louvois. Ces machines avaient l'avantage d'employer l'homme comme force régulière, la vie, moins ses caprices, ses inégalités.

Toutefois, ce sont encore des hommes, ils en gardent quelque chose. La merveille du Machinisme, ce serait de se passer d'hommes. Cherchons des forces qui, une fois mues par nous, puissent agir sans nous, comme les roues de l'horlogerie.

Mues par nous? c'est encore de l'homme, c'est un défaut. Que la nature fournisse, non seulement les éléments de la machine, mais le moteur... C'est alors qu'on créa ces ouvriers de fer qui, de cent mille bras, cent mille dents, peignent, tissent, filent, ouvrent de toute façon ; la force, ils la prennent, comme Antée, au sein de leur mère, la nature, aux éléments, à l'eau qui tombe, ou qui, captive, distendue en vapeur, les anime, les soulève, de son puissant soupir.

Machines politiques pour rendre nos actes sociaux uniformément automatiques, nous dispenser de patriotisme; machines industrielles qui, créées une fois, multiplient à l'infini des produits monotones, et qui, par l'art d'un jour, nous dispensent d'être artistes tous les jours... Cela, c'est déjà bien, l'homme ne paraît plus beaucoup. Le Machinisme néanmoins veut davantage; l'homme n'est pas encore mécanisé assez profondément.

Il garde la réflexion solitaire, la méditation philosophique, la pensée pure du Vrai. Là, on ne peut l'atteindre, à moins qu'une scolastique d'emprunt ne le tire de lui-même pour l'engager dans ses formules. Une fois qu'il aura mis le pied dans cette roue qui tourne à vide, la Machine à penser, engrenée dans la machine politique, roulera triomphante et s'appellera *philosophie d'État*.

La fantaisie reste encore libre, la vaine poésie, qui aime et crée à son caprice... Inutile mouvement!

fâcheuse déperdition de forces!... Les objets que la fantaisie va suivant au hasard sont-ils donc si nombreux qu'on ne puisse, en les classant bien, frapper pour chaque classe un moule, où nous n'aurons plus qu'à couler, au besoin du jour, tel roman ou tel drame, toute œuvre qu'on commandera? Plus d'hommes alors dans le travail littéraire, plus de passion, plus de caprice... L'économie anglaise rêvait, comme idéal industriel, une seule machine, un seul homme pour la remonter. Combien le triomphe est plus beau, pour le Machinisme, d'avoir mécanisé le monde ailé de la fantaisie!

Résumons cette histoire :

L'État, moins la patrie; l'industrie et la littérature, moins l'art; la philosophie, moins l'examen; l'humanité, moins l'homme.

Comment s'étonner si le monde souffre, ne respire plus sous cette machine pneumatique; il a trouvé moyen de se passer de ce qui est son âme, sa vie : je parle de l'amour.

Trompé par le Moyen-âge, qui promit l'union et ne tint pas parole, il a renoncé et cherché, dans son découragement, des arts pour n'aimer pas.

Les machines (je n'excepte pas les plus belles, industrielles, administratives) ont donné, à l'homme, parmi tant d'avantages[1], une malheureuse faculté, celle d'unir les forces sans avoir besoin d'unir les

---

1. Je ne songe nullement à contester ces avantages (Voy. plus haut, p. 54). Qui voudrait revenir aux temps d'impuissance, où l'homme n'avait point de machines?

cœurs, de coopérer sans aimer, d'agir et vivre ensemble sans se connaître; la puissance morale d'association a perdu tout ce que gagnait la concentration mécanique.

Isolement sauvage dans la coopération même, contact ingrat, sans volonté, sans chaleur, qu'on ne ressent qu'à la dureté des frottements. Le résultat n'est pas l'indifférence, comme on croirait, mais l'antipathie et la haine, non la simple négation de la société, mais son contraire, la société travaillant activement à devenir insociable.

J'ai sous les yeux, j'ai dans le cœur, la grande revue de nos misères qu'on a faite avec moi. Eh bien! j'affirmerais sous serment qu'entre toutes ces misères, très réelles, que je n'atténue pas, la pire encore, c'est la misère d'esprit. J'entends par là l'ignorance incroyable où nous vivons, les uns à l'égard des autres, les hommes pratiques aussi bien que les spéculatifs. Et de cette ignorance, la cause principale, c'est que nous ne croyons pas avoir besoin de nous connaître; mille moyens mécaniques d'agir sans l'âme nous dispensent de savoir ce que c'est que l'homme, de le voir autrement que comme force, comme chiffre... Chiffre nous-mêmes et chose abstraite, débarrassés de l'action vitale par le secours du Machinisme, nous nous sentons chaque jour baisser et tourner à zéro.

J'ai observé cent fois la parfaite ignorance où chaque classe vit à l'égard des autres, ne voyant pas, et ne voulant pas voir.

Nous, par exemple, les esprits cultivés, que de peine nous avons à reconnaître ce qu'il y a de bon dans le peuple! Nous lui imputons mille choses qui tiennent, presque fatalement, à sa situation : un habit vieux ou sale, un excès après l'abstinence, un mot grossier, de rudes mains, que sais-je?... Et que deviendrions-nous, s'ils les avaient moins rudes?... Nous nous arrêtons à des choses extérieures, à des misères de forme, et nous ne voyons pas le bon cœur, le grand cœur qui est souvent dessous.

Eux, d'autre part, ils ne soupçonnent pas qu'une âme énergique puisse se trouver dans un corps faible. Ils se moquent de la vie de cul-de-jatte que mène le savant. C'est un fainéant, à leur sens. Ils n'ont aucune idée des puissances de la réflexion, de la méditation, de la force de calcul décuplée par la science. Toute supériorité qui n'est point gagnée à la guerre, leur semble mal gagnée. Que de fois j'ai entrevu en souriant que la Légion d'honneur leur semblait mal placée sur un homme chétif, de pâle et triste mine...

Oui, il y a malentendu. Ils méconnaissent les puissances de l'étude, de la réflexion persévérante, qui font les inventeurs. Nous méconnaissons l'instinct, l'inspiration, l'énergie qui font les héros.

C'est là, soyez-en sûrs, le plus grand mal du monde. Nous nous haïssons, nous nous méprisons, c'est-à-dire nous nous ignorons.

Les remèdes partiels qu'on pourra appliquer, sont bons, sans doute, mais le remède essentiel est un remède général. Il faudrait guérir l'âme.

Le pauvre suppose qu'en liant le riche par telle loi tout est fini, que le monde ira bien. Le riche croit qu'en ramenant le pauvre à telle forme religieuse, morte depuis deux siècles, il raffermit la société... Beaux topiques ! Ils imaginent apparemment que ces formules, politiques ou religieuses, ont une certaine force cabalistique pour lier le monde, comme si leur puissance n'était pas dans l'accord qu'elles trouvent ou ne trouvent pas dans le cœur !

Le mal est dans le cœur. Que le remède soit aussi dans le cœur ! Laissez là vos vieilles recettes. Il faut que le cœur s'ouvre, et les bras... Eh ! ce sont vos frères, après tout. L'avez vous oublié ?...

Je ne dis pas que telle ou telle forme d'association ne puisse être excellente. Mais il s'agit bien moins d'abord de formes que de fonds. Les formes les plus ingénieuses ne vous serviront guère si vous êtes insociables.

Entre les hommes d'étude, de réflexion, et les hommes d'instinct, qui fera le premier pas ? Nous, les hommes d'étude. L'obstacle (répugnance ? paresse ? indifférence ?) est frivole de notre côté. Du leur, l'obstacle est vraiment grave, c'est la fatalité d'ignorance, c'est la souffrance qui ferme et sèche le cœur.

Le peuple réfléchit, sans doute, et souvent plus que nous. Néanmoins, ce qui le caractérise, ce sont les puissances instinctives, qui touchent également à la pensée et à l'activité. L'homme du peuple, c'est surtout l'homme d'instinct et d'action.

Le divorce du monde est principalement l'absurde

opposition qui s'est faite aujourd'hui, dans l'âge machiniste, entre l'instinct et la réflexion; c'est le mépris de celle-ci pour les facultés instinctives, dont elle croit pouvoir se passer.

Donc, il faut que j'explique ce que c'est que l'instinct, l'inspiration, que je pose leur droit. Suivez-moi, je vous prie, dans cette recherche. C'est la condition de mon sujet. La cité politique ne se connaîtra en soi, dans ses maux et dans ses remèdes, que quand elle se sera vue au miroir de la cité morale.

DEUXIÈME PARTIE

DE L'AFFRANCHISSEMENT PAR L'AMOUR.

LA NATURE

CHAPITRE PREMIER

L'instinct du peuple, peu étudié jusqu'ici.

Au moment de commencer cette vaste et difficile recherche, je m'aperçois d'une chose peu rassurante, c'est que je suis seul sur cette route; je n'y rencontre personne dont je puisse tirer secours. Seul! je n'en irai pas moins, plein de courage et d'espérance.

De nobles écrivains, d'un génie aristocratique, et qui toujours avaient peint les mœurs des classes élevées, se sont souvenus du peuple. Ils ont entrepris, dans leur bienveillante attention, de mettre le peuple à la mode. Ils sont sortis de leurs salons, ont descendu dans la rue, et demandé aux passants où le peuple demeurait. On leur a indiqué les bagnes, les prisons, les mauvais lieux.

Il est résulté de ce malentendu une chose très fâcheuse, c'est qu'ils ont produit un effet contraire à celui qu'ils avaient cherché. Ils ont choisi, peint, raconté, pour nous intéresser au peuple, ce qui devait naturellement éloigner et effrayer. « Quoi! le peuple est fait ainsi ? » s'est écrié d'une voix la gent timide des bourgeois. « Vite, augmentons la police, armons-nous, fermons nos portes, et mettons-y le verrou! »

Il se trouve cependant, à bien regarder les choses, que ces artistes, grands dramaturges avant tout, ont peint, sous le nom du peuple, une classe fort limitée, dont la vie, toute d'accidents, de violences et de voies de fait, leur offrait un pittoresque facile, et des succès de terreur.

Criminalistes, économistes, peintres de mœurs, ils se sont occupés tous, à peu près exclusivement, d'un peuple exceptionnel :

De cette classe déclassée, qui nous effraye tous les ans du progrès du crime, du nombre des récidives. C'est un peuple bien connu qui, grâce à la publicité de nos tribunaux, à la lenteur consciencieuse de nos procédures, occupe ici dans l'attention une place qu'il n'obtient en nul pays de l'Europe. Les jugements secrets de l'Allemagne, la rapide justice anglaise, ne donnent aux criminels que l'on cache ou qu'on déporte, nulle illustration. L'Angleterre, deux ou trois fois plus riche que la France en ce genre, n'étale pas ainsi ses plaies. Ici, au contraire, il n'est aucune classe qui obtienne les honneurs d'une publicité plus complète.

Société étrange, qui vit aux dépens de l'autre, et qui n'en est pas moins suivie par elle avec intérêt ; elle a ses journaux pour enregistrer ses gestes, arranger ses paroles et lui prêter de l'esprit. Elle a ses héros, ses illustres, que tout le monde connaît par leur nom, et qui viennent périodiquement aux assises nous raconter leurs campagnes.

Cette tribu d'élite qui a le privilège de poser presque seule devant les peintres du peuple, se recrute principalement dans la foule des grandes villes ; nulle classe n'y contribue plus que la classe industrielle.

Ici encore les criminalistes ont dominé l'opinion ; c'est à leur suite et sous leur inspiration que les économistes ont étudié ce qu'ils appelaient *le peuple;* pour eux, le peuple, c'est surtout l'ouvrier, et très spécialement l'ouvrier des manufactures. Cette façon de parler qui ne serait pas impropre en Angleterre, où la population industrielle fait les deux tiers du tout, l'est singulièrement en France, dans une grande nation agricole, où l'ouvrier ne fait pas la sixième partie de la population[1]. C'est une classe nombreuse, mais, enfin, une petite minorité. Ceux qui y vont chercher leurs modèles n'ont pas droit d'écrire au bas que c'est là le portrait du peuple.

---

1. Et sur ce sixième, l'ouvrier des manufactures fait une partie minime.

Examinez bien ces foules spirituelles et corrompues de nos grandes villes qui occupent tant l'observateur, écoutez leur langage, recueillez leurs saillies, souvent heureuses : vous découvrirez une chose que personne n'a remarquée encore, c'est que ces gens qui parfois ne savent pas lire, n'en sont pas moins à leur manière des esprits très cultivés.

Les hommes qui vivent ensemble, et se touchent toujours, se développent nécessairement au simple contact, et comme par l'effet de la chaleur naturelle. Ils se donnent une éducation, mauvaise si l'on veut, mais enfin une éducation. La vie seule d'une grande ville où, sans vouloir rien apprendre, on s'instruit à chaque instant, où, pour avoir connaissance de mille choses nouvelles, il suffit d'aller dans la rue, de marcher les yeux ouverts, cette vue, cette ville, sachez-le bien, c'est une école. Ceux qui y vivent ne vivent nullement d'une vie instinctive et naturelle ; ce sont des hommes cultivés, qui observent bien ou mal, et bien ou mal réfléchissent. Je les vois souvent très subtils et d'une subtilité mauvaise. Les effets d'une culture raffinée ne sont là que trop visibles.

Si vous voulez trouver dans le monde quelque chose de contraire à la nature, de directement opposé à tous les instincts de l'enfance, regardez cette créature artificielle qu'on nomme le gamin de Paris[1]. Plus artificiel encore, le dernier né du Diable, l'af-

---

1. C'est une merveille du caractère national, que cet enfant abandonné, provoqué au mal et surexcité de toute façon, conserve quelques qualités, l'esprit, le courage.

freux petit homme de Londres qui à douze ans trafique, vole, boit du gin et va chez les filles.

Artistes, voilà donc vos modèles... Le bizarre, l'exceptionnel, le monstrueux, c'est là ce que vous cherchez. Moraliste, caricaturiste ? Quelle différence aujourd'hui ?

Un homme vint un jour proposer une mnémonique au grand Thémistocle. Il répondit amèrement : « Donne-moi donc plutôt un art d'oublier. »

Que Dieu me le donne, cet art, pour oublier aujourd'hui tous vos monstres, vos créations fantastiques, les exceptions choquantes dont vous embrouillez mon sujet. Vous allez, la loupe à la main, vous cherchez dans les ruisseaux, vous trouvez là je ne sais quoi de sale et d'immonde, et vous nous le rapportez : « Triomphe ! Triomphe ! Nous avons trouvé le peuple ! »

Pour nous intéresser à lui, ils nous le montrent forçant les portes et crochetant les serrures. A ces récits pitoresques ils ajoutent les théories profondes par lesquelles le peuple, à les entendre, se justifie à lui-même cette guerre à la propriété... Vraiment, c'est une terrible misère pour lui, par-dessus tant d'autres, d'avoir ces imprudents amis. Ces actes, ces théories, ne sont nullement du peuple. La masse n'est sans doute ni pure ni irréprochable ; mais enfin, si vous voulez la caractériser par l'idée qui la domine dans son immense majorité, vous la verrez occupée tout au contraire de fonder par le travail, l'économie, les moyens les plus respectables, l'œuvre immense qui fait la force de ce pays, la participation de tous à la propriété.

Je le disais, je me sens seul, et j'en serais attristé, si je n'avais avec moi ma foi et mon espérance. Je me vois faible, et de nature, et de mes travaux antérieurs, devant ce sujet immense, comme au pied d'un gigantesque monument que seul il me faut remuer... Ah! qu'il est aujourd'hui défiguré, chargé d'agrégations étrangères, de mousses et de moisissures, sali des pluies, de la terre, de l'injure des passants!... Le peintre, l'homme *de l'art pour l'art*, vient, regarde, et ce qui lui plaît, ce sont justement ces mousses... Moi, je voudrais les arracher. Ceci, peintre qui passez, ce n'est pas un jouet d'art, voyez-vous, c'est un autel!

Il faut que je perce la terre, que je découvre les bases profondes de ce monument; l'inscription, je le vois, est maintenant tout enfouie, cachée bien loin là-dessous... Je n'ai pour creuser là ni pioche, ni fer, ni pic; mes ongles y suffiront.

J'aurai peut-être le bonheur que j'eus il y a dix ans, lorsque je découvris à Holyrood deux curieux monuments. J'étais dans la fameuse chapelle qui, depuis longtemps n'ayant plus de toit, reçoit la pluie, le brouillard, et a couvert tous ses tombeaux d'une mousse épaisse, verdâtre. Le souvenir de l'ancienne alliance, si malheureusement perdue, me faisait regretter de ne pouvoir rien lire sur ces tombeaux des vieux amis de la France. Machinalement, j'écartai les mousses d'une de ces pierres, et je lus l'inscription d'un Français qui le premier avait pavé Édimbourg. Ma curiosité excitée me mena vers une autre pierre marquée d'une tête de mort. Cette tombe, tout à fait couchée, était ensevelie elle-même dans un linceul de moisissures. De mes ongles je grattai, n'ayant nul autre instrument, et je commençai à lire quelque chose d'une inscription latine, quatre mots presque effacés, que je déchiffrai à la longue, des mots d'un sens fort grave, bien propre à faire rêver et qui faisait soupçonner une destinée tragique. Ces mots étaient ceux-ci : « *Legibus fidus, non regibus.* » Fidèle aux lois, non aux rois[1] . . . .

. . . .

Aujourd'hui encore je creuse... Je voudrais atteindre au fond de la terre. Mais ce n'est pas cette fois un monument de haine et de guerre civile que je voudrais exhumer... Ce que je veux, c'est au contraire de trouver, en descendant sous cette terre stérile et froide, les profondeurs où recommence la chaleur sociale, où se garde le trésor de la vie universelle, où se rouvriraient pour tous les sources taries de l'amour.

1. Voici l'inscription tout entière, comme je la lus ou crus la lire, car elle était presque effacée sous cette mousse de trois siècles : *W. Harter. Legibus fidus, non regibus. Januar.* 1588.

CHAPITRE II

L'instinct du peuple, altéré, mais puissant.

La critique m'attend au premier mot, et elle m'impose silence : « Vous avez fait en cent et quelques pages un long bilan des misères sociales, des servitudes attachées à chaque condition. Nous avons patienté, dans l'espoir qu'après les maux nous saurions enfin les remèdes. A des maux si réels, si positifs, tellement spécifiés, nous attendons que vous opposerez autre chose que des paroles vagues, une banale sentimentalité, des remèdes moraux, métaphysiques. Proposez des réformes précises ; dressez, pour chaque abus, une formule nette de ce qu'il faut changer ; adressez-la aux Chambres... Ou, si vous en restez aux plaintes, aux rêveries, il vaut mieux retourner à votre Moyen-âge que vous n'auriez pas dû quitter. »

Les remèdes spéciaux n'ont pas manqué, ce semble. Nous en avons quelque cinquante mille au *Bulletin des Lois;* nous y ajoutons tous les jours, et je ne vois pas que nous en allions mieux. Nos médecins législatifs traitent chaque symptôme, qui apparaît ici et là, comme une maladie isolée et distincte, et croient y remédier par telle application locale. Ils sentent peu la solidarité profonde de toutes les parties du corps social, et celle de toutes les questions qui s'y rapportent[1].

Hérodote nous conte que les Égyptiens, dans l'enfance de la science, avaient des médecins différents pour chaque partie du corps; l'un soignait le nez, l'autre l'oreille, tel le ventre, etc. Il leur importait peu que leurs remèdes s'accordassent; chacun d'eux travaillait à part, sans déranger les autres; si, chaque membre guéri, l'homme mourait, c'était son affaire.

J'ai eu, je l'avoue, un autre idéal de la médecine. Il m'a paru, qu'avant tout remède extérieur et local, il ne serait pas inutile de s'informer du mal intérieur qui produit tous ces symptômes. Ce mal, c'est, selon moi, le refroidissement, la paralysie du cœur qui fait l'insociabilité; et celle-ci tient surtout à l'idée fausse que nous pouvons impunément nous isoler, que nous n'avons aucun besoin des autres. Les classes riches et cultivées spécialement s'imaginent qu'elles n'ont rien à voir avec l'instinct du peuple, que leur science

---

1. Pour citer un exemple, ils n'ont pas voulu voir que la question pénitentiaire était une dépendance de celle de l'instruction publique. Qu'il s'agisse de former l'homme ou de le réformer, de l'élever ou de le relever, ce n'est pas le maçon, c'est l'instituteur que doit appeler l'État; l'instituteur religieux, moral, national, qui parlera au nom de Dieu *et au nom de la France.* J'ai vu telle misérable créature qu'on croyait désespérée, où le sentiment moral et religieux n'aurait eu aucune prise, garder encore celui de la patrie.

de livres suffit à tout, que les hommes d'action ne leur apprendraient rien. Il m'a fallu, pour les éclairer, approfondir ce qu'il y a de fécond dans les facultés instinctives et actives. Cette route était longue, mais légitime, et nulle autre ne l'était.

J'apporte à cet examen trois choses avec moi. Quand je disais tout à l'heure que j'étais seul, j'avais tort.

1° J'apporte l'*observation du présent*, observation d'autant plus sérieuse qu'en moi elle n'est pas seulement du dehors, mais aussi du dedans. Fils du peuple, j'ai vécu avec lui, je le connais, c'est moi-même... Comment pourrais-je, étant ainsi au fond des choses, me fourvoyer, comme d'autres, et m'en aller prendre l'exception pour la règle, les monstruosités pour la nature.

2° Mon deuxième avantage, c'est que m'occupant moins de telle nouveauté dans les mœurs, de telle classe spéciale, née d'hier, mais me tenant dans la généralité légitime de la masse, *je la relie* sans peine *à son passé*. Les changements, dans les classes inférieures, sont bien plus lents qu'en haut. Je ne vois point naître cette masse brusquement, par hasard, comme un monstre éphémère qui jaillirait du sol ; je la vois qui descend par une génération légitime du fond de l'histoire. La vie est moins mystérieuse quand on sait la naissance, les aïeux et les précédents, quand on a vu longtemps comment l'être vivant existait, pour ainsi parler, bien avant de naître.

3° Prenant ainsi ce peuple dans son présent et

son passé, je vois *ses rapports* nécessaires se rétablir *avec les autres peuples*, à quelque degré de civilisation ou de barbarie qu'ils soient parvenus. Ils s'expliquent tous entre eux, et se commentent. A telle question que vous posez sur l'un, c'est l'autre qui répond. Tel détail, par exemple, dans les habitudes de nos montagnards des Pyrénées, d'Auvergne, vous le trouvez grossier; moi, je le vois barbare; comme tel, je le comprends, je le classe, j'en sais la place et la valeur dans la vie générale. Que de choses, effacées à demi dans nos mœurs populaires, semblaient inexplicables, dépourvues de raison et de sens, et qui, reparaissant pour moi dans leur accord avec l'inspiration primitive, se sont trouvées n'être autre chose que la sagesse d'un monde oublié... Pauvres débris sans forme que je rencontrais sans les reconnaître, mais, par je ne sais quel pressentiment, je ne voulais pas les laisser traîner sur le chemin ; au hasard, je les ramassais, j'en remplissais les pans de mon manteau... Puis, en bien regardant, je découvrais avec une émotion religieuse que ce n'était ni pierre ni caillou que j'avais rapporté, mais les os de mes pères[1].

Cette critique du présent par le passé, par la comparaison variée des peuples, des âges différents, je ne pouvais la faire dans ce petit livre. Elle ne m'en a pas moins servi à contrôler, à éclairer les résultats que me donnaient sur nos mœurs actuelles l'observation, la lecture, l'information de toute espèce.

[1] Ceux qui connaissent mon livre des *Origines du droit* comprendront bien ceci.

« Mais dira-t-on, ce contrôle lui-même n'a-t-il pas son danger? Cette critique n'est-elle pas hardie? Le peuple que nous voyons, conserve-t-il quelque rapport sérieux avec ses origines? Prosaïque à ce point, peut-il rappeler en rien les tribus qui, dans leur barbarie, gardent un souffle poétique?... Nous ne prétendons pas que la fécondité, la puissance créatrice ait manqué aux masses populaires. Elles produisent, à l'état sauvage ou barbare; les chants nationaux de tous les peuples primitifs le témoignent assez. Elles produisent aussi, lorsque, transformées par la culture, elles s'approchent des classes supérieures et s'y mêlent. Mais le peuple qui n'a ni l'inspiration primitive ni la culture, le peuple qui n'est ni civilisé ni sauvage, qui est, dans l'état intermédiaire, tout à la fois vulgaire et rude, ne reste-t-il pas impuissant?... Les sauvages eux-mêmes, qui ont naturellement beaucoup d'élévation et de poésie, voient avec dégoût nos émigrants, sortis de ces populations grossières. »

Je ne conteste pas l'état de dépression, de dégénération physique, parfois morale, où se trouve aujourd'hui le peuple, surtout celui des villes. Toute la masse des travaux pesants, toute la charge que, dans l'Antiquité, l'esclave portait seul, s'est trouvée aujourd'hui partagée entre les hommes libres des classes inférieures. Tous participent aux misères, aux vulgarités prosaïques, aux laideurs de l'esclavage. Les races les plus heureusement nées, nos jolies races du Midi, par exemple, si vives et si chanteuses, sont tristement courbées par le travail. Le pis, c'est qu'aujourd'hui l'âme est souvent aussi courbée que les épaules; la misère, le besoin, la peur de l'usurier, du garnisaire, quoi de moins poétique?

Le peuple a moins de poésie en lui-même, et il en trouve moins dans la société qui l'entoure. Cette société a du moins rarement le genre de poésie qu'il peut apprécier, le détail saisissant dans le pittoresque ou le pathétique. Si elle a une haute poésie, c'est dans les harmonies, souvent très compliquées, qu'un œil peu exercé ne saisit pas.

L'homme pauvre et seul, entouré de ces objets immenses, de ces énormes forces collectives qui l'entraînent, sans qu'il les comprenne, se sent faible, humilié. Il n'a nullement l'orgueil qui rendit jadis si puissant le génie individuel. Si l'interprétation lui manque, il reste découragé devant cette grande société qui lui semble si forte, si sage et si savante. Tout ce qui vient du centre lumineux, il l'accepte, le préfère sans difficulté à ses propres conceptions. Devant cette sagesse, la petite muse populaire se contient, elle n'ose souffler. La première impose à cette villageoise, la fait taire, ou même lui fait chanter ses chants. C'est ainsi que nous avons vu Béranger, dans sa forme exquise et noblement classique, devenir le chansonnier national, envahir tout le peuple, remplacer les vieux chants des villages, jusqu'aux mélodies antiques que chantaient nos matelots. Les poètes ouvriers des derniers temps ont imité les rythmes de Lamartine, s'abdiquant, autant qu'il était en eux, et sacrifiant trop souvent ce qu'ils pouvaient avoir d'originalité populaire.

Le tort du peuple, quand il écrit, c'est toujours de sortir de son cœur, où est sa force, pour aller emprunter aux classes supérieures des abstractions, des généralités. Il a un grand avantage, mais qu'il n'apprécie nullement, celui de ne pas savoir la langue convenue, de n'être pas, comme nous le sommes, obsédé, poursuivi de phrases toutes faites, de formules, qui viennent d'elles-mêmes, lorsque nous écrivons, se poser sur notre papier. Voilà justement ce que nous envient, ce que nous empruntent, autant qu'ils peuvent, les littérateurs ouvriers. Ils s'habillent, ils mettent des gants pour écrire, et perdent ainsi la supériorité que donnent au peuple, quand il sait s'en servir, sa main forte et son bras puissant.

Qu'importe? Pourquoi demander à des hommes d'action quels sont leurs écrits? Les vrais produits du génie populaire, ce ne sont pas des livres, ce sont des actes courageux, des mots spirituels, des paroles chaleureuses, inspirées, comme je les recueille tous les jours dans la rue, sortant d'une bouche vulgaire, de celle qui semblait le moins faite pour l'inspiration. Cet homme, au reste, qui vous repousse par la vulgarité, ôtez-lui son vieux vêtement, mettez-lui l'uniforme, le sabre, le fusil, un tambour, un drapeau en avant... On ne le reconnaît plus; c'est un autre homme. Le premier, où est-il? impossible de le retrouver.

La dépression, la dégénération, n'est qu'extérieure.

Le fonds subsiste. Cette race a toujours du vin dans le sang; en ceux même qui semblent le plus éteints, vous retrouverez une étincelle. Toujours l'énergie militaire, toujours l'insouciance courageuse, grande parade d'esprit indépendant. Cette indépendance qu'ils ne savent où placer (entravés, comme ils sont, de toutes parts), ils la mettent trop souvent dans les vices, et se vantent d'être pires qu'ils ne sont. Exactement le contraire des Anglais.

Entraves extérieures, vie forte qui réclame au dedans, ce contraste produit beaucoup de faux mouvements, une discordance dans les actes, les paroles, qui choque au premier regard. Elle fait aussi que l'Europe aristocratique se plaît à confondre le peuple de France avec les peuples imaginatifs et gesticulateurs, comme les Italiens, les Irlandais, Gallois, etc. Ce qui l'en distingue d'une manière très forte et très tranchée, c'est que dans ses plus grands écarts, dans ses saillies d'imagination, dans ce qu'on aime à appeler ses accès de Don Quichottisme; il garde le bon sens. Aux moments les plus exaltés, une parole ferme et froide indique que l'homme n'a pas perdu terre, qu'il n'est pas dupe lui-même de son exaltation.

Ceci regarde le caractère français en général. Pour revenir au peuple spécialement, remarquons que l'instinct qui domine chez lui, lui donne pour l'action un avantage immense. La pensée réfléchie n'arrive à l'action que par tous les intermédiaires de délibération et de discussion; elle arrive à travers tant de choses que souvent elle n'arrive pas. Au contraire, la pensée instinctive *touche à l'acte*, est presque l'acte; elle est presque en même temps une idée et une action.

Les classes que nous appelons inférieures, et qui suivent de plus près l'instinct, sont par cela même éminemment capables d'action, toujours prêtes à agir. Nous autres, gens cultivés, nous jasons, nous disputons, nous répandons en paroles ce que nous avons d'énergie. Nous nous énervons par la dispersion de l'esprit, par le vain amusement de courir de livre en livre, ou de les faire battre entre eux. Nous avons de grandes colères sur de petits sujets; nous trouvons de fortes injures, de grandes menaces d'action... Cela dit, nous ne faisons rien, nous n'agissons pas... Nous passons à d'autres disputes.

Eux, ils ne parlent pas tant, ils ne s'enrouent pas à crier, comme font les savants et les vieilles. Mais qu'il vienne une occasion, sans faire bruit, ils en profitent, ils agissent avec vigueur. L'économie des paroles profite à l'énergie des actes.

Cela posé, prenons pour juges entre ces classes les hommes héroïques de l'Antiquité ou du Moyen-âge, et demandons-leur lesquels, de ceux qui parlent ou de ceux qui agissent, constituent l'aristocratie. Ils répondront : « Ceux qui agissent », sans la moindre hésitation.

Si l'on aimait mieux placer la supériorité dans le bon sens et le bon jugement, je ne sais trop dans quelle classe on trouverait un homme plus sensé que le vieux paysan de France. Sans parler de sa finesse en matière d'intérêt, il connaît bien les hommes, il devine la société qu'il n'a pas vue. Il a beaucoup de réflexion intérieure, et une prescience singulière des choses naturelles. Il juge du ciel, et parfois de la terre, mieux qu'un augure de l'Antiquité.

Sous l'apparence d'une vie toute physique et végétative, ces gens-là songent, rêvent, et ce qui est rêve chez le jeune homme, devient chez le vieillard réflexion et sagesse. Nous autres, nous avons tous les secours qui peuvent provoquer, soutenir et fixer la méditation. Mais, d'autre part, plus mêlés à la vie, aux plaisirs, aux vaines conversations, nous pouvons rarement réfléchir, et le voulons encore moins. L'homme du peuple au contraire trouve souvent dans la nature de son travail une solitude obligée. Isolé par la culture des champs, isolé par les métiers bruyants qui créent dans la foule même une solitude, il faut, s'il ne veut périr d'ennui, qu'en lui l'âme se tourne vers elle-même, qu'elle converse avec l'âme.

Les femmes du peuple particulièrement, obligées bien plus que les autres d'être la providence de la famille, celle de leur mari même, forcées tous les jours d'employer avec lui infiniment d'adresse et de vertueuses ruses, atteignent parfois à la longue un degré étonnant de maturité. J'en ai vu qui, vers la fin de l'âge, ayant conservé, à travers tant de rudes épreuves, les meilleurs instincts, s'étant toujours cultivées par la réflexion, élevées par le progrès naturel d'une vie dévouée et pure, n'étaient plus du tout de leur classe, ni, je crois, d'aucune, mais vraiment supérieures à toutes. Elles étaient extraordinairement prudentes, pénétrantes, dans les matières même sur lesquelles vous ne leur auriez supposé aucune expérience. Elles voyaient d'une vue si nette dans les probabilités, qu'on leur aurait cru volontiers un esprit de divination. Nulle part je n'ai rencontré une telle association de deux choses qu'on croit ordinairement très distinctes et même opposées, la sagesse du monde et l'esprit de Dieu.

CHAPITRE III

**Le peuple gagne-t-il beaucoup à sacrifier son instinct?
Classes bâtardes.**

Ce paysan dont nous parlions, cet homme si avisé, si sage, a pourtant une idée fixe : c'est que son fils ne soit pas paysan, qu'il monte, qu'il devienne un bourgeois. Il n'y réussit que trop bien. Ce fils, qui fait ses classes, qui devient M. le curé, M. l'avocat, M. le fabricant, vous le reconnaîtrez sans peine. Rouge et de forte race, il remplira tout, occupera tout de son activité vulgaire ; ce sera un parleur, un politique, un homme important, de grand vol, qui n'a plus rien de commun avec les petites gens. Vous le trouverez partout dans le monde, avec sa voix qui couvre tout, et cachant sous des gants glacés les grosses mains de son père.

Je m'exprime mal ; le père les eut fortes, et le fils les a grosses. Le père, sans nul doute, était plus nerveux et plus fin. Il était bien plus près de l'aristocratie. Il ne parlait pas tant, et il allait au but.

Le fils a-t-il monté en quittant la condition de son père? y a-t-il eu progrès de l'un à l'autre?... Oui, sans nul doute, pour la culture et le savoir. Non, pour l'originalité et la distinction réelle.

Tous quittent aujourd'hui leur condition; ils montent ou croient monter. Cinq cent mille ouvriers, en trente ans, ont pris patente et sont devenus maîtres. Le nombre des journaliers des campagnes qui sont devenus propriétaires ne peut se calculer. Les professions dites libérales ont recruté immensément dans les rangs inférieurs; les voilà pleines, combles.

Un changement profond est résulté de tout cela, dans les idées et la moralité. L'homme fait son âme sur sa situation matérielle; chose étrange! il y a âme de pauvre, âme de riche, âme de marchand... Il semble que l'homme ne soit que l'accessoire de la fortune.

Il y a eu, entre les classes, non pas union et association, mais mélange rapide et grossier. Sans doute il fallait bien qu'il en fût ainsi pour neutraliser les obstacles, autrement insurmontables, que rencontrait l'égalité nouvelle. Mais ce changement n'en a pas moins eu pour résultat d'empreindre l'art, la littérature, toutes choses d'une grande vulgarité. Les gens aisés, même les riches, s'accommodent à merveille de choses médiocres, à bas prix; vous rencontrez dans telle maison de grand luxe des objets communs, laids et vils; on veut l'art au rabais. La chose qui fait la vraie noblesse, la *puissance du sacrifice*, est celle qui fait défaut à l'enrichi; elle lui manque dans l'art, autant que dans la politique. Il ne sait rien sacrifier, même dans son intérêt réel. Cette infirmité morale le suit dans ses jouissances même, et dans ses vanités, les rend vulgaires, mesquines.

Cette classe de toutes classes, ce mélange bâtard qui s'est fait si vite, et qui faiblit déjà, sera-t-il productif? j'en doute. Le mulet est stérile.

Un peuple qui, comparé aux peuples militaires (France, Pologne, etc.), me paraît être le peuple éminemment bourgeois, l'Anglais, peut nous éclairer sur les chances futures de la bourgeoisie. Nul autre au monde n'a eu plus de changements de classes, et nul n'a mis plus d'adresse à déguiser en lords l'enrichi, le fils du marchand. Ceux-ci, qui, aux deux derniers siècles ont renouvelé toute la noblesse anglaise, ont eu une attention singulière à conserver, avec les noms et les armes, les manoirs vénérables, les meubles, les collections héréditaires; ils ont été jusqu'à copier, de manières et de caractères, les familles antiques dont ils occupaient le foyer. Avec un orgueil soutenu, ils ont, dans l'attitude, dans le parler, dans toute chose de forme, représenté, joué ces vieux barons. Eh bien! qu'ont-ils produit avec tout ce travail, cet art de conserver la tradition, de fabriquer du vieux? Ils ont fait une noblesse sérieuse, qui a beaucoup d'esprit de suite, mais, au fond, de peu de ressources, de peu d'invention politique, nullement digne des grandes circonstances dans lesquelles se trouve et se trouvera l'Empire britannique. Où est, je vous prie, l'Angleterre de Shakespeare, de Bacon? La bourgeoisie (déguisée, anoblie, peu m'importe) a dominé depuis Cromwell ; la puissance, la richesse, ont augmenté incalculablement ; la moyenne de culture s'est élevée, mais en même temps je ne sais quelle triste égalité s'est établie entre les gentlemen, une ressemblance universelle des hommes et des choses. Vous distinguez à peine dans leur élégante écriture une lettre d'une lettre, ni dans leurs villes une maison d'une maison, ni dans leur peuple un Anglais d'un Anglais.

Pour revenir, je croirais volontiers que dans l'avenir, les grandes originalités inventives appartiendront aux hommes qui ne se perdront point dans ces moyennes bâtardes où s'énerve tout caractère natif. Il se trouvera des hommes forts qui ne voudront pas monter ; qui, nés peuple, voudront rester peuple. S'élever à l'aisance, à la bonne heure ; mais entrer dans la bourgeoisie, changer de condition et d'habitudes, cela leur paraîtra peu souhaitable ; ils sentiront qu'ils y gagneraient peu. La forte sève, le large instinct des masses, le courage de l'esprit, tout cela se conserve mieux chez le travailleur, lorsqu'il n'est point brisé par le travail, lorsqu'il a la vie un peu facile, avec quelques loisirs.

J'ai eu sous les yeux deux exemples d'hommes qui, avec beaucoup de sens, n'ont pas voulu monter. L'un, ouvrier d'une manufacture, intelligent et recueilli, avait toujours refusé d'être contre-maître, craignant la responsabilité, les reproches, le dur contact du manufacturier, aimant mieux travailler silencieux, seul avec sa pensée. Son admirable paix intérieure, qui rappelait celle des ouvriers mystiques dont j'ai parlé, était perdue, s'il avait accepté cette position nouvelle.

L'autre, fils de cordonnier, ayant fait des études classiques, son droit même, et reçu avocat, obéit sans murmurer aux nécessités de sa famille et reprit le métier paternel, montrant qu'une âme forte peut indifféremment ou monter ou descendre. Sa résignation a été récompensée. Cet homme, qui ne chercha pas la gloire, l'a maintenant dans son fils, qui, doué d'un don singulier, prit dans le métier même le sentiment de l'art, et qui plus tard est devenu l'un des plus grands peintres de l'époque.

Les changements continuels de conditions, de métiers, d'habitudes, empêchent tout perfectionnement intérieur; ils produisent ces mélanges qui sont tout à la fois vulgaires, prétentieux, inféconds. Celui qui, dans un instrument, sous prétexte d'améliorer les cordes, changerait leur valeur, et les rapprocherait toutes d'une moyenne commune, au fond il les aurait annulées, rendu l'instrument inutile, l'harmonie impossible.

Rester soi, c'est une grande force, une chance d'originalité. Si la fortune change, tant mieux; mais que la nature reste. L'homme du peuple doit y regarder, avant d'étouffer son instinct, pour se mettre à la suite des beaux esprits bourgeois. S'il reste fidèle à son métier et qu'il le change, comme Jacquart; si d'un métier il fait un art, comme Bernard Palissy, quelle gloire plus grande aurait-il en ce monde?

CHAPITRE IV

Des simples. — L'enfant, interprète du peuple.

Celui qui veut connaître les dons les plus hauts de l'instinct du peuple, doit faire peu d'attention aux esprits mixtes, bâtards, demi-cultivés, qui participent aux qualités et aux défauts des classes bourgeoises. Ce qu'il doit chercher et étudier, ce sont spécialement les simples.

Les simples sont en général ceux qui divisent peu la pensée, qui, n'étant pas armés des machines d'analyse et d'abstraction, voient chaque chose une, entière, concrète, comme la vie la présente.

Les simples font un grand peuple. Il y a les simples de nature, et les simples de culture, les pauvres d'esprit qui ne distingueront jamais, les enfants qui ne distinguent pas encore, les paysans, les gens du peuple qui n'en ont pas l'habitude.

Le scolastique, le critique, l'homme d'analyse, de *nisi*, de *distinguo*, regarde de haut les simples. Ils ont cependant l'avantage, ne divisant pas, de voir ordinairement les choses à leur état naturel, organisées et vivantes. Donnant peu à la réflexion, ils sont souvent riches d'instinct. L'inspiration n'est pas rare dans ces classes d'hommes, quelquefois même une sorte de divination. On trouve parmi eux des personnes tout à fait à part, qui conservent, dans une vie prosaïque, ce qui est la plus haute poésie morale, la simplicité du cœur. Rien de plus rare que de garder ces dons divins de l'enfance; cela suppose ordinairement une grâce particulière et une sorte de sainteté.

Il faudrait l'avoir, cette grâce, pour en parler seulement. La science n'exclut nullement la simplicité, il est vrai; mais elle ne la donne pas. La volonté y fait peu.

Le grand légiste de Toulouse, au point le plus difficile de son œuvre, s'arrête et prie son auditoire de demander pour lui une lumière spéciale en matière si subtile. Combien plus en avons-nous besoin! et moi, et vous, amis, qui me lisez! Combien il nous faudrait obtenir, non un don de subtilité, mais de simplicité au contraire et d'enfance de cœur!

Il ne faut plus que les sages se contentent de dire : « Laissez venir les petits. » Il faut qu'ils aillent à eux. Ils ont beaucoup à apprendre au milieu de ces enfants. Ce qu'ils ont de mieux à faire, c'est d'ajourner leur étude, de bien serrer leurs livres qui leur ont servi de peu, et de s'en aller bonnement, parmi les mères et les nourrices, désapprendre et oublier.

Oublier? non, mais plutôt encore réformer leur sagesse, la contrôler par l'instinct de ceux qui sont plus près de Dieu, la rectifier en la mettant à cette petite mesure, et se dire que la science des trois mondes ne contient pas plus qu'il n'y a dans un berceau.

Pour ne parler que du sujet qui nous occupe, nul n'y pénétrera profondément s'il n'a bien observé l'enfant. L'enfant est l'interprète du peuple. Que dis-je? il est le peuple même, dans sa vérité native, avant qu'il ne soit déformé, le peuple sans vulgarité, sans rudesse, sans envie, n'inspirant ni défiance ni répulsion. Non seulement il l'interprète, mais il le justifie et l'innocente en bien des choses; telle parole que vous trouvez rude et grossière dans la bouche d'un homme rude, dans celle de votre enfant vous la trouvez (ce qu'elle est véritablement) naïve; vous apprenez ainsi à vous défendre d'injustes préventions. L'enfant étant, comme le peuple, dans une heureuse ignorance du langage convenu, des formules et des phrases faites qui dispensent d'invention, vous montre, par son exemple, comment le peuple est obligé de chercher son langage et de le trouver sans cesse; l'un et l'autre trouvent souvent avec une heureuse énergie.

C'est encore par l'enfant que vous pouvez apprécier ce que le peuple, tout changé qu'il est, garde encore de jeune et de primitif. Votre fils, comme le paysan de Bretagne et des Pyrénées, parle à chaque instant la langue de la Bible ou de l'*Iliade*. La critique la plus hardie des Vico, des Wolf, des Niebuhr, n'est rien en comparaison des lumineux et profonds éclairs que certains mots de l'enfant vous ouvriront tout à coup dans la nuit de l'Antiquité. Que de fois en observant la forme historique et *narrative* qu'il donne aux idées même abstraites, vous sentirez comment les peuples enfants ont dû *narrer* leurs dogmes en légendes, et faire une *histoire* de chaque vérité morale !... C'est là, ô sages, qu'il nous faut bien nous taire... Entourons, écoutons ce jeune maître des vieux temps ; il n'a nullement besoin pour nous instruire de pénétrer ce qu'il dit ; mais c'est comme un témoin vivant ; « il y était, il en sait mieux le conte ».

En lui, comme chez les peuples jeunes, tout est encore concentré, à l'état *concret* et vivant. Il nous suffit de le regarder, pour sentir l'état singulièrement *abstrait* où nous sommes arrivés aujourd'hui. Beaucoup d'abstractions creuses ne tiennent pas à cet examen. Nos enfants de France surtout, qui sont si vifs et si parleurs, avec un bon sens très précoce, nous ramènent sans cesse aux réalités. Ces innocents critiques ne laissent pas d'être embarrassants pour le sage. Leurs naïves questions lui présentent trop souvent l'insoluble nœud des choses. Ils n'ont pas appris, comme nous, à tourner les difficultés, à éviter tels problèmes, qu'il semble convenu, entre sages, de n'approfondir jamais. Leur hardie petite logique va toujours droit devant elle. Nulle absurdité sacrée n'aurait tenu en ce monde, si l'homme n'avait fait taire les objections de l'enfant. De quatre à douze ans surtout, c'est l'époque raisonneuse ; entre la lactation et l'apparition du sexe, ils semblent plus légers, moins matériels, plus vifs d'esprit qu'ils ne sont après. Un éminent grammairien, qui n'a jamais voulu vivre qu'avec les enfants, me disait qu'à cet âge il leur trouvait la capacité des plus subtiles abstractions.

Ils perdent infiniment à se dégrossir si vite, à passer rapidement de la vie instinctive à la vie de réflexion. Jusque-là, ils vivaient sur le large fonds de l'instinct, ils nageaient dans la mer de lait. Lorsque de cette mer obscure et féconde, la logique commence à dégager quelques filets lumineux, il y a progrès sans doute, progrès nécessaire qui est une condition de la vie ; mais ce progrès en un sens n'en est pas moins une chute. L'enfant se fait homme alors, et c'était un petit dieu.

La première enfance et la mort, ce sont les moments où l'infini rayonne en l'homme, la grâce : prenez ce mot au sens de l'art ou de la théologie. Grâce mobile du petit enfant qui joue et s'essaye à la vie, grâce austère et solennelle du mourant où la vie s'achève, toujours la grâce divine. Rien qui fasse mieux sentir la grande parole biblique : « Vous êtes des Dieux, vous serez des Dieux. »

Apelle et Corrège étudiaient sans cesse ces moments divins. Corrège passait les jours à voir jouer les petits enfants. Apelle, dit un ancien, n'aimait à peindre que des personnes mourantes.

En ces jours d'arrivée, de départ, de passage entre deux mondes, l'homme semble les contenir tous ensemble¹. La vie instinctive où il est alors plongé, est comme l'aube et le crépuscule de la pensée, plus vague que la pensée sans doute, mais combien plus vaste! Tout le travail intermédiaire de la vie raisonneuse et réfléchie est comme une ligne étroite qui part de l'immensité obscure et qui y retourne. Si vous voulez le bien sentir, étudiez de près l'enfant, le mourant. Placez-vous à leur chevet, observez, faites silence.

J'ai malheureusement eu trop d'occasions de contempler les approches de la mort, et sur des personnes chères. Je me rappelle spécialement une longue journée d'hiver que je passai entre le lit d'une mourante et la lecture d'Isaïe. Ce spectacle, très pénible, était celui d'un combat entre la veille et le sommeil, un songe laborieux de l'homme qui se soulevait retombait... Les yeux qui nageaient dans le vide exprimaient, avec une vérité douloureuse, l'incertitude entre deux mondes. La pensée obscure et vaste roulait toute la vie écoulée, et elle s'agrandissait de pressentiments immenses... Le témoin de cette grande lutte qui en partageait le flux, le reflux, toutes les anxiétés, se serrait, comme en un naufrage, à cette ferme croyance, qu'une âme qui, tout en revenant

---

1. L'horreur de la fatale énigme, le sceau qui ferme la bouche au moment où l'on sait le mot, tout cela a été saisi une fois dans une œuvre sublime que j'ai découverte dans une partie fermée du Père-Lachaise, au cimetière des Juifs. C'est un buste de Préault, ou plutôt une tête, prise et serrée dans son linceul, le doigt pressé sur les lèvres. Œuvre vraiment terrible, dont le cœur soutient à peine l'impression, et qui a l'air d'avoir été taillée du grand ciseau de la mort.

à nos instincts primitifs, anticipait déjà dans celui du monde inconnu, ne pouvait s'acheminer par là à l'anéantissement.

Tout faisait supposer plutôt qu'elle allait de ce double instinct douer quelque jeune existence, qui reprendrait plus heureusement l'œuvre de la vie, et donnerait aux rêves de cette âme, à ses pensées commencées, à ses volontés muettes, les voix qui leur avaient manqué[1].

Une chose frappe toujours en observant les enfants et les mourants, c'est la noblesse parfaite dont la nature les empreint. L'homme naît noble, et il meurt noble ; il faut tout le travail de la vie pour devenir grossier, ignoble, pour créer l'inégalité.

Voyez cet enfant que sa mère à genoux nommait si bien *son Jésus*... La société, l'éducation l'ont changé bien vite. L'infini qui était en lui, et qui le divinisait, va disparaissant ; il se caractérise, il est vrai, se précise, mais se rétrécit.... La logique, la critique, taille, sculpte impitoyablement dans ce qui lui semble un bloc ; dur statuaire dont le fer mord dans la matière

---

[1]. « L'aïeul reçoit l'enfant lorsqu'il sort du sang maternel... Te voilà donc renée, ô mon âme, pour dormir de nouveau dans un corps. » (Lois indiennes, citées dans mes *Origines du droit*). — Sans admettre l'hypothèse de la transmission des âmes (encore moins celle de la transmission du péché), on est bien tenté de croire que nos premiers instincts sont la pensée des ancêtres que le jeune voyageur apporte comme provision de voyage. Il y ajoute beaucoup. Si j'écarte les théories, si je ferme les livres pour regarder la nature, je vois la pensée naître en nous comme instinct obscur, poindre dans un demi-jour, s'éclairer et se diviser au jour de la réflexion ; puis, formulée, et de plus en plus acceptée comme formule, passer dans nos habitudes, dans les choses qui nous sont propres, que nous n'examinons plus, et alors, obscurcie de nouveau, faire partie de nos instincts.

trop tendre, chaque coup abat des plans entiers... Ah! que le voilà déjà maigre, mutilé! La noble ampleur de sa nature, où est-elle maintenant?... Le pis, c'est que, sous l'influence d'une éducation si rude, il ne sera pas seulement faible et stérile, mais deviendra vulgaire.

Quand nous regrettons notre enfance, ce n'est pas tant la vie, les années qui alors étaient devant nous, c'est notre noblesse que nous regrettons. Nous avions alors en effet cette naïve dignité de l'être qui n'a pas ployé encore, l'égalité avec tous; tous jeunes alors, tous beaux, tous libres... Patientons, cela doit revenir; l'inégalité n'est que pour la vie; égalité, liberté, noblesse, tout nous revient par la mort.

Hélas! ce moment ne revient que trop vite pour le grand nombre des enfants. On ne veut voir dans l'enfance qu'un apprentissage de la vie, une préparation à vivre, et la plupart ne vivent point. On veut qu'ils soient heureux « plus tard », et pour assurer le bonheur de ces années incertaines, on accable d'ennui et de douleur le petit moment qu'ils ont d'assuré...[1].

Non, l'enfance n'est pas seulement un âge, un degré de la vie, c'est un peuple, le peuple innocent... Cette fleur du genre humain, qui généralement n'a que peu à vivre, suit la nature, au sein de laquelle

---

1. Je ne parle point de l'accablement du travail, ni des punitions innombrables, excessives, que nous infligeons à leur mobilité, voulue par la nature même, mais de l'inepte dureté qui nous fait plonger brusquement, sans précaution, dans les froides abstractions, un être jeune, sorti à peine du sang et du lait maternels, tiède encore et qui ne demande qu'à s'épanouir en fleurs.

elle doit bientôt retomber... Et c'est justement la nature que l'on veut dompter en elle. L'homme qui, pour lui-même, s'éloigne de la barbarie du Moyen-âge, la maintient encore pour l'enfant, partant toujours du principe inhumain, que notre nature est mauvaise, que l'éducation n'en est pas la bonne économie, mais la réforme, que l'art et la sagesse humaine doivent amender, châtier l'instinct que Dieu nous donna.

CHAPITRE V

L'instinct naturel de l'enfant est-il pervers ?[1]

L'instinct humain est-il perverti d'avance ? L'homme est-il méchant de naissance ? l'enfant que je reçois dans mes bras, sortant du sein de sa mère, serait-ce un petit damné ?

A cette question atroce, qui coûte rien qu'à l'écrire, le Moyen-âge, sans pitié, sans hésitation, répond : Oui.

Quoi ! cette créature qui semble tellement désarmée, innocente, sur qui la nature entière s'attendrit, que la louve ou la lionne viendrait allaiter, au défaut de la mère, elle n'a que l'instinct du mal, le souffle de celui qui perdit Adam ? elle appartiendrait au Diable, si l'on ne se hâtait de l'exorciser ? Même après, si elle meurt dans les bras de sa nourrice, elle est jugée, elle est en péril de damnation, elle peut être jetée *aux bêtes*

---

[1]. Ce chapitre, que les esprits inattentifs croiront étranger au sujet, en est le fond même. Voy. p. 201.

noires de l'enfer! « Ne livre pas *aux bêtes*, dit l'Église, les âmes qui te portent témoignage! » Et comment celui-ci témoignerait-il? il ne peut comprendre encore, ni parler.

En visitant, au mois d'août 1843, quelques cimetières des environs de Lucerne, j'y trouvai une bien naïve et douloureuse expression des terreurs religieuses. Au pied de chaque tombe se trouvait (selon un usage antique) un bénitier, pour garder le mort jour et nuit et empêcher que *les Bêtes* de l'enfer ne vinssent prendre ce corps, le vexer, le promener, en faire un vampire. Pour l'âme, hélas! on n'avait nul moyen de la défendre; cette peur cruelle était avouée dans plusieurs inscriptions. Je restai longtemps devant celle-ci, sans pouvoir m'en arracher : « *Je suis un enfant de deux ans... Quelle chose terrible est-ce donc pour un enfant si petit de s'en aller au Jugement et de comparaître déjà devant la face de Dieu!* » Je fondis en larmes, j'avais entrevu l'abîme du désespoir maternel!

Les quartiers indigents de nos grandes villes, ces vastes officines de mort où les femmes, misérablement fécondes, n'enfantent que pour pleurer, nous donnent quelque idée, mais trop imparfaite, du deuil perpétuel de la mère au Moyen-âge. Celle-ci, fécondée sans cesse par l'imprévoyance barbare, produisait, sans cesse ni trêve, dans les larmes et la désolation, des enfants, des morts, *des damnés!...*

Age affreux! monde d'illusions cruelles, sur lequel semble planer une infernale ironie! L'homme, jouet de son rêve mobile, divin, diabolique! la femme,

jouet de l'homme, toujours mère, toujours en deuil !
L'enfant qui joue, hélas ! un jour, au triste jeu de la
vie, sourit, pleure et disparaît... malheureuses petites
ombres qui viennent par millions, par milliards, et ne
durent que dans la mémoire d'une mère... Le désespoir de celle-ci se marque surtout à une chose ; elle
s'abandonne aisément au péché et à la damnation :
elle se venge volontiers de la brutalité de l'homme,
elle le trompe, elle pleure, elle rit[1]... Elle se perd ;
que lui importe, si elle rejoint son enfant ?

L'enfant qui survit n'en est guère plus heureux.
Le Moyen-âge est pour lui un terrible pédagogue ; il
lui propose le symbole le plus compliqué qu'on ait
enseigné jamais, le plus inaccessible aux simples.
Cette leçon subtile que l'Empire romain, dans sa plus
haute sagesse, avait eu peine à entendre, il faut que
l'enfant des Barbares, le fils du serf rustique, perdu
dans les bois, la retienne et la comprenne. Il la retient,
la répète ; pour la comprendre, cette épineuse formule,
byzantine et scolastique, c'est ce que la férule, les
coups, les fouets n'obtiendront jamais de lui.

L'Église, démocratique par son principe d'élection,
fut éminemment aristocratique par la difficulté de son
enseignement et le très petit nombre d'hommes qui
y purent vraiment atteindre. Elle damna l'instinct

---

1. L'infidélité de la femme est le sujet propre au Moyen-âge. Les autres temps l'ont peu connu. Ce texte éternel de plaisanteries, ces *joyeuses* histoires, ne peuvent qu'attrister celui qui sait et qui comprend. Elles font trop sentir le prodigieux ennui de ce temps, le vide des âmes sans aliment approprié à leur faiblesse, la prostration morale, le désespoir du bien, l'abandon de soi-même et de son salut.

naturel comme pervers et gâté d'avance et fit de la science, de la métaphysique, d'une formule très abstraite, la condition du salut[1].

Tous les mystères des religions d'Asie, toutes les subtilités des écoles occidentales, en un mot tout ce que le monde contient de difficultés d'Orient et d'Occident, tout cela, pressé, entassé dans une même formule! « Eh bien! oui, nous dit l'Église, c'est le monde tout entier dans une prodigieuse coupe. Buvez-la au nom de l'amour! » Et elle apporte ici, à l'appui de la doctrine, l'histoire, la touchante légende; c'est le miel au bord du vase...

« Quoi qu'il contienne, je boirai, si vraiment l'amour est au fond. » Telle fut la réponse du genre humain. Ce fut là la vraie difficulté, l'objection, et c'est l'amour qui la fit, non la haine, la superbe humaine, comme on le répète toujours.

Le Moyen-âge avait promis l'amour et ne l'avait pas donné. Il avait dit : « Aimez, aimez![2] » mais il

---

[1]. Si l'on répond que les esprits non cultivés (*ce qui, pour ce temps-là, veut dire tout le monde,* ou à peu près) étaient dispensés de comprendre, il faudra avouer qu'une si terrible énigme imposait, sous peine de damnation, l'abdication générale de l'intelligence humaine entre les mains de quelques doctes qui croyaient en savoir le mot. Voyez aussi le résultat. L'énigme une fois posée, une fois entourée de ses commentaires, non moins obscurs, le genre humain se tait; il reste en face, muet et stérile. Dans une période immense, aussi longue que toute la période brillante de l'Antiquité, du cinquième au onzième siècle, il hasarde à peine quelques prières, quelques légendes enfantines, et encore ce mouvement est-il arrêté par la défense expresse des conciles carlovingiens.

[2]. Non seulement il avait dit, mais il avait voulu sincèrement. Cette touchante aspiration à l'amour est ce qui a fait le génie du Moyen-âge et ce qui lui assure notre sympathie éternelle. Je n'efface pas un mot de ce que j'en ai dit au deuxième volume de l'*Histoire de France*. Seulement, j'ai donné là

avait consacré un ordre civil haineux, l'inégalité dans la loi, dans l'État, dans la famille. Son enseignement trop subtil, accessible à si peu d'hommes, avait apporté dans le monde une nouvelle inégalité. Il avait mis le salut à un prix qu'on n'atteignait guère, au prix d'une science abstruse, et il avait ainsi pesé, de toute la métaphysique du monde, sur le simple et sur l'enfant. Celui-ci, qui avait été si heureux dans l'Antiquité, eut son enfer au Moyen-âge.

Il fallut des siècles pour que la raison se fît jour, pour que l'enfant reparût ce qu'il est, *un innocent*. On eut de la peine à croire que l'homme fût un être héréditairement pervers[1]. Il devint difficile de maintenir dans sa barbarie le principe qui damnait les sages non chrétiens, les simples et ignorants, les

---

son élan, son idéal; aujourd'hui, dans un livre d'intérêt pratique, je ne puis donner que le réel, les résultats. — J'ai exprimé (à la fin du même volume, imprimé en 1833) l'impuissance de ce système et l'espoir qu'il échappera à sa ruine et parviendra à se transformer. — Combien il est déjà éloigné de nous, on l'a vu le 11 mai 1844, lorsqu'à la Chambre un magistrat, sincèrement et courageusement orthodoxe, a déduit une théorie pénale du Péché originel et de la Chute; les catholiques mêmes en ont reculé.

1. L'embarras de la théologie vint surtout des progrès de la jurisprudence. Tant que la jurisprudence soutint dans leur rigueur les lois de lèse-majesté, qui, par la confiscation, etc., étendaient les peines à l'héritier, la théologie put défendre sa loi de lèse-majesté divine qui damnait les enfants pour le péché du père. Mais lorsque le droit devint plus clément, il fut de plus en plus difficile de maintenir dans la théologie, qui est le monde de l'amour et de la grâce, cette horrible doctrine de l'*hérédité du crime*, abandonnée de la justice humaine. Les scolastiques, saint Bonaventure, Innocent III, saint Thomas, ne trouvèrent d'autre adoucissement que d'exempter les enfants du feu éternel, *en les laissant du reste* DANS LA DAMNATION. Bossuet a fort bien établi (contre Sfondrata) que cette doctrine n'est point particulière aux jansénistes, comme on faisait semblant de le croire, qu'elle était celle même de l'Église, celle des Pères (sauf Grégoire de Nazianze), celle des conciles, des papes; en effet, si l'on exempte les enfants de la damnation, on abandonne le Péché originel et l'*hérédité du crime*, qui est la base de tout le système.

enfants morts sans baptême. On inventa pour les enfants le palliatif des limbes, un petit enfer plus doux où ils flotteraient toujours, loin de leurs mères, en pleurant.

Remèdes insuffisants ; le cœur ne s'en contenta pas. Avec la Renaissance éclata, contre la dureté des vieilles doctrines, la réaction de l'amour. Il vint, au nom de la justice, sauver les innocents, condamnés dans le système qui s'était dit celui de l'amour et de la grâce. Mais ce système, qui reposait tout entier sur les deux idées de la damnation de tous par un seul, du salut de tous par un seul, ne pouvait renoncer à la première sans ébranler la seconde.

Les mères se remirent à croire au salut de leurs enfants. Désormais elles disent toujours, sans s'informer si elles sont bien orthodoxes : « Ils doivent être là-haut des anges, comme ils furent en leur vivant. »

Le cœur a vaincu, la miséricorde a vaincu. L'humanité va s'éloignant de l'injustice antique. Elle cingle, au rebours du vieux monde... Où va-t-elle ? Vers un monde (nous pouvons bien le prévoir) qui ne condamnera plus l'innocence, et où la sagesse pourra vraiment dire : « Laissez venir à moi les simples et les petits. »

CHAPITRE VI

Digression. Instinct des animaux. Réclamation pour eux.

Quelque pressé que je sois, dans cette revue des simples, des humbles fils de l'instinct, mon cœur m'arrête et m'oblige de dire un mot des simples par excellence, des plus innocents, des plus malheureux peut-être, je veux dire : des animaux.

Je remarquais tout à l'heure que tout enfant naissait noble. Les naturalistes ont remarqué de même que le jeune animal, plus intelligent à sa naissance, semblait alors rapproché de l'enfant. A mesure qu'il grandit, il devient brute et tombe à la bête. Il semble que sa pauvre âme succombe sous le poids du corps, qu'elle subisse la fascination de la Nature, la magie de la grande Circé. L'homme se détourne alors et n'y veut plus voir une âme. L'enfant seul, par l'instinct du cœur, sent encore une personne dans cet être dédaigné ; il lui parle et l'interroge. Et lui aussi, de son côté, il écoute, il aime l'enfant.

L'animal! sombre mystère!... monde immense de rêves et de douleurs muettes... Mais des signes trop visibles expriment ces douleurs, au défaut de langage. Toute la nature proteste contre la barbarie de l'homme qui méconnaît, avilit, qui torture son frère inférieur; elle l'accuse devant Celui qui les créa tous les deux!

Regardez sans prévention leur air doux et rêveur, et l'attrait que les plus avancés d'entre eux éprouvent visiblement pour l'homme; ne diriez-vous pas des enfants dont une fée mauvaise empêcha le développement, qui n'ont pu débrouiller le premier songe du berceau, peut-être des âmes punies, humiliées, sur qui pèse une fatalité passagère?... Triste enchantement où l'être captif d'une forme imparfaite dépend de tous ceux qui l'entourent, comme une personne endormie... Mais, parce qu'il est comme endormi, il a, en récompense, accès vers une sphère de rêves dont nous n'avons pas l'idée. Nous voyons la face lumineuse du monde, lui la face obscure; et qui sait si celle-ci n'est pas la plus vaste des deux?[1]

L'Orient en est resté à cette croyance, que l'animal

---

[1]. « Faisons aujourd'hui, si nous voulons, les fiers, les rois de la création. Mais n'oublions pas notre éducation sous la discipline de la nature. Les plantes, les animaux, voilà nos premiers précepteurs. Tous ces êtres que nous dirigeons, ils nous conduisaient alors mieux que nous n'aurions fait nous-mêmes. Ils guidaient notre jeune raison par un instinct plus sûr; ils nous conseillaient, ces petits, que nous méprisons maintenant. Nous profitions à contempler ces irréprochables enfants de Dieu. Calmes et purs, ils avaient l'air, dans leur silencieuse existence, de garder les secrets d'en haut. L'arbre qui a vu tous les temps, l'oiseau qui parcourt tous les lieux, n'ont-ils donc rien à nous apprendre? L'aigle ne lit-il pas dans le soleil, et le hibou dans les ténèbres? Ces grands bœufs eux-mêmes, si graves sous le chêne sombre, n'est-il aucune pensée dans leurs longues rêveries? » (*Origines du droit.*)

est une âme endormie ou enchantée; le Moyen-âge y est revenu. Les religions, les systèmes, n'ont pu rien pour étouffer cette voix de la nature.

L'Inde, plus voisine que nous de la création, a mieux gardé la tradition de la fraternité universelle. Elle l'a inscrite au début et à la fin de ses deux grands poèmes sacrés, le *Ramayana*, le *Mahabharat*, gigantesques pyramides devant lesquelles toutes nos petites œuvres occidentales doivent se tenir humbles et respectueuses. Quand vous serez fatigué de cet Occident disputeur, donnez-vous, je vous prie, la douceur de revenir à votre mère, à cette majestueuse Antiquité, si noble et si tendre. Amour, humilité, grandeur, vous y trouvez tout réuni, et dans un sentiment si simple, si détaché de toute misère d'orgueil, qu'on n'a jamais besoin d'y parler d'humilité.

L'Inde fut bien payée de sa douceur pour la nature; chez elle, le génie fut un don de la pitié. Le premier poète indien voit voltiger deux colombes, et pendant qu'il admire leur grâce, leur poursuite amoureuse, l'une d'elles tombe frappée d'une flèche... Il pleure; ses gémissements mesurés, sans qu'il y songe, aux battements de son cœur, prennent un mouvement rythmique, et la poésie est née... Depuis ce temps, deux à deux, les mélodieuses colombes, renées dans le chant de l'homme, aiment et volent par toute la terre. (*Ramayana*.)

La nature reconnaissante a doué l'Inde d'un autre don admirable, la fécondité. Entourée par elle de tendresse et de respect, elle lui a multiplié, avec l'animal, la source de vie où la terre se renouvelle. Là, jamais d'épuisement. Tant de guerres, tant de désastres et de servitudes, n'ont pu tarir la mamelle de la vache sacrée. Un fleuve de lait coule toujours pour cette terre bénie... bénie de sa propre bonté, de ses doux ménagements pour la créature inférieure.

Cette union touchante qui d'abord liait l'homme aux plus humbles enfants de Dieu, l'orgueil l'a rompue... Mais non pas impunément; la terre est devenue rebelle, elle a refusé de nourrir des races inhumaines.

Le monde de l'orgueil, la cité grecque et romaine, eut le mépris de la nature; elle ne tint compte que de l'art, elle n'estima qu'elle-même. Cette fière Antiquité, qui ne voulait rien que de noble, ne réussit que trop bien à supprimer tout le reste. Tout ce qui semblait bas, ignoble, disparut des yeux; les animaux périrent, aussi bien que les esclaves. L'Empire romain, débarrassé des uns et des autres, entra dans la majesté du désert. La terre dépensant toujours et ne se réparant plus, devint, parmi tant de monuments qui la couvraient, comme un jardin de marbre. Il y avait encore des villes, mais plus de campagnes; des cirques, des arcs de triomphe, plus de chaumières, plus de laboureurs. Des voies magnifiques attendaient toujours le voyageur qui ne passait plus; de somptueux aqueducs continuaient de porter des fleuves aux cités silencieuses, et n'y trouvaient plus personne à désaltérer.

Un seul homme, avant cette désolation, avait trouvé

dans son cœur une réclamation, une plainte pour tout ce qui s'éteignait. Un seul, parmi les destructions des guerres civiles, où périssaient à la fois les hommes et les animaux, trouva dans sa vaste pitié des larmes pour le bœuf de labour qui avait fécondé l'antique Italie. Il consacra un chant divin à ces races disparues[1].

Tendre et profond Virgile !... moi, qui ai été nourri par lui et comme sur ses genoux, je suis heureux que cette gloire unique lui revienne, la gloire de la pitié et de l'excellence du cœur... Ce paysan de Mantoue, avec sa timidité de vierge et ses longs cheveux rustiques, c'est pourtant, sans qu'il l'ait su, le vrai pontife et l'augure, entre deux mondes, entre deux âges, à moitié chemin de l'histoire. Indien par sa tendresse pour la nature, chrétien par son amour de l'homme, il reconstitue, cet homme simple, dans son cœur immense, la belle cité universelle dont n'est exclu rien qui ait vie, tandis que chacun n'y veut faire entrer que les siens.

Le christianisme, malgré son esprit de douceur, ne renoua pas l'ancienne union. Il garda contre la nature un préjugé judaïque ; la Judée, qui se connaissait, avait craint d'aimer trop cette sœur de

---

1. Dans un autre chant, le plus achevé peut-être, un chant qu'il consacre à son ami le plus cher, au consul, au poète Gallus, il ne craint pas de lui donner pour frères et consolateurs les plus humbles fils de la nature, des animaux innocents. Après avoir amené tous les dieux champêtres pour adoucir la blessure du poète malade d'amour : « *Ses brebis aussi se tenaient autour de lui* » (puis, par un mouvement charmant, craignant de blesser l'orgueil de Gallus) : *Nostri nec pœnitet illas; nec te pœniteat pecoris, divine poeta.*

l'homme; elle la fuyait en la maudissant. Le christianisme, fidèle à ces craintes, tint la nature animale à une distance infinie de l'homme, et la ravala. Les animaux symboliques qui accompagnent les évangélistes, le froid allégorisme de l'agneau et de la colombe, ne relevèrent pas la bête. La bénédiction nouvelle ne l'atteignit pas; le salut ne vint pas pour les plus petits, les plus humbles de la création. Le Dieu-Homme est mort pour l'homme, et non pas pour eux. N'ayant point part au salut, ils restent hors la loi chrétienne, comme païens, comme impurs, et trop souvent suspects de connivence au mauvais principe. Le Christ, dans l'Évangile, n'a-t-il pas permis aux démons de s'emparer des pourceaux?

On ne saura jamais les terreurs où, plusieurs siècles durant, le Moyen-âge vécut, toujours en présence du Diable! La vision du Mal invisible, mauvais rêve, absurde torture! et de là une vie bizarre qui ferait rire à chaque instant si l'on ne sentait qu'elle fut triste à en pleurer... Qui douterait alors du Diable? Je l'ai vu, dit l'empereur Charles. Je l'ai vu, dit Grégoire VII. Les évêques qui font les papes, les moines qui prient toute leur vie, déclarent qu'il est là derrière eux, qu'ils le sentent, qu'il n'en bouge pas... Le pauvre serf des campagnes qui le voit sous figure de bête, sculpté au porche des églises, a peur en revenant chez lui de le retrouver dans ses bêtes. Celles-ci prennent le soir, aux mobiles reflets du foyer, un aspect tout fantastique; le taureau a un masque étrange, la chèvre une mine équivoque, et que penser de ce chat dont le poil, dès qu'on le touche, jette du feu dans la nuit?

C'est l'enfant qui rassure l'homme. Il craint si peu ces animaux qu'il en fait ses camarades. Il donne des feuilles au bœuf, il monte sur la chèvre, manie hardiment le chat noir. Il fait mieux, il les imite, contrefait leur voix... et la famille sourit : « Pourquoi craindre aussi, j'avais tort! C'est ici une maison chrétienne, eau bénite et buis bénit; il n'oserait approcher... Mes bêtes sont des bêtes de Dieu, des innocents, des enfants... Et même, les animaux des champs ont bien l'air de connaître Dieu; ils vivent comme des ermites. Ce beau cerf, par exemple, qui a la croix sur la tête, qui va, comme un bois vivant, à travers les bois, il semble lui-même un miracle. La biche est douce comme ma vache, et elle a les cornes de moins; la biche, au défaut de mère, aurait nourri mon enfant... » Ce dernier mot exprimé, comme tout l'est alors, sous forme historique, finit, en se développant, par produire la plus belle des légendes du Moyen-âge, celle de Geneviève de Brabant : la famille opprimée par l'homme, recueillie par l'animal, la femme innocente sauvée par l'innocente bête des bois, le salut venant ainsi du plus petit, du plus humble.

Les animaux, réhabilités, prennent place dans la famille rustique après l'enfant qui les aime, comme les petits parents figurent au bas bout de la table dans une noble maison. Ils sont traités comme tels aux grands jours, prennent part aux joies, aux tristesses, portent habits de deuil ou de noces (naguère encore en Bretagne). Ils ne disent rien, il est vrai, mais ils sont dociles, ils écoutent patiemment; l'homme, comme prêtre en sa maison, les prêche au nom du Seigneur[1].

Ainsi le génie populaire, plus naïf et plus profond que la sophistique sacrée, opéra timidement, mais avec efficacité, la réhabilitation de la nature. Celle-ci ne fut pas ingrate. L'homme fut récompensé; ces pauvres êtres qui n'ont rien, donnèrent des trésors. L'animal, dès qu'il fut aimé, dura, se multiplia... Et la terre redevint féconde, et le monde qui semblait finir, recommença riche et puissant, parce qu'il avait reçu, comme une rosée, la bénédiction de la miséricorde.

La famille une fois composée ainsi, il s'agit de la faire, si l'on peut, entrer tout entière dans l'Église. Ici grandes difficultés! On veut bien recevoir l'animal, mais pour lui jeter l'eau bénite, l'exorciser en quelque sorte, et seulement au parvis... « Homme simple, laisse là ta bête, entre seul. L'entrée de l'église, c'est le Jugement que tu vois représenté sur les portes; la Loi siège au seuil, saint Michel debout tient l'épée et la balance... Comment juger, sauver ou damner ce que tu amènes avec toi? La bête, cela a-t-il une âme?... Ces âmes de bêtes, qu'en faire? leur ouvrirons-nous des limbes, comme à celles des petits enfants? »

---

[1]. Voir le petit sermon aux abeilles fugitives, dans mes *Origines du droit*.

N'importe, notre homme s'obstine; il écoute avec respect, mais ne se soucie de comprendre. Il ne veut pas être sauvé seul, et sans les siens. Pourquoi son bœuf et son âne ne feraient-ils pas leur salut avec le chien de saint Paulin? ils ont bien autant travaillé!

« Eh bien! je serai habile, dit-il en lui-même, je prendrai le jour de Noël où l'Église est en famille, le jour où Dieu est encore trop petit pour être juste... Justes ou non, nous passerons tous, moi, ma femme, mon enfant, mon âne... Lui aussi! Il a été à Bethléem, il a porté Notre-Seigneur. Il faut bien en récompense que la pauvre bête ait son jour... Il n'est pas trop sûr d'ailleurs qu'elle soit ce qu'elle paraît; elle est, au fond, malicieuse, fainéante; c'est tout comme moi; si je n'étais aussi traîné, je ne travaillerais guère. »

C'était un grand spectacle, touchant, plus que risible encore, lorsque la bête du peuple était, malgré les défenses des évêques et des conciles, amenée par lui dans l'église. La nature, condamnée, maudite, rentrait victorieuse, sous la forme la plus humble qui pût la faire pardonner. Elle revenait avec les saints du paganisme, entre la Sibylle et Virgile [1]... On présentait à l'animal le glaive qui l'arrêta sous Balaam; mais ce glaive de l'ancienne Loi, émoussé, ne l'effrayait plus; la Loi finissait en ce jour, et faisait place à la Grâce. Humblement, mais assurément, il allait droit à la crèche. Il y écoutait l'office, et,

---

1. Conservé longtemps à Rouen. Ducange, verbo *Festum*.

comme un chrétien baptisé, s'agenouillait dévotement. On lui chantait alors, pour lui, partie en langue de l'Église, partie en gaulois, afin qu'il comprît, son antienne, bouffonne et sublime :

> A genoux ! et dis amen !
> Assez mangé d'herbe et de foin.
> Amen ! encore une fois.
> Laisse les vieilles choses, et va !

L'animal profita peu de cette réparation [1]. Les conciles lui fermèrent l'église. Les philosophes, qui pour l'orgueil et la sécheresse continuèrent les théologiens, décidèrent qu'il n'avait pas d'âme [2]. Il souffre en ce monde, qu'importe ? il ne doit attendre aucune compensation dans une vie supérieure... Ainsi, il n'y aurait point de Dieu pour lui; le père tendre de l'homme serait pour ce qui n'est pas homme un cruel tyran !... Créer des jouets, mais sensibles, des machines, mais souffrantes, des automates, qui ne ressembleraient aux créatures supérieures que par la faculté d'endurer le mal !... Que la terre vous soit pesante, hommes durs qui avez pu avoir cette idée

---

1. Le génie populaire fit plus pour son protégé. Sans s'arrêter aux résistances de l'Église, il créa à l'animal une position légale, le traita comme une personne, le fit ester en droit, et jusque dans l'acte le plus grave, le jugement criminel; il y figura comme témoin, quelquefois comme coupable. Nul doute que cette importance attribuée à l'animal n'ait puissamment contribué à sa conservation, à sa durée, et, par suite, à la fécondité de la terre, qui dépend généralement des ménagements qu'il trouve en l'homme. C'est peut-être la vraie cause pour laquelle le Moyen-âge se relevait toujours après tant d'affreuses ruines.

2. Le Jésuite Bougeant objecta que les bêtes devaient avoir une âme, *puisqu'elles étaient des diables.*

impie, qui portez une telle sentence sur tant de vies innocentes et douloureuses!

Notre siècle aura une grande gloire. Il s'y est rencontré un philosophe qui eut un cœur d'homme [1]. Il aima l'enfant, l'animal. L'enfant, avant sa naissance, n'avait excité l'intérêt que comme une ébauche, une préparation de la vie; lui, il l'aima en lui-même, il le suivit patiemment dans sa petite vie obscure, et il surprit dans ses changements la fidèle reproduction des métamorphoses animales. Ainsi, au sein de la femme, au vrai sanctuaire de la nature, s'est découvert le mystère de la fraternité universelle... Grâces soient rendues à Dieu!

Ceci est la véritable réhabilitation de la vie inférieure. L'animal, ce serf des serfs, se retrouve le parent du roi du monde.

Que celui-ci reprenne donc, avec un sentiment plus doux, le grand travail de l'éducation des animaux, qui jadis lui soumit le globe [2], et qu'il a abandonné depuis deux mille ans, au grand dommage de la terre. Que le peuple apprenne que sa prospérité tient aux ménagements qu'il aura pour ce pauvre peuple infé-

---

[1]. Si glorieusement continué par son ami et son fils, MM. Serres et Isidore Geoffroy-Saint-Hilaire. Je vois avec bonheur une jeunesse pleine d'avenir entrer dans cette voie scientifique, qui est la voie de la vie.

[2]. Notre âge machiniste, qui partout veut des machines, devait s'apercevoir, ce semble, que si l'on veut que les animaux ne soient rien de plus, ce sont à coup sûr les premières de toutes, donnant, outre une telle quantité de force positive, une autre force infinie, qu'on ne peut apprécier et qui résulte (si l'on ne veut dire de l'âme) de l'animation de la vie. Il semblait donc qu'on dût reprendre l'étude et la domestication des animaux. Voir le bel article *Domestication*, de M. Isidore Geoffroy-Saint-Hilaire, dans l'*Encyclopédie nouvelle*, de MM. Leroux et Reynaud.

rieur. Que la science se souvienne que l'animal, en rapport plus étroit avec la nature, en fut l'augure et l'interprète dans l'Antiquité. Elle trouvera une voix de Dieu dans l'instinct du simple des simples.

CHAPITRE VII

L'instinct des simples. L'instinct du génie. — L'homme de génie est par excellence le simple, l'enfant et le peuple.

J'ai lu dans la vie d'un grand docteur de l'Église, qu'étant revenu après sa mort dans son monastère, il honora de son apparition, non les premiers de ses frères, mais le dernier, le plus simple, un pauvre d'esprit. Celui-ci en eut cette faveur de mourir trois jours après. Il avait sur le visage une joie vraiment céleste. « On pouvait, dit le légendaire, lui dire le vers de Virgile :

« Petit enfant, connais ta mère à son sourire! »
. . . .

C'est un fait remarquable, que la plupart des hommes de génie ont une prédilection particulière pour les enfants et les simples. Ceux-ci, de leur côté, ordinairement timides devant la foule, muets devant les gens d'esprit, éprouvent en présence du génie une sécurité complète. Cette puissance qui impose à tout le monde, elle les rassure au contraire. Ils sentent qu'ils ne trouveront là nulle moquerie, mais bienveillance et protection. Alors, ils se trouvent vraiment dans leur état naturel, leur langue se délie, et l'on peut voir que ces gens qu'on a nommés simples, parce qu'ils ignorent le langage convenu, n'en sont bien souvent que plus originaux, surtout très imaginatifs, doués d'un singulier instinct pour saisir des rapports fort éloignés.

Ils rapprochent et lient volontiers, divisent, analysent peu. Non seulement toute division coûte à leur esprit, mais elle leur fait peine, leur semble un démembrement. Ils n'aiment pas à scinder la vie, et tout leur paraît avoir vie. Les choses, quelles qu'elles soient, sont pour eux comme des êtres organiques, qu'ils se feraient scrupule d'altérer en rien. Ils reculent du moment qu'il faut déranger par l'analyse ce qui présente la moindre apparence d'harmonie vitale. Cette disposition implique ordinairement de la douceur naturelle et de la bonté ; on les appelle *bonnes gens*.

Non seulement ils ne divisent pas, mais dès qu'il trouvent une chose divisée, partielle, ou ils la négligent, ou ils la rejoignent en esprit au tout dont elle est séparée ; ils recomposent ce tout avec une rapidité d'imagination qu'on n'attendrait nullement de leur lenteur naturelle. Ils sont puissants pour composer en proportion de leur impuissance pour diviser. Ou plutôt, il semble, à voir une opération si facile qu'il n'y ait là ni puissance, ni impuissance, mais un fait nécessaire, inhérent à leur existence. En effet, c'est en cela qu'ils existent comme *simples*.

Une main paraît dans la lumière. Le raisonneur conclut que sans doute il y a dans l'ombre un homme dont on ne voit que la main ; de la main, il conclut l'homme. Le simple ne raisonne pas, ne conclut pas ; tout d'abord, en voyant la main, il dit : « Je vois un homme. » Et il l'a vu en effet des yeux de l'esprit.

Ici, tous deux sont d'accord. Mais, dans mille occasions, le simple qui, sur une partie, voit un tout qu'on ne voit pas, qui, sur un signe, devine, affirme un être invisible encore, fait rire et passe pour fol.

Voir ce qui ne paraît aux yeux de personne, c'est la seconde vue. Voir ce qui semble à venir, à naître, c'est la prophétie. Deux choses qui font l'étonnement de la foule, la dérision des sages, et qui sont généralement un don naturel de simplicité.

Ce don, rare chez les hommes civilisés, est, comme on sait, fort commun chez les peuples simples, qu'ils soient sauvages ou barbares.

Les simples sympathisent à la vie, et ils ont, en récompense, ce don magnifique, qu'il leur suffit du moindre signe pour la voir et la prévoir.

C'est là leur parenté secrète avec l'homme de génie. Ils atteignent souvent sans effort, par simplicité, ce qu'il obtient par la puissance de simplification qui est en lui; en sorte que le premier du genre humain et ceux qui semblent les derniers, se rencontrent très bien et s'entendent. Ils s'entendent par une chose, leur sympathie commune pour la nature, pour la vie, qui fait qu'ils ne se complaisent que dans l'unité vivante.

Si vous étudiez sérieusement dans sa vie et dans ses œuvres ce mystère de la nature qu'on appelle l'homme de génie, vous trouverez généralement que c'est celui qui, tout en acquérant les dons du critique, a gardé les dons du simple[1]. Ces deux hommes, opposés ailleurs, sont conciliés en lui. Au moment où son critique intérieur semble l'avoir poussé à l'infinie division, le simple lui maintient l'unité présente. Il lui conserve toujours le sentiment de la vie, la lui garde indivisible. Mais, quoique le génie ait en lui les deux puissances, l'amour de l'harmonie vivante, le tendre respect de la vie sont chez lui si forts, qu'il sacrifierait l'étude et la science elle-même, si elle ne pouvait s'obtenir que par voie de démembrement. Des deux hommes qui sont en lui, il laisserait celui qui divise; le simple resterait, avec sa force ignorante de divination et de prophétie.

Ceci est un mystère du cœur. Si le génie, à travers les divisions, les anatomies fictives de la science, conserve en lui toujours un simple, qui ne consent jamais à la vraie division, qui tend toujours à l'unité, qui craint de la détruire dans la plus petite existence, c'est que le propre du génie, c'est l'amour de la vie même, l'amour qui fait qu'on la conserve, et l'amour qui la produit.

La foule qui voit tout cela confusément et du dehors,

---

1. Le génie, je le sais, a mille formes. Celle que je donne ici est certainement celle des génies les plus originaux, les plus féconds, celle qui caractérise le plus souvent les grands inventeurs. La Fontaine et Corneille, Newton et Lagrange, Ampère et Geoffroy-Saint-Hilaire ont été en même temps les plus simples et les plus subtils des hommes.

sans pouvoir s'en rendre compte, trouve parfois que ce grand homme est un *bon* homme et un *simple*. Elle s'étonne du contraste ; mais il n'y a pas de contraste ; c'est la simplicité, la bonté, qui sont le fonds du génie, sa raison première, c'est par elle qu'il participe à la fécondité de Dieu.

Cette bonté qui lui donne le respect des petites existences que les autres ne regardent pas, qui l'arrête parfois tout à coup, pour ne pas détruire un brin d'herbe, elle est l'amusement de la foule. L'esprit de simplicité qui fait que les divisions n'entravent jamais son esprit, qui sur une partie, un signe, lui fait voir, prévoir un être entier, un système que personne ne devine encore, cette faculté merveilleuse est justement celle qui fait l'étonnement, le scandale presque du vulgaire. Elle le sort du monde, en quelque sorte, le met hors de l'opinion, hors du lieu, du temps... lui qui seul y doit laisser trace.

La trace qu'il y laissera, ce n'est pas seulement l'œuvre de génie. C'est cette vie même de simplicité, d'enfance, de bonté et de sainteté, où tous les siècles viendront chercher une sorte de rafraîchissement moral. Telle ou telle de ses découvertes deviendra peut-être moins utile dans le progrès du genre humain ; mais sa vie, qui parut de son vivant le côté faible, où l'envie se dédommageait, restera le trésor du monde et l'éternelle fête du cœur.

Certes, le peuple a bien raison d'appeler cet homme un simple. C'est le simple par excellence, l'enfant des enfants, il est le peuple plus que n'est le peuple même.

Je m'explique. Le simple a des côtés inintelligents, des vues troubles et indécises, où il flotte, cherche, suit plusieurs routes à la fois, et sort du caractère de simple. La simplicité du génie, qui est la vraie, n'a jamais rien de ces vues louches : elle s'applique aux objets, comme une lumière puissante qui n'a pas besoin de détour, parce qu'elle pénètre et traverse tout.

Le génie a le don d'enfance, comme ne l'a jamais l'enfant. Ce don, nous l'avons dit, c'est l'instinct vague, immense, que la réflexion précise et rétrécit bientôt, de sorte que l'enfant est de bonne heure questionneur, épilogueur et tout plein d'objections. Le génie garde l'instinct natif dans sa grandeur, dans sa forte impulsion, avec une grâce de Dieu que malheureusement l'enfant perd, la jeune et vivace espérance.

Le peuple, en sa plus haute idée, se trouve difficilement dans le peuple. Que je l'observe ici ou là, ce n'est pas lui, c'est telle classe, telle forme partielle du peuple, altérée et éphémère. Il n'est dans sa vérité, à sa plus haute puissance, que dans l'homme de génie; en lui réside la grande âme... Tout le monde s'étonne de voir les masses inertes vibrer au moindre mot qu'il dit, les bruits de l'Océan se taire devant cette voix, la vague populaire traîner à ses pieds... Pourquoi donc s'en étonner? Cette voix, c'est celle du peuple; muet en lui-même, il parle en cet homme, et Dieu avec lui. C'est là vraiment qu'on peut dire : « *Vox populi, vox Dei.* »

Est-ce un Dieu, ou est-ce un homme? Faut-il, pour l'instinct du génie, que nous cherchions des noms mystiques, inspiration? révélation? — C'est la tendance du vulgaire; il lui faut se forger des dieux. — « L'instinct? la nature? Fi! disent-ils. Si ce n'était que l'instinct, nous ne serions pas entraînés... C'est l'inspiration d'en haut, c'est le bien-aimé de Dieu, c'est un Dieu, un nouveau messie! » — Plutôt que d'admirer un homme, d'admettre la supériorité de son semblable, on le fera inspiré de Dieu, Dieu s'il le faut; chacun se dit qu'il n'a pas fallu moins qu'un rayon surnaturel pour l'éblouir à ce point... Ainsi, l'on met hors de la nature, hors de l'observation et de la science, celui qui fut la vraie nature, celui que la science, entre tous, devait observer; on exclut de l'humanité celui qui seul était *homme*... Cet homme par excellence, une imprudente adoration le rejette au ciel, l'isole de la terre des vivants, où il avait sa racine... Eh! laissez-le donc parmi nous, celui qui fait la vie d'ici-bas. Qu'il reste homme, qu'il reste peuple. Ne le séparez pas des enfants, des pauvres et des simples, où il a son cœur, pour l'exiler sur un autel. Qu'il soit enveloppé dans cette foule dont il est l'esprit, qu'il plonge en pleine vie féconde, vive avec nous, souffre avec nous; il puisera dans la participation de nos souffrances et de nos faiblesses la force que Dieu y a cachée, et qui sera son génie même.

CHAPITRE VIII

L'enfantement du génie, type de l'enfantement social.

Si la perfection n'est point d'ici-bas, ce qui en approche le plus, c'est selon toute apparence l'homme harmonique et fécond qui manifeste son excellence intérieure par une surabondance d'amour et de force, qui la prouve non seulement par des actes passagers, mais par des œuvres immortelles où sa grande âme restera en société avec tout le genre humain. Cette surabondance de dons, cette fécondité, cette création durable, c'est apparemment le signe que là nous devons trouver la plénitude de la nature et le modèle de l'art. L'art social, de tous le plus compliqué, doit bien regarder si ce chef-d'œuvre de Dieu, où la riche diversité s'accorde dans l'unité féconde, ne pourrait lui donner quelques lumières sur l'objet de ses recherches.

Qu'on me permette donc d'insister sur le caractère du génie, de pénétrer dans son harmonie intérieure, de regarder la sage économie et la bonne police de cette grande cité morale qui tient dans une âme d'homme.

Le génie, la puissance inventive et génératrice, suppose, nous l'avons dit, qu'un même homme est doué des deux puissances, qu'il réunit en lui ce qu'on peut appeler les deux sexes de l'esprit, l'instinct des simples et la réflexion des sages. Il est en quelque sorte homme et femme, enfant et mûr, barbare et civilisé, peuple et aristocratie.

Cette dualité, qui étonne, et qui fait que le vulgaire le regarde souvent comme un phénomène bizarre, une monstruosité, c'est ce qui lui constitue, au plus haut degré, le caractère normal et légitime de l'homme. A vrai dire, lui seul est homme, et il n'y en a pas d'autres. Le simple est une moitié d'homme, le critique une moitié d'homme; ils n'engendrent pas; encore moins les médiocres, qu'on pourrait appeler les *neutres*, n'ayant ni l'un ni l'autre sexe. Lui, qui est seul complet, seul aussi il peut engendrer; il est chargé de continuer la création divine. Tous les autres sont stériles, sauf les moments où ils se reconstituent par l'amour une sorte d'unité double; leurs aptitudes naturelles, transmises par la génération, restent impuissantes jusqu'à ce qu'elles rencontrent l'homme complet qui seul a la fécondité.

Ce n'est pas que l'étincelle instinctive, inspiratrice, ait manqué à tous ces hommes, mais chez eux la réflexion bientôt la glace ou l'obscurcit. Le privilège du génie, c'est qu'en lui l'inspiration agit par devant la réflexion, sa flamme brûle en pleine lumière. Tout se traîne chez les autres, lentement, successivement; l'intervalle les stérilise. Le génie comble l'intervalle, joint les deux bouts, supprime le temps, il est un éclair de l'éternité...

L'instinct, rapide à ce point, touche à l'acte, et devient acte; l'idée, concentrée ainsi, se fait vivante et engendre.

Tel autre, aujourd'hui vulgaire, avait aussi reçu en germe cette dualité féconde des deux personnes, du simple et du critique; mais sa malignité naturelle a de bonne heure détruit l'harmonie; dès les premiers pas dans la science, l'orgueil est venu, la subtilité; le critique a tué le simple. La réflexion, sottement fière de sa virilité précoce, a méprisé l'instinct, comme un faible enfant; vaniteuse, aristocratique, elle s'est mêlée, dès qu'elle a pu, à la foule dorée des sophistes, elle a renié, devant leurs risées, l'humble parenté qui la rapprochait trop du peuple. Elle les a devancées; de peur qu'ils ne s'en moquassent, elle s'est mise, chose impie, à se moquer de son frère... Eh bien! elle restera seule; seule elle ne fait pas un homme. Celui-ci est impuissant.

Le génie ne connaît rien à cette triste politique. Il n'a garde d'étouffer sa flamme intérieure par crainte des risées du monde; il ne les entend même pas. En lui la réflexion n'a rien d'amer, ni d'ironique, elle traite avec ménagements les *enfances* de l'instinct. Cette moitié instinctive a besoin que l'autre l'épargne; faible et vague, elle est sujette aux mouvements désordonnés, parce qu'étant pleine d'aspirations, aveugle d'amour, elle se précipite au-devant de la lumière. La réflexion sait bien que, si elle est supérieure en ce qu'elle a déjà la lumière, elle est inférieure à l'instinct, comme chaleur féconde, comme concentration vivante. Entre elles, c'est une question d'âge, plutôt que de dignité. Tout commence sous forme d'instinct. La réflexion d'aujourd'hui fut instinct hier. Lequel vaut mieux? Qui le dira?... Le plus jeune et le plus faible a peut-être l'avantage...

La fécondité du génie, répétons-le, tient, en grande partie sans nul doute, à la bonté, douceur et simplicité de cœur, avec lesquelles il accueille les faibles essais de l'instinct. Il les accueille en lui-même, dans son monde intérieur, et tout autant dans l'extérieur, chez l'homme et dans la nature. Partout il sympathise aux simples, et sa facile indulgence évoque incessamment des limbes de nouveaux germes de pensée.

D'eux-mêmes, ils volent à lui. Je ne sais combien de choses qui n'avaient pas forme encore, qui flottaient seules et délaissées, elles viennent à lui sans crainte. Et lui, l'homme au regard perçant, il ne veut pas examiner si elles sont informes, grossières, il les accueille et leur sourit, il leur sait gré d'être vivantes, les absout et les relève... De cette clémence il résulte pour lui ce singulier avantage, c'est que tout vient l'enrichir, le secourir, le fortifier. Le monde, pour tous les autres, est un sablonneux désert où ils cherchent et ne trouvent pas.

Dans cette âme, pleine et comble des dons vivants de la nature, comment ne viendrait pas l'amour? Une chose aimée surgit... D'où vient-elle? on ne peut le dire. Elle est aimée, il suffit... Elle va croître et vivre en lui, comme lui-même vit dans la Nature, accueillant tout ce qui viendra, se nourrissant de toute chose, s'augmentant et s'embellissant, devenant la fleur du génie, comme lui-même est la fleur du monde.

Type sublime de l'adoption... Ce point vivant qui tout à l'heure apparut obscur encore, couvé de l'œil paternel, il va s'organisant, se vivifiant, il s'illumine de splendeur, c'est une grande invention, une œuvre d'art, un poème... J'admire cette belle création dans son résultat; mais combien j'aurais voulu la suivre en sa génération[1], dans la tendre incubation sous laquelle commença sa vie, sa chaleur!

Hommes puissants, en qui Dieu accomplit ces grandes choses, daignez donc nous dire vous-mêmes quel fut le moment sacré où l'invention, l'œuvre d'art, jaillit pour la première fois... quelles

---

1. Combien il est regrettable que les hommes de génie effacent la trace successive de leur propre création! Rarement ils gardent la série des ébauches qui l'ont préparée. Vous en trouvez quelque chose, incomplet et à grand'peine, dans la série progressive des tableaux de quelques grands peintres qui, sans cesse, ont peint leur pensée et en ont fixé chaque moment par des œuvres immortelles. Il n'est pas impossible de suivre ainsi la génération d'une idée dans Raphaël, Titien, Rubens, Rembrandt. Pour ne parler que de ce dernier, le *Bon Samaritain*, le *Christ d'Emmaüs*, le *Lazare*, enfin le *Christ consolant le peuple* (gravure aux cent florins), indiquent les degrés successifs par lesquels le grand artiste, ému du spectacle nouveau des profondes misères modernes, couva et enfanta son idée. Dans la dernière expression qu'il lui donne, si forte et si populaire, l'œuvre et l'ouvrier ont atteint un degré inouï d'attendrissement.

furent dans votre âme les premières paroles avec cet être nouveau, le dialogue qui s'engagea en vous entre la vieille sagesse et la jeune création, le doux accueil qu'elle lui fit, comment elle l'encouragea, rude et brute encore, la forma sans la changer, et, loin de gêner sa liberté, fit tout pour qu'elle devînt libre, qu'elle fût vraiment elle-même.

Ah! si vous révéliez cela, vous auriez éclairé, non seulement l'art, mais l'art moral aussi, l'art de l'éducation et de la politique. Si nous savions la culture que donne le génie au bien-aimé de sa pensée, comment ils vivent entre eux, par quelle adresse et quelle douceur, sans attenter à son originalité, il l'anime à se produire selon sa nature, nous aurions à la fois la règle de l'art et le modèle de l'éducation, de l'initiation civile[1].

Bonté de Dieu, c'est là qu'il faut que nous vous

---

1. Ceci n'est pas une simple comparaison comme celle que donne Platon au livre IV de *la République*. Non, c'est la chose elle-même, prise en soi, dans son plus intime, dans sa naissance et sa nature. A mesure qu'on s'habituera à regarder le monde social dans le monde moral, on verra que celui-ci est l'origine, la mère, la matrice de l'autre, ou plutôt qu'ils ne font qu'un.

Le combat de l'âme avec l'âme, le progrès et l'éducation qui en résultent, les traités que font entre elles ses puissances intérieures, l'amour qu'elle a pour elle-même, les mariages, les adoptions accomplis dans cette enceinte étroite et si variée révéleront à la philosophie le secret de la politique, de l'éducation, de l'initiation sociale. Que l'artiste élève son œuvre, que l'homme élève l'enfant de son choix, que la cité élève les classes qui sont encore enfants, ce sont trois choses analogues; il arrivera du moins, par les progrès de la science et de l'amour, qu'elles le seront de plus en plus.

Cette science est à créer. La philosophie, qui, depuis des siècles, tourne sur les mêmes idées, n'y a pas touché encore. Les mystiques, qui ont tant regardé dans l'âme humaine, s'aveuglaient à y chercher Dieu, qui y est sans nul doute, mais qu'on y distingue bien mieux quand on l'y voit en son image qu'il y déposa, la Cité humaine et divine.

contemplions! C'est dans cette âme supérieure où la sagesse et l'instinct sont si bien harmonisés, que nous devons chercher le type pour toute œuvre sociale. L'âme de l'homme de génie, cette âme visiblement divine, puisqu'elle crée comme Dieu, c'est la cité intérieure sur laquelle nous devons modeler la cité extérieure, afin qu'elle soit divine aussi.

Cet homme est harmonique et productif quand les deux hommes qui sont en lui, le simple et le réfléchi, s'entendent et s'entr'aident.

Eh bien! la société sera au plus haut point harmonique et productive, si les classes cultivées, réfléchies, accueillant et adoptant les hommes d'instinct et d'action, reçoivent d'eux la chaleur et leur prêtent la lumière [1].

« Quelle différence! dira-t-on. Ne voyez-vous pas que dans l'âme d'un seul homme la cité intérieure se compose du même et du même? entre deux parents si proches facile est le rapprochement. Dans la cité politique, que d'éléments opposés, discordants, que de résistances variées! la donnée est ici infiniment plus complexe; que dis-je? l'un des objets comparés est presque le contraire de l'autre; dans l'un je ne vois que la paix, et dans l'autre que la guerre. »

Plût au ciel que l'objection fût raisonnable, que je pusse l'accepter! Plût à Dieu que la discorde ne fût

---

1. Étendez ceci à la grande société du genre humain. Telles nations sont relativement à l'état instinctif, telles à l'état de réflexion. Lorsqu'elles entrent en contact, les nations cultivées doivent, au nom de l'humanité, au nom de leur intérêt, se faire un art, une langue pour s'entendre avec celles qui n'ont que l'instinct barbare.

que dans la cité exterieure, que dans l'intérieure, dans l'apparente unité de l'individu, il y eût vraiment la paix!... Je sens plutôt tout le contraire... La bataille générale du monde est moins discordante encore que celle que je porte en moi, la dispute de moi avec moi, le combat de l'*homo duplex*.

Cette guerre est visible en tout homme. S'il y a dans l'homme de génie trêve et pacification, cela tient à un beau mystère, aux sacrifices intérieurs que ses puissances opposées se font les unes aux autres. Le fonds de l'art, comme celui de la société, ne l'oubliez point, c'est le sacrifice.

Cette lutte est dignement payée. L'œuvre qu'on croirait inerte et passive, modifie son ouvrier. Elle l'améliore moralement, récompensant ainsi la bienveillance dont l'entoura le grand artiste, quand elle était jeune, faible, informe encore. Il l'a faite, mais elle le fait; elle le rend, à mesure qu'elle grandit, très grand et très bon. Si le monde entier, avec ses misères, ses nécessités, ses fatalités hostiles, ne pesait sur lui, on verrait qu'il n'est point d'homme de génie qui, pour l'excellence du cœur, ne soit un héros.

Toutes ces épreuves intérieures que le monde ne sait guère, préservent le génie de toute misère d'orgueil. S'il repousse, au nom de son œuvre, la stupide risée du vulgaire, c'est pour elle, et non pour lui. Il reste intérieurement dans une douceur héroïque, toujours enfant, peuple et simple. Quoi qu'il accomplisse de grand, il est du côté des petits.

Il laisse aller la foule des vaniteux, des subtils, se promener dans le vide, se réjouir de moqueries, de sophismes, de négations. Qu'ils triomphent, qu'ils courent, tant qu'ils veulent, dans les voies du monde... Lui, il reste tranquille là où viendront tous les simples, aux marches du trône du Père.

Et c'est par lui qu'ils y viendront. Quel appui, quel protecteur ont-ils autre que lui? Il est leur commun héritage à ces déshérités, leur glorieux dédommagement. Il est leur voix à ces muets, leur puissance à ces impuissants, l'accomplissement tardif de toutes leurs aspirations. En lui, finalement, ils sont glorifiés, et sauvés par lui. Il les entraîne et les enlève tous, dans la longue chaîne des classes et des genres en lesquels ils se divisent : femmes, enfants, ignorants, pauvres d'esprit, et avec eux, nos humbles compagnons de travail qui n'ont eu que le pur instinct, et derrière ceux-ci, les tribus infinies de la vie inférieure, aussi loin que l'instinct s'étend.

Tous se réclament du Simple, à la porte de la Cité où ils doivent entrer tôt ou tard. « Que venez-vous faire ici? qui êtes-vous, pauvres simples? — Les petits frères de l'aîné de Dieu. »

CHAPITRE IX

Revue de la seconde partie. — Introduction à la troisième.

J'ai été loin, bien loin peut-être dans l'entraînement de mon cœur.

Je voulais caractériser l'instinct populaire, y montrer la source de vie où les classes cultivées doivent chercher aujourd'hui leur rajeunissement; je voulais prouver à ces classes, nées d'hier, usées déjà, qu'elles ont besoin de se rapprocher du peuple d'où elles sont sorties.

Ce peuple, défiguré par ses maux, altéré par son progrès même, j'ai dû, pour trouver son génie, l'étudier spécialement dans son élément le plus pur, le peuple des enfants et des simples. C'est là que Dieu nous garde le dépôt de l'instinct vivant, le trésor d'éternelle jeunesse.

Mais ces simples, ces enfants que j'appelais dans mon livre à témoigner pour le peuple, il s'est trouvé qu'ils ont réclamé pour eux-mêmes. Et moi, je les ai écoutés ; j'ai vengé comme j'ai pu les simples du mépris du monde. J'ai demandé pour l'enfant comment la dureté du Moyen-âge continuait toujours contre lui.

Quoi ! vous avez repoussé, dans la croyance et dans la vie, le fatalisme cruel qui supposait l'homme perverti en naissant d'une faute qu'il n'a pas faite ; et quand il s'agit de l'enfant, vous partez de cette idée ; vous châtiez l'innocent ; vous déduisez, d'une hypothèse chaque jour plus abandonnée, une éducation de supplices. Vous étouffez, vous bâillonnez le jeune révélateur, ce Joseph, ce Daniel, qui seul vous dirait votre énigme et votre rêve oublié.

Si vous maintenez que l'instinct de l'homme est mauvais, gâté d'avance, que l'homme ne vaut qu'autant qu'il est châtié, amendé, métamorphosé par la science ou la scolastique religieuse, *vous avez condamné le peuple*, et le peuple des enfants, et les peuples encore enfants, qu'on les nomme sauvages ou barbares.

Ce préjugé a été meurtrier pour tous les pauvres fils de l'instinct. Il a rendu les classes cultivées dédaigneuses, haineuses pour les classes non cultivées. Il a infligé aux enfants l'enfer de notre éducation. Il a autorisé contre les peuples enfants mille fables ineptes et malveillantes qui n'ont pas peu contribué à rassurer nos soi-disant chrétiens dans l'extermination de ces peuples.

Mon livre voulait encore envelopper ceux-ci, les sauvages ou les barbares, abriter ce qui en reste...

Tout à l'heure, il sera trop tard. Le travail d'extermination se poursuit rapidement. En moins d'un demi-siècle, que de nations j'ai vu disparaître ! Où sont maintenant nos alliés, les montagnards d'Écosse ? Un huissier anglais a chassé le peuple de Fingal et de Robert Bruce. Où sont nos autres amis, les Indiens de l'Amérique du Nord, à qui notre vieille France avait si bien donné la main ? Hélas ! je viens de voir les derniers qu'on montrait sur des tréteaux... Les Anglais d'Amérique, marchands, puritains, dans leur dure inintelligence, ont refoulé, affamé, anéanti tout à l'heure ces races héroïques, qui laissent une place vide à jamais sur le globe, un regret au| genre humain.

En présence de ces destructions, et de celle du nord de l'Inde, de celle du Caucase, de celle du Liban, puisse la France sentir à temps que notre interminable guerre d'Afrique tient surtout à ce que nous méconnaissons le génie de ces peuples ; nous restons toujours à distance, sans rien faire pour dissiper l'ignorance mutuelle, les malentendus qu'elle cause. Ils ont avoué l'autre jour qu'ils ne combattaient contre nous que parce qu'ils nous croyaient ennemis de leur religion, qui est l'Unité de Dieu ; ils ignoraient que la France, et presque toute l'Europe, eussent secoué les croyances idolâtriques qui pendant le Moyen-âge ont obscurci l'Unité. Bonaparte le leur dit au Caire ; qui le redira maintenant?

Le brouillard se lèvera un jour ou l'autre entre les deux rives, et l'on se reconnaîtra. L'Afrique, dont les races se rapprochent tellement de nos races du Midi, l'Afrique que je reconnais parfois dans mes amis les plus distingués des Pyrénées, de la Provence, rendra à la France un grand service ; elle expliquera en elle bien des choses qu'on méprise et qu'on n'entend pas. Nous comprendrons mieux alors l'âpre sève populaire de nos habitants des montagnes, des pays les moins mélangés. Tel détail de mœurs, je l'ai dit, que l'on trouve rude et grossier, est en effet barbare, et relie notre peuple à ces populations, barbares sans doute, mais nullement vulgaires.

Barbares, sauvages, enfants, peuple même (pour la plus grande part), ils ont cette misère commune que leur instinct est méconnu, qu'eux-mêmes ne savent point nous le faire comprendre. Ils sont des muets, souffrent, s'éteignent en silence. Et nous n'entendons rien, nous le savons à peine. L'homme d'Afrique meurt de faim sur son silo dévasté, il meurt et ne se plaint pas. L'homme d'Europe travaille à mort, finit dans un hôpital, sans que personne l'ait su. L'enfant, même l'enfant riche, languit et ne peut se plaindre ; personne ne veut l'écouter ; le Moyen-âge, fini pour nous, continue pour lui dans sa barbarie.

Spectacle étrange ! D'une part, des existences pleines de jeune et puissante vie... Mais ces êtres sont comme enchantés encore, ils ne peuvent bien faire entendre leurs pensées et leurs douleurs. D'autre part, en voilà d'autres qui ont recueilli tout ce que l'humanité a jamais forgé d'instruments pour analyser, pour exprimer la pensée, langues, classifications et logique, et rhétorique, mais la vie est faible en eux... Ils auraient besoin que ces muets, en qui Dieu versa sa sève à pleins bords, leur en donnassent une goutte.

Qui ne ferait des vœux pour ce grand peuple, qui, des basses et obscures régions, aspire et monte à tâtons, sans lumière pour monter, n'ayant pas même une voix pour gémir... Mais leur silence parle...

On dit que César, naviguant le long des côtes de l'Afrique, s'endormit et eut un songe : il voyait comme une grande armée qui pleurait et lui tendait les bras. En s'éveillant, il écrivit sur ses tablettes : Corinthe et Carthage. Et il rebâtit ces deux villes.

Je ne suis pas César, mais que de fois j'ai eu le songe de César ! Je les voyais pleurer, je comprenais ces pleurs : « *Urbem orant.* » Ils veulent la Cité ! ils demandent qu'elle les reçoive et les protège... Moi, pauvre rêveur solitaire, que pouvais-je donner à ce grand peuple muet ! ce que j'avais, une voix... Que ce soit leur première entrée dans la Cité du droit, dont ils sont exclus jusqu'ici.

J'ai fait parler dans ce livre ceux qui n'en sont pas même à savoir s'ils ont un droit au monde. Tous ceux-là qui gémissent ou souffrent en silence, tout ce qui aspire et monte à la vie, c'est mon peuple... C'est le Peuple. — Qu'ils viennent tous avec moi.

Que ne puis-je agrandir la Cité, afin qu'elle soit solide ! Elle branle, elle croule, tant qu'elle est incomplète, exclusive, injuste. Sa justice, c'est sa solidité. Si elle veut n'être que juste, elle ne sera pas même juste. Il faut qu'elle soit sainte et divine, fondée par Celui qui seul fonde.

Elle sera divine, si au lieu de fermer jalousement ses portes, elle rallie tout ce qu'il y a d'enfants de Dieu, les derniers, les plus humbles (malheur à qui rougira de son frère!). Tous, sans distinction de classe ni classification, faibles ou forts, simples ou sages, qu'ils apportent ici leur sagesse ou leur instinct. Ces impuissants, ces incapables, *miserabiles personæ*, qui ne peuvent rien pour eux-mêmes, ils peuvent beaucoup pour nous. Ils ont en eux un mystère de puissance inconnue, une fécondité cachée, des sources vives au fond de leur nature. La Cité, en les appelant, appelle la vie, qui peut seule la renouveler.

Donc, qu'ici l'homme avec l'homme, que l'homme avec la nature, aient, après ce long divorce, l'heureuse réconciliation; que tous les orgueils finissent, que la Cité protectrice aille du ciel à l'abîme, vaste comme le sein de Dieu!

Je proteste, pour ma part, que s'il reste quelqu'un derrière qu'elle repousse encore et n'abrite point de son droit, moi, je n'y entrerai point, et je resterai au seuil.

TROISIÈME PARTIE

DE L'AFFRANCHISSEMENT PAR L'AMOUR.

LA PATRIE

CHAPITRE PREMIER

L'amitié.

C'est une grande gloire pour nos vieilles communes de France, d'avoir trouvé les premières le vrai nom de la patrie. Dans leur simplicité pleine de sens et de profondeur, elles l'appelaient l'*Amitié*[1].

La patrie c'est bien en effet la grande amitié qui contient toutes les autres. J'aime la France, parce qu'elle est la France, et aussi parce que c'est le pays de ceux que j'aime et que j'ai aimés.

La patrie, la grande amitié, où sont tous nos attachements, nous est d'abord révélée par eux; puis à son

---

[1]. La patrie n'était encore que dans la commune. On disait l'*amitié* de Lille, l'*amitié* d'Aire, etc. (Voir Michelet, *Histoire de France*, V.)

tour, elle les généralise, les étend, les ennoblit. L'ami devient tout un peuple. Nos amitiés individuelles sont comme des premiers degrés de cette grande initiation, des stations par où l'âme passe, et peu à peu monte, pour se connaître et s'aimer dans cette âme meilleure. plus désintéressée, plus haute, qu'on appelle la Patrie.

Je dis *désintéressée*, parce que là où elle est forte, elle fait que nous nous aimons, malgré l'opposition des intérêts, la différence des conditions, malgré l'inégalité. Pauvres, riches, grands et petits, elle nous enlève tous au-dessus de toutes nos misères d'envie. C'est vraiment la *grande* amitié, parce qu'elle rend héroïque. Ceux qui se sont liés en elle, sont solidement liés; leur attachement durera tout autant que la Patrie. Que dis-je? Elle n'est nulle part plus indestructible que dans leurs âmes immortelles. Elle finirait dans le monde et dans l'histoire, elle s'abîmerait au sein du globe, qu'elle survivrait comme *Amitié*.

Il semble, à entendre nos philosophes, que l'homme est un être tellement insociable, qu'à grand'peine, par tous les efforts de l'art et de la méditation, pourront-ils inventer la machine ingénieuse qui rapprocherait l'homme de l'homme. Et moi, pour peu que j'observe, à sa naissance même, je le vois déjà sociable. Avant d'avoir les yeux ouverts, il aime la société; il pleure, dès qu'il est laissé seul... Comment s'en étonnerait-on? au jour qu'on dit le premier, il quitte une société déjà ancienne, et si douce! Il a commencé par elle; vieux de neuf mois, il lui faut divorcer, entrer dans la solitude, chercher à tâtons s'il pourra retrouver une ombre de la chère union qu'il avait, qu'il a perdue.

Il aime sa nourrice et sa mère, et les distingue peu de lui-même... Mais quel est son ravissement, quand il voit pour la première fois *un autre*, un enfant de son âge, qui est lui, qui n'est pas lui! A peine retrouvera-t-il quelque chose de ce moment dans les plus vives joies de l'amour. La famille, la nourrice, la mère même pour quelque temps, tout cède devant le *camarade*, il a fait tout oublier.

C'est là qu'il faut voir combien l'inégalité, cette pierre d'achoppement des politiques, embarrasse peu la nature. Elle s'amuse au contraire, dans tous les rapports du cœur, à se jouer des différences, des inégalités, qui sembleraient devoir créer à l'union d'insurmontables obstacles. La femme, par exemple, aime l'homme, justement parce qu'il est plus fort. L'enfant aime son ami, souvent parce qu'il est supérieur. L'inégalité leur plaît comme occasion de dévouement, comme émulation, comme espoir d'égalité. Le vœu le plus cher de l'amour, c'est de se faire un égal; sa crainte, c'est de rester supérieur, de garder un avantage que l'autre n'ait pas.

C'est le caractère singulier des belles amitiés d'enfance, que l'inégalité y sert puissamment. Il faut qu'elle y soit, pour qu'il y ait aspiration, échange et mutualité. Regardez ces enfants, ce qui leur rend ces amitiés charmantes, c'est, dans l'analogie de caractère et d'habitude, l'inégalité d'esprit et de culture; le faible suit le fort, sans servilité, sans envie; il l'écoute avec ravissement, il suit avec bonheur l'attrait de l'initiation.

L'amitié, quoi qu'on dise, est, bien plus que l'amour, un moyen de progrès. L'amour est, comme elle, une initiation sans doute, mais il ne peut créer d'émulation entre ceux qu'il unit; les amants diffèrent de sexe et de nature; le moins avancé des deux ne peut beaucoup changer, pour ressembler à l'autre; l'effort d'assimilation mutuelle s'arrête de bonne heure.

L'esprit de rivalité qui s'éveille si vite entre les petites filles, commence tard chez les garçons. Il faut l'école, le collège, tous les efforts du maître, pour éveiller ces tristes passions. L'homme, sous ce rapport, naît généreux, héroïque. Il faut lui apprendre l'envie; il ne la sait pas de lui-même.

Ah! qu'il a bien raison, et qu'il y gagne! L'amour ne compte pas, il ne sait mesurer. Il ne s'attache point à calculer une égalité mathématique et rigoureuse que l'on n'atteint jamais. Il aime bien mieux la dépasser. Il crée, le plus souvent, contre l'inégalité de la nature, une inégalité en sens inverse. Entre l'homme et la femme, par exemple, il fait que le plus fort veut être serviteur du plus faible. Dans le progrès de la famille, quand l'enfant naît, le privilège descend à ce nouveau venu. L'inégalité de la nature favorisait le fort qui est le père; l'inégalité qu'y substitue l'amour, favorise le faible, le plus faible, et le fait le premier.

Voilà la beauté de la famille naturelle. Et la beauté de la famille artificielle, c'est de favoriser le fils élu, fils de la volonté, plus cher que ceux de la nature.

L'idéal de la Cité qu'elle doit poursuivre, c'est l'adoption des faibles par les forts, l'inégalité au profit des moindres.

Aristote dit très bien contre Platon : « La Cité se fait non d'hommes semblables, mais d'hommes différents. » A quoi j'ajoute : « Différents, mais harmonisés par l'amour, rendus de plus en plus semblables. » La démocratie, c'est l'amour dans la Cité, et l'initiation.

L'initiation du patronage, romain ou féodal, était chose artificielle et née des circonstances[1]. C'est aux invariables et naturels rapports de l'homme qu'il nous faut revenir.

Ces rapports, quels sont-ils?... Ne cherchez pas bien loin. Regardez seulement l'homme avant qu'il soit asservi à la passion, brisé par la dure éducation, aigri par les rivalités. Prenez-le avant l'amour, avant l'envie. Que trouvez-vous en lui? la chose qui lui est la plus naturelle entre toutes, la première (ah! qu'elle soit aussi la dernière!) : l'amitié.

Me voilà bientôt vieux. J'ai, par-dessus mon âge, deux ou trois mille ans que l'histoire a entassés sur moi, tant d'événements, de passions, de souvenirs

---

1. Le patronage antique et féodal ne reviendra pas, ne doit point revenir. Nous nous sentons égaux. Le caractère d'ailleurs perdait infiniment, et l'originalité, dans ses rapports de dépendance étroite où l'homme avait toujours les yeux sur l'homme, devenait son ombre, sa triste copie. La longue table commune où le baron siégeait au feu, et qui, du chapelain, du sénéchal et des autres vassaux, allait se prolongeant jusqu'à la porte, où mangeait, en servant debout, le petit valet de cuisine, cette table était une école où l'imitation allait descendant; chacun étudiait, copiait son voisin du rang supérieur. Les sentiments n'étaient pas toujours serviles, mais les esprits l'étaient. Cette servilité d'imitation est sans nul doute une des causes qui retardèrent le Moyen-âge et le stérilisèrent longtemps.

divers où entrent pêle-mêle ma vie et celle du monde. Eh bien! parmi ces grandes choses innombrables, et ces choses poignantes, une domine, triomphe, toujours jeune, fraîche, florissante, ma première amitié!

C'était, je me le rappelle (bien mieux que mes pensées d'hier), c'était un désir immense, insatiable, de communications, de confidences, de révélations mutuelles. Ni la parole ni le papier n'y suffisaient. Après d'immenses promenades, nous nous conduisions et nous reconduisions. Quelle joie, lorsque revenait le jour, d'avoir tant à se dire! Je partais de bonne heure, dans ma force et ma liberté, impatient de parler, de reprendre l'entretien, de confier tant de choses. — « Quels secrets? Quels mystères? » — Que sais-je? tel fait historique peut-être, ou tel vers de Virgile que je venais d'apprendre...

Que de fois je me trompais d'heure! à quatre, à cinq heures du matin, j'allais, je frappais, je faisais ouvrir les portes, je réveillais mon ami. Comment peindre avec des paroles les vives et légères lueurs sous lesquelles, dans ces matinées, brillaient, voltigeaient toutes choses? Mon existence était ailée, j'en ai encore l'impression, mêlée au matin, au printemps; je sentais, vivais dans l'aurore.

Age regrettable, vrai paradis sur terre, qui ne connaît ni haine, ni mépris, ni bassesse, où l'inégalité est si parfaitement inconnue, où la société est encore vraiment humaine, vraiment divine... Tout cela passe vite. Les intérêts viennent, les concurrences, les rivalités... Et pourtant il en resterait quelque chose, si, l'éducation travaillait à réunir les hommes autant qu'elle s'attache à les diviser.

Si seulement les deux enfants, le pauvre et le riche, avaient été assis aux bancs d'une même école, si liés d'amitié, divisés de carrières, ils se voyaient souvent, ils feraient plus entre eux que toutes les politiques, toutes les morales du monde. Ils conserveraient dans leur amitié désintéressée, innocente, le nœud sacré de la Cité... Le riche saurait la vie, l'inégalité, et il en gémirait; tout son effort serait de partager. Le pauvre prendrait un grand cœur, et le consolerait d'être riche.

Comment vivre, sans savoir la vie? Or, on ne la sait qu'à un prix : Souffrir, travailler, être pauvre, — ou bien encore se faire pauvre, de sympathie, de cœur, s'associer de volonté au travail et à la souffrance.

Que voulez-vous que sache un riche, avec toute la science du monde? par cela seul qu'il a la vie facile, il en ignore les fortes et profondes réalités. Ne creusant point, n'appuyant pas, il court, glisse, comme sur une glace; nulle part il n'entre, il est toujours dehors; dans cette rapide existence, extérieure et superficielle, demain il sera au terme et s'en ira dans l'ignorance aussi bien qu'il était venu.

Ce qui lui a manqué, c'était un point solide où, de son âme, il appuyât, creusât dans la vie et la connaissance. Tout au contraire, le pauvre est fixé sur un point obscur, sans voir ni ciel ni terre. Ce qui lui manque, c'est de pouvoir se relever, respirer, regarder le ciel. Rivé à cette place par la fatalité, il lui faudrait s'étendre, généraliser son existence et sa souffrance même, vivre hors de ce point où il souffre, et puisqu'il a une âme infinie, l'épanouir infiniment... Tous les moyens lui manquent; les lois y feront peu; il y faut l'amitié. L'homme de loisir, cultivé, réfléchi, doit remettre cette âme captive dans son rapport avec le monde, la changer? non, mais l'aider à être elle-même, écarter l'obstacle qui l'empêchait de déployer ses ailes. Tout cela deviendrait facile, si chacun des deux comprenait qu'il ne trouvera qu'en l'autre son affranchissement. L'homme de science et de culture, aujourd'hui serf des abstractions, des formules, ne reprendra sa liberté qu'au contact de l'homme d'instinct. Sa jeunesse et sa vie qu'il croit renouveler dans de lointains voyages, elle est là, près de lui, dans ce qui est la jeunesse sociale, je veux dire dans le peuple. Celui-ci, d'autre part, pour qui l'ignorance et l'isolement sont comme une prison, il étendra son horizon, retrouvera l'air libre, s'il accepte la communication de la science, si, au lieu de la dénigrer par envie, il y respecte l'accumulation des travaux de l'humanité, tout l'effort de l'homme antérieur.

Cette assistance, cette culture mutuelle, forte et sérieuse, qu'ils trouveront l'un dans l'autre, elle suppose, je l'avoue, dans tous les deux une magnanimité véritable; nous les appelons à l'héroïsme. Quel appel plus digne de l'homme?... plus naturel aussi, dès qu'il revient à lui et se relève, avec la grâce de Dieu.

L'héroïsme du pauvre, c'est d'immoler l'envie, c'est d'être lui-même assez haut au-dessus de sa pauvreté, pour ne pas même vouloir s'informer si la richesse est gagnée bien ou mal. L'héroïsme du riche, c'est, tout en connaissant le droit du pauvre, de l'aimer et d'aller à lui.

« Héroïsme?... N'est-ce pas là le plus simple devoir? » Sans doute, mais c'est justement parce qu'il y a devoir que le cœur se resserre. Triste infirmité de notre nature; nous n'aimons guère que celui à qui nous ne devons rien, l'être abandonné, désarmé, qui n'allègue nul droit contre nous.

Il faut des deux côtés que le cœur s'élargisse. On a pris la démocratie par le droit et le devoir, par la Loi, et l'on n'a eu que la loi morte... Ah! reprenons-la par la Grâce.

Vous dites : « Que nous importe? nous ferons de si sages lois, si artificieusement dressées et combinées, qu'on n'aura que faire de s'aimer... » Pour vouloir de sages lois, pour les suivre, il faut aimer d'abord.

Comment aimer? Ne voyez-vous les insurmontables barrières que l'intérêt élève entre nous? Dans la concurrence accablante où nous nous débattons, pouvons-nous bien être assez simples pour aider nos rivaux, pour donner la main aujourd'hui à ceux qui le seraient demain?

Triste aveu! quoi! pour quelque argent, pour une place misérable que vous perdrez bientôt, vous livrez le trésor de l'homme, tout ce qu'il a de bon, de grand, l'amitié, la patrie, la véritable vie du cœur.

Eh! malheureux! si près, si loin de la Révolution, avez-vous déjà oublié que les premiers hommes du monde, ces jeunes généraux, dans leur terrible élan, leur course violente à la mort immortelle, qu'ils se disputaient tous, rivaux acharnés pour la belle maîtresse qui brûle les cœurs du plus âpre amour, la Victoire! n'éprouvèrent point de jalousie? Elle restera toujours, la glorieuse lettre par laquelle le vainqueur de la Vendée couvrit de sa vertu, de sa popularité l'homme qui déjà faisait peur[1], le vainqueur d'Arcole, et se porta garant pour lui... Ah! grande époque, grands hommes, vrais vainqueurs à qui tout devait céder! Vous aviez vaincu l'envie aussi aisément que le monde! Nobles âmes, où que vous soyez, donnez-nous, pour nous sauver, un souffle de votre esprit!

1. On sait que Bonaparte s'était rendu suspect en agissant comme maître et arbitre de l'Italie, accordant ou refusant, sans consulter personne, des armistices qui décidaient de la paix ou de la guerre, envoyant directement des fonds à l'armée du Rhin sans prendre l'intermédiaire de la trésorerie, etc. On faisait courir le bruit qu'il allait être arrêté au milieu de son armée. — Hoche écrivit, pour le justifier, au ministre de la police, une lettre qui fut rendue publique. Il y renvoie aux royalistes les bruits calomnieux qu'on faisait courir : « Pourquoi Bonaparte se trouve-t-il l'objet des fureurs de ces messieurs? Est-ce parce qu'il les a battus en vendémiaire? Est-ce parce qu'il dissout les armées des rois et qu'il fournit à la République les moyens de terminer glorieusement cette guerre?... Ah! brave jeune homme, quel est le militaire républicain qui ne brûle de t'imiter? Courage, Bonaparte, conduis à Naples, à Vienne, nos armées victorieuses; réponds à tes ennemis personnels en humiliant les rois, en donnant à nos armes un lustre nouveau et laisse-nous le soin de ta gloire! »

CHAPITRE II

De l'amour et du mariage.

Il faudrait sentir bien peu la gravité d'un tel sujet pour entreprendre de le traiter en quelques pages. Je me contenterai de faire une observation, essentielle dans l'état de nos mœurs.

Indifférents comme nous sommes à la patrie et au monde, ni citoyens, ni philanthropes, nous n'avons guère qu'une chose par laquelle nous prétendions échapper à l'égoïsme; ce sont les liens de famille. Être un bon père de famille, c'est un mérite qu'on affiche, et souvent à grand profit.

Eh bien! il faut l'avouer, dans les classes supérieures la famille est très malade. Si les choses continuaient, elle deviendrait impossible.

On a accusé les hommes, et non sans raison. J'ai parlé moi-même ailleurs de leur matérialisme, de leur sécheresse, de l'insigne maladresse avec laquelle ils perdent l'ascendant des premiers jours. Cependant, il faut l'avouer, la faute est surtout aux femmes, je veux dire aux mères. L'éducation qu'elles donnent, ou laissent donner à leurs filles, a fait du mariage une charge intolérable.

Ce que nous voyons ne rappelle que trop les derniers siècles de l'Empire romain. Les femmes, étant devenues des héritières, sachant qu'elles étaient riches et protégeant leurs maris, rendirent la condition de ceux-ci tellement misérable, qu'aucun avantage pécuniaire, aucune prescription législative ne put décider les hommes à subir cette servitude. Ils aimaient mieux fuir au désert. La Thébaïde se peupla.

Le législateur, effrayé de la dépopulation, fut obligé de favoriser, de régulariser les attachements inférieurs, les seuls que l'homme acceptât. Il en serait peut-être aujourd'hui de même, si notre société, plus industrielle que celle de l'Empire romain, ne spéculait sur le mariage. L'homme moderne accepte par cupidité, par nécessité, les chances qui rebutaient les Romains. Spéculation peu sûre. La jeune femme sait qu'elle apporte beaucoup, mais elle n'a nullement appris la valeur de l'argent, elle dépense encore davantage. Si je regardais aux événements récents, aux bouleversements des fortunes, je serais tenté de dire : « Voulez-vous vous ruiner? épousez une femme riche. »

Je sais tout ce qu'il y a d'inconvénients à prendre une femme de condition, d'éducation inférieures. Le premier, c'est de s'isoler, de sortir de son milieu, de perdre ses relations. Un autre, c'est qu'on n'épouse pas la femme seule, mais la famille, dont les habitudes sont souvent grossières. Cette femme, on espère bien l'élever, la faire à soi et pour soi ; mais il se trouve souvent qu'avec un heureux instinct et de la docilité, elle n'est point élevable. Ces éducations tardives qu'on essaye de donner aux fortes races du peuple, moins malléables et plus dures, ont rarement prise sur elles.

Ces inconvénients reconnus, je n'en suis pas moins obligé de revenir à celui (bien autrement grave) des mariages brillants d'aujourd'hui. Il consiste simplement en ceci, que la vie y est *impossible*.

Cette vie consiste à commencer tous les soirs, après une journée de travail, une journée plus fatigante encore d'amusements, de plaisirs. Rien de pareil dans les autres pays de l'Europe, rien de semblable dans le peuple ; le Français des classes riches est le seul homme du monde qui ne repose jamais. C'est peut-être la cause principale pour laquelle nos enrichis, nos bourgeois, une classe née d'hier, est déjà usée.

Dans cet âge travailleur où le temps a un prix incalculable, les hommes sérieux, productifs, qui veulent des résultats, ne peuvent accepter, comme condition du mariage, une dépense si énorme de la vie. La nuit, employée ainsi à promener une femme, tue d'avance le lendemain.

L'homme a besoin, le soir, du foyer et du repos. Il revient plein de pensées ; il faudrait qu'il pût se recueillir, confier ses idées, ses projets, ses anxiétés, les combats du jour, qu'il eût où verser son cœur. Il trouve une femme qui n'a rien fait, qui a hâte d'employer ses forces, prête, parée, impatiente... Quel moyen de lui parler! « C'est bon, monsieur, il est tard, nous manquerions l'heure... Vous direz cela demain. »

Qu'il aille, s'il ne veut la confier à une amie plus âgée, qui, trop souvent fort gâtée, maligne et malicieuse, n'aura nul plus grand plaisir que d'aigrir la jeune femme contre *son tyran*, de la compromettre, de la lancer dans les plus tristes folies.

Non, il ne peut la laisser sous cette conduite suspecte. Il la conduira lui-même, il part... Avec quelle envie il voit revenir chez lui le travailleur attardé. Celui-ci, il est vrai, a bien fatigué le jour, mais il va trouver le repos, un intérieur, une famille, le somme enfin, ce bonheur légitime que Dieu lui donne tous les soirs. Sa femme l'attend, elle compte les minutes; le couvert est mis; la mère et l'enfant regardent s'il vient. Pour peu qu'il vaille quelque chose, cet homme, elle met en lui sa vanité, elle l'admire et le révère... Et que de soins! je la vois, dans leur faible nourriture, je la vois, sans qu'il l'aperçoive, garder le moindre pour elle, réserver pour l'homme qui a plus de mal l'aliment nourrissant qui réparera ses forces.

Il se couche, elle couche les enfants, et elle veille. Elle travaille bien tard dans la nuit. De grand matin, longtemps avant qu'il ouvre les yeux, elle est debout, tout est prêt, la nourriture chaude qu'il prend, et celle qu'il emporte avec lui. Il part, le cœur satisfait, bien tranquille sur ce qu'il laisse, ayant embrassé sa femme et ses enfants endormis.

Je l'ai dit, et le redirai : le bonheur est là. Elle sent qu'elle est nourrie par lui, elle en est heureuse, il travaille d'autant mieux qu'il sait qu'il travaille pour elle. Voilà le vrai mariage. Bonheur monotone, dira-t-on. Non, l'enfant y met le progrès... S'il s'y joignait l'étincelle, si le travailleur, avec un peu de sécurité, de loisir, avait des moments de vie plus haute, s'il y associait la femme et la nourrissait de son esprit... Ce serait trop; on ne demanderait rien au ciel qu'une éternité d'ici-bas.

Triste victime de la cupidité, ce bonheur, vous pouviez l'avoir; vous l'avez sacrifié. L'humble fille que vous aimiez, qui vous aimait, que vous avez délaissée, regrettez-la bien maintenant! Était-il sage (je ne parle pas d'honneur ni d'humanité) de briser la pauvre créature et de briser votre cœur pour épouser l'esclavage? L'argent que vous avez cherché, il s'enfuira de lui-même, il ne restera pas dans vos mains. Les enfants de cette union sans amour, conçus d'un calcul, porteront sur leur face pâle leur triste origine; leur existence inharmonique témoignera du divorce intérieur que contint ce mariage; ils n'auront pas le cœur de vivre.

La différence était-elle donc si grande entre cette fille et cette fille? toutes deux, après tout, sont du peuple. La plus riche a pour père un travailleur enrichi. Du vrai peuple, non mêlé, au peuple bourgeois, aux classes bâtardes, il n'y a pas un abîme.

Si la bourgeoisie veut se relever de son épuisement précoce, elle craindra moins de s'unir aux familles qui sont aujourd'hui ce qu'elle-même était hier. Là est la force, la beauté et l'avenir. Nos jeunes gens arrivent tard au mariage, bien fatigués déjà, et ils épousent ordinairement une jeune fille étiolée; les enfants meurent ou languissent. A la seconde ou troisième génération, la bourgeoisie sera aussi chétive que nos nobles l'étaient avant la Révolution[1].

Et ce n'est pas seulement le physique qui fait défaut, mais le moral baisse. Qu'attendre pour les travaux suivis, pour les affaires sérieuses, pour la grande invention, d'un homme qui, s'étant vendu à un mariage d'argent, est serf d'une femme, d'une famille, obligé de se disperser, de jeter aux quatre vents son temps et sa vie? Imaginez ce qui doit advenir d'une nation où les classes dirigeantes se consument dans les vaines paroles, dans l'agitation à vide... Pour que la vie soit féconde, il faut le recueillement de l'esprit, le repos du cœur.

Un fait remarquable de ce temps, c'est que les femmes du peuple (qui ne sont nullement grossières, comme les hommes, et qui éprouvent le besoin de délicatesse et de distinction) écoutent les hommes au-dessus d'elles avec une confiance qu'elles n'avaient nullement autrefois... Elles voyaient la noblesse comme une barrière insurmontable à l'amour; mais la richesse ne leur paraît pas une séparation de classe[2];

---

[1]. Comme M. de Maistre le leur dit si bien dans ses *Considérations sur la Révolution*.

[2]. Observation de Pierre Leroux, aussi judicieux ici qu'il est ailleurs ingénieux et profond. Que de choses il faudrait ajouter! Quel côté triste de nos mœurs! Je m'afflige surtout de voir la famille, la mère! pousser le jeune homme à la trahison. Et n'est-ce pas de cette mère que la jeune fille trompée devrait espérer quelque protection? Une femme pieuse ne devrait-elle pas

on la compte si peu, quand on aime ! Touchante confiance du peuple, qui, dans sa partie la meilleure, la plus aimable et la plus tendre, se rapproche ainsi des rangs supérieurs, et vient y rapporter la sève, la beauté, la grâce morale !... Ah ! malheur à ceux qui la trompent ! S'ils sont inaccessibles aux remords, ils auront du moins des regrets, en songeant qu'ils ont perdu ce qui vaut les trésors du monde, le ciel et la terre : Être aimé !

avoir des entrailles, un cœur infini pour cette pauvre enfant qui, après tout (qu'importe devant Dieu que l'orgueil du monde en murmure), est devenue la sienne ? Quels égards les femmes attendront-elles de nous, si elles ne se protègent pas entre elles ? Elles ont en commun un mystère qui devrait les lier bien plus que les hommes ne peuvent l'être, le mystère de l'enfantement, de la maternité, qui est celui de la vie et de la mort, celui qui leur fait atteindre l'extrême limite dans la souffrance et dans la jouissance. La participation à ce mystère terrible, que l'homme ne connaît pas, les rend toutes égales, toutes sœurs ; il n'y a d'inégalité qu'entre les hommes. C'est à la mère, c'est à la sœur à réclamer du fils ou du frère pour la fille trompée, et, si le mariage est impossible, à la couvrir de leur protection. A leur défaut, celle même qu'il épouse, la jeune femme vertueuse doit expier les torts, couvrir tout de sa bonté, ouvrir ses bras et son cœur aux enfants du premier amour. Qu'elle se rappelle la tendresse de Valentine de Milan pour Dunois, et cet embrassement pathétique : « Ah ! tu m'as été dérobé !... » (Voir dans mon *Histoire* la mort de Louis d'Orléans.)

CHAPITRE III

De l'association.

Je me suis longtemps occupé des anciennes associations de la France. De toutes, la plus belle, à mon sens, est celle des filets pour la pêche, sur les côtes d'Harfleur et de Barfleur. Chacun de ces vastes filets (de cent vingt brasses ou six cents pieds) se divise en plusieurs parts qui passent par héritage aux filles aussi bien qu'aux garçons. Les filles, héritant de ce droit, mais n'allant pas à la pêche, y concourent néanmoins en tissant leurs lots de filets, qu'elles confient aux pêcheurs. La belle et sage Normande file ainsi sa dot; ce lot de filet, c'est son fief qu'elle administre avec la prudence de la femme de Guillaume-le-Conquérant. De son droit et de son travail, doublement propriétaire, il faut bien, comme telle, qu'elle sache le détail de l'expédition; elle en apprécie les chances, s'intéresse au choix de l'équipage, s'associe aux inquiétudes de cette vie aventureuse. Elle risque souvent sur la barque plus que son filet. Souvent, celui qu'au départ elle a choisi pour pêcheur la choisit pour femme au retour.

Vrai *pays de sapience!* Cette Normandie, qui, en tant de choses, a servi de modèle à la France et à l'Angleterre, me semble avoir trouvé là un type d'association plus digne qu'aucun autre d'être recommandé à l'attention de l'avenir.

Celle-ci est bien autre chose que les associations fromagères du Jura[1], où l'on n'associe après tout que la mise et le profit. Chacun apporte son lait au fromage commun et partage proportionnellement dans la vente. Cette économie collective n'exige aucun rapprochement moral; elle met l'égoïsme à l'aise et peut se concilier avec toute la sécheresse de l'individualisme. Elle ne me semble pas mériter le beau nom d'association.

Celle des pêcheurs de Normandie le mérite éminem-

---

1. Souvent citées par Fourier. Je suis l'homme de l'histoire et de la tradition; donc je n'ai rien à dire à celui qui se vante de procéder par voie d'*écart absolu*. Ce livre du *Peuple*, particulièrement fondé sur l'idée de la patrie, c'est-à-dire du dévouement, du sacrifice, n'a rien à voir avec la doctrine de l'*attraction passionnelle*. Je saisis néanmoins cette occasion pour exprimer mon admiration pour tant de vues de détail ingénieuses, profondes, quelquefois très applicables, ma tendre admiration pour un génie méconnu, pour une vie occupée tout entière du bonheur du genre humain. J'en parlerai un jour, selon mon cœur. — Singulier contraste d'une telle ostentation de matérialisme et d'une vie spiritualiste, abstinente, désintéressée! Ce contraste s'est reproduit tout récemment, à la gloire de ses disciples. Tandis que les amis de la vertu et de la religion, leurs défenseurs obligés, les conservateurs nés de la morale publique s'enrôlaient sous main dans la bande de ceux qui jouent à coup sûr, les disciples de Fourier, qui ne parlent que d'intérêt, d'argent et de jouissances, ont mis l'intérêt sous leurs pieds et frappé courageusement le Baal de la Bourse... le Baal! non, le Moloch, l'idole qui dévorait des hommes.

ment; elle est morale et sociale tout autant qu'économique. Qu'est-ce au fond? une jeune fille sérieuse, honnête, qui, de son travail, de ses veilles, de sa petite épargne, commandite les jeunes gens, met sur leur barque sa fortune avant d'y mettre son cœur; elle a droit de connaître, de choisir, d'aimer le pêcheur habile, heureux. Voilà une association vraiment digne de ce nom; loin d'éloigner de l'association naturelle de la famille, elle en prépare le lien, — et par là, elle profite à la grande association, à celle de la patrie.

Ici, mon cœur m'échappe et ma plume s'arrête... Je dois avouer que la patrie, la famille y profiteront peu maintenant. Les associations du filet n'existeront bientôt plus que dans l'histoire; elles sont déjà remplacées, sur plusieurs points de la côte, par ce qui remplace tout... par la banque et par l'usure.

Grande race des marins normands, qui la première trouva l'Amérique, fonda les comptoirs d'Afrique, conquit les deux Siciles, l'Angleterre! ne vous retrouverai-je donc plus que dans la tapisserie de Bayeux?... Qui n'a le cœur percé, en passant des falaises aux dunes, de nos côtes si languissantes à celles d'en face qui sont si vivantes, de l'inertie de Cherbourg[1] à la brûlante et terrible activité de Portsmouth?... Que m'importe que le Havre s'emplisse de vaisseaux américains, d'un commerce de transit, qui se fait par la France, sans la France, parfois contre elle?

Pesante malédiction! punition vraiment sévère de

---

[1]. Inertie maritime; mais les maçons ne manquent point, pas plus qu'ailleurs. Un ingénieur met une louable activité à terminer la digue.

notre insociabilité ! Nos économistes déclarent qu'il n'y a rien à faire pour la libre association. Nos académies en effacent le nom de leurs concours. Ce nom est celui d'un délit, prévu par nos lois pénales... Une seule association reste permise, l'intimité croissante entre Saint-Cloud et Windsor.

Le commerce a formé quelques sociétés, mais de guerre, pour absorber le petit commerce, détruire les petits marchands. Il a nui beaucoup, gagné peu. Les grosses maisons de commandite qui s'étaient créées dans cet espoir ont peu réussi. Elles ne sont pas en progrès ; dès qu'il s'en forme une nouvelle, les autres souffrent et languissent. Plusieurs sont déjà tombées, et celles qui subsistent ne tendent point à s'accroître.

Dans les campagnes, je vois nos très anciennes communautés agricoles du Morvan, du Berri, de Picardie, qui, peu à peu, se dissolvent et demandent séparation aux tribunaux. Elles avaient duré des siècles ; plusieurs avaient prospéré. Ces couvents de laboureurs mariés qui réunissaient ensemble une vingtaine de familles, parentes entre elles, sous un même toit, sous la direction d'un chef qu'elles élisaient, avaient pourtant sans aucun doute de grands avantages économiques [1].

Si, de ces paysans, je passe aux esprits les plus cultivés, je ne vois guère d'esprit d'association dans

---

[1]. Mais vraisemblablement elles gênaient trop les deux sentiments qui caractérisent notre époque, l'amour de la propriété personnelle et celui de la famille. Lire une très curieuse brochure de M. Dupin aîné : *Excursion dans la Nièvre*. 1840. Voy. aussi mes *Origines du droit*, sur la *collaboratio*, les *parsonniers*, le *chanteau*, *vivre à un pain et un pot*, etc.

la littérature. Les hommes les plus naturellement rapprochés par les lumières, par l'estime et l'admiration mutuelle, n'en vivent pas moins isolés. La parenté du génie même sert peu pour rapprocher les cœurs. Je connais ici quatre ou cinq hommes qui sont certainement l'aristocratie du genre humain, qui n'ont de pairs et de juges qu'entre eux. Ces hommes, qui vivront toujours, s'ils avaient été séparés par les siècles, auraient regretté amèrement de ne point s'être connus. Ils vivent dans le même temps, dans la même ville, porte à porte, et ils ne se voient point.

Dans un de mes pèlerinages à Lyon, je visitai quelques tisseurs, et, à mon ordinaire, je m'informai des maux, des remèdes. Je leur demandai surtout s'ils ne pourraient, quelle que fût leur divergence d'opinions, s'associer dans certaines choses matérielles, économiques. L'un d'eux, homme plein de sens et d'une haute moralité, qui sentait bien tout ce que j'apportais dans ces recherches de cœur et de bonne intention, me laissa pousser mon enquête plus loin que je n'avais fait encore. « Le mal, disait-il d'abord, c'est la partialité du gouvernement pour les fabricants. — Et après? — Leur monopole, leur tyrannie, leur exigence... — Est-ce tout? » Il se tut deux minutes et dit ensuite, avec un soupir, cette grave parole : « Il y a un autre mal, monsieur, *nous sommes insociables.* »

Ce mot me retentit au cœur, me frappa comme une sentence. Que de raisons j'avais de le supposer juste et vrai! que de fois il me revint!... « Quoi! me disais-je, la France, le pays renommé entre tous pour la douceur éminemment sociable de ses mœurs et de son génie, est-elle immuablement divisée, et pour jamais!... S'il en est ainsi, nous reste-t-il chance de vivre, et n'avons-nous pas déjà péri avant de périr!... L'âme est-elle morte en nous? Sommes-nous pires que nos pères, dont on nous vante sans cesse les pieuses associations[1]? L'amour, la fraternité sont-ils donc finis en ce monde? »

Dans cette pensée si sombre, résolu, comme un mourant, à bien tâter si je mourais, je regardai sérieusement non les plus hauts, non les derniers, mais un homme ni bon ni mauvais, un homme en qui sont plusieurs classes, qui a vu, souffert, qui, certainement d'esprit et de cœur, porte en lui la pensée du peuple... Cet homme, qui n'est autre que moi, pour vivre seul et volontairement solitaire, il n'en est pas moins resté sociable et sympathique.

Il en est ainsi de bien d'autres. Un fonds immuable, inaltérable de sociabilité, dort ici dans les profondeurs. Il est tout entier en réserve; je le sens partout dans

---

1. La nécessité seule, de ses chaînes d'airain, avait lié les anciennes associations barbares (Voy., dans mes *Origines*, les formes terribles du sang bu ou versé sous la terre, etc.), la nécessité, dis-je, et la certitude de périr, si l'on restait désuni. Dans les associations monacales, l'amitié est sévèrement défendue, comme un vol qu'on fait à Dieu (Voy. *Hist. de Fr.*, t. V). — La barbarie du compagnonnage et sa tentative même pour se réformer (Voy. A. Perdiguier) nous fait assez connaître ce qu'étaient les associations industrielles du Moyen-âge. La confrérie, née du danger et de la prière (si naturelle à l'homme en danger), haïssait certainement l'étranger plus qu'elle ne s'aimait elle-même. La bannière du saint patron la ralliait, et de la procession elle la menait au combat. C'était bien moins fraternité que ligue et force défensive, souvent offensive aussi, dans les haines et jalousies de métiers.

les masses, lorsque j'y descends, lorsque j'écoute et observe. Mais pourquoi s'étonnerait-on si cet instinct de sociabilité facile, tellement découragé aux derniers temps, s'est resserré, replié?... Trompé par les partis, exploité par les industriels, mis en suspicion par le gouvernement, il ne remue plus, n'agit plus. Toutes les forces de la société semblent tournées contre l'instinct sociable!... Unir les pierres, désunir les hommes, ils ne savent rien de plus.

Le patronage ne supplée nullement ici à ce qui manque à l'esprit d'association. L'apparition récente de l'idée d'égalité a tué (pour un temps) l'idée qui l'avait précédée, celle de protection bienveillante, d'adoption, de paternité. Le riche a dit durement au pauvre : « Tu réclames l'égalité et le rang de frère? eh bien, soit! mais, dès ce moment, tu ne trouveras plus d'assistance en moi; Dieu m'imposait les devoirs de père; en réclamant l'égalité, tu m'en as toi-même affranchi[1]. »

Chez ce peuple moins qu'aucun autre, on ne peut prendre ici le change. Nulle comédie sociale, nulle déférence extérieure ne peut faire illusion sur sa sociabilité. Il n'a pas les manières humbles des Allemands. Il n'est point, comme les Anglais, toujours chapeau bas devant ce qui est riche ou noble. Si vous lui parlez, et qu'il réponde honnêtement, cordialement,

---

[1]. L'effort du monde et son salut sera de recouvrer l'accord de ces deux idées. Fraternité, paternité, ces mots inconciliables dans la famille ne le sont nullement dans la société civile. Elle trouve, je l'ai déjà dit, le modèle qui les accorde dans la société morale que chaque homme porte en lui. Voir la fin de la seconde partie.

vous pouvez croire qu'il accorde vraiment cela à la personne, fort peu à la position.

Le Français a passé par bien des choses, par la Révolution, par la guerre. Un tel homme à coup sûr est difficile à conduire, difficile à associer. Pourquoi? précisément parce que, comme individu, il a beaucoup de valeur.

Vous faites des hommes de fer dans votre guerre d'Afrique, une guerre très individuelle qui oblige sans cesse l'homme à ne compter que sur soi; nul doute que vous n'ayez raison de les vouloir et former tels, à la veille des crises qu'il nous faut attendre en Europe. Mais aussi ne vous étonnez pas trop si ces lions, à peine revenus, gardent, tout en se soumettant au frein des lois, quelque chose de l'indépendance sauvage.

Ces hommes, je vous en préviens, ne se prendront à l'association que par le cœur, par l'amitié. Ne croyez pas que vous les attellerez à une société *négative* où l'âme ne sera pour rien, qu'ils vivront ensemble sans s'aimer, par économie et par douceur naturelle, comme font, par exemple, à Zurich, les ouvriers allemands. La société *coopérative* des Anglais, qui s'unissent parfaitement pour telle affaire spéciale, tout en se haïssant, se contrecarrant dans telle autre où leurs intérêts diffèrent, elle ne convient pas davantage à nos Français. Il faut une société d'amis à la France; c'est son désavantage industriel, mais sa supériorité sociale, de n'en pas comporter d'autres. L'union ne se fait ici ni par mollesse de caractère et communauté d'habitudes, ni par âpreté de chasseurs qui se mettent, comme les loups, en bande pour une proie. Ici, la seule union possible, c'est l'union des esprits.

Il n'est guère de forme d'association qui ne soit excellente, si cette condition existe. La question dominante, chez ce peuple sympathique, est celle des personnes et des dispositions morales. « Les associés s'aiment-ils? se conviennent-ils? » voilà ce qu'il faut toujours se demander en premier lieu[1]. Des sociétés d'ouvriers se formeront, et elles dureront, *s'ils s'aiment;* des sociétés d'ouvriers-maîtres, qui, sans chefs, vivront en frères, mais il faut *qu'ils s'aiment* beaucoup.

S'aimer, ce n'est pas seulement avoir bienveillance mutuelle. L'attraction naturelle des caractères, des goûts analogues, n'y suffirait pas. Il faut y suivre sa

---

1. Dans l'association, la forme est importante sans doute, mais elle ne vient qu'en seconde ligne. Rétablir les anciennes formes, les *corporations*, les tyrannies industrielles, reprendre les entraves pour mieux marcher, défaire l'œuvre de la Révolution, détruire à la légère ce qu'on a demandé pendant tant de siècles, cela me paraît insensé. — D'autre part, imaginer que l'État, qui fait si peu ce qui est de son ressort naturel, pourrait remplir la fonction de fabricant, de marchand universel, qu'est-ce autre chose que *se remettre de toute chose au fonctionnaire?* Ce fonctionnaire est-ce un ange? Investi de cet étrange pouvoir, sera-t-il moins corrompu que le fabricant ou le marchand? Ce qui est sûr, c'est qu'il n'aura nullement leur activité. — Quant à la *communauté*, trois mots suffisent. La communauté *naturelle* est un état très antique, très barbare, très improductif. La communauté *volontaire* est un élan passager, un mouvement héroïque qui signale une foi nouvelle et qui retombe bientôt. La communauté *forcée*, imposée par la violence, est une chose impossible à une époque où la propriété est infiniment divisée, nulle part plus impossible qu'en France. — Pour revenir aux formes possibles d'association, je crois qu'elles doivent *différer selon les différentes professions*, qui, plus ou moins compliquées, exigent plus ou moins l'unité de direction; — et *différer aussi selon les différents pays*, selon la diversité des génies nationaux. Cette observation essentielle que je développerai un jour pourrait être appuyée sur un nombre immense de faits.

nature, mais de cœur, c'est-à-dire toujours prêt au sacrifice, au dévouement qui immole la nature.

Que voulez-vous faire en ce monde sans le sacrifice[1]?... Il en est le soutien même; le monde, sans lui, croulerait tout à l'heure. Supposez les meilleurs instincts, les caractères les plus droits, les natures les plus parfaites (telles qu'on n'en voit pas ici-bas), tout périrait encore sans ce remède suprême.

« Se sacrifier à un autre! » Chose étrange, inouïe, qui scandalisera l'oreille de nos philosophes. « S'immoler à qui? à un homme, qu'on sait valoir moins que soi; perdre au profit de ce néant une valeur infinie. » C'est celle, en effet, que chacun ne manque guère de s'attribuer à lui-même.

Il y a là, nous ne le dissimulons point, une véritable difficulté. On ne se sacrifie guère qu'à ce qu'on croit infini. Il faut, pour le sacrifice, un Dieu, un autel... un Dieu, en qui les hommes se reconnaissent et s'aiment... Comment sacrifierions-nous? Nous avons perdu nos dieux!

Le Dieu-Verbe, sous la forme où le vit le Moyen-âge, fut-il ce lien nécessaire? L'histoire tout entière est là pour répondre : Non. Le Moyen-âge promit l'union, et ne donna que la guerre. Il fallut que ce Dieu eût sa seconde époque, qu'il apparût sur la terre, en son incarnation de 89. Alors, il donna à l'association sa forme à la fois la plus vaste et la plus vraie,

---

[1]. Nulle époque n'en a montré de tels exemples. Dans quel siècle a-t-on vu de si grandes armées, tant de millions d'hommes, souffrir, mourir, sans révolte, avec douceur, en silence ?

celle qui, seule encore, peut nous réunir, et par nous, sauver le monde.

France, glorieuse mère, qui n'êtes pas seulement la nôtre, mais qui devez enfanter toute nation à la liberté, faites que nous nous aimions en vous!

CHAPITRE IV

La Patrie. — Les nationalités vont-elles disparaître?

Les antipathies nationales ont diminué, le droit des gens s'est adouci, nous sommes entrés dans une ère de bienveillance et de fraternité, si l'on veut comparer ce temps aux temps haineux du Moyen-âge. Les nations se sont déjà quelque peu mêlées d'intérêts, ont copié mutuellement leurs modes, leurs littératures. Est-ce à dire pour cela que les nationalités s'affaiblissent? Examinons bien.

Ce qui s'est affaibli bien certainement, c'est, dans chaque nation, la dissidence intérieure. Nos provincialités françaises s'effacent rapidement. L'Écosse et le Pays de Galles se sont rattachées à l'unité Britannique. L'Allemagne cherche la sienne, et se croit prête à lui sacrifier une foule d'intérêts divergents qui la divisaient jusqu'ici.

Ce sacrifice des diverses nationalités intérieures à la grande nationalité qui les contient, fortifie celle-ci, sans nul doute. Elle efface peut-être le détail saillant, pittoresque, qui caractérisait un peuple aux yeux de l'observateur superficiel ; mais elle fortifie son génie, et lui permet de le manifester. C'est au moment où la France a supprimé dans son sein toutes les Frances divergentes, qu'elle a donné sa haute et originale révélation. Elle s'est trouvée elle-même, et, tout en proclamant le futur droit commun du monde, elle s'est distinguée du monde plus qu'elle n'avait fait jamais.

On peut en dire autant de l'Angleterre ; avec ses machines, ses vaisseaux, ses quinze millions d'ouvriers, elle diffère aujourd'hui de toutes les nations bien plus qu'au temps d'Élisabeth. L'Allemagne qui se cherchait à tâtons aux dix-septième et dix-huitième siècles, s'est enfin découverte en Goethe, Schelling et Beethoven ; c'est depuis lors seulement qu'elle a pu sérieusement aspirer à l'unité.

Loin que les nationalités s'effacent, je les vois chaque jour se caractériser moralement, et, de collections d'hommes qu'elles étaient, devenir des personnes. C'est le progrès naturel de la vie. Chaque homme, en commençant, sent confusément son génie ; il semble dans le premier âge que ce soit un homme quelconque ; en avançant, il s'approfondit lui-même, et va se caractérisant au dehors par ses actes, par ses œuvres ; il devient peu à peu tel homme, sort de classe, et mérite un nom.

Pour croire que les nationalités vont disparaître bientôt, je ne connais que deux moyens : 1° ignorer l'histoire, la savoir par formules creuses, comme les philosophes qui ne l'étudient jamais, ou encore par lieux communs littéraires, pour en causer, comme les femmes. Ceux qui la savent ainsi, la voient dans le passé comme un petit point obscur, qu'on peut biffer, si l'on veut. — 2° Ce n'est pas tout; il faut encore ignorer la nature autant que l'histoire, oublier que les caractères nationaux ne dérivent nullement de nos caprices, mais sont profondément fondés dans l'influence du climat, de l'alimentation, des productions naturelles d'un pays, qu'ils se modifient quelque peu, mais ne s'effacent jamais. — Ceux qui ne sont ainsi liés ni par la physiologie ni par l'histoire, ceux qui constituent l'humanité, sans s'informer de l'homme ni de la nature, il leur est loisible d'effacer toute frontière, de combler les fleuves, d'aplanir les montagnes. Cependant, je les en préviens, les nations dureront encore, s'ils n'ont l'attention de supprimer les villes, les grands centres de civilisation, où les nationalités ont résumé leur génie.

Nous avons dit, vers la fin de la seconde partie, que si Dieu a mis quelque part le type de la Cité politique, c'était, selon toute apparence, dans la Cité morale, je veux dire dans une âme d'homme. Eh bien! que fait d'abord cette âme? Elle se fixe en un lieu, s'y recueille, elle s'organise un corps, une demeure, un ordre d'idées. Et alors, elle peut agir. — Tout de même, une âme de peuple doit se faire un point central d'organisme; il faut qu'elle s'assoie en un lieu, s'y ramasse et s'y recueille, qu'elle s'harmonise à une telle nature, comme vous diriez les sept collines pour cette petite Rome, ou pour notre France la mer et le Rhin, les Alpes et les Pyrénées ; ce sont là nos sept collines.

C'est une force, pour toute vie, de se circonscrire, de couper quelque chose à soi dans l'espace et dans le temps, de mordre une pièce qui soit sienne, au sein de l'indifférente et dissolvante nature qui voudrait toujours confondre. Cela, c'est exister, c'est vivre.

Un esprit fixé sur un point ira s'approfondissant. Un esprit flottant dans l'espace se disperse et s'évanouit. Voyez, l'homme qui va donnant son amour à toutes, il passe sans avoir su l'amour ; qu'il aime une fois et longtemps, il trouve en une passion l'infini de la nature et tout le progrès du monde [1].

La Patrie, la Cité, loin d'être opposées à la nature, sont pour cette âme de peuple qui y réside l'unique et tout-puissant moyen de réaliser sa nature. Elle lui donne à la fois et le point de départ vital et la liberté de développement. Supposez le génie athénien, moins Athènes : il flotte, il divague, se perd, il meurt inconnu. Enfermé dans ce cadre étroit, mais heureux, d'une telle Cité, fixé sur cette terre exquise où l'abeille cueillait le miel de Sophocle et de Platon, le génie puissant d'Athènes, d'une imperceptible ville, a

---

1. La patrie (la *matrie*, comme disaient si bien les Doriens) est l'amour des amours. Elle nous apparaît dans nos songes comme une jeune mère adorée ou comme une puissante nourrice qui nous allaite par millions... Faible image ! non seulement elle nous allaite, mais nous contient en soi : *In ea movemur et sumus.*

fait en deux ou trois siècles autant que douze peuples du Moyen-âge en mille ans.

Le plus puissant moyen de Dieu pour créer et augmenter l'originalité distinctive, c'est de maintenir le monde harmoniquement divisé en ces grands et beaux systèmes qu'on appelle des nations, dont chacun, ouvrant à l'homme un champ divers d'activité, est une éducation vivante[1]. Plus l'homme avance, plus il entre dans le génie de sa patrie, mieux il concourt à l'harmonie du globe; il apprend à connaître cette patrie, et dans sa valeur propre, et dans sa valeur relative, comme une note du grand concert; il s'y associe par elle; en elle, il aime le monde. La patrie est l'initiation nécessaire à l'universelle patrie.

L'union avance ainsi toujours sans péril d'atteindre jamais l'unité, puisque toute nation, à chaque pas qu'elle fait vers la concorde[2], est plus originale en soi. Si, par impossible, les diversités cessaient, si

---

1. Tout concourt à cette éducation. Nul objet d'art, nulle industrie, même de luxe, nulle forme de culture élevée n'est sans action sur la masse, sans influence sur les derniers, sur les plus pauvres. Dans ce grand corps d'une nation, la circulation spirituelle se fait, insensible, descend, monte, va au plus haut, au plus bas. Telle idée entre par les yeux (modes, boutiques, musées, etc.), telle autre par la conversation, par la langue, qui est le grand dépôt du progrès commun. Tous reçoivent la pensée de tous, sans l'analyser peut-être, mais enfin ils la reçoivent.

2. A mesure qu'une nation entre en possession de son génie propre, qu'elle le révèle et le constate par des œuvres, elle a de moins en moins besoin de l'opposer par la guerre à celui des autres peuples. Son originalité, chaque jour mieux assurée, éclate dans la production plus que dans l'opposition. La diversité des nations qui se manifestait violemment par la guerre, elle se marque mieux encore lorsque chacune d'elles fait entendre distinctement sa grande voix; toutes criaient sur la même note, chacune fait maintenant sa partie; il y a peu à peu concert, harmonie, le monde devient une lyre. Mais cette harmonie, à quel prix? au prix de la diversité.

l'unité était venue, toute nation chantant même note, le concert serait fini; l'harmonie confondue ne serait plus qu'un vain bruit. Le monde, monotone et barbare, pourrait alors mourir, sans laisser même un regret.

Rien ne périra, j'en suis sûr, ni âme d'homme, ni âme de peuple; nous sommes en trop bonnes mains. Nous irons, tout au contraire, vivant toujours davantage, c'est-à-dire fortifiant notre individualité, acquérant des originalités plus puissantes et plus fécondes. Dieu nous garde de nous perdre en lui!... Et si nulle âme ne périt, comment ces grandes âmes de nations, avec leur génie vivace, leur histoire riche en martyrs, comble de sacrifices héroïques, toute pleine d'immortalité, comment pourraient-elles s'éteindre? Lorsqu'une d'elles s'éclipse un instant, le monde entier est malade en toutes ses nations, et le monde du cœur en ses fibres qui répondent aux nations... Lecteur, cette fibre souffrante que je vois dans votre cœur, c'est la Pologne et l'Italie[1].

La nationalité, la patrie, c'est toujours la vie du monde. Elle morte, tout serait mort. Demandez plutôt au peuple, il le sent, il vous le dira. Demandez à la science, à l'histoire, à l'expérience du genre humain. Ces deux grandes voix sont d'accord. Deux voix? non, deux réalités, ce qui est et ce qui fut, contre la vaine abstraction.

J'avais là-dessus mon cœur et l'histoire; j'étais

---

1. Souffrante, et maintenant muette au Collège de France, dans la voix qui lui restait, notre cher et grand Mickiewicz!

ferme sur ce rocher; je n'avais besoin de personne pour me confirmer ma foi. Mais j'ai été dans les foules, j'ai interrogé le peuple, jeunes et vieux, petits et grands. Je les ai entendus tous témoigner pour la patrie. C'est là la fibre vibrante qui chez eux meurt la dernière. Je l'ai trouvée dans des morts... J'ai été dans les cimetières qu'on appelle des prisons, des bagnes, et là, j'ai ouvert des hommes; eh bien! dans ces hommes morts, où la poitrine était vide, devinez ce que je trouvais... la France encore, dernière étincelle par laquelle peut-être on les aurait fait revivre.

Ne dites pas, je vous prie, que ce ne soit rien du tout que d'être né dans le pays qu'entourent les Pyrénées, les Alpes, le Rhin, l'Océan. Prenez le pauvre homme, mal vêtu et affamé, celui que vous croyez uniquement occupé des besoins matériels. Il vous dira que c'est un patrimoine que de participer à cette gloire immense, à cette légende unique qui fait l'entretien du monde. Il sait bien que s'il allait au dernier désert du globe, sous l'équateur, sous les pôles, il trouverait là Napoléon, nos armées, notre grande histoire, pour le couvrir et le protéger, que les enfants viendraient à lui, que les vieillards se tairaient et le prieraient de parler, qu'à l'entendre seulement nommer ces noms, ils baiseraient ses vêtements.

Pour nous, quoi qu'il advienne de nous, pauvre ou riche, heureux, malheureux, vivant, et par delà la mort, nous remercierons toujours Dieu de nous avoir donné cette grande patrie, la France. Et cela, non pas seulement à cause de tant de choses glorieuses qu'elle a faites, mais surtout parce qu'en elle nous trouvons à la fois le représentant des libertés du monde et le pays sympathique entre tous, l'initiation à l'amour universel. Ce dernier trait est si fort en la France, que souvent elle s'en est oubliée. Il nous faut aujourd'hui la rappeler à elle-même, la prier d'aimer toutes les nations moins que soi.

Sans doute, tout grand peuple représente une idée importante au genre humain. Mais que cela, grand Dieu, est bien plus vrai de la France! Supposez un moment qu'elle s'éclipse, qu'elle finisse, le lien sympathique du monde est relâché, dissous, et probablement détruit. L'amour qui fait la vie du globe, en serait atteint en ce qu'il a de plus vivant. La terre entrerait dans l'âge glacé où déjà tout près de nous sont arrivés d'autres globes.

J'eus, à ce sujet, un songe affreux en plein jour, que je suis forcé de conter. J'étais à Dublin, près d'un pont, je suivais un quai; je regarde la rivière, et je la vois traîner faible et étroite entre de larges grèves sablonneuses, à peu près comme on voit la nôtre du quai des Orfèvres; je crois reconnaître la Seine. Les quais même ressemblaient, moins les riches boutiques, moins les monuments, les Tuileries, le Louvre, c'était presque Paris, moins Paris. De ce pont descendaient quelques personnes mal vêtues, non, comme chez nous, en blouse, mais en vieux habits tachés. Ils disputaient violemment, d'une voix âcre, gutturale, toute barbare, avec un affreux bossu en haillons que je vois encore; d'autres gens passaient à côté, misérables et contrefaits... Une chose, en regardant, me saisit, me terrifia, toutes ces figures étaient françaises... C'était Paris, c'était la France, une France enlaidie, abrutie, sauvage. J'éprouvai à ce moment combien la terreur est crédule; je ne fis nulle objection. Je me dis qu'apparemment il était venu un autre 1815, mais depuis longtemps, bien longtemps, que des siècles de misère s'étaient appesantis sur mon pays condamné sans retour, et moi, je revenais là pour prendre ma part de cette immense douleur. Ils pesaient sur moi, ces siècles, en une masse de plomb; tant de siècles en deux minutes!... Je restai cloué à cette place et ne marchai plus... Mon compagnon de voyage me secoua, et alors je revins un peu... Mais je ne retirai pas tout à fait de mon esprit le terrible songe, je ne pouvais me consoler; tant que je fus en Irlande, j'en gardai une tristesse profonde, qui me revient tout entière pendant que j'écris ceci.

CHAPITRE V

La France.

Le chef d'une de nos écoles socialistes disait, il y a quelques années : « Qu'est-ce que c'est que la Patrie ? »

Leurs utopies cosmopolites de jouissances matérielles me paraissent, je l'avoue, un commentaire prosaïque de la poésie d'Horace : « Rome s'écroule, fuyons aux îles Fortunées », ce triste chant d'abandon et de découragement.

Les chrétiens qui arrivent après, avec la patrie céleste, et l'universelle fraternité ici-bas, n'en donnent pas moins, par cette belle et touchante doctrine, le coup mortel à l'Empire. Leurs frères du Nord viennent bientôt leur mettre la corde au col.

Nous ne sommes point des fils d'esclave, sans patrie, sans dieux, comme était le grand poète que nous venons de citer ; nous ne sommes pas des Romains de Tarse, comme l'Apôtre des Gentils ; nous sommes les Romains de Rome, et les Français de la France. Nous sommes les fils de ceux qui, par l'effort d'une nationalité héroïque, ont fait l'ouvrage du monde, et fondé, pour toute nation, l'évangile de l'égalité. Nos pères n'ont pas compris la fraternité comme cette vague sympathie qui fait accepter, aimer tout, qui mêle, abâtardit, confond. Ils crurent que la fraternité n'était pas l'aveugle mélange des existences et des caractères, mais bien l'union des cœurs. Ils gardèrent pour eux, pour la France, l'originalité du dévouement, du sacrifice, que personne ne lui disputa ; seule, elle arrosa de son sang cet arbre qu'elle plantait. L'occasion était belle pour les autres nations de ne pas la laisser seule. Elles n'imitèrent pas la France dans son dévouement ; veut-on aujourd'hui que la France les imite dans leur égoïsme, leur immorale indifférence, que n'ayant pu les élever, elle descende à leur niveau ?

Qui pourrait voir sans étonnement le peuple qui naguère a levé le phare de l'avenir vers lequel regarde le monde, voir ce peuple aujourd'hui traîner la tête basse dans la voie de l'imitation... Cette voie quelle est-elle ? Nous ne la connaissons que trop, bien des peuples l'ont suivie : c'est tout simplement la voie du suicide et de la mort.

Pauvres imitateurs, vous croyez donc qu'on imite?.. On prend à un peuple voisin telle chose qui chez lui est vivante ; on se l'approprie tant bien que mal, malgré les répugnances d'un organisme qui n'était pas fait pour elle ; mais c'est un corps étranger que vous vous mettez dans la chair ; c'est une chose inerte et morte, c'est la mort que vous adoptez.

Que dire, si cette chose n'est pas étrangère seulement et différente, mais ennemie ! si vous l'allez chercher justement chez ceux que la nature vous a donnés pour adversaires, qu'elle vous a symétriquement opposés ? si vous demandez un renouvellement de vie à ce qui est la négation de votre vie propre ? si la France, par exemple, se mettant à marcher au rebours de son histoire, de sa nature, s'en va copier ce qu'on peut appeler l'anti-France, l'Angleterre ?

Il ne s'agit point ici de haine nationale, ni de malveillance aveugle. Nous avons l'estime que nous devons avoir pour cette grande nation Britannique ; nous l'avons prouvé en l'étudiant aussi sérieusement qu'aucun homme de ce temps. Le résultat de cette étude et de cette estime même, c'est la conviction que le progrès du monde tient à ce que les deux peuples ne perdent point leurs qualités dans un mélange indistinct, que ces deux aimants opposés agissent en sens inverse, que ces deux électricités, positive et négative, ne soient jamais confondues.

L'élément qui, entre tous, était pour nous le plus hétérogène, l'élément anglais, est celui précisément que nous avons préféré. Nous l'avons adopté politiquement dans notre constitution, sur la foi des doctrinaires qui copiaient sans comprendre ; — adopté littérairement, sans voir que le premier génie que l'Angleterre ait eu de nos jours, est celui qui l'a le plus violemment démentie. — Enfin, nous l'avons adopté, ce même élément anglais, chose incroyable et risible, dans l'art, dans la mode. Cette raideur, cette gaucherie, qui n'est point extérieure ni accidentelle, mais qui tient à un profond mystère physiologique, c'est là ce que nous copions.

J'ai sous les yeux deux romans, écrits avec un grand talent. Eh bien! dans ces romans français, quel est l'homme ridicule? le Français, toujours le Français. L'Anglais est l'homme admirable, la Providence invisible, mais présente, qui sauve tout. Il arrive juste à point pour réparer toutes les sottises de l'autre. Et comment?... c'est qu'il est riche. Le Français est pauvre, et pauvre d'esprit.

Riche! est-ce donc là la cause de cet engouement singulier? Le riche (le plus souvent l'Anglais), c'est le bien-aimé de Dieu. Les plus libres, les plus fermes esprits ont peine à se défendre d'une prévention en sa faveur... Les femmes le trouvent beau, les hommes veulent bien le croire noble. Son cheval étique est pris pour modèle par les artistes.

Riche! avouez-le donc, c'est le secret motif de l'admiration universelle. L'Angleterre est le peuple riche; peu importent ses millions de mendiants! Pour qui ne s'informe point des hommes, elle présente au monde un spectacle unique, celui du plus énorme entassement de richesses qui ait été fait jamais. Triomphante agriculture, tant de machines, tant de vaisseaux, tant de magasins pleins et combles, cette bourse maîtresse du monde... l'or coule là comme de l'eau.

Ah! la France n'a rien de semblable; c'est un pays de pauvreté. L'énumération comparée de tout ce que possède l'une, de tout ce que l'autre n'a pas, nous mènerait vraiment trop loin. L'Angleterre a bonne grâce de demander en souriant à la France quels sont donc après tout les résultats matériels de son activité, ce qui reste de son travail, de tant de mouvements, d'efforts[1]?

La voilà, cette France, assise par terre, comme Job, entre ses amies les nations, qui viennent la consoler, l'interroger, l'améliorer, si elles peuvent, travailler à son salut.

« Où sont tes vaisseaux, tes machines? dit l'Angleterre. — Et l'Allemagne : « Où sont tes systèmes? N'auras-tu donc pas au moins, comme l'Italie, des œuvres d'art à montrer? »

Bonnes sœurs qui venez consoler ainsi la France, permettez que je vous réponde. Elle est malade, voyez-vous ; je lui vois la tête basse, elle ne veut pas parler.

---

1. Les produits matériels de la France, les résultats durables de son travail, ne sont rien en comparaison de ses produits invisibles. Ceux-ci furent le plus souvent des actes, des mouvements, des paroles et des pensées. Sa littérature écrite (la première pourtant, selon moi) est loin, bien loin au-dessous de sa parole, de sa conversation brillante et féconde. Sa fabrication en tout genre n'est rien près de son action. Pour machines, elle eut des hommes héroïques; pour systèmes, des hommes inspirés. « Cette parole, cette action, ne sont-ce pas choses improductives? » Et c'est là précisément ce qui place la France très haut. Elle a excellé dans les choses du mouvement et de la grâce, dans celles qui ne servent à rien. Au-dessus de tout ce qui est matériel, tangible, commencent les impondérables, les insaisissables, les invisibles. Ne la classez donc jamais par les choses de la matière, par ce qu'on touche et qu'on voit. Ne la jugez pas, comme une autre, sur ce que vous remarquez de la misère extérieure. C'est le pays de l'esprit et celui par conséquent qui donne le moins de prise à l'action matérielle du monde.

Si l'on voulait entasser ce que chaque nation a dépensé de sang et d'or, et d'efforts de toute sorte, pour les choses désintéressées qui ne devaient profiter qu'au monde, la pyramide de la France irait montant jusqu'au ciel... Et la vôtre, ô nations, toutes tant que vous êtes ici, ah! la vôtre, l'entassement de vos sacrifices, irait au genou d'un enfant.

Ne venez donc pas me dire : « Comme elle est pâle, cette France!... » Elle a versé son sang pour vous... — « Qu'elle est pauvre! » Pour votre cause, elle a donné sans compter[1]... Et n'ayant plus rien, elle a dit : « Je n'ai ni or ni argent, mais ce que j'ai, je vous le donne... » Alors elle a donné son âme, et c'est de quoi vous vivez[2].

« Ce qui lui reste, c'est ce qu'elle a donné... » Mais, écoutez bien, nations, apprenez ce que, sans nous, vous n'auriez appris jamais : « Plus on donne, et plus on garde! » Son esprit peut dormir en elle,

---

1. J'écris ici, en l'affaiblissant, une pensée qui m'assaillit les premières fois que je passai la frontière. Une fois notamment que j'entrais en Suisse, j'en fus blessé au cœur. — Voir nos pauvres paysans de la Franche-Comté si misérables, et tout à coup, en passant un ruisseau, les gens de Neufchâtel, si aisés, si bien vêtus, visiblement heureux! — Les deux charges principales qui écrasent la France, la dette et l'armée, qu'est-ce au fond? deux sacrifices qu'elle fait au monde autant qu'à elle-même. La dette, c'est l'argent qu'elle lui paye pour lui avoir donné son principe de salut, la loi de liberté qu'il copie en la calomniant. Et l'armée de la France? c'est la défense du monde, la réserve qu'il lui garde le jour où les Barbares arriveront, où l'Allemagne, cherchant toujours son unité qu'elle cherche depuis Charlemagne, sera bien obligée ou de nous mettre devant elle, ou de se faire contre la liberté l'avant-garde de la Russie.

2. Non, ce n'est pas le machinisme industriel de l'Angleterre, ce n'est pas le machinisme scolastique de l'Allemagne qui fait la vie du monde; c'est le souffle de la France, dans quelque état qu'elle soit, la chaleur latente de sa Révolution que l'Europe porte toujours en elle.

mais il est toujours entier, toujours près d'un puissant réveil.

Il y a bien longtemps que je suis la France, vivant jour par jour avec elle depuis deux milliers d'années. Nous avons vu ensemble les plus mauvais jours, et j'ai acquis cette foi que ce pays est celui de l'invincible espérance. Il faut bien que Dieu l'éclaire plus qu'une autre nation, puisqu'en pleine nuit elle voit quand nulle autre ne voit plus; dans ces affreuses ténèbres qui se faisaient souvent au Moyen-âge et depuis, personne ne distinguait le ciel; la France seule le voyait.

Voilà ce que c'est que la France. Avec elle, rien n'est fini; toujours à recommencer.

Quand nos paysans gaulois chassèrent un moment les Romains, et firent un Empire des Gaules, ils mirent sur leur monnaie le premier mot de ce pays (et le dernier) : *Espérance*.

CHAPITRE VI

La France supérieure, comme dogme et comme légende.
La France est une religion.

L'étranger croit avoir tout dit, quand il dit en souriant : « La France est l'enfant de l'Europe. »

Si vous lui donnez ce titre, qui devant Dieu n'est pas le moindre, il faudra que vous conveniez que c'est l'enfant Salomon qui siège et qui fait justice. Qui donc a conservé, sinon la France, la tradition du droit ?

Du droit religieux, politique et civil; la chaise de Papinien, et la chaire de Grégoire VII.

Rome n'est nulle autre part qu'ici. Dès saint Louis, à qui l'Europe vient-elle demander justice, le pape, l'empereur, les rois ?... La papauté théologique en Gerson et Bossuet, la papauté philosophique en Descartes et en Voltaire, la papauté politique, civile, en Cujas et Dumoulin, en Rousseau et Montesquieu, qui pourrait la méconnaître ? Ses lois qui ne sont autres que celles de la raison, s'imposent à ses ennemis même. L'Angleterre vient de donner le Code civil à l'île de Ceylan.

Rome eut le pontificat du temps obscur, la royauté de l'équivoque. Et la France a été le pontife du temps de lumière.

Ceci n'est pas un accident des derniers siècles, un hasard révolutionnaire. C'est le résultat légitime d'une tradition liée à toute la tradition depuis deux mille ans. Nul peuple n'en a une semblable. En celui-ci se continue le grand mouvement humain (si nettement marqué par les langues) de l'Inde à la Grèce, à Rome, et de Rome à nous.

Toute autre histoire est mutilée, la nôtre seule est complète ; prenez l'histoire de l'Italie, il y manque les derniers siècles ; prenez l'histoire de l'Allemagne, de l'Angleterre, il y manque les premiers. Prenez celle de la France : avec elle, vous savez le monde.

Et dans cette grande tradition il n'y a pas seulement suite, mais progrès. La France a continué l'œuvre romaine et chrétienne. Le christianisme avait promis, et elle a tenu. L'égalité fraternelle, ajournée à l'autre vie, elle l'a enseignée au monde comme la loi d'ici-bas.

Cette nation a deux choses très fortes que je ne vois chez nulle autre. Elle a à la fois le principe et la légende, l'idée plus large et plus humaine, et en même temps la tradition plus suivie.

Ce principe, cette idée, enfouis dans le Moyen-âge sous le dogme de la grâce, ils s'appellent en langue d'homme la fraternité.

Cette tradition, c'est celle qui de César à Charlemagne, à saint Louis, de Louis XIV à Napoléon, fait de l'histoire de France celle de l'humanité. En elle se perpétue, sous forme diverse, l'idéal moral du monde, de saint Louis à la Pucelle, de Jeanne Darc à nos jeunes généraux de la Révolution ; le saint de la France, quel qu'il soit, est celui de toutes les nations, il est adopté, béni et pleuré du genre humain.

« Pour tout homme, disait impartialement un philosophe américain, le premier pays c'est sa patrie, et le second c'est la France. » — Mais combien d'hommes aiment mieux vivre ici qu'en leur pays ! Dès qu'ils peuvent un moment briser le fil qui les tient, ils viennent, pauvres oiseaux de passage, s'y abattre, s'y réfugier, y prendre au moins un moment de chaleur vitale. Ils avouent tacitement que c'est ici la patrie universelle.

Cette nation, considérée ainsi comme l'asile du monde, est bien plus qu'une nation : c'est la fraternité vivante. En quelque défaillance qu'elle tombe, elle contient au fond de sa nature ce principe vivace, qui lui conserve, quoi qu'il arrive, des chances particulières de restauration.

Le jour où, se souvenant qu'elle fut et doit être le salut du genre humain, la France s'entourera de ses enfants et leur enseignera la France, comme foi et comme religion, elle se retrouvera vivante et solide comme le globe.

Je dis là une chose grave, à laquelle j'ai pensé longtemps, et qui contient peut-être la rénovation de notre pays. C'est le seul qui ait droit de s'enseigner ainsi lui-même, parce qu'il est celui qui a le plus confondu son intérêt et sa destinée avec ceux de l'humanité. C'est le seul qui puisse le faire, parce que sa grande légende nationale, et pourtant humaine, est la seule complète et la mieux suivie de toutes, celle qui, par son enchaînement historique, répond le mieux aux exigences de la raison.

Et il n'y a pas là de fanatisme ; c'est l'expression trop abrégée d'un jugement sérieux, fondé sur une longue étude. Il me serait trop facile de montrer que les autres nations n'ont que des légendes spéciales que le monde n'a pas reçues. Ces légendes, d'ailleurs, ont souvent ce caractère d'être isolées, individuelles, sans lien, comme des points lumineux, éloignés les uns des autres[1]. La légende nationale de France est une traînée de lumière immense, non interrompue,

---

1. Pour parler d'abord du grand peuple qui semble le plus riche en légendes, de l'Allemagne, celles de Siegfrid l'invulnérable, de Frédéric-Barberousse, de Goetz à la main de fer sont des rêves poétiques qui tournent la vie dans le passé, dans l'impossible et les vains regrets. Luther, rejeté, conspué de la moitié de l'Allemagne, n'a pu laisser une légende. Frédéric, personnage peu Allemand, mais Prussien (ce qui est tout autre), Français de plus et philosophe, a laissé la trace d'une force, mais rien au cœur, rien comme poésie, comme foi nationale.

Les légendes historiques de l'Angleterre, la victoire d'Édouard III et celle d'Élisabeth donnent un fait glorieux plutôt qu'un modèle moral. Un type, grâce à Shakespeare, est resté très puissant dans l'esprit anglais, et il n'a que trop influé : c'est celui de Richard III. — Il est curieux d'observer combien leur tradition s'est brisée facilement ; il semble par trois fois qu'on y voit surgir trois peuples. Les ballades de Robin Hood et autres, dont se berçait le Moyen-âge, finissent avec Shakespeare ; Shakespeare est tué par la Bible, par Cromwell et par Milton, lesquels s'effacent devant l'industrialisme et les demi-grands hommes des derniers temps... Où est leur homme complet où puisse se fonder la légende ?

véritable voie lactée sur laquelle le monde eut toujours les yeux.

L'Allemagne et l'Angleterre, comme race, comme langue et comme instinct, sont étrangères à la grande tradition du monde, romano-chrétienne et démocratique. Elles en prennent quelque chose, mais sans l'harmoniser bien avec leur fond qui est exceptionnel; elles le prennent de côté, indirectement, gauchement, le prennent et ne le prennent pas. Observez bien ces peuples, vous y trouverez, au physique, au moral, un désaccord de vie et de principe que n'offre pas la France, et qui (même sans tenir compte de la valeur intrinsèque, en s'arrêtant à la forme et ne consultant que l'art), doit empêcher toujours le monde d'y chercher ses modèles et ses enseignements.

La France, au contraire, n'est pas mêlée de deux principes. En elle, l'élément celtique s'est pénétré du romain, et ne fait plus qu'un avec lui. L'élément germanique, dont quelques-uns font tant de bruit, est vraiment imperceptible.

Elle procède de Rome, et elle doit enseigner Rome, sa langue, son histoire, son droit. Notre éducation n'est point absurde en ceci. Elle l'est en ce qu'elle ne pénètre point cette éducation romaine du sentiment de la France; elle appuie pesamment, scolastiquement sur Rome, qui est le chemin, elle cache la France qui est le but.

Ce but, il faudrait, dès l'entrée, le montrer à l'enfant, le faire partir de la France qui est lui, et par Rome le mener à la France, encore à lui.

Alors seulement notre éducation serait harmonique.

Le jour où ce peuple, revenu à lui-même, ouvrira les yeux et se regardera, il comprendra que la première institution qui peut le faire vivre et durer, c'est de donner *à tous* (avec plus ou moins d'étendue, selon le temps dont ils disposent) cette éducation harmonique qui fonderait la patrie au cœur même de l'enfant. Nul autre salut. Nous avons vieilli dans nos vices, et nous n'en voulons pas guérir. Si Dieu sauve ce glorieux et infortuné pays, il le sauvera par l'enfance.

CHAPITRE VII

La foi de la Révolution. Elle n'a pas gardé la foi jusqu'au bout et n'a pas transmis son esprit par l'éducation.

Le seul gouvernement qui se soit occupé, d'un grand cœur, de l'éducation du peuple, c'est celui de la Révolution. L'Assemblée constituante et la Législative posèrent les principes dans une admirable lumière, avec un sens vraiment humain. La Convention, au milieu de sa lutte terrible contre le monde, contre la France qu'elle sauvait malgré elle, parmi les dangers personnels qu'elle courait, assassinée en détail, décimée et mutilée, elle ne lâcha pas prise, elle poursuivit obstinément ce sujet saint et sacré de l'éducation populaire ; dans ses orageuses nuits, où elle siégeait armée, prolongeant chaque séance qui pouvait être la dernière, elle prit néanmoins le temps d'évoquer tous les systèmes et de les examiner. « Si nous décrétons l'éducation, disait un de ses membres, nous aurons assez vécu. »

Les trois projets adoptés sont pleins de sens et de

grandeur. Ils organisent d'abord le haut et le bas, les écoles normales et les écoles primaires. Ils allument une vive lumière, et la portent tout d'abord dans la vaste profondeur du peuple. Après cela, plus à loisir, ils remplissent l'espace intermédiaire, les écoles centrales ou collèges où pourront s'élever les riches. Néanmoins, tout est créé d'ensemble et harmoniquement; on savait alors qu'une œuvre vivante ne se fait pas pièce à pièce.

Moment de mémoire éternelle! c'était deux mois après le neuf Thermidor... On se remettait à croire à la vie. La France sortie du tombeau, tout à coup mûrie de vingt siècles, la France lumineuse et sanglante, appela tous ses enfants à recevoir l'enseignement souverain de sa grande expérience, elle leur dit : Venez et voyez[1].

Lorsque le rapporteur de la Convention prononça cette simple et grave parole : « Le temps seul pouvait

---

1. Et le fruit principal de cette expérience, c'est que le sang humain a une vertu terrible contre ceux qui l'ont versé. Il me serait trop facile d'établir que la France fut sauvée *malgré la Terreur*. Les terroristes nous ont fait un mal immense, et qui dure. Allez dans la dernière chaumière du pays le plus reculé de l'Europe, vous retrouvez ce souvenir et cette malédiction. Les rois ont fait périr de sang-froid sur leurs échafauds, dans leurs Spielberg, leurs *presides*, leurs Sibéries, etc., etc., un nombre d'hommes bien plus grand, n'importe? les victimes de la Terreur n'en restent pas moins toujours sanglantes dans la pensée des peuples. Nous ne devons jamais perdre l'occasion de protester contre ces horreurs qui ne sont point *nôtres* et ne nous sont point imputables. L'élan des armées sauva seul la France. Le Comité de salut public seconda cet élan, sans doute, mais justement par les excellents administrateurs militaires qu'il avait dans son sein, que Robespierre détestait, et qu'il aurait fait périr s'il avait pu se passer d'eux. Nos généraux les plus purs ne trouvèrent dans Robespierre et ses amis que malveillance, défiance, obstacles de toute sorte. Je n'ai pas le temps aujourd'hui de m'arrêter sur tout ceci. —

être le professeur de la République », quels yeux ne se remplirent de larmes? Tous avaient chèrement payé la leçon du temps, tous avaient traversé la mort, et ils n'en sortaient pas tout entiers!

Après ces grandes épreuves, il semblait qu'il y eût un moment de silence pour toutes les passions humaines; on put croire qu'il n'y aurait plus d'orgueil, d'intérêt, ni d'envie. Les hommes les plus hauts dans l'État, dans la science, acceptèrent les plus humbles fonctions de l'enseignement[1]. Lagrange et Laplace enseignèrent l'arithmétique.

Quinze cents élèves, hommes faits, et plusieurs déjà illustres, vinrent sans difficulté s'asseoir sur les bancs de l'École normale, et apprendre à enseigner. Ils vinrent, comme ils purent, en plein hiver, dans ce moment de pauvreté et de famine. Sur les ruines de toutes choses matérielles, planait seule et sans ombre la majesté de l'esprit. La chaire de la grande

---

A ce propos, je fais des vœux pour que ceux qui réimpriment l'utile compilation de MM. Roux et Buchez en fassent disparaître leurs tristes paradoxes, l'apologie du 2 septembre et de la Saint-Barthélemi, le brevet de bons catholiques donné aux Jacobins, la satire de Charlotte Corday (t. XXVIII, p. 337), et l'éloge de Marat, etc. « Marat distribuait ses dénonciations *avec un sens droit* et *un tact à peu près sûr* » (p. 345). Judicieux éloge de celui qui demandait deux cent mille têtes à la fois (voy. le *Publiciste*, 14 décembre 1792). Ces néo-catholiques, dans leurs belles justifications de la Terreur, ont pris au sérieux celle que s'est amusé à faire le paradoxal rédacteur de la *Quotidienne*, Charles Nodier. Je n'aurais pas fait cette observation si l'on ne s'attachait à répandre ces étranges folies par des journaux à bon marché, dans le peuple et parmi les travailleurs qui n'ont pas le temps d'examiner.

1. J'ai sous les yeux (aux *Archives*) la liste originale de ceux qui acceptèrent les fonctions de professeurs aux écoles centrales, qui étaient les collèges d'alors : Sieyès, Daunou, Rœderer, Haüy, Cabanis, Legendre, Lacroix, Bossut, Saussure, Cuvier, Fontanes, Ginguené, Laharpe, Laromiguière, etc.

école était occupée tour à tour par des génies créateurs ; les uns, comme Berthollet, Morvau, venaient de fonder la chimie, d'ouvrir et pénétrer le monde intime des corps ; les autres, comme Laplace et Lagrange, avaient, par le calcul, affermi le système du monde, rassuré la terre sur sa base. Jamais pouvoir spirituel n'apparut plus incontestable. La raison, en obéissant, se rendait à la raison. — Et combien le cœur s'y joignait, quand, parmi ces hommes uniques, dont chacun apparaît une seule fois dans l'éternité, on voyait une tête, bien précieuse, qui avait failli tomber, celle du bon Haüy, sauvé par Geoffroy-Saint-Hilaire !

Un grand citoyen, Carnot, celui qui organisa la victoire, qui devina Hoche et Bonaparte, qui sauva la France malgré la Terreur, fut le véritable fondateur de l'École polytechnique. Ils apprirent, comme on combattait, firent trois ans de cours en trois mois. Au bout de six, Monge déclara qu'ils n'avaient pas seulement reçu la science, mais qu'ils l'avaient avancée. Spectateurs de l'invention continuelle de leurs maîtres, ils allaient inventant aussi. Imaginez ce spectacle d'un Lagrange qui, au milieu de son enseignement, s'arrêtait tout à coup, rêvait... On attendait en silence. Il s'éveillait à la longue, et leur livrait, tout ardente, la jeune invention, à peine née de son esprit.

Tout manquait, moins le génie. Les élèves n'auraient pu venir, s'ils n'avaient eu un traitement de route de quatre sous par jour. Ils recevaient le pain, avec le pain de l'esprit. Un des maîtres (Clouet) ne voulut pour traitement qu'un coin de terre dans la plaine des Sablons, et vécut des légumes qu'il y cultivait.

Quelle chute, après ce temps-là ! chute morale, et non moins grande dans la sphère de la pensée. Lisez, après les rapports faits à la Convention, ceux de Fourcroy, de Fontanes, vous tombez en quelques années de la virilité à la vieillesse, la vieillesse décrépite [1].

N'est-il pas affligeant de voir cet élan héroïque, désintéressé, s'abattre et tomber si tôt ?... Cette glorieuse École normale ne porte pas fruit. On s'en étonne peu quand on y voit l'homme si faiblement enseigné, les sciences de l'homme s'abdiquant, se reniant, ayant comme honte d'elles-mêmes. Le professeur d'histoire, Volney, enseignait que l'histoire *est la science des faits morts*, qu'il n'y a pas d'histoire vivante. Le professeur de philosophie, Garat, disait que la philosophie *n'est que l'étude des signes*, autrement dit, qu'en soi, la philosophie n'est rien. Signes pour signes, les mathématiques avaient l'avantage, et les sciences qui s'y rattachent, telles que l'astronomie. Ainsi, la France révolutionnaire, dans la grande École qui devait répandre partout son esprit, enseigna les étoiles fixes, et s'oublia elle-même.

C'est là surtout que l'on vit, dans ce suprême effort de la Révolution pour fonder, qu'elle ne pouvait être qu'un prophète, qu'elle mourrait dans le désert et sans

---

[1]. Un homme eut le rare courage de réclamer, sous l'Empire, en faveur de l'organisation donnée à l'enseignement par la Convention : Lacroix, *Essais sur l'enseignement*, 1805.

voir la terre promise. Comment y fût-elle arrivée ? Il lui avait fallu tout faire, elle n'avait trouvé rien de préparé, aucun secours dans le système qui la précédait. Elle était entrée en possession d'un monde vide, *et par droit de déshérence*. Je montrerai un jour jusqu'à l'évidence qu'elle ne trouva rien à détruire. Le clergé était fini, la noblesse était finie et la royauté finie. Et elle n'avait rien du tout pour mettre à la place. Elle tournait dans un cercle vicieux. Il fallait des hommes pour faire la Révolution, et pour créer ces hommes, il eût fallu qu'elle fût faite. Nul secours pour accomplir le passage d'un monde à l'autre ! Un abîme à traverser, et point d'ailes pour le franchir !...

Il est douloureux de voir combien peu les tuteurs du peuple, la royauté et le clergé, avaient fait pour l'éclairer dans les quatre derniers siècles. L'Église lui parlait une langue savante qu'il ne comprenait plus. Elle lui faisait répéter de bouche ce prodigieux enseignement métaphysique, dont la subtilité étonne les esprits les plus cultivés. L'État n'avait fait qu'une chose, et fort indirecte : il avait rassemblé le peuple dans les camps, les grandes armées, où il commença à se reconnaître. Les légions de François Ier, les régiments de Louis XIV, furent des écoles, où, sans qu'on lui enseignât rien, il se formait de lui-même, prenait des idées communes, et s'élevait peu à peu au sentiment de la patrie.

Le seul enseignement direct était celui que les bourgeois recevaient dans les collèges, et qu'ils continuaient comme avocats et gens de lettres. Étude verbale des langues, de la rhétorique, de la littérature, étude des lois, non savante, précise, comme celle de nos anciens jurisconsultes, mais soi-disant philosophique et pleine d'abstractions creuses. Logiciens sans métaphysique; légistes, moins le droit et l'histoire, ils ne croyaient qu'aux signes, aux formes, aux figures, à la phrase. En toute chose, il leur manquait la substance, la vie et le sentiment de la vie. Quand ils arrivèrent sur le grand théâtre où les vanités s'aigrissaient à mort, on put voir tout ce que la subtilité scolastique peut ajouter de mauvais à une mauvaise nature. Ces terribles abstracteurs de quintessence s'armèrent de cinq ou six formules, qui, comme autant de guillotines, leur servirent à abstraire des hommes [1].

Ce fut une chose bien terrible, lorsque la grande Assemblée qui, sous Robespierre, avait fait la Terreur

---

[1]. Le génie de l'inquisition et de la police, qui a étonné tant de gens dans Robespierre et Saint-Just, n'étonne guère ceux qui connaissent le Moyen-âge et qui y trouvent si souvent ces tempéraments d'inquisiteurs et d'ergoteurs sanguinaires. Ce rapport des deux époques a été saisi avec beaucoup de pénétration par M. Quinet : *Le Christianisme et la Révolution* (1845). Deux hommes d'une équité scrupuleuse, et portés à juger favorablement leurs ennemis, Carnot et Daunou, concordaient parfaitement dans leur opinion sur Robespierre. Le dernier m'a dit souvent que, sauf le dernier moment où la nécessité et le péril le rendirent éloquent, le fameux dictateur était un homme de second ordre. Saint-Just avait plus de talent. Ceux qui veulent nous faire accroire qu'ils sont tous deux innocents des derniers excès de la Terreur sont réfutés par Saint-Just lui-même. Le 15 avril 1794 (si peu de temps avant le 9 Thermidor!), il déplore la coupable *indulgence* qu'on a eue jusqu'à ce moment : « Dans ces derniers temps, *le relâchement des tribunaux* s'était accru au point que, etc. *Qu'ont fait les tribunaux* depuis deux ans? *A-t-on parlé de leur justice?...* Institués pour maintenir la Révolution, *leur indulgence* a laissé partout le crime libre, etc. » (*Histoire parlementaire*, t. XXXII, p. 311, 319, 26 germinal an II.)

par terreur même, releva la tête, et vit tout le sang qu'elle avait versé. La foi ne lui avait pas manqué contre le monde ligué, pas même contre la France, lorsqu'avec trente départements elle contint et sauva tout. La foi ne lui manqua pas même, dans son danger personnel, lorsque, n'ayant plus même Paris, elle fut réduite à armer ses propres membres, et se vit tout près de n'avoir plus de défenseur qu'elle-même. Mais, en présence du sang, devant tous ces morts qui sortaient de leurs sépulcres, devant tout ce peuple de prisonniers délivrés qui venaient juger leurs juges, elle défaillit, elle commença à s'abandonner.

Elle ne franchit point le pas qui lui eût livré l'avenir. Elle n'eut pas le courage de mettre la main sur le jeune monde qui venait. La Révolution, pour s'en emparer, devait enseigner une chose, une seule chose : la Révolution.

Pour cela, il lui eût fallu, non renier le passé, mais le revendiquer au contraire, le ressaisir et le faire sien, comme elle faisait du présent, montrer qu'elle avait, avec l'autorité de la raison, celle de l'histoire, de toute notre nationalité historique, que la Révolution était la tardive, mais juste et nécessaire manifestation du génie de ce peuple, qu'elle n'était que la France même ayant enfin trouvé son droit.

Elle ne fit rien de cela, et la raison abstraite, qu'elle invoquait seule, ne la soutint pas en présence des réalités terribles qui se soulevaient contre elle. Elle douta d'elle-même, s'abdiqua et s'effaça. Il fallait qu'elle pérît, qu'elle entrât au sépulcre, pour que son vivant esprit se répandit dans le monde. Ruinée par son défenseur, il lui rend hommage aux Cent-Jours. Ruinée par la Sainte-Alliance, les rois fondent leur traité contre elle sur le dogme social qu'elle posa en 89. La foi qu'elle n'eut pas en elle-même, gagne ceux qui l'ont combattue. Le fer qu'ils lui ont mis au cœur fait des miracles et guérit. Elle convertit ses persécuteurs, elle enseigne ses ennemis... Que n'enseigna-t-elle ses enfants !

CHAPITRE VIII

Nulle éducation sans la foi.

La première question de l'éducation est celle-ci : « Avez-vous la foi ? donnez-vous la foi ? »

Il faut que l'enfant croie.

Qu'il croie, enfant, aux choses qu'il pourra, devenu homme, se prouver par la raison.

Faire un enfant raisonneur, disputeur, critique, c'est chose insensée. Remuer sans cesse à plaisir tous les germes qu'on dépose : quelle agriculture !

Faire un enfant érudit, c'est chose insensée. Lui charger la mémoire d'un chaos de connaissances utiles, inutiles, entasser en lui l'indigeste magasin de mille choses toutes faites, de choses non vivantes, mais mortes et par fragments morts, sans qu'il en ait jamais l'ensemble... c'est assassiner son esprit...

Avant d'*ajouter*, d'accumuler, il faut *être*. Il faut créer et fortifier le germe vivant du jeune être. L'enfant *est* d'abord par la foi.

La foi, c'est la base commune d'inspiration et d'action. Nulle grande chose sans elle.

L'Athénien avait la foi que toute culture humaine était descendue de l'Acropolis d'Athènes, que de sa Pallas, sortie du cerveau de Jupiter, avait jailli la lumière de l'art et de la science. Cela s'est vérifié : cette ville de vingt mille citoyens, a inondé le monde de sa lumière; morte, elle l'éclaire encore.

Le Romain avait la foi que la tête vivante et saignante qu'on trouva sous son Capitole, lui promettait d'être la tête, le juge, le préteur du monde : cela s'est vérifié ; si son empire a passé, son droit reste, et continue de régir les nations.

Le chrétien avait la foi qu'un Dieu descendu dans l'homme ferait un peuple de frères, et tôt ou tard unirait le monde dans un même cœur : cela n'est pas vérifié, mais se vérifiera par nous.

Il ne suffisait pas de dire que Dieu était descendu dans l'homme; cette vérité, restant dans des termes si généraux, n'a pas eu sa fécondité. Il faut chercher comment Dieu s'est manifesté dans l'homme de chaque nation; comment, dans la variété des génies nationaux, le Père s'est approprié aux besoins de ses enfants. L'unité qu'il doit nous donner n'est pas l'unité monotone, mais l'unité harmonique où toutes les diversités s'aiment. Qu'elles s'aiment, mais qu'elles subsistent, qu'elles aillent augmentant de splendeur pour mieux éclairer le monde, et que l'homme, dès l'enfance, s'habitue à reconnaître un Dieu vivant dans la Patrie.

Ici, s'élève une objection grave. « La foi, comment la donner, quand je l'ai si peu moi-même? La foi en la patrie, comme la foi religieuse, a faibli en moi. »

Si la foi et la raison étaient des choses opposées, n'ayant nul moyen raisonnable d'obtenir la foi, il faudrait, comme les mystiques, rester là, soupirer, attendre. Mais la foi digne de l'homme, c'est une croyance d'amour dans ce que prouve la raison. Son objet, ce n'est pas telle merveille accidentelle, c'est le miracle permanent de la nature et de l'histoire.

Pour reprendre foi à la France, espérer dans son avenir, il faut remonter son passé, approfondir son génie naturel. Si vous le faites sérieusement et de cœur, vous verrez, de cette étude, de ces prémices posées, la conséquence suivre infailliblement. De la déduction du passé découlera pour vous l'avenir, la mission de la France; elle vous apparaîtra en pleine lumière, vous croirez, et vous aimerez à croire; la foi n'est rien autre chose.

Comment vous résigneriez-vous à l'ignorer la France; vos origines sont en elle; si vous ne la connaissez, vous ne saurez rien de vous. Elle vous entoure, vous presse de toutes parts, vous vivez en elle, et d'elle, avec elle vous mourrez.

Qu'elle vive, et vivez par la foi !

Elle vous reviendra au cœur, si vous regardez vos enfants, ce jeune monde qui veut vivre, qui est bon et docile encore, qui demande la vie de croyance. Vous avez vieilli dans l'indifférence; mais qui de vous peut désirer que son fils soit mort de cœur, sans patrie, sans Dieu?... Tous ces enfants, en qui sont les âmes de nos ancêtres, c'est la patrie, vieille et nouvelle... Aidons-la à se connaître; elle nous rendra le don d'aimer.

Comme le pauvre est nécessaire au riche, l'enfant est nécessaire à l'homme. Nous lui donnons moins encore que nous recevons de lui.

Jeune monde qui devez prendre bientôt notre place, il faut que je vous remercie. Qui, plus que moi, avait étudié le passé de la France? qui devait la sentir mieux, par tant d'épreuves personnelles, qui m'ont révélé ses épreuves?... Cependant, je dois le dire, mon âme, dans la solitude, s'était alanguie en moi, elle se traînait dans les curiosités oisives et minutieuses, ou bien elle s'envolait vers l'idéal, et elle ne marchait pas. La réalité m'échappait, et notre patrie que je poursuivis toujours, que j'aimai toujours, je la voyais toujours là-bas; elle était mon objet, mon but, un objet de science et d'étude. Elle m'est apparue vivante... « En qui? » En vous, qui me lisez. — En vous, jeune homme, j'ai vu la Patrie, son éternelle jeunesse... Comment n'y croirais-je pas?

CHAPITRE IX

Dieu en la Patrie. La jeune Patrie de l'avenir. — Le sacrifice.

L'éducation, comme toute œuvre d'art, demande avant tout une ébauche simple et forte. Point de subtilité, point de minutie, rien qui fasse difficulté, qui provoque l'objection.

Il faut, dans cet enfant, par une impression grande, salutaire, durable, fonder l'homme, créer la vie du cœur.

Dieu d'abord révélé par la mère, dans l'amour et dans la nature. Dieu ensuite révélé par le père, dans la patrie vivante, dans son histoire héroïque, dans le sentiment de la France.

Dieu et l'amour de Dieu. Que la mère le prenne à la Saint-Jean, quand la terre accomplit son miracle annuel, quand toute herbe est en fleur, quand vous voyez la plante qui monte de moment en moment, qu'elle le mène en un jardin, l'embrasse... et tendrement lui dise : « Tu m'aimes, tu ne connais que moi... Eh bien! écoute : moi, je ne suis pas tout. Tu as une autre mère... Nous avons une mère commune, tous, hommes, femmes, enfants, animaux, plantes, tout ce qui a vie, une mère tendre qui nous nourrit toujours, invisible et présente... Aimons-la, cher enfant, embrassons-la du cœur. »

Rien de plus pour longtemps. Point de métaphysique qui tue l'impression. Laissez-le couver ce mystère sublime et tendre que toute sa vie ne suffira pas pour expliquer. Voilà un jour qu'il n'oubliera jamais. A travers les épreuves de la vie, les obscurités de la science, à travers les passions et la nuit des orages, le doux soleil de la Saint-Jean luira toujours au profond de son cœur, avec la fleur immortelle du plus pur, du meilleur amour.

Un autre jour, plus tard, quand l'homme s'est un peu fait en lui, son père le prend : grande fête publique, grande foule dans Paris. Il le mène de Notre-Dame au Louvre, aux Tuileries, vers l'Arc de Triomphe. D'un toit, d'une terrasse, il lui montre le peuple, l'armée qui passe, les baïonnettes frémissantes, le drapeau tricolore... Dans les moments d'attente surtout, avant la fête, aux reflets fantastiques de l'illumination, dans ces formidables silences qui se font tout à coup sur le sombre océan du peuple, il se penche, il lui dit : « Tiens, mon enfant, regarde ; voilà la France, voilà la Patrie ! Tout ceci, c'est comme un seul homme. Même âme et même cœur. Tous mourraient pour un seul, et chacun doit aussi vivre et mourir pour tous... Ceux qui passent là-bas, qui sont armés, qui partent, ils s'en vont combattre pour nous. Ils laissent là leur père, leur vieille mère, qui auraient besoin d'eux... Tu en feras autant, tu n'oublieras jamais que ta mère est la France. »

Je connais bien peu la nature, ou cette impression durera. Il a vu la Patrie... Ce Dieu invisible en sa haute unité, est visible en ses membres, et dans les grandes œuvres où s'est déposée la vie nationale. C'est bien une personne vivante qu'il touche, cet enfant, et sent de toutes parts ; il ne peut l'embrasser ; mais elle, elle l'embrasse, elle l'échauffe de sa grande âme répandue dans la foule, elle lui parle par ses monuments... C'est une belle chose pour le Suisse de pouvoir, d'un regard, contempler son canton, embrasser du haut de son Alpe, le pays bien-aimé, d'en emporter l'image. Mais c'en est une grande, vraiment, pour le Français, d'avoir ici cette glorieuse et immortelle patrie ramassée en un point, tous les temps, tous les lieux ensemble, de suivre, des Thermes de César à la Colonne, au Louvre, au Champ-de-Mars, de l'Arc de Triomphe à la place de la Concorde, l'histoire de la France et du monde.

Au reste, pour l'enfant, l'intuition durable et forte de la patrie, c'est, avant tout, l'école, la grande école nationale, comme on la fera un jour, je parle d'une école vraiment commune, où les enfants de toute classe, de toute condition, viendraient, un an, deux ans, s'asseoir ensemble, avant l'éducation spéciale[1], et où l'on n'apprendrait rien autre que la France.

---

1. L'éducation spéciale, du collège ou de l'atelier, viendrait ensuite, l'ate-

Nous nous hâtons de parquer nos enfants parmi des enfants de notre classe, bourgeoise ou populaire, à l'école, aux collèges ; nous évitons tous les mélanges, nous séparons bien vite les pauvres et les riches à cette heureuse époque où l'enfant de lui-même n'eût pas senti ces vaines distinctions. Nous semblons avoir peur qu'ils ne connaissent au vrai le monde où ils doivent vivre. Nous préparons, par cet isolement précoce, les haines d'ignorance et d'envie, cette guerre intérieure dont nous souffrons plus tard.

Que je voudrais, s'il faut que l'inégalité subsiste entre les hommes, qu'au moins l'enfance pût suivre un moment son instinct, et vivre dans l'égalité ! que ces petits hommes de Dieu, innocents, sans envie, nous conservassent, dans l'école, le touchant idéal de la Société ! Et ce serait l'école aussi pour nous ; nous irions apprendre d'eux la vanité des rangs, la sottise des prétentions rivales, et tout ce qu'il y a de vie vraie, de bonheur, à n'avoir premier ni dernier.

La patrie apparaîtrait là, jeune et charmante, dans sa variété à la fois et dans sa concorde. Diversité tout instructive de caractères, de visages, de races, iris aux cent couleurs. Tout rang, toute fortune, tout habit, ensemble aux mêmes bancs, le velours et la blouse, le pain noir, l'aliment délicat... Que le riche apprenne là, tout jeune, ce que c'est qu'être pauvre,

---

lier, adouci et réglé par l'école (selon les vues judicieuses de M. Faucher, *Travail des Enfants*) ; le collège adouci, surtout dans les premières années, où l'enfant n'apprendrait de grammaire que ce qu'il en peut comprendre. Plus d'exercice et de récréations, moins d'écritures inutiles. — Grâce, grâce pour les petits enfants !

qu'il souffre de l'inégalité, qu'il obtienne de partager, qu'il travaille déjà à rétablir l'égalité selon ses forces; qu'il trouve assise sur le banc de bois la cité du monde, et qu'il y commence la cité de Dieu!...

Le pauvre apprendra d'autre part, et retiendra peut-être que si ce riche est riche, ce n'est pas sa faute, après tout, il est né tel; et souvent sa richesse le rend pauvre du premier des biens, pauvre de volonté et de force morale.

Ce serait une grande chose que tous les fils d'un même peuple, réunis ainsi, au moins pour quelque temps, se vissent et se connussent avant les vices de la pauvreté et de la richesse, avant l'égoïsme et l'envie. L'enfant y recevrait une impression ineffaçable de la patrie, la trouvant dans l'école non seulement comme étude et enseignement, mais comme patrie vivante, une patrie enfant, semblable à lui, une cité meilleure avant la Cité, cité d'égalité où tous seraient assis au même banquet spirituel.

Et je ne voudrais pas seulement qu'il apprît, qu'il vît la patrie, mais qu'il la sentît comme providence, qu'il la reconnût pour mère et nourrice à son lait fortifiant, à sa vivifiante chaleur... Dieu nous garde de renvoyer un enfant de l'école, de lui refuser l'aliment spirituel, parce qu'il n'a pas celui du corps... Oh! l'avarice impie qui donnerait des millions aux maçons et aux prêtres, qui ne serait riche que pour doter la mort[1], et qui marchanderait avec ces petits enfants,

---

1. Et c'est la mort qui enseigne! Les ignorantins imposent aux enfants l'histoire de France des Jésuites (Loriquet). J'y lis, entre autres calomnies

qui sont l'espoir, la chère vie de la France, et le cœur de son cœur!

Je l'ai dit ailleurs. Je ne suis pas de ceux qui pleurent toujours, tantôt sur l'ouvrier robuste qui gagne cinq francs, tantôt sur la pauvre femme qui gagne dix sols. Une pitié si impartiale n'est pas de la pitié. Il faut aux femmes des couvents libres, asiles, ateliers temporaires, et que les couvents ne les affament plus[1]. Et pour les petits enfants, il faut que nous soyons tous pères, que nous leur ouvrions les bras, que l'école soit leur asile, un asile doux et généreux, qu'il y fasse bon pour eux, qu'ils y aillent d'eux-mêmes, qu'ils aiment autant et plus que la maison paternelle cette maison de la France. Si ta mère ne peut te nourrir, si ton père te maltraite, si tu es nu, si tu as faim, viens, mon fils, les portes sont toutes grandes ouvertes, et la France est au seuil pour t'embrasser et te recevoir. Elle ne rougira jamais, cette grande mère, de prendre pour toi les soins de la nourrice, elle te fera de sa main héroïque la soupe du soldat, et si elle n'avait pas de quoi envelopper, réchauffer tes petits membres engourdis, elle arracherait plutôt un pan de son drapeau.

Consolé, caressé, heureux, libre d'esprit, qu'il reçoive sur ces bancs l'aliment de la vérité. Qu'il sache, tout d'abord, que Dieu lui a fait la grâce d'avoir

---

infâmes, celle que l'émigré Vauban a lui-même démentie, qu'à Quiberon, Hoche *aurait promis la vie et la liberté* à ceux qui mettraient bas les armes, tome II, p. 256.

1. Voy. la *Préface* de mon livre : *le Prêtre, la Femme et la Famille*.

cette patrie, qui promulgua, écrivit de son sang la loi de l'équité divine, de la fraternité, que le Dieu des nations a parlé par la France.

La patrie d'abord comme dogme et principe. Puis, la patrie comme légende : nos deux rédemptions, par la sainte Pucelle d'Orléans, par la Révolution, l'élan de 92, le miracle du jeune drapeau, nos jeunes généraux admirés, pleurés de l'ennemi, la pureté de Marceau, la magnanimité de Hoche, la gloire d'Arcole et d'Austerlitz, César et le second César, en qui nos plus grands rois reparaissaient plus grands... Plus haute encore la gloire de nos Assemblées souveraines, le génie pacifique et vraiment humain de 89, quand la France offrit à tous de si bon cœur la liberté, la paix... Enfin, par-dessus tout, pour suprême leçon, l'immense faculté de dévouement, de sacrifice, que nos pères ont montrée, et comme tant de fois la France a donné sa vie pour le monde.

Enfant, que ce soit là ton premier évangile, le soutien de ta vie, l'aliment de ton cœur. Tu te le rappelleras dans les travaux ingrats, pénibles, où la nécessité va te jeter bientôt. Il sera pour toi un cordial puissant qui par moments viendra te raviver. Il charmera ton souvenir dans les longues journées du labour, dans le mortel ennui de la manufacture ; tu le retrouveras au désert d'Afrique, pour remède au mal du pays, à l'abattement des marches et des veilles, sentinelle perdue à deux pas des Barbares.

L'enfant saura le monde ; mais d'abord qu'il se sache lui-même, en ce qu'il a de meilleur, je veux dire en la

France. Le reste, il l'apprendra par elle. A elle de l'initier, de lui dire sa tradition. Elle lui dira les trois révélations qu'elle a reçues, comment Rome lui apprit le juste, et la Grèce le beau, et la Judée le saint. Elle reliera son enseignement suprême à la première leçon que lui donna la mère; celle-ci lui apprit *Dieu*, et la grande mère lui apprendra le dogme de l'amour, *Dieu en l'homme*, le christianisme, — et comment l'amour, impossible aux temps haineux, barbares, du Moyen-âge, *fut écrit dans les lois* par la Révolution, *en sorte que le Dieu intérieur de l'homme pût se manifester.*

Si je faisais un livre sur l'éducation, je montrerais comment l'éducation générale, suspendue par l'éducation spéciale (du collège ou de l'atelier), doit reprendre sous le drapeau pour le jeune soldat. C'est ainsi que la patrie doit lui payer le temps qu'il donne. Rentré dans son foyer, elle doit le suivre, non comme loi seulement, pour gouverner et punir, mais comme providence civile, comme culture religieuse, morale, agissant par les assemblées, les bibliothèques populaires, les spectacles, les fêtes de tout genre, surtout musicales.

Combien l'éducation durera-t-elle? Juste autant que la vie.

Quelle est la première partie de la politique? L'éducation. La seconde? L'éducation. Et la troisième? L'éducation. — J'ai trop vieilli dans l'histoire, pour croire aux lois quand elles ne sont pas préparées, quand de longue date les hommes ne sont point élevés à aimer, à vouloir la loi. Moins de lois, je vous prie, mais par l'éducation fortifiez le principe des lois ; rendez-les applicables et possibles ; faites des hommes, et tout ira bien [1].

La politique nous promet l'ordre, la paix, la sécurité publique. Mais pourquoi tous ces biens? Pour jouir, pour nous endormir dans un calme égoïste, pour nous dispenser de nous aimer, de nous associer?... Qu'elle périsse, si c'est là son but. Quant à moi, je croirais plutôt que si cet ordre, cette grande harmonie sociale a un but, c'est d'aider le libre progrès, de favoriser l'avancement de tous par tous. La Société ne doit être qu'une initiation, de la naissance à la mort, une éducation qui embrasse notre vie de ce monde, et prépare les vies ultérieures.

L'éducation, ce mot si peu compris, ce n'est pas seulement la culture du fils par le père, mais autant, et parfois bien plus, celle du père par le fils. Si nous pouvons nous relever de notre défaillance morale, c'est par nos enfants et pour eux que nous ferons effort. Le plus mauvais de tous veut que son fils soit bon ; celui qui ne ferait nul sacrifice à l'humanité, à la patrie, en fait encore à la famille. S'il n'a perdu à la fois et le sens moral et le sens, il a pitié de cet enfant qui risque de lui ressembler... Creusez loin dans cette âme, tout est gâté et vide, et pourtant, à la dernière

---

[1]. Dans un plan de constitution que nous devons à l'un des plus grands et des meilleurs hommes qui aient existé, à Turgot, avant l'État il fonde la commune, et avant la commune, il fonde l'homme par l'éducation. Cela est admirable. Seulement, qu'il soit bien entendu que l'éducation donnée dans la commune doit émaner de l'État, de la Patrie. Ce n'est pas là une affaire communale.

profondeur, vous trouveriez presque toujours un fond solide, l'amour paternel.

Eh bien! au nom de nos enfants, ne laissons pas, je vous prie, périr cette patrie. Voulez-vous leur léguer le naufrage, emporter leur malédiction... celle de tout l'avenir, celle du monde, perdu peut-être pour mille ans, si la France succombe?

Vous ne sauverez vos enfants, et avec eux la France, le monde, que par une seule chose : Fondez en eux la foi !

La foi au dévouement, au sacrifice, — à la grande association où tous se sacrifient à tous : je veux dire la Patrie.

C'est là, je le sais bien, un enseignement difficile, parce que les paroles n'y suffisent pas, il y faut les exemples. La force, la magnanimité du sacrifice, si commune chez nos pères, semble perdue chez nous. C'est la vraie cause de nos maux, de nos haines, de la discorde intérieure qui rend ce pays faible à en mourir, qui en fait la risée du monde.

Si je prends à part les meilleurs, les plus honorables, si je les presse un peu, je vois que chacun d'eux, désintéressé en apparence, a au fond quelque petite chose en réserve qu'il ne voudrait pour rien sacrifier. Demandez-lui le reste... Tel donnerait sa vie à la France; il ne donnerait pas tel amusement, telle habitude, tel vice...

Il y a encore des hommes purs du côté de l'argent, quoi qu'on dise; mais d'orgueil ? le sont-ils? ôteront-ils leurs gants pour tendre la main au pauvre homme qui grimpe dans le rude sentier de la fatalité!... Et pourtant, je vous le dis, monsieur, votre main blanche et froide, si elle ne touche l'autre, forte, chaude et vivante, elle ne fera pas des œuvres de vie.

Nos habitudes, plus chères encore que nos jouissances, il faudra pourtant bien les sacrifier, dans quelque temps. Voici venir le temps des combats...

Et le cœur a ses habitudes, ses chers liens, qui sont maintenant si bien mêlés en lui à ses vivantes fibres, qu'ils sont d'autres fibres vivantes... Cela est dur à arracher... Je l'ai senti parfois en écrivant ce livre, où j'ai blessé plus d'un qui m'était cher.

Le Moyen-âge, d'abord, où j'ai passé ma vie, dont j'ai reproduit dans mes histoires la touchante, l'impuissante aspiration, j'ai dû lui dire : *Arrière!* aujourd'hui que des mains impures l'arrachent de sa tombe et mettent cette pierre devant nous pour nous faire choir dans la voie de l'avenir.

Une autre religion, le rêve humanitaire de la philosophie qui croit sauver l'individu en détruisant le citoyen, en niant les nations, abjurant la patrie.., je l'ai immolé de même. La patrie, ma patrie peut seule sauver le monde.

De la poétique légende à la logique, et de celle-ci à la foi, au cœur, voilà quelle fut ma route.

Dans ce cœur même et cette foi, je trouvais des choses respectables et antiques qui réclamaient... des amitiés, derniers obstacles qui ne m'ont pas arrêté devant la patrie en péril... Qu'elle accepte ce sacrifice ! Ce que j'ai en ce monde, mes amitiés, je les lui offre, et, pour donner à la Patrie le beau nom que trouva l'ancienne France, je les dépose à l'autel de la grande *Amitié*.

FIN DU PEUPLE.

NOS FILS

INTRODUCTION

De la situation. — Du principe moderne. — Actualité de ce livre.

Depuis le 24 mai, la parole est aux événements. Nous sommes embarqués. Le vaisseau est en mer. Rien ne l'arrêtera. Est-ce encore le temps des discours?

C'est le temps de bien regarder devant soi, et de voir la route. Il ne faut pas, comme en Juillet, en Février, heurter tant d'écueils sous-marins. Nous serons plus heureux. Je n'augure pas trop mal de la navigation. J'y vois déjà trois choses :

La guerre était possible le 23 mai, le 25 impossible. Nous avons coupé court, évité ce malheur immense. Le monde doit reconnaître cela et nous bénir. Il allait nager dans le sang. La guerre c'était la nuit. Elle eût fait les ténèbres, embrouillé tout, comme au temps de nos pères qui luttèrent à la fois au dehors, au dedans. Aujourd'hui l'affaire est plus simple. Si nous nous disputons, ce sera en plein jour, sans panique nocturne et sans malentendu.

Et déjà le bon sens des masses tranche la question qui nous eût divisés, et la plus dangereuse. Des millions d'ouvriers (tous ici, et presque tous en Allemagne) ont dit : « La liberté avant tout, et surtout. C'est la première des réformes sociales. » Donc, le grand piège est évité, le bon tyran, le socialisme de César.

Cette fois nous ne verrons pas réussir l'autre embûche, l'Arbre de liberté béni du Sacré-Cœur. Les élections éloquentes de Paris, de Toulouse, etc., montrent suffisamment qu'on comprend aujourd'hui ce qu'en vain nous disions aux nôtres en Février, la funeste unité des deux autorités, l'identité des deux tyrans.

Nous sommes bien moins qu'en Février crédules et chimériques. La vue s'est éclaircie. On n'entend plus des fous humanitaires crier : « Vive le monde ! Supprimons la Patrie ! » Nombre de questions sont décidément écartées, d'autres remises à demain. Savoir ce qui est d'aujourd'hui, ce qui est de demain, c'est le vrai sens pratique dans les révolutions.

« Mais l'éducation, direz-vous, n'est-elle pas une de ces questions de demain ? » Je la crois actuelle. Et voici mes raisons.

Celle de l'éducation nous oblige d'examiner, d'approfondir notre principe, la foi pour laquelle on combat, le fond de notre idée politique et religieuse. Notre marche sera indécise si cette idée vacille : il nous faut la fixer, bien savoir ce que nous voulons, prendre un parti.

En politique on divague aisément, et même dans l'action on ne se rend pas toujours bien compte de ses principes d'action. On se contente trop souvent d'à peu près. Cela ne se peut pas dans la question d'éducation. Elle nous force de voir clair. On n'en peut dire un mot sans savoir ce qu'on veut transmettre, on ne peut enseigner sans bien savoir sa règle et son idéal d'avenir.

L'actualité de ce livre est en ceci : que l'enfant c'est déjà tout l'homme. Pour savoir comment on l'élève, il faut dégager nettement, formuler la pensée du temps, la haute idée commune qui (depuis cent années surtout) a élevé l'Humanité, en a fait la puissance, l'activité, la prodigieuse force créatrice.

Comment se fait et refait l'homme, dans la voie qu'ouvrit cette idée? C'est ce que l'on cherche dans ce livre, et ce qui touche, non seulement l'homme de demain, mais celui d'aujourd'hui, et le jeune homme, et l'homme mûr, et tous ceux qui liront ceci.

Existe-t-il un fond d'idées, de croyances communes, dont on puisse déduire le credo de l'homme, et l'éducation de l'enfant? En ne voyant que la surface, on peut douter, on peut élever cette question.

Dix jours avant l'élection, le 14 mai, un homme politique, jeune et sage, un penseur, était venu chez moi, et causait avec moi de l'incertitude du temps, de cette crise encore obscure. Avec beaucoup de sens, il insistait sur la question la plus grave en effet : « Où sont les hommes ? Le personnel est pauvre. Beaucoup fuient la vie publique par indécision ou faiblesse. L'énervation des mœurs et la dissipation font le désaccord de l'esprit. »

« J'ai traversé des temps bien variés, lui dis-je, j'ai vécu par l'histoire en bien des âges. Et je n'en ai guère vu dont on ne pût en dire autant. Même 89, si beau d'élan et si jeune, ce semble, était fort gâté, croyez-le. Mais une grande idée purifie, une vive lumière enlève les brouillards, les miasmes. Il suffit d'un orage pour que l'eau trouble s'éclaircisse. Attendez tout à l'heure, vous verrez que nous vaudrons mieux.

« Nul peuple n'aurait supporté ce qu'a traversé celui-ci, tant d'événements violents, tant de circonstances énervantes, le mélange surtout de tant d'idées diverses, l'intrusion des mœurs, des littératures étrangères. L'entrée du paysan au monde politique par le suffrage universel, heureux événement d'avenir, eut pour premier effet le terrible vertige d'une grande invasion de millions de barbares. Et la France en revient à peine. De tout cela restent des dissonances que nos petits douteurs, négatifs, impuissants, s'amusent à faire ressortir, et que l'Europe envieuse se plaît fort à exagérer. Elle cite tel tableau de notre Exposition de 1869, beau, savant et obscur. Elle cite tel ouvrage d'un charmant écrivain qui s'afflige lui-même de ne pas savoir ce qu'il croit. Voyez, dit l'étranger, dans quel chaos moral est cette France.

« Qu'il apprenne une chose de moi, c'est que l'artiste généralement exprime non le moment présent, non pas aujourd'hui, mais hier. Le théâtre de 93 était une bergerie et jouait Florian. Nos indécis de 1869 expriment le nuage des débuts de l'Empire, le faux et le brouillard d'alors. Ce temps, vous l'allez voir, est bien autrement net, et bien autrement résolu. Un fond neuf s'est fait en dessous. Quand je frappe du pied, je ne sais quoi tressaille. L'Europe est arriérée; elle nous croit encore dans l'ancien marécage. Je vois un sol vivant (comme on en voit en Chine); touchez-le... il échappe en petits jets de feu. »

Et cela s'est vu à la lettre dix jours après, le 24 mai. Tous agirent comme un seul, dans les grands centres où on pouvait agir. Tous parlèrent comme un seul. La Presse, étincelante, d'unanimité redoutable, montra le fond commun d'idées, de sentiments, qui était en dessous.

Dans mon *Histoire de France au dix-huitième siècle*, j'ai dit la simplicité vigoureuse avec laquelle nos pères posèrent le principe moderne, dont nous vivons, qui est notre grandeur.

Quel est le but de l'homme? *D'être homme*, au vrai et au complet, de dégager de lui tout ce qui est dans la nature humaine. Quelle voie et quel moyen pour cela? *L'action.*

Voltaire écrit ce mot en 1727, l'imprime en 1734. Sans le savoir, il renouvelle le principe de l'Antiquité, la tradition de la Grèce, la philosophie de l'*énergie*, de l'action.

Du jour que l'*action* est rentrée dans le monde, non seulement il en est résulté une prodigieuse création de sciences, d'arts, d'industries, de puissances, de forces mécaniques, — mais une nouvelle force morale.

L'action est moralisante. L'action productive, le bonheur de créer, sont d'un attrait si grand que chez les travailleurs sérieux ils dominent aisément toute petite passion personnelle. Créer, c'est être Dieu. A mesure que cela est senti, mille choses deviennent secondaires. Les inventeurs, les créateurs, ceux qui sont les vrais types du caractère nouveau, sans faire mépris de la vie inférieure, vivent tout naturellement de la grande vie. Raisonnent-ils incessamment la passion, lui cherchent-ils querelle? Point du tout. Ils sont à côté. Ils ont la leur, plus haut. Ils planent.

Le saint, l'élu de Dieu, autrefois fut l'ascète, constamment occupé à éplucher son âme, combattre sa nature, à lui demander compte, la gronder, la punir. Éducation intime qu'ils nommaient très bien *castoiement*. Mais il est incroyable combien l'arbre émondé profite; la passion, ainsi travaillée, combattue, étant l'unique idée de l'homme, fleurissait à merveille. Car c'est là ce qu'elle veut, qu'on s'occupe incessamment d'elle, qu'on la manie, qu'on la touche et retouche. Elle n'en est que plus forte de cette irritation constante, plus âcre, plus contagieuse.

L'action! l'action! c'est le salut. En trois siècles elle a transfiguré le monde, l'a enrichi, l'a doublé, centuplé, mais elle n'a pas moins été féconde dans l'homme même; elle a créé, dans le marais peu sûr où nous flottions, un grand courant.

Dans le plan encyclopédique d'éducation que nous donne le seizième siècle, le plan savant, immense, trop chargé du *Gargantua*, on voit pourtant déjà avec étonnement le but très nettement marqué. Non seulement l'élève saura tout, mais il saura tout faire. L'*action* apparaît comme son plus haut développement. On l'initie non seulement à tous les exercices, mais à tout art pratique.

Même pensée (faiblement indiquée, il est vrai) dans le livre médiocre et judicieux de Locke. Mais elle éclate admirablement dans le grand livre anglais, le *Robinson*. Elle se reproduit dans l'*Émile*. L'homme moderne agit, travaille; il peut être, il est ouvrier.

Ces livres de génie, les grands éducateurs pratiques qui sont venus depuis, accueillis tout d'abord avec enthousiasme, ont-ils eu les effets, les résultats durables que l'on pouvait attendre? Qu'est-il resté de ce grand mouvement? Toute chose, en notre siècle, a avancé. La seule éducation a eu un mouvement rétrograde.

Cette lenteur, cet ajournement constant d'un intérêt si cher (notre espoir de demain!), s'expliquent-ils assez par nos distractions extérieures, les guerres atroces au début de ce siècle, et depuis, la vie soucieuse, affairée, inquiète, du grand mouvement industriel? Une autre explication doit se chercher aussi, il faut le dire, dans ces grands livres même qui ont ouvert la voie au dernier siècle. Leur action n'a pas été assez simple pour être forte. Ce qui fait une chose organique, puissante, féconde, c'est principalement la simplicité de son germe, l'unité de son principe.

Ils n'eurent pas un seul germe, un principe. Ils en avaient deux.

Esprits indépendants, encore faibles de cœur, par certaine fibre de famille, ils restent plus ou moins engagés au passé. Le *Robinson* est tout biblique. L'*Émile*, en disant tant de mots forts, hardis, les énerve et recule. On verra dans ce livre la légende d'un saint, le martyre de Pestalozzi, hélas! si discordant et divisé contre lui-même.

Quand on bâtit le Capitole, pour base fondamentale, centrale, où tout se rallierait, on ne mit pas deux pierres, deux pièces différentes. On n'en mit qu'une : une tête d'homme vivante. Vivante fut la construction.

Aux fondements de l'éducation que mettrons-nous pour base? Une seule base, la Nature humaine.

Ces grands éducateurs, n'ayant pu nettement se détacher du vieux principe, flottent encore entre deux esprits. Double est leur édifice. Du point de départ incertain vient l'incertain de tout le reste. Ils bâtissent sans avoir fondé. Leur jeune monde, ils le placent sur ce sol hésitant. On demeure inquiet en voyant la faiblesse de ce qui est dessous. Le berceau porte en l'air, que deviendra l'enfant ?

Faibles pour le principe et la base de l'éducation, ils ne le furent pas moins pour ce qu'on peut nommer le corps et la substance, la matière de l'enseignement.

Ils étaient à l'excès occupés de méthodes. Mais la meilleure méthode n'est qu'un procédé, une forme. Qu'apprendra-t-on dans cette forme, par ce procédé ? C'est ce qu'il faut savoir. Il faut que la jeune âme ait un substantiel aliment. Il y faut une chose vivante. Quelle chose ? La Patrie, son âme, son histoire, la tradition nationale. Quelle chose ? La Nature, l'universelle patrie. Voilà une nourriture, ce qui réjouira, remplira le cœur de l'enfant.

Si nous n'avons la force et le génie, nous avons la lucidité d'une méthode supérieure. Notre étude, plus compliquée, est cependant plus claire. Par la persévérance et par des efforts gradués, nous préparons légitimement les questions. Je ne suis arrivé à celle de l'Éducation que par des travaux successifs.

Sa substance, je l'ai dit, c'est la *tradition nationale*. Ce que l'enfant doit apprendre d'abord, c'est la Patrie, sa mère. « Ta mère, c'est toi, et tu en es le fruit. Que fit-elle ? comment vécut-elle ? C'est là ce qu'il te faut savoir. Tu y liras ton âme, te connaîtras toi-même. »

Cela est long, était peu préparé, quand je m'en occupai. Je trouvai la Patrie déplorablement effacée par nos tragiques événements, par la cruelle légende de l'idolâtrie militaire, la superstition monarchique, le culte de la Force, l'oubli du Droit. Combien d'années je mis à refaire tout de fond en comble, c'est ce qui importe peu. Mais il faut dire l'effort persévérant dont j'eus besoin pour arracher, extirper sur ma route cette forêt d'erreurs qui nous tue de son ombre. Je fus récompensé. Je vis distinctement ce qui simplifie tout : la parfaite unité des deux idolâtries, et l'injuste arbitraire du système de la faveur et de la Grâce ; — d'autre part, la Justice, le Dieu nouveau, que de son nom de guerre nous nommons la Révolution.

Une éducation de justice, fondée en liberté, égalité, fraternité : voilà l'idéal même, nettement dégagé de ce travail immense qui le premier donna et la substance, et le principe pur, l'âme vivante de l'éducation.

« Justice? qu'est-ce que c'est? dit la femme. On ne m'a rien appris que la Grâce incertaine, qui aime ou hait, sauve ou perd *qui lui plaît.* »

Si nous n'en venons pas à lui faire accepter la justice, à réconcilier la justice et l'amour, la patrie périclite et le foyer chancelle. Mariage est divorce. Or (songez-y bien, mères), si le foyer n'est ferme, l'enfant ne vivra pas.

Un enfant à deux têtes, à deux corps, ne vit guère. Pas davantage celui qui a deux âmes. C'est en vertu de cette loi, dans cette prévoyance que la nature a fait la profonde unité physique du mariage. L'enfant naît un fatalement, et quand il prend deux âmes par le désaccord des parents, il meurt, ou il reste *fruit sec*. Ne parlons plus d'éducation.

Dans ce temps singulier, deux courants existaient : celui de la Science dont les découvertes établissent la force du mariage, celui de la Littérature qui fort tranquillement à l'envers allait son chemin. Lorsque mes livres avertirent, celle-ci s'indigna presque autant que le prêtre. Je répondais : « Il faut que l'enfant vive. Or, il ne vivra pas, si nous ne replaçons le foyer sur un terrain ferme. »

Les trois livres attaqués (*l'Amour, la Femme, le Prêtre et la Famille*), qui soutenaient ce paradoxe énorme, la fixité du mariage, restent et resteront, ayant deux fortes bases, la base scientifique, la nature elle-même, et la base morale, le cœur d'un citoyen. Car, sans mœurs, point de vie publique. Je disais dans l'*Amour* à tant d'hommes légers qui parlent de Patrie : « Pouvez-vous être libres avec des mœurs d'esclaves ? »

.

Ainsi gravitaient tous mes livres vers celui d'aujourd'hui. Ceux d'Histoire naturelle, qu'on croyait diverger de mes voies morales, historiques, étaient exactement dans ma ligne et dans mon sillon. Au début de *la Femme*, j'ai dit combien l'éducation, de nos filles surtout, se fera doucement dans cette aimable communion de la Nature. Et vers la fin de *la Montagne*, rentrant dans ce sujet, surtout pour le jeune homme, je le menais moi-même aux Alpes, aux Pyrénées, l'affermissant, lui grandissant le cœur par ces courses viriles, ces nobles gymnastiques, la fière aspiration qui dit toujours : Plus haut!

Ces petits livres (au reste sortis du foyer même) ont été adoptés et en France et ailleurs, comme *livres du Dimanche*, *livres du soir* et des après-soupers, donc (au plus haut degré) comme des livres d'éducation.

En résumé, j'arrive au but, au grand problème, par les voies légitimes, patientes, dont mes prédécesseurs crurent devoir se passer.

Longue fut mon expérience, mes trente années d'enseignement. Plus longue mon étude, qui a rempli toute ma vie.

De notre grande histoire nationale, du travail progressif qui a fait l'âme de la France, j'ai tiré notre foi, ce credo social qui sera l'aliment et la vie de nos fils.

Au Foyer raffermi dans ce credo commun, dans la gravité forte des mœurs républicaines, l'exemple des parents, j'ai donné la base solide où l'enfant s'harmonise, prend l'unité morale, qui seule permet l'éducation.

Mais dans ces longs travaux d'exigence infinie, qui chaque jour prenaient le meilleur de moi-même et le sang de mon cœur, comment ai-je duré, produit, fourni toujours? Par quel ravivement toujours je renaissais? Demandez à la mère, la grande nourrice, la Nature, à l'âme maternelle qui ne se lasse pas d'allaiter, raviver, de consoler le monde. Ce qu'elle a fait pour moi, j'aurais voulu le faire pour nos fils et pour tous, asseoir l'enfant et l'homme à ce riche banquet de jeunesse éternelle.

Ce livre, préparé tant d'années, vient à point, et dans le grand moment que j'aurais demandé, au jour grave de la transformation sociale. Plus tôt, c'était un livre. Aujourd'hui, c'est un acte. Il intervient dans l'action.

Prenant l'homme au premier, pur et profond miroir de la nature, l'enfance, le suivant dans la voie si puissamment féconde de notre humanité moderne, il l'initie jeune homme aux débuts difficiles, même ne le quitte pas à l'entrée de la rude gymnastique de la vie publique. Telle est l'éducation, identique à la vie, l'obligeant de savoir et de développer son principe.

L'objet ici c'est l'homme, — non pas seulement l'homme qui dort dans ce berceau, qui s'essaye aux écoles, — mais l'homme au grand combat, mais vous, moi, et nous tous. qui tombons aujourd'hui dans un monde imprévu.

Paris, 19 octobre 1869.

LIVRE PREMIER

DE L'ÉDUCATION AVANT LA NAISSANCE.

CHAPITRE PREMIER

L'homme naît-il innocent ou coupable ? — Deux éducations opposées.

Dans l'histoire de la Renaissance, j'ai décrit une œuvre sublime, les Prophètes et Sibylles que peignit Michel-Ange aux voûtes de la chapelle Sixtine. Je n'ai pas dit assez avec quelle vigueur il y pose les deux esprits contraires qui se disputent le monde.

Tous ont vu ces figures, au moins gravées. Chacun a remarqué la plus violente, celle d'Ézéchiel, qui, le bonnet au vent, soutient une dispute acharnée contre quelqu'un qu'on ne voit pas, un rabbin, un docteur sans doute. Ézéchiel et Jérémie sont les prophètes de la Captivité. Les captifs se croyaient punis des péchés de leurs pères. Jérémie et Ézéchiel le nient dans les versets célèbres : « Ne dites plus : *Nos pères mangèrent du raisin vert; c'est ce qui nous fait mal aux dents.* Non, cela n'est pas vrai. Chacun répond pour soi. Chacun sera sauvé ou perdu par ses propres œuvres. »

Plus de péché originel. Point de fils puni pour le père. L'enfant naît innocent, et non marqué d'avance par le péché d'Adam. Le mythe impie, barbare, disparaît. A sa place solidement se fondent la Justice et l'Humanité.

Ceux qui ont, comme nous, la gravure sous les yeux, voient qu'aux pieds des prophètes de petites figures occupent les compartiments inférieurs de la voûte, et traduisent, expliquent les grandes figures d'en haut. Aux pieds d'Ézéchiel et sous la violente dispute, est l'objet du combat, une jeune femme enceinte, d'un visage ingénu. Elle ne se doute guère de la bataille qui se fait pour elle là-haut. Quel serait son effroi si elle entendait ces docteurs qui jurent qu'on naît damné, qui vouent l'enfant et elle aux flammes éternelles! Par bonheur, elle dort. Elle en mourrait de peur.

Michel-Ange, qui agrandit tout, n'a pas suivi la Bible de trop près. Il n'a pas fait la créature avilie dont parle le texte. Il a fait une femme, une vraie femme, un être doux, fragile, touchant, quelque jeune Italienne, je pense, qu'il a vue au repos de midi. En elle est tout le genre humain. Oui, voilà bien la femme et l'enfant et le monde. On est ému, on fait des vœux pour elle. Le ciel et la terre prient...

La figure est plus fine qu'il ne les fait communément. Ses formes sveltes et peu nourries seraient plutôt d'une fille. Elle est à son premier enfant, et peut-être au cinquième mois. Si c'est pécher que de continuer cette race coupable et condamnée d'Adam, elle ne peut nier ; on le voit trop. Mais a-t-elle voulu pécher ? qui le saura ? Elle n'a guère d'assiette solide. Du corps elle est assise, elle pose sur un siège très haut, mais ses jambes sont flottantes. L'enfant déjà l'opprime, et pour mieux respirer, sans détourner le corps, elle incline vers nous sur l'épaule sa tête et ses yeux clos, son visage très doux.

Elle a si peu d'aplomb ! c'est un vaisseau en mer. Puisse Dieu te sauver, pauvre petite !... et ta fragile barque où l'humanité flotte, chancelante en ton jeune sein ! Quelle horrible tempête je vois autour de toi ! Mais je me fie à lui, ton pilote, ton fort défenseur. Contre le dogme absurde il a le Droit, la Piété et Dieu même. Contre l'armée des prêtres, rabbins, docteurs, évêques, et leurs textes barbares, il a la Loi plus haute, écrite au fond des cœurs. Il couvre la faiblesse, il absout la nature. Il jure qu'ici est l'innocence, qu'elle est en cet enfant, que, si, la terre, le ciel, le monde la perdaient, on la retrouverait entière en ce berceau.

Toute l'Église est contre Ézéchiel. Tous les tribunaux sont pour lui.

L'Église tout entière enseigne l'*hérédité du crime*, tous coupables d'avance par le péché d'Adam.

Si le juge y croyait, il descendrait du siège, fermerait le prétoire. Mais la loi, mais le droit, mais la jurisprudence repoussent l'*hérédité du crime*. Nul ne paye pour son père ou ses parents, chacun pour ses faits personnels.

Tous étant nés coupables, Dieu de sa pleine grâce arbitraire gracie qui lui plaît.

Qui dit cela? saint Paul? Non, d'abord l'Évangile[1]. Dans cinq ou six textes fort clairs est formulé l'exclusif privilège des élus, de ceux qui plaisent à Dieu. Et quels? L'ouvrier du matin qui travailla dès l'aube, plaît-il plus que l'oisif qui ne vint que le soir? Le juste a-t-il l'espoir d'être reçu au ciel mieux que l'injuste? Non. C'est le pécheur qui plaît, n'ayant aucun mérite, devant tout à la Grâce.

Cet arbitraire terrible, qui a autorisé tous les arbitraires de ce monde, n'a osé se produire dans cette audace solennelle qu'à la faveur du vieux dogme barbare *que l'homme naît damné, qu'à ce damné l'on ne doit rien.* « Nous naissons enfants de colère », dit saint Paul. Et Augustin : « Tous naissent pour la damnation. »

Terrible arrêt!... épouvantable aux mères!... « Quoi! mon enfant aussi? Cet ange en ce berceau?... » Plusieurs mollissaient, voulaient faire pour les petits un lieu intermédiaire, où, privés de la vue de Dieu,

---

[1]. « A vous il fut donné de savoir les mystères du royaume des cieux. A eux cela n'est pas donné. » (Matth., XXII. Voir aussi Jean, XII, 40.) — Pourquoi parler en paraboles? « Pour qu'ils voient sans voir, entendent sans entendre. » (Marc. IV, 11; Luc, VIII, 10.) Et Marc ajoute : « De peur qu'ils ne se convertissent, et que leurs péchés ne leur soient remis. » (Marc, IV, 12.)

mais exempts de supplices, ils resteraient gémissants, vagissants, et rêvant de leur mère encore. Augustin ne le permet pas. Il dit : « Ne promettez ce lieu entre le Ciel et la damnation. » Et ailleurs : « Gardez d'imaginer un soulagement à ces petits. L'Enfer seul les attend. C'est la ferme foi de l'Église. » *Robustissima ac fundatissima Ecclesiæ fides.* (Voir tous ces textes dans Bossuet, t. XI, p. 191, éd. 1836.)

Saint Augustin a raison de le dire. Il a tous les conciles pour lui. Conciles de Lyon et de Florence, concile de Trente, tous damnent les enfants. « C'est la ferme foi de l'Église. »

Pas un mot de pitié, mais la froide logique quelquefois réclamait. Le grand *distingueur*, saint Thomas, osa un heureux *distinguo*. Le mot *Enfer* ne dit pas toujours *flammes* : l'enfant damné peut n'être pas brûlé. Noris, au dix-septième siècle, y cherche un moyen terme : « Brûlés ? non. *Chauffés* seulement. »

A quel degré *chauffés ?* Humanité atroce. Voulez-vous dire *roussis ?* voulez-vous dire *grillés ?*... Quoi qu'il en soit, ce mot maladroit ne fit pas fortune. Il parut trop humain. Les Dominicains mirent Noris à l'index de l'Inquisition.

Autre essai, plus hardi encore, plus mal reçu. Sfondrata avait dit : « L'enfant mort sans baptême ne verra pas le Ciel, mais il a mieux. Dieu lui a sauvé le péché et l'éternel supplice ; cela vaut mieux que le Ciel même. » A quoi Bossuet, Noailles et nos évêques opposent avec indignation l'unanimité de l'Église.

Ils donnent tous les textes, la perpétuité de cette opinion, et l'avis du grand théologien officiel du pontificat, de Bellarmin, qui la résume ainsi : « L'enfant sera dans un lieu noir, dans un cachot d'enfer, *sub potestate diaboli.* »

Bellarmin ajoute aigrement : « Ne suivons pas le sentiment humain (qui entraîne la plupart). Notre pitié ne servirait de rien. » — Dures paroles. Mais c'est qu'il s'agit du point essentiel, de la pierre angulaire sur laquelle repose l'Église. Elle est suspendue à ce mythe du premier, du second Adam, du Pécheur qui perd tout, du Sauveur qui rachète tout. Cela se tient d'une seule pièce. Si la chute d'Adam ne nous a pas perdus, n'a pas damné d'avance tout enfant qui naîtra, pourquoi faut-il un Rédempteur ? Si l'enfant ne naît pas *plein du souffle du Diable*, pourquoi l'*exorciser* au baptême du nom de Jésus pour expulser ce souffle (*Exsufflatur.* Bossuet, *ibidem*)? De la faute d'Adam tout procède. Grâce au péché d'Adam, nous dit encore Bossuet, nous chantons avec toute l'Église : « *Heureuse faute!* » — Et encore : « *O péché vraiment nécessaire!* » (T. XI, 188.) — Nécessaire pour damner l'humanité entière, moins le nombre minime, imperceptible des élus! nécessaire pour jeter l'innocence à l'Enfer! nécessaire pour créer les exorcismes du Baptême, le premier sacrement qui constitue l'Église. Sans Adam, plus d'Église, plus d'évêques, et plus de Bossuet.

Nul progrès n'est possible sur ce point, que l'on ne peut toucher sans que tout le dogme ne croule. Le temps a beau marcher, l'humanité se fait jour en toute chose. Ici un mur existe. Elle n'entrera pas, restera dehors à jamais.

Au *Petit Catéchisme* du diocèse de Paris, aujourd'hui 1er mai 1868, je lis : « Le péché d'Adam s'est communiqué à tous ses descendants, en sorte qu'*ils naissent coupables* du péché de leur premier père. » Au *Catéchisme de la Doctrine chrétienne*, celui des missions des deux mondes, *Catéchisme* approuvé par la Propagande romaine, je lis : « Pourquoi les hommes naissent-ils coupables du péché originel ? — Parce que *leur volonté était renfermée* dans celle d'Adam leur chef. »

Le dogme est immuable. Aujourd'hui aussi bien qu'aux temps de Paul et d'Augustin, la volonté humaine, renfermée dans celle d'Adam, est serve du péché, *non libre*.

C'est exactement le contraire de la foi de nos juges et du principe de nos lois. — Toute leur autorité repose sur cette idée unique : Que l'homme est *libre*, responsable. — Autrement comment lui ordonner ceci, lui défendre cela ? — Autrement, comment le punir ?

La liberté de l'homme, qui, proclamée ou non, fut la foi intérieure, la base de toute société, a été formulée, promulguée souverainement par la Révolution française. C'est le premier mot qu'elle ait dit.

Donc deux principes en face : le principe chrétien, le principe de 89.

Quelle conciliation? aucune.

Jamais le pair, l'impair, ne se concilieront; jamais le juste avec l'injuste, jamais 89 avec l'hérédité du crime.

Car à quel prix le Juste pourrait-il pactiser? En quittant sa nature, devenant l'arbitraire, et se faisant l'Injuste, c'est-à-dire en n'existant plus.

A quel prix le vieux dogme qui, si longtemps lui-même s'est proclamé l'Absurde (voir *Augustin*), l'Anti-Raison, — à quel prix pourrait-il traiter pour vivre encore? En quittant sa nature et se faisant Raison, c'est-à-dire en n'existant plus.

La conséquence est donc que, du berceau, partiront pour la vie deux routes absolument contraires. *L'éducation* sera autre et tout opposée[1], selon qu'on part du vieux ou du nouveau principe.

Songez que les deux routes ne sont pas seulement différentes, mais bien deux lignes divergentes qui doivent, en s'écartant toujours, diverger jusqu'à l'infini.

---

[1]. Dans un livre sur l'éducation, on ne peut dire un mot sans marquer d'abord son point de départ, sans dire *si la nature est bonne*, donc à développer, — ou *si la nature est mauvaise*, donc à corriger, réprimer, étouffer. Ceci est le principe chrétien. J'ai été bien surpris de voir dans l'*Éducacation* de M. Dupanloup (édit. 1866), à quel point il dissimule ce principe. A peine, au IIIe volume, il mentionne brièvement, honteusement, le péché originel. Au tome Ier il ne parle que de *respecter la liberté de la volonté, ne pas altérer la nature*, etc. Au livre IV, je lis : *le respect qui est dû à la dignité de la nature*, etc. Ce sont les propres paroles de Rousseau et des Pélagiens. — Ne croyez pas qu'on puisse donc nous amuser ainsi. Soyez, ou ne soyez pas chrétiens. Ne restez pas dans ce lâche éclectisme. Que dira votre Dieu : « Tu as rougi de moi. Tu m'as caché, dérobé derrière toi, pour moins scandaliser le monde. »

Imaginez un centre du réseau des chemins de fer, d'où part le Nord pour Lille, le Midi pour Bordeaux. Quel est le sot qui croit que ces chemins se rejoindront? Ils se tournent le dos. Plus ils vont, plus ils sont étrangers l'un à l'autre. Regardez donc, avant que le départ sonne, choisissez bien votre wagon.

CHAPITRE II

Principe héroïque de l'éducation.

Il n'est pas difficile de savoir ce que rêve cette dormeuse de Michel-Ange. Son enfant, à coup sûr. C'est le rêve de toute mère. Elle le voit qui rayonne, tout gracieux, charmant, et de lumière et de sourire.

Il tient d'elle beaucoup, aimable miniature, et de figure plus féminine encore. Est-ce un ange? ou le doux Jacob, l'aimable Benjamin? Si pourtant il était trop doux, il lui plairait bien moins. La femme adore la force. La figure s'accentue. Le blond reluit en teintes d'or. L'or royal! que c'est beau! Ne dirait-on le roi David? Qu'il est fier, quel regard! L'or est flamme, a des teintes fauves. Tel apparemment fut David quand il tua le géant.

Voilà les fluctuations maternelles. Le double idéal marie, associe tout. L'enfant est un miracle : il aura toutes beautés, toutes grâces et toutes grandeurs. Il sera si doux, si doux que nul cœur n'échappera. Il sera si fort, si fort que rien ne résistera. Ainsi va l'Océan du rêve.

Elle s'éveille. Quel dommage ! Elle tâche, quoique éveillée, de rêver encore, repasse amoureusement tout cela. La charmante image a pâli. Elle est devenue confuse. Est-ce une vraie vue de l'avenir ? « Si c'est un rêve divin, peut-il être contradictoire ? Est-ce qu'on peut être à la fois un héros et un saint ? S'il est bon et doux, paisible, pourra-t-il être un héros ? S'il a la force héroïque, sera-t-il un homme de Dieu ?...

Hélas ! tout cela, c'est un rêve ! »

« Un rêve ? non, la réalité. »

C'est son mari qui la rassure. Il était là, entendait tout.

Ne réduisons pas son espoir. Agrandissons-le plutôt. Laissons-la couver son Dieu. Aidons-la et guidons-la.

« Oui, oui, ce sera un saint, — non pas l'efféminé rêveur, non l'oisif du Moyen-âge, — mais le saint de l'action, du travail fort et patient, des œuvres utiles et salutaires qui feront le bien du monde.

« Oui, ce sera un héros, — non pas un héros de meurtre, de barbare destruction, — un héros de généreuse et magnanime volonté, de force et de persévérance.

« Plus qu'un saint, plus qu'un héros ! il sera un créateur : c'est le nom de l'homme aujourd'hui. Là tu as raison, ma chère, de sentir en lui un Dieu. De son cerveau productif il fera jaillir des arts. Il sera un Prométhée. Il n'aura pas à voler la flamme. Il en vient déjà. Né d'un si divin moment, n'a-t-il pas le feu du ciel?

« Donc soyons gais. Attendons. Il fut conçu du matin, d'un joyeux rayon de l'aurore. Puisse-t-il en garder toujours quelque lueur, quelque reflet! C'est assez pour porter bonheur. Qui l'a, s'en va dans la vie heureux, fort, aimable, aimé. »

S'il est sur la terre un objet intéressant à observer, c'est la pensée d'une jeune femme qui se sent sous la main de Dieu dans cet état extraordinaire où la vie double se révèle. Elle sait que toute action, toute émotion, toute idée retentit à son enfant, vibre à lui. Une surprise, la moindre chose violente pourrait lui être fatale, le marquer pour l'avenir. Même à part ces accidents, toute l'existence physique de la mère influe sur lui[1]. Elle le sait, elle désire suivre en tout le bien, la règle. Elle s'observe, se reproche le moindre écart innocent. Elle voudrait être un temple. Et ce ne serait pas assez. Elle sent que non seulement le petit être est en elle, mais qu'il *est créé par elle* incessamment, qu'elle le fait, et de son sang et de son âme « Ah! si je créais mal!... Que ne puis-je être parfaite! accomplie de sainteté! »

Il est minuit. Son mari, fatigué des travaux du jour, est endormi. Elle, non. Elle a prié, elle a rêvé,

---

[1]. M. de Frarière a trouvé un joli titre : *Éducation antérieure*, 1864; j'y reviendrai plus loin.

lu quelques bonnes paroles écrites sur la vie à venir. Elle va à la fenêtre, et regarde les étoiles, se sent au-dessus d'elle-même. Une certaine attraction, comme une gravitation morale, élève, élance son cœur vers ces mondes de lumière dont la scintillation amie semble un appel à l'existence ailée, légère, supérieure, et à l'éternel progrès.

Mais comment la soutenir dans cet élan de volonté ? Que je lui voudrais un bon livre, dans l'absence de son mari, un livre simple et serein, plein de la moelle héroïque, qui la nourrît puissamment ! Ce livre est à faire encore. Je ne l'ai jamais rencontré. Nul n'est digne. — Ce qu'on appelle la Bible, la grande encyclopédie juive, avec ses fortes lueurs, — mais tant de choses obscures, impures et contradictoires, — est très bon pour troubler l'esprit. — Plus funestes encore seraient les livres pleureurs et chrétiens, les mystiques, qui regardant en haut si le miracle va tomber tout fait, nous empêchent ainsi de le faire. La pauvre âme n'a pas besoin qu'on l'énerve de rêveries, qu'on l'amollisse de pleurs, lorsque déjà la nature l'ébranle et la trouble tant. — La noble et forte Antiquité la soutiendrait bien autrement. Mais elle lui est si étrangère ! Cette mâle littérature est si loin de l'éducation fade et faible qu'elle a reçue !

Il lui faut un livre vivant : le cœur de celui qu'elle aime.

Ici, le jeune homme a peur. Il sourit, et il recule. En la voyant si honnête, d'une si droite volonté, si prête à tout sacrifier pour l'amour de son enfant, il me dit en confidence : « Vraiment, je ne suis pas digne. »

« Je l'aime, mais avec cet amour, j'ai trop traversé la vie, trop de pauvres et basses choses. En ai-je perdu l'empreinte? Il s'en faut. Je n'ose le croire. »

Croyez-le. Si vous aimez vraiment, tout est effacé. De quel moment admirable vous disposez maintenant! Cela dure peu. Un an ou deux ans peut-être, sa foi sera complète en vous.

Méritez-le, et donnez-lui ce que, malgré vos misères, vos vices, vous avez de meilleur, ce dont elle manque entièrement, *la grande pensée sociale*.

Je ne parle pas au hasard; j'écris au milieu de classes corrompues, dans la grande ville qu'on dit la Babylone du monde. Eh bien, chez les jeunes gens qui se croient les plus gâtés, ce sens revit par moments. Il dort plus qu'il n'est amorti. L'éducation d'*humanités* pour les uns, et pour les autres la fraternité ouvrière, tient l'esprit de l'homme ouvert à mille idées collectives qui sont à cent lieues de la femme. Née surtout pour l'individu, pour un mari, pour un enfant, elle est fort lente à s'élever aux conceptions de patrie, de bien-public, d'humanité. Des maîtres habiles, estimables, qui par année ont à leurs cours des centaines de jeunes filles, pleines de zèle, d'intelligence et de bonne volonté, me disent que là est l'obstacle.

La politique moderne leur est fort peu accessible, entourée, hérissée qu'elle est d'économie financière, de subtilités d'avocats. C'est là que l'homme doit montrer s'il a assez d'intelligence pour parler plus simplement, hors de toutes ces scolastiques, dire peu et le nécessaire, ce qui peut le mieux toucher. Peu, très peu de polémique, ce n'est pas par la dispute que tout cela lui plaira. Elle hait l'aigreur et les risées. Prenez-la où elle est sensible, par son admirable cœur, plein de tendresse et de pitié. Ne l'accablez pas des chiffres d'un budget de deux milliards; mais montrez-lui tant de pauvres en ce si riche pays. Montrez-lui la pompe cruelle qui aspire cet or énorme du plus nécessaire de l'homme, du pain réduit de la famille, de ce que la mère épargne sur la bouche de l'enfant. Ne riez pas devant elle de l'église où elle est née. Point de fades plaisanteries. Mais dites-lui l'histoire même. Rappelez-lui, par exemple, à la plus belle des fêtes, celle du Saint-Sacrement (si mal nommée Fête-Dieu), que c'est celle qui solennise l'extermination du Midi, cette terreur de tant de siècles. Ces roses restent rouges de sang.

C'est à elle que vous devez vos plus sérieuses pensées. Vous les épanchez volontiers entre amis, souvent peu connus, dans les cafés pleins d'espions. Le premier ami, et le frère qui vous touche de plus près, c'est votre innocente femme, si croyante à ce moment, si heureuse de vous entendre. Elle est peu préparée, sans doute. Vous avez besoin avec elle de sortir de votre langue convenue de formules toutes faites. Vous avez besoin de comprendre vous-même beaucoup mieux les choses, pour les mettre en langage humain ; c'est ce qui vous éloigne d'elle et vous fait chercher ceux avec qui, sans grands frais, vous jasez d'après les journaux.

Pour un homme d'esprit, cependant, quelle circonstance unique, quelle vive jouissance de profiter de ce moment de foi, d'épancher en cette jeune âme tant de choses qui lui sont nouvelles, qu'elle aime pour celui qui les dit, qu'elle aime pour l'enfant, pour les lui dire un jour. Elle en a bien besoin. Il lui faut prendre force pour ce long enfantement qui ne durera pas neuf mois, mais quinze ou vingt ans peut-être. Ce sera là le miracle, la merveille de l'amour, que cet être léger, petite fille hier, aujour d'hui fixée tout à coup, trouve au berceau ce don qui va la changer elle-même, ce trésor, la persévérance.

Faut-il en l'homme, à ce moment, les puissances supérieures, ces vertus rares et singulières qu'on ne voit que dans les romans? Point. Il ne faut qu'une chose, aimer beaucoup, mettre son cœur tout entier et dans cet amour, et dans l'idée noble et grande à laquelle on veut l'élever.

Faiblement nourrie jusqu'ici dans la vaine éducation, un peu dévote, un peu mondaine, vide au total, qu'elles ont, elle t'arrive bien touchante, docile, te préférant à tout. Ah! c'est bien le cas d'être bon, de se régénérer pour elle. Tu ne le ferais pas pour toi, mais pour elle tu feras tout. Verse-lui le vin généreux des bonnes et hautes pensées. Tu es jeune, malgré tes vices, et tu as du sang encore : verse-lui un flot de ton sang.

Es-tu faible? ne sois pas seul. Appelle à toi autour d'elle la société des forts, l'auguste assemblée, souriante, des grands sages et des héros. Un sentiment paternel les amènera sans peine pour l'affermir, la consoler, lui répondre que cet enfant va naître beau, grand, digne d'eux, la transfigurer enfin dans cette lumière héroïque que le bonhomme Luther a nommée noblement *la Joie*.

Il ne suffit pas, madame, d'enfanter dans la sainteté. Il faut que cette sainteté ait l'aspiration active, que l'enfant n'ait pas langui dans un sein mélancolique, ému, rêveur et tremblant. Il ne serait qu'un mystique. Il pleurerait à sa naissance. Le vrai héros rit d'abord.

CHAPITRE III

Fluctuations religieuses. — La cloche. — Les mélancolies du passé.

Au mariage heureux et le plus désiré de deux cœurs bien unis d'avance, quel que soit le ravissement, la jeune femme pourtant trouve un grand changement d'habitudes. Lui, il est occupé de devoirs journaliers, et souvent obligé de s'absenter longtemps. Le jour dure; elle attend, va, vient dans la maison, regarde à la fenêtre. Une autre maison lui revient qu'elle avait un peu oubliée, une famille souvent nombreuse, des frères et sœurs de son âge ou petits, tout ce nid gazouillant. Ce monde en mouvement, bruyant et parfois importun, c'était la vie pourtant, une jeune vie, une comédie perpétuelle. Et lorsque tout cela bien propre, habillé, soigné, par elle avec sa mère, s'en allait un dimanche d'été à la messe, c'était une sorte de fête. Toute la grande assemblée de la paroisse en ses plus beaux habits qu'un œil curieux parcourait, les fleurs et les costumes, les chants (discordants même et incompréhensibles, qu'on est d'autant dispensé d'écouter), tout ce brouhaha amusait. Rien au fond, ou bien peu de chose ; mais enfin une foule, des hommes, des femmes et des enfants. Voir la figure humaine, c'est un besoin. Traversant le Tyrol, j'observai des bergers, des chasseurs, qui, passant la semaine dans la montagne, descendaient le dimanche, non pas pour se parler, mais s'asseoir en face seulement sans mot dire, et se regarder.

Les démons de la solitude ont prise là. La lutte est forte, surtout aux fêtes, entre les deux esprits. La vieille vie ignorante, toute de décors et de théâtre, vide au fond, reste aujourd'hui, règne sans concurrence. La jeune vie puissante, qui disposerait de toute la magie des sciences et de leurs miracles amusants, avec tant de moyens d'occuper l'esprit et les yeux, n'a point organisé ses fêtes. Celles du nouveau dogme d'équité fraternelle qui seraient si touchantes, sont interdites encore. Les deux autorités qui pèsent sur nous, frémissent qu'il ne se manifeste, empêchent tout éclat public du libre esprit. Celui-ci, solitaire, sans théâtre ni fêtes, vaincra par la vie vraie, mais attriste les faibles par l'absence du culte, la solitaire austérité.

Tout cela le dimanche revient, et dans les insomnies. Plus la grossesse avance, et plus les nuits sont troubles, mêlées de fiévreuses pensées. Le matin vient enfin. Elle sort pour respirer ou pour les besoins du ménage. Elle est heureuse de trouver la fraîcheur. La grande ville est gaie déjà, toute arrosée; les marchés pleins de fleurs, de toutes choses bonnes à la vie. C'est comme de riches corbeilles, combles des dons de la nature. A travers ces fleurs et ces fruits, elle marche rêveuse, pleine de douces émotions, de Dieu, de *lui*, de son enfant, du pur désir d'aller droit dans la vie. La nuit s'est envolée et tous les mauvais songes. La lumière l'a calmée. Elle est toute au devoir de sa situation nouvelle, et fort unie à *lui* de cœur.

Cependant au marché, l'église est ouverte déjà. Qu'elle est belle à cette heure, bien éclairée, auguste, dans sa solitude lumineuse! Le banc de la famille où elle s'assit toute petite et tant d'années, elle le voit. Pour le regarder? non; cela lui ferait trop de peine. Un coin seul est obscur, la noire petite église dans la grande, demi-cachée sous l'orgue, le confessionnal où le samedi soir... N'en parlons pas, sortons. Que l'air est pur et frais dehors!

Tout est fait de bonne heure, le ménage, le déjeuner. Il est parti. Elle reste dans sa chambrette solitaire. Elle coud à la fenêtre. Le quartier est paisible, écarté. Rien dans la rue. Elle coud, et sa pensée voltige; un doux souvenir d'hier soir, ce marché du matin, l'église, occupent tour à tour son esprit, *lui* surtout, son adieu et le dernier baiser. Des deux âmes qu'elle a, il est à coup sûr, la plus forte. Et que n'est-il la seule! Elle le voudrait bien! quel repos elle aurait!... Mais enfin les vingt ans d'avant le mariage ont-ils passé en vain? n'en revient-il jamais d'écho? L'oreille par moments lui en tinte... Un bruit vague, léger, lointain, doux, est venu... Erreur peut-être? Rien? Le vent a pu changer, emporter l'onde sonore... mais non, le bruit revient. Oui, c'est bien une cloche, de son connu, toute semblable à celle de la paroisse où elle est née. Et, ma foi, je crois, c'est la même. Elle sonna si souvent pour nous, trop souvent! Tant de morts aimés reviennent, et tous les souvenirs. Puissante évocation!... La chambre en est remplie; aux murs et aux plafonds se tracent tous les événements domestiques. Elle est mêlée, la cloche, à tout cela. Et elle y a pris part, en a été émue, vibrant de joie, de deuil. Elle est de la famille... Ah! que le cœur se gonfle! De grosses larmes pèsent, et vont sortir des yeux. Elle veut se contenir. Il s'en apercevra, cela lui fera de la peine. Mais elle a beau faire, tout échappe. Et longtemps même après, quand il rentre, voyant les yeux baissés, humides, qu'on voudrait dérober, le voilà inquiet, attendri et pressant... Mais là, c'est un torrent. Elle est noyée de pleurs. Elle se cache enfin dans son sein, et s'excuse : « Je suis bien faible, ami! que veux-tu? La cloche me disait tant de choses!... Ah! je n'ai pas pu résister! »

« Eh! pourquoi t'excuser? Moi aussi, je le sens, elle est bien puissante, cette cloche, j'en ai le cœur ému. Pour toi, elle sonne la famille, et la grande famille pour moi, le Peuple (c'est moi-même) qui par elle autrefois parlait. Elle fut si longtemps la voix de la Cité, et comme l'âme de la Patrie !

« Tu sauras tout cela un jour. Et tu sauras aussi pourquoi moi, sans pleurer, je soupire quelquefois, pourquoi dans mon bonheur je sens parfois une ombre, pourquoi je fais des vœux pour que des temps meilleurs arrivent à notre enfant, et qu'il vive d'une plus grande vie. Le signe où le vrai Roi, le Souverain, le Peuple reconnaîtra sa force, le retour en son droit, ce sera le retour de la cloche à son maître. Qui l'a fondue, si ce n'est lui ?

« Ce n'est pas de la mort, de la religion de la mort, que sortit cette vivante voix. C'est la forte Commune, c'est la *Grande Amitié* (ainsi on la nommait) qui, pour dire l'unité des cœurs, des volontés, créa et mit là-haut le double personnage, l'homme au marteau de fer et la cloche d'airain. Jacquemart, Jacqueline, voix toujours véridiques, représentants fidèles de la Cité, mesuraient le travail, avertissaient du temps, proclamaient la pensée du peuple, lui disaient ses dangers, le sommaient loyalement du salut public... Ah! comment a-t-on pu nous arracher cela ? Longue est l'histoire, ma chère, pleine de pleurs. J'en verserais aussi. Il n'a pas fallu moins que l'accord de deux tyrannies pour fausser, faire mentir l'incorruptible airain.

« Trahison! trahison!... L'Italie le prévit. Pour défendre le clocher, hors l'église et contre l'église elle bâtissait une tour. Tour bien-aimée. Jamais elle n'était assez belle. Le noble marbre blanc y était prodigué. La tour penchée de Pise, la Miranda de tant de villes, sont les touchants témoins de cette foi du peuple qui, dans ces monuments, eut son cœur suspendu.

« Quelle gaieté dans celles de Flandre! Aux caves les plus noires, le tisserand était illuminé du carillon ami, de son joyeux concert, qui sonnait : « Allons! tisse encore!... Le jour avance! Allons! tout à l'heure, c'est fini. »

« Jamais il n'était seul. Dans l'accord du peuple des cloches, il entendait l'accord de la Cité pour le garder, le soutenir. Et il en était fier. Il sentait sa grande Patrie.

« Ah! ma chère, que ton cœur tendre et bon songe à ces familles qui travaillaient sous cet abri. Il y avait aussi, dans ces grandes villes, des femmes tremblantes, gardées, averties par la cloche, qui faisait leur sécurité. Tu liras quelque jour ces touchantes histoires, oubliées aujourd'hui. Tu sauras quel grand-cœur sentait dans sa poitrine le pauvre tisserand quand *Rœlandt* lui parlait, quand sonnait à volée *Rœlandt*, la forte cloche de l'incendie ou du combat. Plus forte que la foudre, et pourtant maternelle, elle disait distinctement ces mots : « Rœlandt! Rœlandt!... A moi! à moi! à moi!... Cours, ami! Le jour est venu!... A moi! pour ta maison, pour ta femme chérie! pour ton petit enfant!... Je vois reluire la plaine... Va, marche! n'aie pas peur! Demain ton fils serait écrasé sur la pierre. Un monde est derrière toi, qui va te soutenir. Tu vaincras, je le jure. N'entends-tu pas ma voix?... Rœlandt! Rœlandt! Rœlandt! »

« Ils l'entendaient aussi, la cloche redoutée, les chevaliers, barons, et ils en frémissaient. Moins terrible eût sonné la trompette du Jugement. Pâle, élancé des caves, le tisserand marchait, mais grandi de dix pieds. Unis comme un seul homme au moment du combat, ils communiaient de la Patrie, se mettant dans la bouche un peu de terre de Flandre, mordant leur mère la Flandre pour ne pas la lâcher.

« Ainsi la voix d'airain, le Rœlandt de la guerre, c'était la voix de paix, de justice et d'humanité. Quelle joie dans la Cité quand la mère en prière disait : « Il a vaincu... Je n'entends plus Rœlandt », et quand, poudreux, sanglant, mais souriant, vainqueur, il embrassait sa femme enceinte! »

CHAPITRE IV

Fluctuations religieuses et morales. — Naissance.

Dans le premier élan du crédule et loyal amour, la fiancée voudrait se donner davantage, n'avoir rien qui ne fût de lui, s'offrir entière et neuve, comme un blanc vélin pur, où il écrirait ce qu'il veut.

Mais cela se peut-il? La fille catholique, à vingt ans, a un long passé.

Dès sept ans, on est responsable, on pèche, on doit se confesser. Donc, de huit ans à vingt, pendant douze ans, elle a (hors de la portée de sa mère) communiqué avec des hommes non mariés. Je veux bien les croire sages. Que de choses, en douze années, ils eurent le temps d'écrire sur ce vélin de l'âme, — et lorsque toute petite elle savait à peine, recevait tout les yeux fermés, — et lorsque, grandissant, dans la crise de l'âge, elle a pu comprendre trop bien.

Au jour du mariage, tout ce passé pâlit. Ces caractères écrits semblent avoir disparu. Elle ne les voit plus. Encore moins son mari qui n'en saura jamais grand'chose. Je ne l'en avertis que pour lui dire ceci : « Ces caractères subsistent en dessous (prends-y garde), et voudront toujours reparaître. A toi d'écrire dessus (tu le peux, elle t'aime), d'écrire avec tant de cœur, tant d'amour, tant de force et d'ascendant, qu'elle-même elle efface ce qui reparaîtrait, veuille décidément oublier. »

La Française a beaucoup de bon sens. L'expérience lui profite ; elle est très lucide en amour. Et cette lucidité ne nuit pas toujours au mari. Il a pour lui ce beau moment. Elle compare ses guides équivoques, glissant toujours entre deux mondes, avec l'homme au cœur simple et fort. Elle trouve une paix singulière dans la vie transparente, dans l'aimable gaieté du travailleur serein.

Si elle semble orageuse, inquiète, n'accusons pas sa volonté, mais l'état où elle est, enceinte, le combat de nature dans cette dualité de vie. Pauvre âme qui d'elle-même veut s'élancer en haut, n'en est pas moins tirée en bas.

« Mon ami, je sens en moi des choses extraordinaires. Cela n'est pas naturel ; cela n'arrive qu'à moi. Parfois je croirais volontiers qu'il me viendra deux enfants, parfois que je suis malade. Mon cœur saute... Je palpite. Je suis dans la grande mer, je vais à la dérive... Plus de bord... Je suis entraînée...

« — Non, non, tu es sur la terre. N'aie pas peur. Donne-moi la main. Ne crains aucun naufrage. Je te tiens contre mon cœur, je réponds de toi, je te serre et tu ne m'échapperas pas.

« — Hélas! cher ami, qui le sait? Je ne suis pas une peureuse. Mais dans cette situation on est si faible, si tremblant!... Les cloches que j'entendais hier, elles tintent encore aujourd'hui, mais lugubres, si lugubres!... C'est, dit-on, pour une femme... Dans ces cloches d'enterrement, il y en a une petite, de son aigu et si aigre! On dirait qu'elle est fêlée; c'est comme la risée stridente d'une vieille à la voix cassée qui rit de moi, qui m'appelle.

« Je n'ai pas peur. Mais *lui, lui!*... Si je meurs, il meurt aussi (cela se voit bien souvent). Où sera sa petite âme? Mort en naissant, est-il sauvé? Non, répond toute l'Église. Quelle épouvantable chose! Que le pauvre, arraché de moi, mis en terre, n'ait pour nourrice que la terre : c'était déjà trop de douleur. Mais si l'on croit qu'à jamais il ira, dans les ténèbres de ce noir monde inconnu, souffrir... » Et elle sanglote, ne peut continuer.

« — Ah! ma chère! quelle impiété! Quelle horrible idée de Dieu te fais-tu? Croire qu'il se crée des damnés, qu'il fait des coupables d'avance, punit celui qui n'a rien fait. » — « Sans doute, l'enfant n'a rien fait. Mais son premier père Adam... Mais ses pères depuis Adam, ont-ils été saints et purs? Nous-mêmes sommes-nous bien sûrs, ami, d'avoir gardé Dieu présent?... Je n'en sais rien, à vrai dire. Ce pauvre enfant n'est-il pas le péché vivant de sa mère, qui sera punie en lui ? »

« — Mais, chère ! chère ! le mariage n'est donc pas un sacrement ? Par lui Dieu continue le monde. Sans ces transports, sans cette ivresse, son œuvre s'accomplirait-elle ? S'il les proscrit, à la fois il veut et il ne veut pas. Chose absurde, impie à dire... Ne doutons pas de sa bonté. C'est un père. En ces moments il couvre ses aveugles enfants du large manteau de la Grâce.

« Tu as raison, et j'ai tort. Avec toi il faut raisonner, et je n'en suis guère capable. Je me sens la tête si faible ! Il faut avoir pitié de moi... Je ne raisonnais jamais, avant toi. J'étais une fleur, passive au vent, résignée. On me guidait. Je n'avais à penser ni à vouloir. J'ai quitté tout cela pour toi... Ai-je regret ? non, et pourtant, c'est commode de ne pas vouloir. Te le dirai-je ? (aime-moi ! ne m'en veux pas ! je te dis tout.) Eh bien, approche ton oreille, et je le dirai tout bas. Quand certaines pensées me viennent, quand je crains de t'aimer trop, j'ai peur que Dieu ne m'en punisse sur mon petit. J'ai envie de m'alléger de ce poids, et (je ne le ferais jamais qu'autant que tu le permettrais) envie de me confesser. »

Un jour elle a pâli : « Qu'as-tu ? — Ah ! quel vif mouvement !... C'est lui ! il a passé ! Il glissait sous ma main !... Merci, mon Dieu ! il vit. J'en suis sûre, maintenant. »

Non seulement il vit, va et vient, s'agite et sans précaution pour son pauvre logis souffrant; mais il règne, il est maître, domine toute la personne. Un grand poète de la physiologie, Burdach, le dit très bien. En l'homme l'amour agit sur un point, par accès. En la femme, il s'étend à tout, pénètre l'organisme. Elle est envahie, *possédée* (c'est le mot propre) d'une vie inconnue. Nul homme ne saurait le comprendre. Mais une femme délicate l'expliquait bien disant : « Tout est changé. On est dans un étrange rêve, profond, dans un enveloppement dont on n'a nullement envie d'être dérangée. Au fond, c'est un second amour. On aime bien le premier; mais l'*autre!*... Qu'en dire? et comment en parler? Il n'y a pas encore de mots trouvés dans aucune langue. On aime mieux d'ailleurs tout garder, n'en rien perdre. C'est trop intime. Nul ne doit s'en mêler, tout serait dissonance maladroite et qui déplairait. »

— Quoi! lui-même, l'auteur de la chose ne peut risquer un mot... pas un mot tendre et bon?

« — S'il parle, qu'il ait l'air de parler par hasard, et sans intention, sans insister surtout et sans trop demander. Maintes choses coûteraient à dire. Ce sont des choses *à deux*. Un tiers gêne. Le mari curieux d'ailleurs en serait-il content! »

S'il est sage et discret, cet état, où tout semble asservi à un autre, a cependant pour lui des échappées heureuses. Favorables moments. Mais d'autres leur succèdent, absolument contraires, où tout à coup elle s'éloigne, comme si elle en voulait un peu à celui qui l'a mise en cette dépendance des aveugles instincts. L'enfant est-il jaloux alors? on le croirait. Le sens, si vif, si doux, qu'on a de sa présence, rend fort indifférente à l'amour du dehors, on le trouve importun, on l'arrête à distance, on devient tout à coup timide : « Je tremble ; mon ami. Il est bien fin! il vibre à ma pensée ; il sent, il entend tout. Je suis d'ailleurs bien grosse, déjà bien languissante. Me voilà au cinquième mois. »

Moment prévu d'avance, de grands ménagements. Mais ces ménagements plairont-ils? N'en viendra-t-il quelque scrupule? Elle se ressouvient de l'église, et se dit : « Si je consultais? »

Que l'on est faible alors, en la voyant ainsi, cette chère et bien-aimée femme ! Elle arrache des larmes... Et pourtant comment faire? La risquer? La lâcher? L'envoyer devant l'ennemi !

Oui, l'ennemi et le jaloux. Mettez-vous à sa place. Vous mourriez de jalousie.

Que ferez-vous dans ce demi-divorce? Que vouloir, qu'obtenir d'une personne en pleurs? Il serait bien plus court de la laisser aller au confessionnal. L'autorité d'un mot rassure, aplanit tout. La casuistique fleurit toujours, et depuis Pascal même a fait un notable progrès. Liguori a permis ce que défendait Escobar.

Cependant le temps marche. Plus de vaines pensées. Un jour la crise arrive, l'orage de douleur, l'effroi, la foudre tombe!... C'en est fait. Il est né!

Deus! ecce Deus!... La faible créature n'a pas moins l'auréole. — A genoux! disputeurs! faux docteurs! durs esprits, qui calomniez la nature! Loin d'ici, casuistes impurs! Il est la pureté.

Réparation pour vos dogmes impies!... Expiez... Mais non, adorez.

La maison s'illumine de ce Noël. Elle est comme une église. Si quelque chose y fut moins selon Dieu, dès que l'enfant arrive, tout est sanctifié.

Il est le purificateur, bien loin d'avoir besoin d'être purifié.

Voyez d'ici ces sots avec leurs exorcismes, ces fils de l'équivoque, qui voudraient expulser le démon, et de qui? d'un ange qui rayonne! *souffler dehors* Satan (*exsufflatur*, dit pitoyablement Bossuet).

Ne sentez-vous donc pas que vos mythes insensés, ce grimoire du néant, tout a péri?... Quel docteur que l'enfant, et quel théologien! il a tranché ces nœuds au fil d'un rayon de lumière. Il regarde bientôt, sourit. La noire armée des songes et songeurs, légion de ténèbres, s'enfuit avec son bénitier.

La maison est alors bien plus que pure. Elle est transfigurée. Qu'elle est touchante alors, la mère! Cette beauté nouvelle, ce divin ornement, ce sein délicieux, est pour elle une source trop souvent de supplices. L'aveugle avidité qui s'éveille le ménage peu. Spectacle très navrant. Devant un tel objet, la pauvre mamelle sanglante, bien dur celui qui peut avoir d'autres pensées. D'un vertueux effort, elle contient ses cris, tout en pleurant, tâche de rire. Elle cache, elle étouffe moitié de ses douleurs. Un mot pourtant échappe de ses lèvres serrées : « Grâce ! ô mon enfant ! grâce ! » Mais elle ne retire pas le sein.

LIVRE II

DE L'ÉDUCATION DANS LA FAMILLE.

CHAPITRE PREMIER

L'unité des parents. — La mère, premier éducateur.

La moitié des enfants, au moins, meurent avant la douzième année. Et cela dans les meilleures conditions de climat, de société. Une créature si fragile périrait certainement, entraînant la disparition absolue de l'espèce humaine, si la nature ne la gardait par le concours des parents, et n'assurait ce concours en faisant des deux personnes un même être, une même vie.

Voici la loi capitale qu'a posée la physiologie par une série d'observations et de découvertes (commencées vers 1830) : « L'homme et la femme deviennent par la cohabitation *la même personne physique*. Si cette unité n'est pas obtenue, l'enfant ne vit pas. »

Il vit à la condition d'avoir en ces deux personnes un seul et même éducateur.

Il est curieux de voir que, depuis quarante ans, la science et la littérature ont suivi deux voies exactement contraires. Nos romanciers, nos utopistes, ont employé beaucoup d'esprit, d'imagination, de talent, à montrer que le mariage n'a aucune base solide. Et la science a démontré qu'il était très solide, ayant pour base première une si forte unification que rien ne peut l'effacer, qu'elle subsiste même malgré les efforts de la volonté, que les écarts n'y font rien, que les conjoints se retrouvent toujours la même personne. C'est une profonde garantie pour l'existence de l'enfant. L'unité qui le créa, dure maintenant fatalement. Le père et la mère ont beau faire : ils sont et resteront uns. Ainsi l'espèce est assurée par une loi immuable, aussi fixe que les grands faits d'astronomie, de chimie.

Ce qu'ont peint nos romanciers, les écarts de la volonté, les caprices de la passion, tout cela est étranger aux masses. Cela se passe à la surface, aux classes élevées, peu nombreuses. Ces caprices ne changent rien au grand cours de la nature.

On avait remarqué que souvent la femme, en très peu de temps, même quelques mois après le mariage, prenait non seulement l'allure, mais l'écriture du mari. Chose indépendante de la volonté, même de l'énergie des personnes. Un mari doux, un peu mou, que sa femme appelait : « Mademoiselle », n'en avait pas moins donné son écriture à cette dame bien supérieure.

La voix, le visage même, changent. De deux sœurs du Canada, belles et fortes, que je vis un jour, l'une, mariée à un Anglais, avait l'aspect tout anglais, l'autre était restée française.

Changement plus profond encore dans l'organisme intérieur. Les physiologistes notent (Voy. Lucas, etc.) les exemples assez fréquents de la femme remariée, qui, plusieurs années après la mort du premier mari, a du second des enfants qui ressemblent au premier.

Cette fatalité physique, commune à toute espèce, devient dans l'espèce humaine une grande moralité, la loi de salut pour l'enfant. Des deux personnes dont il vient, la mobile, la réceptive, la plus tendre et la plus aimante, se modifie, se transforme, s'assimile, et par là produit l'unité qui constitue véritablement le mariage. C'est ce qui fait la parfaite fixité de ce berceau où l'enfant pourra dormir, du foyer où il va croître.

Tellement changée par l'homme, la femme le change-t-elle à son tour? Certainement, à la longue. Si l'harmonie se fait d'abord, si le mariage constitue l'unité dont vivra l'enfant, la vie de la femme au foyer, tout le réseau des habitudes dont l'homme est enlacé par elle, lui créent un ascendant profond, qui compense et dépasse même l'effet de la transformation qu'elle a subie au début.

Tout cela donne au mariage une constitution, une force prodigieuse. Physiquement, il est immuable et indélébile. Chose divine si l'on aime, mais terrible si l'on hait!... Combien l'homme, favorisé à ce point par la nature, imposé à un jeune être (qui arrive au mariage généralement plus pur), doit vouloir en être digne, lui faire à force de tendresse accepter la fatalité! Il faut par tous les moyens, tous les sacrifices possibles, faire que cette loi de nature, voulue et non pas subie, soit le bonheur de l'union et la profonde joie de l'amour[1].

Les plus dociles, les plus silencieuses ne sont pas toujours celles qui acceptent le mieux la loi de l'unité. Sous leur résignation, elles peuvent couver l'infini du roman. C'est le cas parfois de l'Anglaise. La Française au contraire, qui met tout en dehors, qui contredit très haut, souvent en elle-même est plus assimilée qu'elle n'aime à le paraître. Sa vive personnalité, qu'on croirait un obstacle, impose l'heureuse condition de conquérir la volonté, de rendre le mariage réel par une intime union d'âme. Union progressive que l'association, la coopération ou d'affaires ou d'idées peut augmenter toujours, et d'âge en âge, de sorte que le temps, qu'on croit si faussement l'ennemi de l'amour, le consolide et le resserre. Dans le commerce, dans la vie de campagne, l'exploitation

---

[1]. Le divorce pour la femme est un cruel événement qui la renvoie quand elle a donné tellement sa personne et qu'elle n'est plus elle-même. Et cependant l'union peut être dans certains cas un si horrible supplice, qu'on doit à tout prix la rompre. Au-dessus de la nature subsiste le droit de l'âme. Le détestable moyen terme qu'on appelle *séparation* est l'immoralité même. Il donne lieu à cent crimes, une foule d'infanticides, de suppressions d'état. Que d'enfants égarés, perdus, pis que morts! Mieux vaut cent fois le divorce, mais difficile, et surtout retardé et ajourné. Souvent les époux réfléchissent. Tant de choses aimées ensemble et d'habitudes communes, une telle identité de vie, tous ces fils vibrent fortement lorsqu'on est séparé, plutôt des fibres sanglantes, arrachées, qui, d'elles-mêmes, palpitent pour se rejoindre.

rurale, dans l'art et dans l'étude, je vois cet idéal réalisé fort simplement et sans difficulté par l'action commune où la femme concourt avec grande énergie.

Mais l'objet naturel de son activité, c'est l'enfant et l'éducation. C'est le réel, c'est le roman tout à la fois. C'est le second amour, peut-être nécessaire dans la vie monotone. Mettons-lui dans les bras cet amant, ce petit mari qui ne fait pas tort au premier, l'y reporte sans cesse.

Il lui faudra le cœur, et si elle a eu trop (dans sa première jeunesse) de verte sève, un peu virile, si elle fut d'abord trop armée, le bonheur peu à peu la désarmant, l'adoucissant, la rendant cent fois plus charmante, elle se remettra tout à vous, pour être l'enfant elle-même.

CHAPITRE II

La mère. — Le paradis maternel. — L'enfant naît créateur.

Qu'il faut de temps pour voir les choses les plus simples que la nature même indiquait! Hier à peine enfin on a fait cette découverte : « La mère doit élever l'enfant. »

Le Moyen-âge, qui regarde la femme comme l'origine du péché et de l'universelle damnation, est loin de confier l'homme à celle qui l'a perdu. Pour mieux nier son droit sur l'enfant, les Pères, les docteurs dans leur scolastique ignorante, supposent que le père seul engendre sans qu'elle y soit pour rien. Ils la font inerte et passive. Ils la nomment, du nom qui l'avilit le plus, le vase de faiblesse (*vas infirmius*). Ils appellent la mère (impies! leur mère!) immonde, lui reprochent leur naissance comme un péché. L'enfant qu'elle alimente presque un an de son sang et deux ans de son lait, ne la regarde point. Aussitôt qu'on le peut, la faible créature, si fragile, est remise aux mains rudes des hommes. Barbares et grotesques nourrices! c'est à eux de bercer l'enfant.

On voit là que l'absurde a sa fécondité. Du dogme injuste et faux, et de la dure légende, descend logiquement cette pratique, impie, insultante à la femme et meurtrière pour l'homme. Car sans la mère l'enfant ne vivra pas.

Détournons nos regards du funeste passé! Écoutons bien plutôt celle qui est un présent éternel, qui ne varie pas, la Nature.

Qui crée l'enfant? la mère.

Tous les hommes éminents de ce temps-ci que j'ai connus, étaient entièrement, sans réserve, les fils de leurs mères.

Il en doit être ainsi. Dans cette œuvre commune, le père mit un instant, un éclair de plaisir. La mère y met neuf mois de souffrances et d'amour, de vives joies mêlées de douleurs, pendant deux ans son lait, ses veilles et ses fatigues, — enfin y met toute sa vie.

Sont-ils un être ou deux? On pourrait en douter. Elle le fait, refait d'elle-même (dans la transformation rapide qui nous renouvelle sans cesse), et elle est bien des fois sa mère. Il est, de fond en comble, constitué de sa substance. En elle, il a sa vraie nature, son état le plus doux de béatitude profonde, de paradis. C'est bien là qu'il est Dieu.

La crise la plus dure de sa vie sera d'en sortir,

de tomber dans le froid, l'impitoyable monde. Son instinct naturel serait d'y revenir, de retourner à l'unité. Mais ici la nature s'oppose à la nature. Arraché de son sein, détaché par le fer, il lui faut s'en aller. Dure et cruelle séparation!

Cependant on peut dire que, tant qu'il fut en elle, ne s'en distinguant pas, il put à peine aimer. Il faut être deux pour s'unir, pour tendre l'un vers l'autre. Et l'amour c'est un paradis par delà le paradis même.

D'elle à lui, le sang circulait. Mais ni elle ni lui n'avaient encore l'ineffable émotion que donne l'allaitement. Impression si forte, si puissante sur le nourrisson que pour toute la vie elle lui reste. Tel il est dans les bras de la femme et à sa mamelle, tel il sera, gai et serein; ou (s'il en est privé) farouche, d'humeur âpre, irritable, regrettant quelque chose qu'il ne sait plus lui-même. Et quoi? Cette heure adorable et bénie.

Bakewell, l'habile éleveur, qui montra comme on crée des races, laissait à ses jeunes taureaux dans une heureuse plénitude tout le temps de l'allaitement. Un an entier ils possédaient leur mère. Ils ne l'oubliaient pas. Ils restaient pour leur père Bakewell doux et reconnaissants. Ils lui léchaient les mains.

De grands médecins allemands assurent qu'un nourrisson humain qui n'a pas ce bonheur, que l'on nourrit au biberon, en reste pour la vie sérieux, ne rit presque jamais.

Le sourire maternel pendant l'allaitement, le sourire de l'enfant, échangés, dit Frœbel, c'est la grande communion qui prépare toute religion, toute société humaine.

Ce qui montre à quel point mère et enfant sont un, c'est qu'ils s'entendent sans langage[1]. Ils furent le même corps pendant neuf mois, et même après ils n'ont que faire de signes, ayant une correspondance intérieure dans l'identité magnétique. Lui voyant faire cela, sans savoir pourquoi ni comment, il essaye de le faire aussi.

Par elle, il est. Et sans elle il n'est pas. Lorsque je visitai le funèbre hospice des Enfants trouvés, on me conta que ceux qu'on apporte un peu tard sont

---

1. Et sans la mère peu de langage. C'est la raison réelle pour laquelle l'Anglais est muet, tout au moins taciturne. — Même dans l'allaitement, l'enfant n'est apporté qu'un moment pour prendre le sein. Généralement il est mis dans une autre chambre, dans les mains de la *nurse*. Mot très particulier et sans équivalent (ni nourrice, ni bonne, ni gouvernante). C'est la *nurse* qui, simplifiant tellement la vie, la concentrant en deux personnes, l'a rendue si active, toute prête aux voyages lointains et à la colonisation. Aux eaux, aux bains de mer où l'intérieur se voit, est moins muré, j'observai souvent cette *nurse*. Pauvre créature ennuyée. Les parents ne lui parlaient guère. L'enfant était pour elle le plus souvent un dur tyran. S'ils sortent, c'est lui qui la mène, il fait tout à sa tête. En réalité il est seul, c'est Robinson (sans Vendredi). Trop nourri et gorgé de viande, il est colère et de mauvaise humeur. Ce n'est pas l'ancien enfant anglais, nourri de lait, de bière, le fils de la Merry England. Celui-ci, exilé de sa mère en naissant, toujours en présence de cette fille qu'il gouverne, est déjà plein d'orgueil. Le passage à l'école est horrible pour lui. Sa volonté sauvage, jusque-là sans obstacle, est brisée à force de coups. Les châtiments cruels (tout comme au régiment ou à la flotte) sont d'usage à l'école. Malgré ces traitements qui pourraient faire un caractère atroce, les Anglais à la longue, par la vie et le monde, s'humanisent, sont parfois très doux. Mais il leur en reste au visage un incurable sérieux. On y lit qu'à la naissance ils furent éloignés de leur mère, privés de son sourire. Quand je les vois, Virgile me vient à la pensée : *Cui non risere parentes*, etc., et le mot de Frœbel : « Point de chambre d'enfant. »

impossibles à consoler, pleurent toujours et sans fin, et meurent à force de pleurer.

La mère lui fut son nid, et son monde complet où il ne put rien souhaiter. Elle fait de son mieux, même après, pour être encore son nid. Éveillé elle le tient entre ses mamelles, et dans son giron, endormi. Mais s'il tombait! il faut encore se séparer, lui donner un berceau. Au moins, rien ne lui est plus cher (dit Frœbel, grand observateur) que de le lever, le coucher, s'unir à l'élan du réveil, bénir et assoupir l'entrée dans le repos.

Il remarque très bien encore que pour lui *la parole* est un être, c'est *sa mère parlante*. Et les autres objets? il leur parle; ils se taisent. S'il les touche, ils résistent, lui révèlent le monde, et l'opposition du *non-moi*. Le voilà découvert ce monde, qui fera ou rire ou pleurer! Il attire toutefois. De là le mouvement.

Il n'a pas grande force. Sa mère le meut d'abord, d'un doux mouvement cadencé. Mais qu'il remue lui-même, c'est son plus cher désir. Certains objets l'attirent ou l'occupent agréablement. « Mettez sur le berceau une petite cage, un oiseau », dit Frœbel. Moi, je n'aime pas trop qu'on lui montre ce prisonnier. Je préfère la boule brillante que les Lapons suspendent au-dessus de sa tête, qui va, vient. Lui, il tâche, ne tarde pas de la saisir.

Tout ce qu'il voit, il veut le prendre. Il le palpe, il le goûte, veut se l'approprier par tous les sens.

Légitime égoïsme, instinct tout naturel, excellent, de concentration. Il est tout simple qu'une créature si faible cherche tous les moyens de s'enrichir, de s'augmenter.

Notons là l'insigne bêtise de nos théologiens. Si l'enfant a bon appétit, s'il tette bien : « Péché! voilà le premier homme! voilà Adam! voilà la chute! La gourmandise nous perdit! » Eh! malheureux, vous ne voyez donc pas que toute la nature est gourmande, que la plante est avide et des sucs de la terre et des rosées du ciel? Condamnez-la donc, imbéciles!

Enfant, ton plus sacré devoir est de bien boire ton lait et de manger beaucoup, d'absorber, si tu peux, tous les fruits de l'arbre de vie. Un univers commence. Le paradis revient. Dieu, en vous y mettant, ta mère et toi, vous recommande expressément de manger des deux fruits, la vie et la science, autant que vous pourrez. Et, à ce prix, il vous bénit.

Quelle joie de voir en ce jardin cette jeune Ève et son petit Adam! Vivre en un jardin, dans l'air pur, en communion avec le ciel, avec la bonne terre, notre mère, c'est la vraie vie humaine. L'homme naît arbre en plusieurs légendes. Dans la Perse, l'esprit, la vie, l'âme, c'est l'arbre sacré. Le grand éducateur de notre siècle, Frœbel, était un forestier. « Les arbres, disait-il, ont été mes docteurs. »

Ce petit paradis ne craint pas le serpent. L'enfant garde la mère plus qu'il n'en est gardé. Nul danger du dehors. Un tel amour si fort, si profond, si complet emplit tout, comble l'âme. Il n'a à craindre que lui-même.

L'état divin n'a-t-il pas ses périls? La mère, si elle suit sa tendance, fondra dans les molles tendresses, dans l'excès de l'adoration. Et lui, de son côté, qui n'a pas un atome qui ne soit d'elle, il a son but en elle, gravite incessamment vers elle. Les objets extérieurs le repoussent et résistent. Mais elle, elle est si douce! Il se rejette à elle d'autant plus, dans ses tendres embrassements, à ses genoux, à sa bouche, à son sein. Elle est son Ève, une Ève toute séduite et gagnée d'avance, qui lui dit d'être sage, et qui l'est moins que lui.

Elle est et sa nature et son surnaturel. Nous oublions trop ce qu'il fut, tout rêve, toute imagination. Pour lui tout est miracle, enfantine poésie. Puissance énorme et énormément forte par la faiblesse même des autres qui ne sont pas encore. Eh bien! c'est la mère seule qui l'occupe, cette puissance. Que doit-il éprouver quand, de son petit lit, il regarde, la suit de l'œil, et voit aller, venir, pour lui, toujours pour lui, cette adorable fée? Que son petit cœur est plein d'elle! dans quel enchantement étrange! Si jamais sur la terre il y eut *religion*, c'est bien ici, et à un tel degré que rien, rien de pareil ne reviendra jamais.

Elle ne peut pas s'en défendre. Ce n'est pas sa faute. Elle est Dieu. N'en rougis pas, ma chère, et ne t'humilie pas. Il faut bien qu'il en soit ainsi. C'est énorme, excessif. Mais que faire? c'est notre salut.

Nous commençons par là, par une idolâtrie, un profond fétichisme de la femme. Et par elle nous atteignons le monde.

Le sublime de la situation serait qu'elle tâchât d'être moins Dieu, que l'amour limitât l'amour, que la mère de bonne grâce acceptât sa rivale, l'autre mère, la Nature. Mais quel pénible effort! combien il lui est dur de ne plus être sa seule nourrice, son unique aliment, que la terre, que les arbres, les fruits, se mettent à l'allaiter!... Oh! là, elle est jalouse, et pleure.

Elle espérait toujours être son camarade. Et pour gagner cela, que n'eût-elle pas fait! Elle cédait en tout, voulait être gentille, et plus enfant que lui. Mais voici qu'un matin (elle est bien étonnée), certain esprit le pousse ; seul, sérieux, muet, ou bien parlant à demi voix, il s'en va, il commence dans quelque coin une œuvre à lui, veut arranger je ne sais quoi. Il prend du sable ou de la terre, et procède précisément comme tout peuple sauvage ou barbare : il entasse, il construit sa petite montagne, son *tumulus*. Mais on l'a découvert. « Oh! le petit vilain! » Vrai crime. Il a voulu être homme.

S'il y avait quelques petites pierres qu'on pût dresser, il eût fait davantage, un cairn, ou un dolmen, comme firent les Gaulois, ses aïeux. L'architecture celtique, pélasgique, lui est naturelle, une pierre bien posée sur deux autres, selon son tour d'esprit, c'est sa maison à lui, ou sa petite table. Il y met deux cerises. Il invite sa sœur. Il pratique l'hospitalité.

L'instinct du castor est dans l'homme; s'il peut, il creuse une rigole, y met de l'eau, il l'y fait circuler, il fait un barrage, une digue. Ce génie d'hydraulique étonne et indigne la mère. On ne pourra jamais l'avoir net, que deviendrons-nous?

Voici qui est bien pis, s'il est un peu plus grand, si sa main s'affermit, dans l'épaisse poussière il se trace un bonhomme (pas reconnaissable, n'importe). S'il est sûr d'être seul, il mouillera du sable, pétrira de la terre, bâclera quelque chose d'informe, et se dira : « C'est un chien, un mouton. »

De manière ou d'autre, il échappe. Il veut *être et agir*. Très difficilement on le tient dans le doux état de momie, convenable et décent, l'état d'innocence imbécile qui ne ferait que jaser, répéter.

Il faut en prendre son parti. S'il naît ouvrier ou maçon, qu'y faire? habillons-le pour cela, ou bien mettons-lui sous la main des matériaux simples, commodes, qui ne soient pas fugaces comme le sable et qui lui donnent la satisfaction de contempler ses résultats. Avec quelques petits carrés de bois, en forme de briques, il peut bâtir, édifier, faire des maisons, des ponts, des meubles, etc. J'ai sous les yeux un nourrisson qui a à peine dix-huit mois, et qui, dès qu'il a pu dresser deux des petits morceaux de bois, saisi de bonheur, joint les mains, admire, visiblement se dit en créateur : « Cela est bien. » Un autre, de deux ans et demi, plus fort dans dans cette architecture, appelle sa sœur à témoigner de son talent; il dit : « C'est *petit* qui l'a fait! »

Gardez-vous de l'aider. N'allez pas, faible mère, ramener cet artiste, cet Adam travailleur, au paradis, dont, grâce à Dieu, il sort. Respectez-le. Regardez ses instincts. Ne les étouffez pas, en croyant les servir.

L'harmonie de la forme, des formes élémentaires régulières (celle des cristaux), lui est infiniment sensible. L'homme naît géomètre, sent fort bien la beauté de ces formes très simples, la sphère, le rond, l'ovale, etc., que notre sens blasé admire moins aujourd'hui.

L'autre harmonie, le rythme, lui est également naturelle. Tout d'abord il le sent, le suit.

C'est dans le jardinage surtout que l'aide de sa mère lui redevient utile. Artiste et créateur, il est impatient, voudrait d'un *Fiat* faire un monde. Il va incessamment regarder, déterrer le petit germe mis en terre. Elle qui, avec lui, fut si douce, si patiente, elle lui enseignera la patience, l'art réel de créer, celui de ménager, de couver tendrement ce qu'on veut faire croître et qu'on aime.

CHAPITRE III

La Famille. — L'Asile. — Dangers dans la famille même.

Frœbel a de l'audace. Dès trois, quatre ans, il croit que l'enfant est mieux à l'école. L'oiseau est lancé hors du nid.

Mais c'est qu'il est trop chaud, ce nid, et trop enveloppant. La femme est si habituée à vouloir, à agir pour lui, à lui sauver toute peine, même si elle pouvait, l'embarras de penser!

Il ne perd pas la mère. Frœbel lui en donne une, plus calme, moins passionnée, une jeune demoiselle (qui par l'éducation se prépare à la vie de famille et au mariage), qui surveille ce petit peuple d'enfants et le dirige un peu.

Ils s'élèvent eux-mêmes avec son secours, sous ses yeux. C'est l'école qui instruit l'école, l'exemple mutuel. On voit travailler; on travaille. On voit jouer; on joue. On est moins en contact avec l'autorité qu'avec ses égaux, ses voisins. La maîtresse, obligée de se partager entre tous, pèse peu à chacun, et soutient peu chacun. Il faut que l'enfant en cent choses se consulte lui-même, avise, développe sa petite activité dans le travail, le jeu, déploie même un peu d'énergie pour bien tenir sa place contre les étourdis et se faire respecter. Image vraie du monde, qui offre déjà (fort adoucies) les luttes et (bien légers) les frottements.

L'Allemande, plus douce, se résigne à cela. Elle gémit, et dit : « Pauvre petit! » mais enfin l'envoie à l'école. Combien plus la Française lutte, dispute, résiste là-dessus! A moins qu'elle ne soit ouvrière, absente tout le jour et commandée par le travail, elle trouvera cent et mille raisons pour ne pas lâcher son enfant. Même pour quelques heures, grand est le sacrifice. L'école! « Mais pourquoi? La famille elle-même déjà est une école. Il a des frères, des sœurs. Qu'ils jouent, travaillent entre eux. N'est-ce pas bien plus sûr qu'un pêle-mêle d'enfants inconnus? »

Grand débat! vraiment solennel! Savez-vous bien qu'ici deux religions contraires sont en présence?

La foi au foyer seul, aux *Sacra paterna*, aux *Divi parentes*, au sanctuaire fermé, exclusif, du patriarcat.

La foi au genre humain, à la naturelle innocence du premier âge en tous, la confiance aimante aux instincts primitifs que Dieu a mis en nous.

Je suis grand partisan de l'éducation de famille. Mais, comme aux derniers temps, on en a tant parlé dans certaine vue intéressée, je dois, pour être juste, bien avertir les mères que, même en la famille, l'enfant court des dangers. Il risque moins les chocs, mais plus l'étouffement. Cet air, très renfermé, est souvent peu vital, moins respirable que l'air du vaste monde, mêlé sans doute, mais où les mélanges souvent se corrigent l'un l'autre.

La famille bien close nous rendrait tristement routiniers et imitateurs. On copie les parents, et entre frères (tout en disputant) on se copie. On en prend une empreinte, et l'on reste stéréotypé.

Revoyez-les vingt ans, trente ans après, et interrogez-les. La vie traversée marque peu. Et la famille est tout. Ils ont à peine appris. De cœur ils sont restés enfermés dans leur premier monde, avec une partialité aveugle pour les choses d'alors, les personnes d'alors. Ce qui s'ajouta est fluide, va et vient, ne tient guère. Mais ce que la famille imprima en bien ou mal, en bonnes ou mauvaises habitudes, est à jamais le fond du fond.

Forte éducation, je le crois, mais si forte que c'est tant pis.

Il semble chez plusieurs que cette imbibition trop profonde et définitive a trop mordu, creusé, entamé le dedans. Ils sont secs et hostiles à ce qui n'est pas la famille. Plusieurs réellement seront toute leur vie à l'état de fœtus, n'ajoutant nulle idée à celles qu'ils ont eues dans le sein maternel. Beaucoup restent nerveux, créatures féminines, impropres à l'action, qui ont quelque talent, et presque toujours l'esprit faux.

Ce que la mère adore dans la famille, et ce qui est injuste, c'est d'immobiliser l'esprit, de le retenir au maillot, lié de certaines idées et de certaines habitudes, lié de cette sorte que plus tard on a beau ôter la ligature, il ne peut se mouvoir qu'au degré et de la manière qu'il le fit quand il la portait.

Les livres juifs déjà observent sagement que les tendresses extrêmes et indiscrètes des parents amollissent, énervent l'enfant. Ils veulent que le père soit ferme pour sa fille et la tienne à distance.

Les casuistes en disent autant à la mère, et on ne peut les en blâmer. La science aujourd'hui nous démontre ce que l'on ignorait, que, sous plusieurs rapports, l'enfant presque en naissant est homme. S'il n'en a la puissance, il en a des instincts, comme des rêves de vague sensualité. Déjà parfait, complet pour l'organisation nerveuse, et n'ayant guère encore ce qui fait équilibre (les muscles et la force, l'élément résistant), il est inharmonique, vibrant à tout, le vrai jouet des nerfs. Précocité dangereuse et terrible, très souvent meurtrière, que l'on doit trembler d'éveiller.

Cela est moins frappant dans les races du Nord, mais effrayant chez nous. Un médecin (cité par M. Dupanloup) a vu des nourrissons amoureux au berceau. L'étincelle nerveuse éclate ici avec la vie. C'est un don supérieur de nos Français, qui peut être fatal. Souvent l'enfant en meurt. Souvent il sèche et s'atrophie.

Il ne faut pas nier sottement tout cela, en détourner les yeux. Il faut opposer un régime attentif, sobre, simple, certaine gymnastique élémentaire. (Voy. Frœbel.) Fortifiant les muscles, amenant l'équilibre, elle diminue d'autant l'excessive sensibilité.

Mais tout cela serait fort inutile si la mère elle-même n'était prudente et (faut-il le dire?) un peu froide, n'éludait cet instinct (attendrissant et dangereux) qui reporte l'enfant toujours vers elle, lui fait solliciter ses caresses, le fait tourner incessamment autour d'elle, et l'observer même avec une attention, une pénétration, dont son âge semble peu capable.

Elle est pour lui la vie. Et il veut voir sans cesse comme elle vit, la suit partout curieusement. Elle en rit, s'en défend trop peu.

Presque toujours il est jaloux. Même le plus petit semble dire : « Elle est à moi. » Il écarte ses frères, son père qui voudraient l'embrasser.

A moitié endormi on le couche; mais le lit froid l'a réveillé, et il suit de son mieux la conversation des parents. C'est de lui que l'on parle. La mère raconte, souriante, au père, absent le jour, ses jeux, ses gentillesses : comme il a déjà de l'esprit! Tous deux en sont émus. Et cela les rapproche. La mère dit au petit : « Dors-tu? » Oh! il n'a garde de répondre. On continue doucement à voix basse. La fine oreille n'en perd rien. Les attendrissements de sa mère surtout le préoccupent. Quand, après un dernier regard dans le berceau, et la lumière éteinte, elle est couchée et ne dort pas : « Qu'a donc maman? dit-il.

Est-ce qu'elle souffre?... Oh! non! » Mais il n'en est pas moins inquiet et curieux.

Le père, en France, est admirable. Travailleur fatigué, il ne se lève pas moins, si l'enfant crie, il le promène. Mais trop souvent pour éviter cela, lui garder le sommeil, elle couche seule et met l'enfant près d'elle. Chose assez dangereuse au très petit qui peut être étouffé. Il grandit, et pourtant elle le garde par faiblesse. Il lui coûte de s'en séparer. C'est l'hiver; seul il aurait froid. Et il lui semble aussi qu'il est en sûreté avec elle, plus que près d'une domestique. Sans son enfant, dont elle a l'habitude, elle est troublée, ne peut dormir.

En réalité pour tous deux un lien magnétique se fait de plus en plus, et ne se rompra qu'à grand'peine. Le déchirement devient presque impossible. La faible mère ignore combien elle lui nuit. En le gardant d'autres dangers, elle ne lui sauve point le grand danger, l'énervation.

Au même endroit cité, et d'après le même médecin, fort raisonnablement M. Dupanloup dit qu'entre petits enfants, frères et sœurs, la vie commune, si elle n'est fort surveillée, a ses dangers. L'attraction naturelle est tout à fait la même qu'au temps des patriarches, et la nature n'a pas changé. Mais il y a cette différence que dans l'Antiquité (en Perse, Égypte, Grèce) les lois autorisant le mariage entre frères et sœurs, on avait moins à craindre. S'ils s'aimaient de bonne heure, on présageait une heureuse union. Ici, j'ai vu souvent (au moins dans cinq ou six familles estimées, et d'hommes connus), j'ai vu ces attachements précoces, aveugles et excessifs, porter des fruits amers. Pour être sans espoir, ils n'en devenaient que plus forts. Toujours la même histoire, le *René* de Chateaubriand.

Les Grecs auraient été bien étonnés s'ils avaient su que nos enfants sont élevés ensemble, que nos garçons ont si longtemps l'éducation des filles. Ils y perdent. Les exercices violents qui pourraient préparer le héros du travail, ne vont nullement à la fille, et il serait stupide de les exiger d'elle. A lui la force, à elle l'harmonie. Justement parce que, à eux deux, ils feront un tout, ils doivent développer des aptitudes différentes. Ils ne se conviendront que mieux.

Aujourd'hui bien plus qu'autrefois nous gardons nos enfants avec nous. Nous ne les abandonnons plus à des domestiques vicieux. Mais si nous le sommes nous-mêmes?

Même dans une famille sans vice, telle habitude des parents, innocente pour eux, utile, nécessaire à leur âge, est funeste à l'enfant, est un vice pour lui.

Le travailleur anglais qui emploie fortement la très longue journée, se relève le soir par une puissante nourriture qui n'est pour lui que suffisante, et qui déjà est trop pour la femme inactive. C'est bien pis pour l'enfant. Il grandit, il est vrai, beaucoup, et il prend un éclat, une pléthore sanguine qui le rend admirable, vraie fleur de sang. Mais ce n'est pas la force. Et il a pris déjà une fatale éducation d'intempérance qui, augmentant toujours, donne à cette race effarée un demi-alibi.

Nos Français généralement (surtout ceux du Midi) sont plus sobres, mais peu sobres de langue. Ils parlent étourdiment devant l'enfant. Le père ou les amis racontent les scandales du jour en mots couverts à peine que l'enfant comprend à merveille. Mille riens aussi, des choses vaines, qui, sans être mauvaises, le font léger, frivole, un petit homme blasé.

A la maison encore, on se contient un peu. Mais dans les lieux d'amusements, aux eaux, aux bains de mer, tout est lâché. L'homme et la femme suivent leurs goûts, sans se gêner. L'enfant profite étonnamment en mal. Dans ce grand abandon au plaisir personnel, ils sont faibles pour lui. Il faut bien qu'il jouisse aussi. Tout ce qu'il veut, il l'a. « Pauvre petit ! Comment lui refuser ce que nous nous donnons ? vin, café ? et le reste ? » Avec ce régime irritant, fort peu de surveillance, les jeux des filles et des garçons, la précocité prend l'essor. Les sens s'éveillent et sans retour. Essayez donc demain de revenir à l'ordre. Votre éducation de famille, au fond, est finie, perdue. Vous ne regagnez rien par la sévérité.

Ce gouvernement de la Grâce, tel qu'on le voit dans

la famille, et qu'on croit le plus doux, est souvent (vu de près) tour à tour mou et violent. La mère, tendre souvent, n'en est pas moins colère. Parfois l'amour d'un fils la rend dure pour la fille. Presque toujours le favori a son contraste, la victime, le souffre-douleur.

Le dogme de la Grâce, d'arbitraire infini, sans justice et sans loi, est réfléchi ici dans la famille. Au foyer, comme au ciel, il y a les *élus*, favoris de la Grâce, les préférés sans cause. « Dieu, avant leur naissance, aima Jacob, et haït Ésaü. » Trop souvent la mère est de même. Les *élus de l'amour* sont ceux qui plient le plus, les mous, faibles et lâches. Les plus vifs, les plus énergiques, deviennent les *élus de la haine*, sur lesquels toujours on est prêt à frapper.

Parfois aussi, pourtant, ces cruautés sont des effets de l'amour même. Son élan tyrannique pour avoir l'enfant tout entier à soi et l'absorber, rencontrant un obstacle dans une nature forte, s'indigne, et sans transition passe à la fureur, à la haine. Mais la mère doit le plus souvent s'accuser seule. Sa fréquente colère rend l'enfant colérique. L'imprudence qu'elle a de le gorger, de le crever, de lui donner du vin, etc., crée précisément les orages qu'on réprime si durement. Le même enfant nourri autrement serait calme et doux.

Le 12 mars 1868, dans une rue voisine de l'École de Médecine, je passais devant la boutique d'une fruitière-charbonnière. Je vis une belle femme, forte et fraîche, assez rouge, qui frappait sur la tête une gentille petite fille de sept à huit ans à peu près. Quoique saisi, je sus me contenir : je dis seulement : « Ah! madame... » Elle parut un peu honteuse, et semblait s'excuser. L'instrument était un très fort martinet, à sept cordes, sept nœuds, qui eût pu assommer. L'enfant ne pleura pas, traversa la rue vivement, alla donner la main à deux bons charbonniers (son père, son oncle apparemment), qui la recueillirent sagement, la consolèrent, sans l'embrasser pourtant, ce qui eût irrité la mère. Mon cœur avait passé la rue avec l'enfant. Ces deux hommes me plurent extrêmement. Fort propres (c'était le dimanche), ils avaient l'air doux, calme, des véritables travailleurs. S'ils avertirent la mère, ce fut le soir, et non devant l'enfant. Le père était un homme de trente-cinq ans peut-être, pâle et plus délicat qu'il ne faudrait pour ce métier. Elle, rouge au contraire et forte dans sa vie sans fatigue, assise, visiblement n'avait que trop de sang.

L'enfant le plus souvent est puni, caressé, bien moins pour ce qu'il fait que pour des motifs extérieurs qu'il ignore. Tel état de santé, tel jour du mois, tel mécontentement, bien souvent font pleuvoir une averse de coups.

Le temps va lentement. C'est bien tard, en ce siècle, que deux peuples souffrants se sont manifestés. Celui des femmes a fait entendre de légitimes plaintes, et celui des enfants? à peine un gémissement. On a commencé d'entrevoir qu'envers ce petit monde nous ne sommes point justes du tout, nous n'observons jamais les vrais milieux de la justice. Nous nous satisfaisons sans mesure aux deux sens, dans l'amour ou dans la colère. On les étouffe d'embrassements ou bien on les écrase. Ils pleurent, ne savent ou n'osent dire. C'est par un cas étrange et de précocité et de mémoire fidèle, qu'un livre récemment a été écrit là-dessus. Dans quel ménagement, quel excès de respect! dans quelle attention pour s'accuser soi-même, pour voiler tels détails, faire deviner plutôt que dire et expliquer!... N'importe! D'autant plus pénétrant a monté de l'abîme ce premier, ce faible soupir.

Les femmes vivent avec les enfants, et elles les observent si peu qu'elles ignorent encore une chose terrible : c'est que, malgré l'apparente légèreté de l'âge, c'est celui où souvent on voit le profond désespoir, le violent désir de la mort. Pourquoi? c'est que, bien plus que nous, l'enfant à sa souffrance attache l'accablante idée d'une durée infinie. La vie nous apprend peu à peu que tout change, que rien ne dure, ni le bien ni le mal, qu'il ne faut point désespérer. L'enfant ne le sait pas encore, croit, s'il est misérable, qu'il le sera sans fin.

La vraie désolation existe pour l'enfant quand c'est sa providence, sa protection naturelle, sa mère elle-même qui l'accable. Les très petits, frappés par elle, se jettent à elle, se réfugient en elle, dans son giron et sous la main qui frappe. L'enfant, un peu plus grand, manifestement sent l'horreur d'une chose tellement contre nature. Il crie bien moins des coups que de cette chose monstrueuse. Comme elle est Dieu pour lui, et sa vie, et son tout, il est alors sans Dieu, abandonné de tout, hors des conditions de la vie.

« N'exagérez-vous pas? » Certainement l'enfant ne peut analyser, exprimer tout cela, comme on le fait ici. Cependant les suicides d'enfants ne sont pas rares. Les journaux en témoignent. Mais, non réalisés, ces pensées, ces désirs n'en sont pas moins terribles à observer. Pour la première fois, ils ont été écrits, tracés fidèlement (1866). Que les parents y songent. Dans un âge très tendre où l'on croit que tout glisse, l'âme est entière déjà; l'imagination même, infiniment plus vive qu'elle ne l'est chez nous, parfois centuple les douleurs.

CHAPITRE IV

Le foyer ébranlé. — Grand danger de l'enfant.

L'enfant est né de l'unité. Son danger capital, c'est que l'unité ne se rompe, que, ses parents se refroidissant l'un pour l'autre, le mariage ne soit plus qu'apparence, un divorce décent.

On oublie trop, en parlant de l'enfant, qu'il n'est point un être isolé. C'est un fruit sur un arbre (la famille). Et si cet arbre sèche, le fruit sèche, et peut-être meurt.

Notre race, entre toutes, électrique et nerveuse, avec ce don brillant, a un défaut fatal, la mobile imagination. Souvent bien peu de temps après le mariage les époux deviennent distraits. Sans s'écarter beaucoup, ils regardent ailleurs, ils courent un peu le monde. Si la dame n'allaite, cela se voit bientôt. Ou, peu après l'allaitement, elle se dédommage de sa servitude, prend son vol, veut l'amusement. Elle a vingt-deux ans, je suppose, et elle est dans sa haute fleur. On l'admire et on la jalouse.

Elle se croit, à tort, peu utile à l'enfant. Et son mari aussi, tenu un peu à part pendant l'allaitement, est sorti de ses habitudes, ne lui est pas indispensable. Aussi léger, et plus (tout au moins en paroles), il l'émancipe, et lui fait dire : « Il s'amuse... Je m'amuse aussi. »

Un homme d'esprit a fort bien dit : « Entre l'amour de nouveauté, et l'amour d'habitude que ramène le temps, il y a un entr'acte, une lacune. C'est l'abîme où souvent sombre le mariage, et qu'il faudrait tâcher de combler à tout prix. »

Tant que l'on est très jeune, les distractions comptent moins. On s'éloigne, et on se rapproche. On oublie, on se passe certaines choses. Souvent un peu plus tard, quand l'enfant est déjà absent, va aux écoles (la mère a vingt-cinq ans peut-être), alors des crises graves peuvent troubler à fond le ménage, mettre en péril la maison, la fortune, briser violemment la famille. Là, c'est la perte de l'enfant.

Une gravure anglaise de l'autre siècle, faible et fade, mais d'un effet très doux, m'arrêta l'autre jour. C'était un étroit intérieur, une chambre à vieille fenêtre dont les petits carreaux ne montraient au delà que toits et cheminées, une maussade rue de Londres. Sur une chaise, une dame, une belle grasse Paméla, y dort de tout son cœur. Sa *nurse*, une jeune Irlandaise, garde un petit qui marche et un nourrisson au berceau. La dame (de vingt-huit ans, je crois) a très probablement un enfant plus âgé, mais il est aux écoles. Elle est un peu forte déjà, un peu trop bien nourrie. La bonne créature a une figure honnête ; elle est et elle veut être sage. La voilà bien seule pourtant. Elle dort, elle rêve innocemment, et sa nature sanguine rêve pour elle. Où est son mari ? que fait-il ? soigne-t-il assez son trésor ? Il est aux affaires, je le veux. Mais s'il la laisse trop longtemps, cette belle ennuyée, elle peut s'échapper dans un petit roman, fatal à la maison, briser tous les plans du mari, ses romans de fortune, ses ambitions de famille.

C'est sur l'enfant alors que d'aplomb tout retombe. Il pâtit de mille choses qu'il ne peut deviner.

La personnalité féminine, d'abord subordonnée, modifiée fatalement, se dédommage, réagit, veut s'étendre et prendre sa place. De là, chez la plus douce, certain esprit d'opposition. Les défauts du mari apparaissent alors, et fort grossis. Elle a en ce moment une excessive clairvoyance. Elle voit mille détails fâcheux, réels, mais les voit trop. Que serait-ce, madame, si vous subissiez cette épreuve, si votre fine peau rosée était mise sous un microscope ? vous en auriez l'effroi vous-même.

Je vois d'ici deux ennuyés, un couple sombre au coin du feu. Quel est-il ? Quelles sont ces personnes ? De classe, je suppose, moyenne, laborieuse. C'est le samedi soir, dimanche demain. On est quitte de la semaine, et on a plus de temps. L'homme n'est pas un pilier de café. Mais il rentre chez lui un peu tard. On l'a attendu. Premier point qui dispose assez mal. Il est préoccupé, ne dit guère ses pensées. Mais moi je vais les dire. Il a rencontré tel ami. On a causé d'élections, de la stagnation des affaires. Il arrive plein de tout cela, et comme toujours, songeant à changer sa situation, à monter, à se cultiver. Il a acheté un livre.

On allume la lampe, et il lit. Elle respecte son étude ; cependant elle est blessée fort justement de ce mutisme. Et moi aussi j'en suis blessé. Il y a si peu de bons livres, vraiment utiles. Et c'est pour ce bouquin sans rapport à son temps qu'il oublie son livre vivant, bien autrement intéressant, où il eût lu mille choses du cœur, de la nature.

Elle coud, mais qu'elle est sombre !

Lui, s'il pose son livre, il regarde le feu. Gravement. Et cependant, sa mobile idée n'est guère grave : « Cette femme est ennuyeuse. Comme elle est nerveuse, tendue ! Garçon, j'eus meilleur temps. Les petites d'alors étaient tout au moins amusantes. » Et il aperçoit dans le feu la Closerie, etc. Son ami, à cette heure, y mène sa rieuse maîtresse.

Que ne voit-on pas dans le feu ? Dans la braise, les petits jets bleus, de légers lutins dansent et attirent les yeux de la femme. C'est le riant visage de la dame d'en bas, qui a tant de bontés pour elle, qui l'invite sans cesse, son salon cramoisi, et près de la dame son fils, si élégant et si aimable. Mais le salon se fait chapelle, une chapelle de charbons cerise, d'où un fin petit prêtre l'observe de ses yeux ardents!

Vaines figures! vaines pensées! Laissez cela, madame, pensez plutôt au fils qui vous revient demain dimanche. Vous n'êtes point gâtée, vous êtes vaniteuse, blessée, un peu crédule. Avec des flatteries, on peut vous mener loin. C'est votre mari, je le sais, qui a le plus grand tort. Les heures passent et il lit. Cela est irritant. Ma foi, elle perd patience, se lève; elle a mis son chapeau...

« Non, madame, ne sortez pas. » Je l'arrête, et dis au mari : « Vous êtes inexcusable. Voyons, ne soyez pas si sot! Vous lui avez fait mal. Son pauvre cœur est tout gonflé. Laissez votre bouquin, laissez la dignité. Rompez la glace, allez, et retenez-la dans vos bras. » Que l'enfant eût été utile ici, près de la mère! Quelle sottise a-t-on fait de lui ôter son enfant! Si la longue journée lui laisse au moins l'espoir de le voir revenir pour le souper, elle prend patience. Et si dans la soirée certain moment d'humeur rend les époux muets, pour lui on ne peut l'être. Le mauvais charme du mutisme est rompu. On lui parle, et bientôt on se parle aussi l'un à l'autre; c'est à cause de lui, pour son souper, pour ses devoirs. Il ne sait rien du froid qui a existé tout à l'heure; il parle haut, il conte et il rit. S'il voit que l'on est froid, usant de la liberté de son âge, il s'empare de la main de sa mère, et la donne au père.

CHAPITRE V

L'enfant raffermit le foyer.

Balzac, sur le plus beau sujet, a fait un pauvre livre, un très faible roman. Mais le titre seul vaut un livre. Il fait songer : *La femme de trente ans.*

C'est, pour une Française surtout, le grand moment et l'apogée réel pour l'agrément, l'esprit, la grâce. La grâce qu'on peut définir la beauté du mouvement, dans ses aspects divers, sa variété infinie, est aussi riche d'effets que la simple beauté des lignes est monotone. Elle promet ; on espère une âme, et la statue ne vous rend rien. Mais la grâce donne sans cesse, et de cent manières elle éveille.

La vie sanguine est peut-être moins forte. Celle des nerfs prévaut. Ils se sont assouplis, ils ont leur libre jeu. Ils vibrent à tout, avec une délicatesse infinie. Ce don, comme tout autre, vient peu à peu, s'accroît, se nuance surtout par la vie cérébrale, de cent manières, et centuple l'effet par les échos de la pensée.

De vingt à trente, il s'est fait une autre âme, une personne toute nouvelle. Si le mari était absent quelques années, il verrait au retour que c'est une autre femme. Combien au-dessus des maîtresses, des petites filles insipides qu'il serait tenté de chercher! La jeune dame qui sent sa valeur, est très justement exigeante. Elle s'étonne de ce qu'il sent peu un si grand changement. Elle est blessée de voir que, l'ayant eue enfant, il s'imagine sottement la connaître, n'avoir rien à apprendre. L'amant en voit-il davantage? Cela n'arrive guère; il est léger, mobile; il veut un succès, et c'est tout.

Ce moment où la jeunesse a gagné tellement en dons charmants, brillants, c'est celui au contraire où l'homme (entre trente et quarante) semble enterré dans le métier, dans l'étroite spécialité, concentré dans l'effort qui peut le mener à son but (de fortune, d'ambition, d'idées, d'inventions, n'importe). Il le faut bien, dans la concurrence terrible où nous vivons. Malheur à lui, s'il restait l'homme agréable, le parleur de salon qu'il fut à vingt-cinq ans peut-être. Une femme d'esprit doit songer à cela. Pour l'homme, la beauté, c'est la force, c'est la poursuite persévérante d'un même but, c'est la grandeur des résultats, au moins celle de la volonté. Et pour qui cet effort? pour elle, pour l'enfant, la famille. Elle ne peut l'oublier : s'il ne perd dans la grâce qu'en augmentant dans la puissance, elle doit s'en réjouir, s'unir à lui de cœur. Il pâtit aujourd'hui, et il vaincra demain.

Je dois le lui dire à l'oreille. Demain, elle perdra, et

il aura gagné. Le temps est contre elle et pour lui. Elle aura moins d'éclat, sera moins admirée. Et lui, ayant atteint son but et le prix de sa vie, sera entouré à son tour. Alors, elle pourra regretter de n'avoir pas eu patience, d'avoir peu pardonné l'alibi du travail. Il aura peu changé alors, elle beaucoup. Les grands succès d'affaires ou d'art (on le voit par la vie de tous les gens connus) n'arrivent guère à l'homme qu'à l'âge où le succès de la femme est fini.

Le salut pour l'enfant, la maison, et eux-mêmes, c'est qu'en ce temps de froid et de malentendu, ils ne s'éloignent pas, ne se déshabituent pas l'un de l'autre. Ils sont encore unis beaucoup plus qu'ils ne pensent. Le lien intérieur est fort. Cela se voyait bien quand le divorce était permis. Ceux qui croyaient avoir rompu, et (chose pire) qui semblaient l'un pour l'autre à jamais refroidis, dès qu'ils vivaient à part, se regrettaient souvent. On sentait qu'on s'aimait, dès qu'on s'était perdu.

Rien de plus bizarre que le cœur. Des sots disent que le sentiment éteint ne peut revivre. Je vois tout le contraire. Il est curieux d'observer combien des circonstances imprévues le réveillent. Parfois une perte de famille, le deuil d'un enfant, d'une mère qui seule avait rempli le cœur, rendent la femme à son mari. Parfois un danger que l'on court; exemple, au dernier siècle où la petite vérole était si meurtrière, des époux séparés se rapprochaient alors; ils se souvenaient qu'ils s'aimaient. Parfois une perte de fortune y suffira et un simple changement de milieu. Un grand et vaste hôtel où l'on est éloigné, est un demi-divorce; dans un petit local, rapproché, peu à peu on revient à l'intimité.

Les revers font beaucoup. Un échec dans le monde ramène à l'intérieur. Parfois la brillante étourdie, moins coupable que vaine, vrai papillon, brûle son aile au premier vol, retombe. Elle sent bien alors où est son ami sûr. La tendresse indulgente émeut profondément. Un vif réveil du cœur a lieu, le plus tendre retour au doux foyer, à l'enfant, au bonheur.

« Assez! assez du monde! qu'on ne m'en parle plus!... Je reprends mon enfant. A nous de l'élever. Je ne peux pas le voir en larmes tous les jours au retour de l'école. Je serai son école, son précepteur et tout. »

Mais, ma chère, songez-y. L'éducation exige de la suite. Vous voudrez bien deux jours, puis vous vous lasserez?...

« Moi! jamais! »

Dans cet excès de zèle, il n'en obtiendra qu'avec peine, mais (il le faut) il obtiendra qu'elle partage avec l'école, que l'enfant absent quelques heures, et rentrant plusieurs fois par jour, ait en elle un répétiteur, qui aide, adoucisse les choses, simplifie les difficultés.

Sais-tu bien à quoi tu t'engages?... S'il te reste le soir, adieu les salons! les spectacles!...

« Oh! mon spectacle est mon enfant!... c'est ma joie, ma gaieté, ma divine comédie. »

« Eh bien ! c'est ton affaire. Pour moi, cela m'arrange. Fatigué tout le jour, j'aime assez le repos du soir. »

Quel heureux changement pour le mari ! Quel affranchissement ! Combien sa vie, son travail gagneront ! Je suppose un véritable homme, occupé, sérieux, qui marche vers un but. Les salons servent peu. Le gaspillage immense de temps et de paroles qu'on fait le soir, énerve pour la journée du lendemain. Qui ne voit en toute grande ville des galériens qu'on nomme des maris, traînés constamment en soirées. Ils expient rudement la faute d'avoir épousé une femme dotée, orgueilleuse et mondaine, qui les force de travailler double. Le jour aux affaires, la nuit au monde, et jamais de repos. Tel, un avoué que je connais, parle ou écrit dix heures par jour. Il finit au moment où sa femme, levée fort tard, achève sa toilette. Allons, vite au bal ! Partons !... Il peut commander son tombeau.

L'homme est un animal diurne. La vie nocturne du chat ou du hibou le tue, ou le rend imbécile.

Quel gain de temps immense, de vie et de santé, peut donner une femme ! Adorez celle-ci. Bénissez-la, bénissez Dieu.

Ceci est-ce un roman ? Point du tout. A Paris, dont on dit tant de mal, j'ai cela sous les yeux. Notre paisible rive gauche m'offre fréquemment ce tableau. Dans une seule maison où il se fait d'excellents cours, je vois trois ou quatre cents dames, amenant leurs petites filles, travaillant pour elles, avec elles, changeant leurs habitudes, acceptant tout à fait la vie la moins mondaine, concentrées tout entières dans l'idée de l'enfant. « De quelle classe ces dames? » Surtout de la moyenne, femmes de magistrats, de professeurs et de négociants.

Les très longues absences de l'homme, occupé tout le jour, sont ainsi saintement et admirablement remplies.

La mère est bien payée de tous ses sacrifices. Elle a l'enfant à elle, et le jour et la nuit, et surtout (c'est sa fête) pour le repas du soir.

Vers dix heures du matin quand il revient de classe, ou vers quatre heures encore, elle est à la fenêtre, l'aperçoit de loin et palpite. Elle s'étonne un peu de le voir qui revient à petits pas, si lent, s'amusant à toute chose.

Lui absent, elle étudie fort. Chose peu difficile, après tout. La mère intelligente peut sans se fatiguer se tenir en avant toujours, marcher devant l'enfant.

L'hiver seulement il est dur de se lever si tôt. Son mari a compassion. Mais elle a si grand cœur! L'enfant serait grondé s'il n'avait appris ses leçons. « Eh bien! chère, dit-il, je me lève. — Non, tu es fatigué d'hier. C'est moi qui le ferai répéter, et je veux d'ailleurs l'arranger à ma guise et le faire déjeuner. C'est le Chaperon rouge. Moi seule, je puis lui bien arranger son panier. »

Se levant ainsi de bonne heure, dans sa vie toute nouvelle, le soir aussi, comme l'enfant, de très bonne heure elle a sommeil. Innocemment elle s'endort, et parfois d'un jeune sommeil si fort que, non sans peine, elle et lui on les met au lit.

« Monotone existence », me diront les mondaines ; mais combien celle-ci y gagne en fraîcheur, en beauté ! Combien elle en est rajeunie !

Si ces gens-là avaient le malheur d'être riches, ils ne pourraient avoir cet intérieur. Le fils aurait un précepteur. Un étranger, un témoin, serait là. L'éducation n'exigeant pas leur concours, ils pourraient à leur aise continuer la vie mondaine, qui ne manquerait pas de les éloigner l'un de l'autre.

Que ce tiers entre ici, tout va se compliquer. En les supposant sages, et dans la meilleure hypothèse, tous souffriront. S'il est très bon et excellent, ce précepteur, il prendra fortement l'enfant, l'accaparera, il l'aura volé aux parents et il deviendra le vrai père. Pauvre célibataire, devant la jeune dame, pleine de grâce, peut-il crever ses yeux? peut-il s'empêcher d'admirer? Qu'elle lui dise un mot de bonté, le voilà troublé et malade, hélas ! et bientôt amoureux.

« Il est timide. Et elle est sage; elle est fière, et tout ira bien », me dit l'homme du monde.

Eh bien! je vous l'avoue, si vous mettez ce tiers près d'eux, mes plans avortent, mon projet est manqué.

Qu'ai-je voulu? deux choses, et non pas une.

En élevant l'enfant par les parents, je songe à une

seconde éducation dont jamais on ne parle, celle que les parents reçoivent de l'enfant même. Je songe à la grande influence morale qu'il exerce sur eux. Leur forte unité fait sa vie, ainsi que je l'ai dit; elle assure son bonheur, son développement. Et c'est lui, à son tour, qui charme et qui resserre cette unité, en double l'intérêt. Le mariage n'est pas, comme on peut croire, un état immobile; s'il n'a un mouvement, un progrès, il languit, il s'ennuie, il se dissout au fond. La coopération d'affaires ou d'idées, de travail, donne à l'intimité des aspects imprévus, du renouvellement. Mais de toutes les œuvres communes, celle qui peut le plus raviver nos puissances aimantes, c'est l'éducation de l'enfant.

Nécessité heureuse ! Si les parents avaient la moindre dissidence, il leur faut la cacher, lui imposer silence. C'est la condition absolue de l'éducation, sans laquelle elle avorterait. Ce sentiment auquel on ne se livre pas, qu'on n'irrite point par l'aigreur du débat, n'a jamais même force; souvent il s'étouffe ou s'oublie. Ainsi, sans le savoir ni le vouloir, l'enfant devant qui l'on s'observe, fait plus qu'aucun arbitre. Pour lui et dans son intérêt, on comprime, on supprime bien des divergences naissantes qui, manifestées librement, rompraient, troubleraient l'union.

Un point très capital, c'est que le père maintienne, relève en toute occasion l'autorité maternelle que l'enfant n'est que trop porté à traiter légèrement. Il doit, par le tendre respect qu'il manifeste lui-même, bien faire sentir au fils que cette douce personne, faible pour lui et désarmée pour lui, la mère, n'en est pas moins le saint des saints.

Une jeune créature est toute en soi d'abord, comme un simple élément. Elle semble indifférente à tout, plus même qu'elle ne l'est en effet. Il est bon qu'il en soit ainsi. Mais cela est dur à la mère. Le garçon, en naissant presque, a l'orgueil du mâle. Il méprise les petites filles. Il se croit fort et sa mère faible. Il dirait, s'il osait : « Je suis homme. Elle n'est qu'une femme. »

Les soins même excessifs qu'elle prend de lui, le servant et l'aidant en tout, lui donnent l'attitude d'un maître. De là certaines sécheresses, des duretés. S'il s'en souvient à un autre âge, il en aura des regrets, des remords. Mais alors le petit tyran est bien loin de sentir les très réelles piqûres qu'il fait.

A mesure qu'il devient leste et vif, il s'en va avec ses camarades. Elle voudrait bien l'être; elle essaye et ne peut; aux jeux, aux exercices, elle est un peu lente, un peu molle. Et c'est son charme même, sa grâce que d'y échouer. La femme ne naît pas avec l'aile au talon. Court-elle? Il est déjà au but, revenu à moitié, qu'il la trouve en chemin.

Qu'elle travaille, étudie pour lui, se donne de la peine, il le trouve si naturel qu'il n'en tient aucun compte. Il garde certain doute du savoir de sa mère. S'il revient de l'école avec une dictée mauvaise, un texte estropié, s'il est embarrassé et qu'elle fasse effort pour l'aider, il la croit ignorante. Le père voit à son tour, et le plus souvent trouve qu'un mot capital est passé.

J'ai vu parfois une scène d'intérieur qui n'est pas rare et qui donne à songer sur la nature humaine. Une mère, une jeune dame, très capable, mettait une coquetterie innocente à bien montrer au père les progrès de l'enfant, ses efforts, son petit succès. Et elle se faisait une fête de donner leçon devant lui. Elle y était de cœur, de volonté, attentive à veiller, à soutenir l'enfant s'il déviait. Et elle y mettait tant de zèle, d'ardeur, qu'elle se troublait, s'embrouillait elle-même. Les rôles étaient changés. Bégayant, rougissante, elle était très charmante (et si touchante à ce moment!). Le pis, c'est que l'enfant riait. Profond courroux du père, qui pourtant, contenu, d'un mot bien jeté, la sauvait, la remettait en route. Mais tout était gâté! Elle continuait, triste, ayant bien envie de pleurer.

Et elle pleurait en effet dès que l'enfant était parti. Le mari avait peine à la calmer, la consoler. La consolation la meilleure, c'était l'émotion qu'il avait témoignée, son vif empressement à la tirer de là, sans qu'il y parût trop. « Ah! je l'ai vu!... Tu m'aimes donc?... Mais lui, hélas! est-ce qu'il m'aime? » Les pleurs redoublaient là-dessus.

Pénible occasion, favorable pourtant, de lui expliquer ce qu'elle est à cent lieues de savoir : « Ce que c'est que l'éducation. »

Toute femme imagine que l'éducation et l'amour

sont même chose, que l'un veut, comme l'autre, faire un être de deux, que la mère et l'enfant, par exemple, seront même cœur.

Mais c'est tout autre chose. Le sublime de l'éducation, c'est que, toute désintéressée, elle consiste à faire un être indépendant, et non semblable, souvent fort différent, et qui soit vraiment lui; un être, s'il se peut, qui vous soit supérieur, qui ne vous copie pas, qui dépasse, éclipse le maître.

L'élève continue, mais contredit l'éducateur, le plus souvent en suit très peu la voie, sans quoi tout mourrait de routine.

Si la mère réussissait trop près de son fils et l'imprégnait trop d'elle, elle aurait un succès bien contraire à ses vues : elle en aurait fait une femme.

Aurait-il les dons de sa mère, ses finesses, ses délicatesses? Je ne sais. Mais ce qui est sûr, c'est qu'il aurait perdu les dons du mâle, les vives énergies par lesquelles son sexe est fécond.

Donc l'enfant, pour son bien, doit être un peu à part, observé et tenu tendrement, mais toujours à certaine distance, non mêlé indiscrètement à la vie des parents, comme on fait aujourd'hui. Il sera plus modeste, s'il croit que la famille est en deux personnes seulement, et qu'il en est un accessoire. L'intimité intime doit lui être fermée. Si la mère, par exemple, veut, près de son mari, dans l'intérêt de l'enfant même, se cultiver, étudier, il est mieux qu'il l'ignore et ne la voie pas écolière. Serait-il assez sage pour n'en tirer parti! Il faut qu'elle lui soit, autant que le père même, l'autorité sacrée, idéal de raison autant que de bonté, premier objet de culte, et pour toute la vie comme un temple, un autel.

CHAPITRE VI

Culture supérieure de la mère. — Savoir trop pour savoir assez.

Les mères commencent souvent, mais rarement elles persistent ; la lassitude vient bientôt, le découragement. C'est qu'elles n'étudient juste que dans la mesure de l'enfant, n'apprennent que ce qui peut l'aider, traînent dans ces éléments d'intolérable aridité. Elles sont un peu paresseuses, s'en tiennent là, disant : « C'est bien assez. » La chose ainsi réduite est trop fastidieuse, elle excède la mesure de toute patience.

Il faut planer sur ce qu'on fait. Il faut savoir bien plus, et au-dessus et au-dessous, à côté et de tous côtés, envelopper son objet et s'en rendre maître ; alors, on peut le pénétrer, alors on s'y attache par la facilité que l'on y trouve. On en saisit tous les aspects.

Il ne faut pas rester à mi-chemin, aux degrés inférieurs, dans les fades lectures que l'on impose aux femmes, sous prétexte de les ménager. C'est une honte qu'on leur interdise toujours la haute culture, qu'on leur donne les livres secondaires, imités des grandes œuvres, qui n'en sont que de faux reflets, des formes affaiblies. On leur fait lire le Tasse, plutôt qu'Homère et Dante, le faible *Télémaque*, au lieu de son modèle l'*Odyssée*, ce poème et si jeune et si sage, d'un éternel amusement. Quoique écrites dans la décadence, les *Vies* de Plutarque nous gardent mille choses grandes, héroïques, de la belle Antiquité, intéressantes, et plus qu'aucun roman. Mais elles lisent plutôt Walter Scott, auteur très inégal, fort dans ses romans écossais, ailleurs presque toujours faible et banal. *Innocente* lecture qu'on donne aux demoiselles, et qui pourtant éloigne des livres sérieux, qui développe en elles le goût de l'aventure et la maladie du roman. Elles en boivent bientôt l'alcool, les romans d'adultère; puis les tristes romans de filles et de camélias; puis (tel est le progrès de ces honteuses habitudes) toutes sortes de compilations grossières, les unes sales et les autres fades, de même que plus d'une, par un goût dépravé, avale du plâtre et du charbon. Ainsi débilitées, fanées, elles perdent tout sens de la nature, souvent de l'amour même! Qu'espérer pour l'enfant de cette mère vieillie et tarie?

Quel roman cependant peut avoir plus de charme que l'enfant, cette histoire vivante, que l'on fait de soi jour par jour? Le bonheur le plus vif, ici-bas, c'est *créer*. Comment se priver de cela? Comment s'y rendre impropre par cette sèche alimentation? La vraie nourrice se respecte, ne mange pas pour elle-même, craint les funestes friandises, les indigestes sucreries.

Parfois la solitude fait ces goûts dépravés. En pays protestant, où la femme n'est pas préparée au roman par la confession, où elle vit renfermée, elle a pourtant ses tentations, déguste volontiers le mysticisme galant-dévot des livres catholiques. Le mari, moins subtil et qui a plus de sens, mais qui est dans la prose des affaires, est mis un peu à part comme un être inférieur. Elle se croit plus haut, se sent plus délicate. Elle a tort cependant de méconnaître tout ce que peut apporter à la communauté un esprit positif, hors de ces vains raffinements. Elle a tort d'oublier que cet homme, aujourd'hui tout au métier, a reçu une éducation forte, énormément plus forte que la sienne. Il s'est rouillé sans doute, et il a oublié, moins pourtant qu'il ne semble. Ce qu'on apprit enfant peut disparaître quelque temps, puis souvent reparaît et nous suit dans la vie.

« Mais, monsieur, mon mari a peu de temps. Il est occupé tout le jour. Et le soir, il sort. »

Sortirait-il s'il avait près de vous, madame, un doux foyer, sans humeur, sans caprice, s'il était retenu par une bonne communication de cœur et de pensées, par le besoin surtout que vous avez de lui pour l'éducation de l'enfant?

Pour le temps, pourquoi en parler? Il en aura beaucoup si vous savez le retenir. Les six heures qu'il perdrait au dehors chaque soir, c'est un temps bien considérable. Quel présent je lui fais en lui donnant ces heures! J'ajoute réellement des années à sa vie.

« Idée bizarre qui ne pouvait, dit mon censeur, venir qu'à un homme étranger au monde! Supposer qu'un mari reste près de sa femme, avec elle passe ses soirées! Où a-t-on vu cela? » Et il ferme, il jette le livre.

Le *monde?* mais, cher critique, vous-même, savez-vous ce que c'est? savez-vous bien que les quelques oisifs qui, dans nos capitales, traînent le soir aux cafés, aux spectacles, c'est bien peu de monde en Europe? Savez-vous que ce petit point d'un quart de lieue, ce boulevard d'éternelle promenade, où vous allez, venez, vous cache l'infini du monde réel?

Vous voyez, revoyez toujours ce même point. Vous ne connaissez pas deux cents millions d'Européens qui tous mènent une vie absolument contraire. Je vois partout le Nord, Allemagne, Suède, Suisse, Hollande, Angleterre, en parfait contraste avec vous. Ces nations actives, qui vont en cent pays où vous n'allez jamais, n'en ont pas moins la vie serrée, fermée, le grand attachement du *home*.

« Mais le soir, que fait-on? » On songe, on couve l'affaire du lendemain. Ou on lit quelque peu. Ou on fait un peu de musique (du moins en Allemagne).

L'homme revient parfois à ses études. D'éminents personnages d'Angleterre, d'Allemagne, des politiques, des ministres reprennent un Homère, un Horace. Un de mes amis, helléniste distingué de Genève, étant de passage à Berlin, vers 1860, est invité par un ministre à sa soirée. Et là que trouve-t-il? le conseil au complet des ministres de Prusse, qui, pour délassement, s'assemblait deux fois par semaine pour lire, devinez quoi? Thucydide, dans l'original.

Cela empêche-t-il les affaires? Point du tout. Vous l'avez vu à Sadowa.

Un excès de culture, érudite, parfois pédantesque, est le défaut du Nord. Si l'homme est sédentaire, reste au foyer le soir, c'est trop souvent pour quelque étude solitaire, et la famille y gagne peu. Entre ses livres et sa bière, un peu narcotisé, est-il un homme encore? Non, de bonne heure un livre. Il épaissit souvent. Faust croit beaucoup trop à cet esprit qui rôde dans ses livres enfumés, au noir barbet du poêle. Ce barbet est deux choses, tantôt vain ergoteur, tantôt compilateur, Faust en apprendrait cent fois plus avec Marguerite.

Ici, je ne ris point. Elle est peu préparée, et on ne peut lui lire aucun livre érudit, mais pour les grandes œuvres capitales du génie humain, la femme les comprend, même vous les fait voir sous un aspect nouveau. Ces livres que vous savez d'enfance, que souvent, malgré vous, vous appreniez par cœur, vous y êtes endurci, blasé. Elle qui y vient toute neuve, elle sent tout. C'est un très délicat plaisir de voir comme à tel mot qui ne vous frappait plus, elle s'arrête et elle est touchée. Son cœur, plus fin, plus tendre, plus près de la nature, a vibré; elle essaye de cacher une larme.

Charmant enseignement de l'ignorance à la science! La femme enseigne l'homme tour à tour, et donne et reçoit. Tout cela tôt ou tard reviendra à l'enfant. Rien de leur *a parte*, de leur secrète étude, qui ne puisse par sa mère lui arriver, et mieux que par les maîtres. C'est ce qui la rend studieuse. Pour lui elle lit et elle écoute.

Quel bonheur de pouvoir lui expliquer Virgile! C'est tout exprès pour elle qu'il chanta, ce grand Italien. Elle pleurera sur Didon, Eurydice, sur la Lycoris de Gallus. Mais il est dans Virgile un bien autre mystère, sa douleur contenue, ses larmes étouffées sur le destin de l'Italie. On le sent en dessous. Elle n'y sera pas insensible. Elle y prendra un sens élevé, tout nouveau, que les femmes ont bien peu : la pitié pour les nations.

Le Moyen-âge avait reconnu dans Virgile le magicien qui ouvre les deux mondes. Est-ce à dire qu'il est le plus fort? point du tout. Mais il est au milieu des choses. Il a le rameau d'or, et comme la Sibylle il vous conduit partout. Il tient de l'Évangile et du *Ramayana*. De lui on peut monter dans le lumineux Orient. De lui on peut descendre au clair-obscur des temps chrétiens. D'où viennent-ils, ces temps? sinon de la même origine, du soir du monde antique, du soupir résigné des nations, finissant dans l'Empire, qui saluaient la fin et le repos.

Mais ces mélancolies sont un peu maladives, énervantes souvent, comme les sons de l'harmonica. Elle veut être mère avant tout; elle veut s'affermir, donner force à son fils. Elle dit : « Tout ceci me va trop, mon ami. Assez de ces belles tristesses. Ces grands effets du soir, ces dernières heures du monde, m'affaibliraient aussi. Mon cœur, associé à l'essor d'un enfant, de la vie qui commence, voudrait plutôt des chants d'héroïsme et d'aurore. »

Un grand livre viendra de lecture populaire, qui nous ouvre à tous l'Orient, qui rende à la femme, à l'enfant, au peuple (et qui n'est peuple?) les belles régions de la lumière. Comment nous retient-on toujours dans ce triste Occident, aux brouillards de l'Europe? Tout au plus on nous mène dans l'Arabie Pétrée, au désert Sinaïque, au paysage lugubre de Judée. J'ai pitié de l'espèce humaine.

Oui, il faut lire la Bible. Mais pourquoi la seule Bible juive, sombre toujours, souvent morbide? de lecture si scabreuse? Elle a les dangers du désert. Souvent, quand tout est plane, quand vous suivez avec votre candide épouse, votre innocente fille, un beau récit empreint de sainteté, au détour d'un verset (comme derrière un noir genévrier) l'impur esprit paraît... La voilà bien troublée, qui ne veut pas comprendre. On continue de lire... Mais entend-elle encore ? Elle dormira mal cette nuit.

Donnez-lui bien plutôt le poème de la fidélité, la jeune, l'admirable *Odyssée*, Ulysse et Pénélope. Lisez-lui le *Ramayana*, le délicieux poème, la Pénélope indienne, sa fidélité héroïque et l'amour de Rama, sa guerre, et sa victoire où ce dieu de bonté associe toute la nature. Qu'elle ait en main surtout la Bible de la Perse, sans danger, sans détour et lumineuse autant que l'hébraïque est sombre. Ici tout est honnête, tout est dans le grand jour de la vraie sainteté. C'est le pays *des purs*. Le purificateur, le tout-puissant soleil, illumine tout de son regard. Et que voit-il qui ne soit aussi pur ? le labeur, le labour, le travail héroïque du Juste. Un parfum sain, salubre, s'élève de ces livres de labourage, « comme la bonne odeur de la terre, dit un ancien, quand, après la pluie, la charrue ouvre le sillon ».

Il y a aujourd'hui un siècle depuis que Anquetil, le héros voyageur, nous conquit ce trésor. Pourquoi l'a-t-on peu lu ? c'est qu'il est dispersé dans ces chants fragmentaires et peu liés de l'*Avesta*.

Les poèmes qui en seraient l'interprétation naturelle, ne nous sont arrivés qu'à travers les mains musulmanes, l'or pêle-mêle avec le gravier.

N'importe, je le crois, ces trésors dispersés seront repris, et réunis, largement expliqués par un grand cœur tout plein de la flamme sacrée.

Dix mille ans ne sont rien. Ni le soleil, ni

l'homme, ni la terre n'ont changé. L'idéal est le même. Cet antique génie se retrouve encore jeune. Les batailleurs passèrent, grecs et romains. Et les pleureurs chrétiens. L'humanité reprend sa vraie voie : *le travail dans la lumière et la justice.*

Que j'aurais volontiers brûlé mes livres pour écrire celui-là. Il est tard, et trop tard. Je ne sais point ces langues, ces hautes origines. Des grands fleuves de vie qui ont tombé de là, je n'ai point vu la source, et n'ai mouillé mes lèvres qu'à leur dernier ruisseau. J'y venais altéré, des poudreux chemins de l'Histoire où chemina ma vie, âprement et aveuglément. L'Histoire, cette violente fée, m'a traîné par cent choses de fâcheuse réalité : j'ai revécu trop de misères. Pèlerin attardé, j'y viens à temps pour boire, non pas pour rétablir le cours des grandes eaux. Un plus jeune, un plus digne le fera, et sera béni.

Quel charme y trouveront les jeunes cœurs en leur primitive pureté ! Et les femmes le sont toujours bien plus que nous, quand elles sont vraies femmes, quand elles ont gardé le foyer, presque ignoré le monde (chose si ordinaire dans les classes laborieuses). Entre ce saint foyer et le berceau de son enfant, l'épouse est toujours jeune, d'un cœur tout virginal. La fécondité n'y fait rien. Remontrez-lui ces choses ; elle se reconnaît, dit : « C'est moi. » Elle est toujours l'épouse qui, unie avec toi, priait au feu de Zoroastre, celle qui, d'un même cœur, avec toi *trouvait*, chantait l'hymne, le premier chant du *Rig-Véda*.

CHAPITRE VII

Le Devoir.

Le père est pour l'enfant *une révélation de justice.*
Et cela dans les classes pauvres, laborieuses. Non pas ailleurs.

Avantage si grand en leur faveur qu'à lui seul il compense les mille facilités d'instruction qu'ont les classes riches et oisives. Le pauvre tout d'abord naît homme, ayant constamment sous les yeux la sérieuse image du travail et du dévouement, ayant la notion d'un devoir de reconnaissance que l'enfant riche n'aura que tard et faiblement. Bref, en ouvrant les yeux, il a le meilleur de la vie humaine, l'enseignement de la justice.

Il faut le dire, la mère n'y plaint pas la leçon, c'est le spectacle le plus touchant du monde.

Aux grands froids de l'hiver, vers six heures du matin, le père se lève et part. La mère, à la faible lumière d'une petite lampe, lui a donné la soupe chaude. Le petit ouvre l'œil. Il voit les ramages aux carreaux; il voit l'hiver, s'il ne le sent, et se renfonce. Il entend, il comprend à merveille ce que dit la mère : « Ton père va travailler pour toi. »

Il a sa soupe aussi : « Mange, grandis, petit. Dépêche-toi. *Tu dois*, en récompense, à ton tour travailler pour lui. »

La vraie grandeur du Judaïsme, ce qui fait qu'il dure et durera, c'est qu'il s'accorde avec cet ordre naturel, conserve parmi nous le beau trait supérieur des religions antiques, de nous représenter la hiérarchie du devoir. Du père qui crée et nourrit la famille, à la mère qui la soigne, descend l'autorité. C'est toute une morale et une éducation, et l'enfant n'a qu'à regarder. Le père est prêtre à son foyer. Et même au temple, quand la bénédiction commune descend sur lui, retourné vers les siens, il les bénit, les couve, les embrasse de ses bras ouverts, c'est-à-dire est leur prêtre encore.

La faiblesse du Christianisme, ce qui fait qu'il est vieux déjà (n'ayant que dix-huit siècles, temps si court pour la longue vie des religions!), c'est qu'il a amoindri, rendu douteuse cette grande image du Père, qui fit la vie, et la fera toujours.

D'une part, il a caché le soleil du monde, Dieu-le-Père, derrière sa lune blafarde. Jusqu'à l'an 1200, le Père n'a plus ni temple, ni autel, ni symbole. (Voy. Didron.) — D'autre part, au foyer et à la table de famille, le père n'a plus autorité. Est-il père? qui le sait? La légende de Joseph, le martyr du mariage, plane sur tous les temps chrétiens. De là la déplorable littérature de l'adultère, si riche au Moyenâge, et si riche depuis. Phénomène tout particulier aux sociétés chrétiennes, ver dont elles sont piquées au cœur et qui rend surprenant qu'elles vivent. Mais rien ne peut durer de ce qui est anti-social. C'est, nous le répétons, une des choses qui rendent le Christianisme déjà vieux, et très peu viable (selon la prédiction de Montesquieu).

Dans la douloureuse légende de Joseph que j'ai citée ailleurs d'après les Évangiles (mal nommés Apocryphes), le père, bon travailleur qui nourrit la famille, en est le serviteur; la mère, l'enfant, paraissent de caste supérieure. Quel renversement de nature! Il aime cet enfant, il adore cette femme, mais jusqu'à la mort doute de ce qu'ils sont pour lui. Et le pis, par moments, doutant de ce doute même, il s'accuse, n'accuse que lui! Image prophétique, trop cruellement vraie, de la famille au Moyenâge. Tableau révoltant d'injustice! Leçon d'ingratitude!... Et tout cela dans la Sainte-Famille, et placé sur l'autel, proposé à l'imitation!

Les noëls et les fabliaux en rient ouvertement. Dans les tableaux d'église, la malice des peintres, un peu plus contenue, plus corruptrice encore, en mille traits adroits et perfides enseigne la risée du nourricier, du bienfaiteur, autrement le mépris du père.

Par bonheur, la nature, dans la famille pauvre (le

pauvre, c'est le peuple, c'est presque tout le monde) domine et écarte le dogme. Notre famille humaine y présente l'envers de la Sainte-Famille : *un enseignement de justice*. La réelle table de famille est le véritable idéal. Elle dément le ciel, et lui fait honte.

La mère est admirable, constamment relève le père, marque à l'enfant ce qu'il lui *doit*.

Tu dois. Est-ce une idée compliquée qui demande explication? On le croirait d'après nos subtils esprits de ce temps, excellents pour embrouiller tout. Cette idée de devoir est-elle un résultat tardif, la dernière fleur d'un enseignement raffiné? Nullement. S'il en était ainsi, bien peu y arriveraient, les seuls enfants des classes qui ont le temps de raisonner. Mais c'est, tout au contraire, dans le monde du travail que, sans éducation et sans raisonnement, par cette simple intuition apparaît de bonne heure la lumière du Devoir.

Si nos premières activités étaient des résultats tardifs d'éducation, nous aurions le temps de mourir cent fois avant d'y arriver.

La mère enseigne-t-elle réellement? transmet-elle ces premières facultés? Nullement. Elle dirige un peu, corrige, rectifie. Mais elles existent d'elles-mêmes. Observez. Vous verrez qu'elle n'enseigne point à marcher. Elle aide un peu, soutient la marche et surtout l'encourage. L'enfant se traîne, puis se dresse, il marche debout de lui-même, avec plus d'assurance parce qu'il croit être soutenu. Il crie, puis articule et parle de lui-même. La mère le rectifie, à ses interjections peu à peu substitue des mots. A proprement parler, elle n'enseigne point *le langage* (il lui est naturel), mais bien *sa langue* à elle et l'idiome du pays.

De même, elle n'enseigne aucunement le Juste, mais fait appel au sens du Juste, qui est en lui du fait de sa nature. S'il lui fallait créer ce sens par la voie du raisonnement, il ne viendrait que tard et peut-être jamais.

L'irréprochable pierre de touche qui essaye les systèmes, les éprouve en bien ou en mal, c'est l'enfant. Très naïvement, il les couronne ou il les tue.

A mes amis Saint-Simoniens, aux apôtres de *la femme libre*, je n'opposai jamais de très longs plaidoyers. Je disais seulement : « Avec la mère errante et le foyer mobile, qu'arrive-t-il? *L'enfant ne vit pas* ».

A mon illustre et cher voisin, M. Littré, qui nie le libre arbitre, qui nie le sens moral comme instinct primitif, n'y vòit qu'une culture tardive, certaine fleur de luxe qui couronne le tout à la fin, — au lieu de disputer, je dis : « Vous ne construirez point une morale, une éducation. Votre culture tardive n'aboutira à rien. L'âme en attendant séchera. La famille sera impossible. Moralement, l'enfant *ne vivra point.* »

Le rapport de la mère à l'enfant est si étroit, si naturel, l'enfant croit tellement que sa mère est *à lui*, et d'abord se distingue si peu d'elle, qu'en cette identité l'intuition du devoir naît à peine. Il y faut l'opposition nette de deux personnes, la dualité forte. Et c'est ce que donne le père.

Le père fait ce qu'il peut pour que l'opposition soit moindre. Il se fait doux, gentil et presque mère. Et même il a un avantage, c'est que, voyant bien moins l'enfant, à ses heures de repos où il joue avec lui, il peut le gâter à son aise. Aussi il est aimé. Cela n'empêche pas qu'il ne reste *une autre* personne, un *non-moi* (et la mère c'est *moi*). Cette personne aimée, pourtant si différente, à barbe noire, à gestes forts et brusques, par moments peut-être un peu colère (comme un jeune homme sanguin), cela ressemble peu à maman dont la voix est si douce, le menton si uni. Le père le plus aimé (pour le garçon surtout) est *un homme* et un personnage avec qui il faut bien compter, avec qui l'on comprend le rapport du *Devoir*.

C'est une morale très complète qu'il trouve en ce *Devoir vivant*.

1° Ton père *travaille*. Si tu travaillais, mon petit? Il ne demande pas mieux. Il touche volontiers, manie les outils de son père. Ils sont trop lourds. On lui donne de légers objets. Pour jouer? Oui, sans doute. Mais le jeu est plus beau s'il laisse un résultat. Plus beau s'il est long, patient. Plus beau s'il n'est plus jeu, mais un travail voulu, comme celui du père. La mère lui donne ainsi une idée haute : le *mérite du labeur*.

2° Mais pour qui travaille le père? Pour lui seul?

Nullement. Pour sa femme et pour son petit. Il leur gagne le pain, et le lait, et les fruits, etc.

Qu'il est bon! Mais comment fait-il pour leur donner cela? Il se donne moins à lui-même. Il pouvait manger tout, et il aime mieux ne pas le faire.

Voilà l'idée *du sacrifice*. L'enfant le plus léger l'entend parfaitement. Et je n'en ai guère vu qui n'en parût touché.

Il faut voir à quel point une femme aimante s'émeut de ses idées, et les rend émouvantes, ineffaçables, chez l'enfant. Dans vingt ans, dans trente ans (et mille, s'il les vivait), il reverra toujours l'œil humide et si tendre de sa mère quand elle dit, à la table du soir : « C'est lui qui nous nourrit », et son sourire charmant, quand, se mettant son châle, et l'abritant dessous, elle dit : « Que c'est chaud! que c'est bon! Je sens, c'est encore de ton père! »

Cette table du soir, ce souper, l'attente du jour, c'est la plus forte école qui puisse être jamais. Le père apporte les nouvelles du dehors, les dit à la femme qui les commente sérieusement. Le temps est difficile, la vie est dure, l'enfant l'entrevoit bien, aux tristesses de sa mère. Le père craint d'en avoir trop dit, et voudrait être gai. « Oh! on s'en tirera! » De là, entre eux, certain débat sur les espoirs, les craintes, les remèdes, les voies et moyens. L'enfant regarde ailleurs, ou joue avec le chat. Mais rien ne lui échappe.

Mes souvenirs là-dessus sont extrêmement nets, confirmés, jamais démentis, par les observations que j'ai pu faire plus tard. L'enfant prend là l'idée de deux autorités. Le père, plus informé, en rapport avec le dehors, apporte ce qu'on pense, ce qu'on dit dans ce vaste inconnu qu'on appelle le monde; il ne parle pas seul; il semble être la voix de tous. Cela peut ajouter grand poids à ce qu'il dit. La mère qui en sait moins, mais qui, craintive de tendresse, regarde en tout les suites, les inconvénients ou dangers qui peuvent en résulter, sans contredire, pourtant balance ce qui vient de se dire. L'enfant muet, sans s'en apercevoir, écoute et songe. A peine, il en a la notion. Mais plusieurs jours après, que par hasard un mot fasse allusion à tout cela, il éclate et dit vivement ce qu'il en a pensé... Il avait pris parti, il avait son idée à lui.

La soirée est déjà avancée. Laissons les affaires. Une petite lecture ferait du bien, calmerait tout, avant qu'on s'endormît. Les plus calmes seraient les lectures d'Histoire naturelle. L'enfant en est avide. Les animaux, ses amis, camarades, l'intéressent beaucoup, lui ouvrent des côtés spéciaux de la vie, que l'homme résume comme dans une sphère générale. Les Voyages sont bons (mais pas trop les naufrages qui le feraient rêver). Très bel enseignement, et meilleur que l'Histoire, miroir de tant de vices, récit de tant de fautes. Ajournons-la un peu. La Géographie nous vaut mieux, avec les bons voyages, l'excellent *Robinson*.

Peu de lectures, mais simples, fortes, qui laissent trace, qui lui servent de texte pour ses rêves et ses questions. Souvent on croit qu'il dort; il songe. Il est dans tel pays, et il repasse tel beau fait d'histoire naturelle, d'instinct des animaux, telle singularité de mœurs humaines. Et tout à coup il en parle à sa mère, demande explication. C'est à elle, sage et prudente, de lui montrer combien toute cette diversité d'usages est extérieure, combien au fond tout se rapproche, se ressemble réellement. A elle de lui donner l'idée, heureuse et consolante, ce grand appui du cœur, l'*accord du genre humain*.

Donc, nul trouble dans son esprit. Tout s'harmonise en lui, pour y justifier son trésor intérieur, né avec lui, mais toujours agrandi : le sens du Bon moral, du Juste.

En son père, en sa mère, il en voit les deux formes, les deux pôles, si bien concordants. *Lui*, la justice exacte, la loi en action, énergique et austère, l'héroïque bonté rectiligne. *Elle*, la douce justice des circonstances atténuantes, des ménagements équitables que conseille le cœur et qu'autorise la raison. Elle ne s'oppose en rien à l'autre, mais parfois tourne autour, l'adoucit, la fléchit. L'image la plus belle en est dans l'*Odyssée*, dans cette chère figure d'Arétè, si bonne à son mari, à ses enfants, à tous, conseillère excellente des ménages, sage arbitre des pauvres, qui leur arrange leurs affaires et leur épargne les procès. Cette Arétè me plaît encore plus que la *Femme forte* des livres juifs. Aussi sage, elle touche par l'aspect surtout de bonté.

La lecture était courte, et la voilà finie. Neuf heures n'ont pas sonné. Un quart d'heure (davantage peut-être), reste encore. Levant les yeux du livre, tous deux s'adressent un regard, qui ensuite se tourne vers l'enfant. Mais entre eux ils conversent, et pour eux, sans plus s'informer s'il est là. Des paroles du cœur viennent alors et parfois touchantes. La mère, naïvement sur son bonheur présent, laisse échapper un mot tendre et pieux. « Que d'autres sont plus mal! » L'excellent travailleur, sur qui porte pourtant le poids de la vie, ne disconvient en rien du grand ordre du monde, qui sans doute ira vers le mieux. Chacun d'eux, dans sa forme, a la parole religieuse.

Moment fort grave pour l'enfant, et qui doit influer sur la vie tout entière. Nul sermon, nul symbole, n'en feront autant, sachez-le, que ce *sursum corda* des parents, la voix grave du père louant *la Loi* du monde, et le soupir profond de sa mère adressé à *la Cause* (aimante, sans nul doute) par qui nous sommes et nous durons.

Mais ne vaut-il pas mieux que l'enfant soit couché avant cet épanchement de tendresse religieuse? Je le croirais. Il ne faut rien précipiter. Sans ajourner, comme Rousseau, si longuement, il est sûr que cette haute pensée, qui prête tant au malentendu, peut être très funeste si on la donne avant l'éveil de la conscience, l'idée fixée du *Juste*. Que Dieu reste caché tant qu'on ne peut comprendre qu'il doit être un *Dieu de justice.*

Cela vient peu à peu. Aux maladies, l'enfant peut apprendre déjà la patience, la résignation, accepter les effets, même pénibles, des lois générales. A mesure qu'il agit, travaille et crée, il sent qu'il faut agir, d'accord avec la puissance aimante et juste en qui la nature se crée elle-même. Jeune homme et citoyen, il s'associera volontiers de cœur et de raison à la grande Cité, à son âme sublime, le dieu de Marc-Aurèle. Mais tout cela doit venir à la longue.

Pour aujourd'hui, j'aime autant le coucher. Le mystère est encore bien haut pour lui. Dans la plus antique formule (et la plus belle aussi) de culte qui reste sur la terre, dans celle qu'on lit au *Rig-Véda*, je ne vois point l'enfant. Je sens bien qu'il est là, mais sans doute endormi, déjà dans son berceau.

LIVRE III

HISTOIRE DE L'ÉDUCATION. — AVÈNEMENT DE L'HUMANITÉ

CHAPITRE PREMIER

Anti-Nature. — Inhumanité. — École des Frères.

Les mille années du Moyen-âge doivent de leur vrai nom s'appeler l'*âge des pleurs*.

Ce qui est bien cruel, c'est que l'Age des pleurs, fini pour l'homme, continue pour l'enfance.

Barbare persévérance! Nous exigeons toujours que le petit enfant, pour entrée dans la vie, accomplisse une chose énorme et impossible, et, pour premier essai d'intelligence, nous imposons une entorse au cerveau.

C'est un miracle qu'on veut de lui d'abord, que sa petite tête, avant son développement, forcée, écartelée, subisse l'intrusion violente d'un credo condensé de tous les dogmes byzantins.

Demain, on le mettra à la manufacture. Il sera ouvrier à dix ans. Mais, avant, il sera métaphysicien.

Qui veut cela? qui est l'auxiliaire inflexible du prêtre pour exiger l'absurde épreuve? C'est le chef d'atelier. L'enfant troublerait tout, ne serait point exact, s'il n'était quitte de l'église. Donc il faut « qu'il ait fait sa première communion » avant d'être admis au travail. Même obstacle pour des millions d'enfants dans le monde chrétien. Les plus pressants besoins de la famille n'exemptent pas de passer par cette filière. Elle est la même pour toute classe, toute race, pour l'enfant de campagne le moins formé, pour l'enfant affiné des villes.

Si cela se faisait sérieusement, la plupart en resteraient fous. Mais il y a une certaine connivence. Le père ne tient guère à la chose. Et celui même qui gravement enseigne ces entités creuses, qui les fait répéter, songe bien moins à les faire comprendre qu'à plier la jeune âme, à mettre sous le joug toutes les générations nouvelles. Si l'enfant n'entend rien, et mot pour mot répète servilement, au fond, c'est tout ce que l'on veut.

Il oubliera ces mots; deux choses en resteront. Premièrement la servilité; il sera *bon sujet* pour toute autorité, dressé pour le tyran. Deuxièmement, son crâne ayant été forcé par cette opération barbare, il ne sera pas fou, mais infirme d'esprit, disposé à traîner dans les voies de routine, sans initiative, sans vigueur, sans invention.

On ne viole pas impunément l'humanité et la

justice, la logique, le simple bon sens. Que nous dit le bon sens? Que la culture humaine, comme toute culture, doit se faire par degrés, non par un violent coup d'État, qu'il faut laisser d'abord à leur essor les facultés actives, que la spéculation doit terminer, non commencer.

J'ai dit ailleurs la merveilleuse échelle du développement de la vie grecque, comment l'enfant montait sans s'en apercevoir par les degrés de l'action. Le jeune Hermès ailé, et le petit gymnase, l'accueillait, l'invitait, le remettait jeune homme au dieu de l'art et de la lyre, Apollon, au travailleur Hercule. L'idée pure couronnait, Socrate et la Pallas. Enfin la vie publique, la vraie Pallas, Athènes, la Cité comme éducation.

Heureux développement, et si bien gradué! L'enfant monte sans savoir qu'il monte! Rien de plus fort, rien de plus simple, et aussi rien de plus fécond. Quels brillants résultats! Quelle scintillation de génies!

Renversez cette échelle. Commencez par Pallas, la philosophie, la grammaire, la sophistique et l'éristique. Athènes deviendra Charenton.

Notez que ce système est d'une pièce. Tout est grec, et rien d'étranger. La Grèce a tout au plus emprunté quelques noms des dieux, mais elle les a faits elle-même, d'elle et à son image. Si elle eût ramassé des dieux d'ici et là, compilé un credo, il eût été stérile.

Combien laborieuse est l'œuvre de Judée, la bizarre alliance qui s'y fait des mythes et des dogmes! Jéhovah, l'âpre esprit « qui est dans le vent » du désert, se mêle aux dieux colombes de la molle Syrie. Les anges de lumière, empruntés à la Perse, rencontrent le funèbre Adonis et la mort des dieux. Chaos barbare qu'on hellénise en le nommant du Logos grec !

Mais cela est trop clair. L'énigme Trinitaire et le nœud de la Grâce l'embrouillent, l'enténèbrent à jamais. Mille années de disputes n'y font rien, n'éclaircissent rien. Au lieu d'achever, on ajoute. Sur cet entassement on jette et on empile quelque dogme nouveau, hier l'Immaculée, naguère le Sacré-Cœur et le Précieux-Sang.

Prodigieuse chimère! qui éblouit de sa complexité. D'un côté si subtile, de l'autre si grossière, accouplant hardiment tant de contradictions. La tête, en y songeant, fait mal, et les oreilles tintent. Hélas! qu'en sera-t-il du cerveau d'un enfant ?

Quand on traîne à l'église le premier jour la triste créature, un frémissement instinctif la saisit. Le petit garçon est muet, comme stupide. Mais la petite fille dit très bien qu'elle a peur; elle tremble de tous ses membres. La robe noire et l'obscure sacristie, le vieux confessionnal, un corps mort mis en croix et son côté saignant, d'atroces exhibitions d'ossements, comme il se fait au Midi, en Bretagne, toute cette fantasmagorie effrayante la fait reculer. Elle veut s'en retourner, tire sa mère, se cache derrière.

On ne l'écoute guère, et la voilà assise au banc

avec les autres, immobile de longues heures, faisant semblant d'entendre. En esprit qu'elle est loin, au jeu, à la maison! On a beau la punir. — Mais voici tout à coup que vraiment elle écoute. On parle de l'Enfer. Qu'est-ce cela? Des feux, des démons, des brûlures, des grils et des griffes. Horreur! quel saisissement pour la petite âme crédule! Elle en rêve, et même éveillée. Voilà une prise forte, infaillible, qu'on a sur elle, et que l'on gardera, et que nul n'aura d'elle. Quelle? Les prémices de la peur.

Et le garçon? et l'homme! celui qui doit bientôt faire face à tous les hasards de la vie, celui qui aura la famille à protéger, la patrie à défendre, quel crime de le briser ainsi, de courber en lui l'homme presque avant qu'il soit homme! Les lois antiques frappaient de mort celui qui mutilait un mâle, lui ôtait l'énergie. Ici, n'est-ce pas la même chose? Que devons-nous à ceux qui reçoivent de nous nos fils gais et hardis, et nous rendent un troupeau de gazelles effrayées!

« Laissez approcher les petits. »

Douce parole. Ils approcheraient, mais s'ils voient la verge derrière?...

Dans les quatre Évangiles, ces livres compilés de doctrines si divergentes, je vois rapprochées pêle-mêle la douceur, la sévérité.

« Approchez. » Mais je vois la géhenne éternelle, le monopole des élus, de ceux qui plaisent à Dieu et pour qui seuls parle Jésus (voyez plus haut). Quel sujet d'épouvante pour tout le genre humain ! pour tant d'autres qui n'ont pas plu !

Nul innocent en ce système. Tous en naissant sont deux fois condamnés.

Condamnés pour Adam, pour le péché durable qui a gâté la race pour toujours ;

Condamnés comme fils de la concupiscence, du plaisir où ils sont conçus.

La femme qui rougit de son corps et de sa funeste beauté, rougira plus encore de la revoir plus belle dans l'enfant, cette éblouissante et tendre fleur de sang, le triomphe de la chair même.

Dompter la chair, la pâlir, l'amortir, c'est la vocation du chrétien. Scandaleuse est la vie luxuriante de ce petit païen. Il faudra la réduire, en comprimer l'essor par une pauvre alimentation, tranchons le mot, un demi-jeûne.

Il a grandi à peine que déjà perce sa malice. Qu'a servi le baptême ? Le démon, que ce sacrement adjurait de sortir, n'est pas sorti du tout. On le reconnaît à vingt signes.

Le grand signe, c'est de voir pousser, monter en lui, cette chose dangereuse entre toutes, l'essence du démon, qu'on aura tant de mal à extirper, la Liberté, cette force tenace de libre volonté. Mauvaise herbe qui trace. On arrache. Il en reste autant.

Ne perdons pas une minute pour combattre cela. Quelque petit qu'il soit, ne le ménageons pas, appliquons-y des remèdes héroïques.

« Si l'on raisonnait ? si l'on faisait appel à ses bons

sentiments, à son intelligence? Pitoyable méthode. Ce serait justement le moyen d'éveiller ce que l'on veut éteindre, ce mauvais Esprit, la Raison.

« Aux maladies du corps, consultez-vous l'enfant? Non. Bon gré ou mal gré, vous lui ingérez les remèdes. Faire avaler le bien, faire expulser le mal, c'est tout. Eh bien! ici, rien autre chose à faire.

« Qu'il avale, en formules, le dogme condensé, la divine parole. Mieux encore, sans parole, que Dieu lui soit sans cesse ingéré dans l'hostie, pendant qu'incessamment par la verge et le fouet on expulsera le Démon. »

Le Démon est sensible. Il crie — c'est ce qu'il faut — il rage, il se renverse... Je le crois bien. C'est signe que l'opération réussit.. On conçoit le combat si, dans ce petit corps, le Diable poursuivi sent Dieu. C'est l'eau frémissante au fer rouge.

Et cela dans toute la vie. Car le Démon, en dépit de cette éducation terrible, ne lâche pas prise; il faut continuer le supplice. Ce n'est pas à l'école seulement, mais partout. Le Moyen-âge n'est rien que cette guerre au Diable. Du prêtre à vous, des parents à l'enfant, du pédagogue à l'écolier, par cataractes et cascades, tombe un torrent de coups. Des écoliers de trente ans (on le voit par l'histoire fameuse d'Ignace de Loyola) n'en sont point exemptés.

Passant devant l'église, devant la maison, le collège, vous entendez partout des cris. Montaigne même, à une époque moins sauvage déjà, dit que l'école est un enfer. La *chambre de la question*, où le juge d'alors fait torturer, n'en différait en rien. Et en effet, dans ce système, l'homme est l'éternel accusé, avec l'aggravation de terrible équivoque qu'en frappant on ne sait si c'est sur le Diable ou sur l'homme.

Saint-Cyran, fort, profond, sévère, vrai janséniste, ne craint pas d'avouer le système dans sa vérité. Il exprime vigoureusement l'idée même du Christianisme, de la guerre de Dieu et du Diable, la fluctuation effroyable de l'âme battue et rebattue du ciel en terre, et relancée tour à tour de l'abîme au ciel. Il le dit sans détour : « L'éducation chrétienne *est une tempête de l'esprit.* »

On ne peut amoindrir le combat, la tempête, qu'en éreintant l'un ou l'autre parti. Saint Louis y emploie des chaînettes de fer, battant l'âme à travers le corps, la réduisant comme un forçat. Le jeûne est bon aussi, mais Pascal, plus directement, arrive au but avec des purgatifs violents de deux jours en deux jours.

Forte *éducation* de la mort, qui vaudrait mieux que les supplices, qui sur l'enfant manquerait peu son coup. Je jure que *la tempête*, ainsi traitée, ne résisterait pas.

On nous conte doucereusement les réformes humaines du second Port-Royal qui eut si peu d'élèves, ou les éducations princières de Fénelon, etc. Mais rien n'était changé dans le grand courant général. Le Moyen-âge poursuivait son chemin. Les hauts collèges des Jésuites qui gâtaient tant leurs écoliers, ne les battaient pas moins, et jusqu'à nous. M. de La Rochejacquelein, qui en était, me l'a dit à moi-même.

L'excellent De La Salle, le créateur des Frères de la Doctrine chrétienne, qui eut le bon esprit de bannir le latin des petites écoles, de faire lire en français, pour les punitions suit très exactement la méthode du Moyen-âge, de chasser la malice par la verge et le fouet (1724, réimprimé encore en 1828). Il le dit avec un détail fort cru et fort choquant.

Les férules, frappées dans la main, plus décentes, plus cruelles peut-être, avaient un avantage. Elles aidaient le maître à se régler et à compter les coups. Ce bois dur, impassible, interposé froidement, le gardait de l'horrible ivresse qui trop souvent l'aveugle. On a supprimé les férules, et nominalement toute punition corporelle. Cela est-il possible dans ce système du vieil enseignement? Les pénitences plus longues, moins simples, sont impraticables.

Hors de Paris et des écoles modèles qu'on montre aux étrangers, entrez dans la première école, vous le verrez, le maître frappe, et il ne peut faire autrement.

Par ce faux adoucissement, on l'a cruellement exposé. Dans ses pénibles fonctions, dans cette éternité des jours interminables, dans le bruit des marmots, dans sa dure vie de moine, isolé, sans consolation, il est aigre, irrité, ouvert à tout instinct mauvais. Est-il de bois? de pierre? S'il s'emporte, s'égare, et si de la victime le Démon passe à lui, se saisit du bourreau, peut-on s'en étonner?

Les lettres du supérieur Étienne (1854, 1860, 1861) et les innombrables procès qui ont suivi, n'ont que trop éclairé ce sujet lamentable. Nous n'ajouterons pas à la honte de ces malheureux. Leur vie est un enfer. Ils nous conservent ici l'image douloureuse de ce qui (moins connu, mais non pas moins cruel et non pas moins souillé) a duré de longs siècles aux ténèbres du Moyen-âge.

CHAPITRE II

L'Age humain. — Les deux types : Rabelais, Montaigne.

Un mot, un simple mot fit un effet immense, un grand coup de théâtre, quand on le retrouva après le Moyen-âge, ce petit mot : *Humanité*.

Chose terrible! l'homme en ce funèbre songe avait même oublié son nom. En sortant de la tombe, du long ensevelissement, il se tâta lui-même, enfin poussa ce cri.

Ce mot Humanité, de divine douceur, de bonté, d'aimable culture, l'Italie l'employa. La première, détournant les yeux des ténèbres barbares, elle revit le jour, et regarda vers l'aube, vers la grande, sereine et lumineuse Antiquité.

Dès le treizième siècle, un berger, Giotto, qui s'avisa de peindre, avait eu une idée bien étrangère au Moyen-âge. Le premier, dit son biographe, *il mit de la bonté* dans l'art. Comment cela? En sortant des types inflexibles, insensibles, inhumains, de la tradition byzantine. Il osa peindre la nature.

La belle Antiquité est son reflet fidèle. Pétrarque, pour Bible, prit Homère. C'est sur cette poésie de jeunesse éternelle qu'il passa ses vieux jours. Et il s'y endormit de son dernier sommeil. Il en fit son chevet. On lui trouva la tête sur l'*Iliade* et l'*Odyssée*.

Le mot qui empêchait, défendait toute invention, qui dominait, fermait, stérilisait le Moyen-âge, l'*Imitation* a péri. Un caractère étrange, admirable, du temps nouveau, c'est qu'on veut imiter et qu'on ne le peut plus. Pétrarque voudrait être Latin, refaire du Cicéron, et il est Italien, il fait ses beaux sonnets. Le savant des savants, Rabelais, est de tous le plus neuf, le plus original.

Plusieurs croient imiter. Cette adorable enfant qui fit le salut de la France, Jeanne Darc, croit suivre le passé, la légende. Et elle est au contraire un idéal du peuple nouveau, de l'avenir. En mourant, elle oppose à l'Église la voix intérieure. Au bûcher de Rouen, je salue la Révolution

Luther de même imite de son mieux, voudrait remonter, renouveler la primitive Église, née de la mort d'un monde. Et il en commence un. Il copie le couchant, et il fait une aurore. Plus fort que ses doctrines, son grand cœur se fait jour. Parmi ces dogmes sombres, l'esprit serein, vainqueur, de la Renaissance éclaire tout. Contre le mysticisme de tristesse passive qu'il croit ressusciter, il prêche la vertu la plus haute du héros : *la Joie*.

La joie éclate immense, avec un rire puissant,

plus fort que le tonnerre, du berceau de Gargantua.

Tous reculèrent saisis, s'écrièrent d'horreur ou de joie.

Chaque mot qui lui vient est un grand coup de foudre, lumière de l'avenir, anathème au passé.

D'abord *soif et famine!* Haine au temps famélique, où on n'avala que des mots !

L'humanité, réduite à n'être qu'un squelette, s'éveille, les dents longues, dans une horrible faim.

Le second mot n'est pas moins foudroyant. C'est l'arrêt solennel, l'excommunication majeure, sous lequel le Passé s'en va la tête en bas, tombant comme une pierre pour ne remonter plus jamais, emportant son vrai nom qui le tue. C'est l'*Anti-Nature*.

Nul livre plus réimprimé. Il y en a soixante éditions, des traductions en toute langue. « Au début, en deux mois, il s'en est plus vendu que de Bibles en dix ans. »

Les sages en sentirent l'incroyable portée. Jean Du Bellay, d'un mot, sans plus, le désignait : *le Livre*.

Mais peu de gens comprirent que c'était un livre d'éducation. Peu devinèrent ce qui est partout au fond : « Reviens à la nature. »

Rousseau a dit cela, et d'autres. Mais celui-ci ne part pas comme Émile d'un axiome abstrait. Il part du réel de la vie, comme elle était, des mœurs du temps, de sa pensée grossière. La conception est celle même du peuple, celle de l'homme énormément, gigantesquement matériel, d'un géant; il s'agit de faire un bon géant. Un burlesque prologue nous introduit au livre, comme les farces et les *fêtes de l'âne* précédaient les chants de Noël.

L'homme d'alors est tel, de matérialité très basse. Tel l'a pris Rabelais. L'enfant, dès le berceau, mal entouré, puis cultivé à contre-sens, offre un parfait miroir de ce qu'il faut éviter. A un mauvais commencement, l'éducation scolastique ajoute tout ce qu'elle peut de vices et de paresse, mauvaises mœurs et vaines sciences.

Voilà le point de départ, et il le fallait tel.

Cela donné au temps, la supériorité de Rabelais sur ses successeurs, Montaigne, Fénelon et Rousseau, est évidente. Son plan d'éducation reste le plus complet et le plus raisonnable. Il est fécond surtout et positif.

Il croit, *contre le Moyen-âge*, que l'homme est bon, que, loin de mutiler sa nature, il faut la développer tout entière, le cœur, l'esprit, le corps.

Il croit, *contre l'âge moderne*, contre les raisonneurs, les critiques, Montaigne et Rousseau, que l'éducation ne doit pas commencer par être raisonneuse et critique. Rousseau, Montaigne, tout d'abord, mettent leur élève au pain sec, de peur qu'il ne mange trop. Rabelais donne au sien toutes les bonnes nourritures de Dieu; la nature et la science l'allaitent à pleines mamelles; il comble ce bienheureux berceau des dons du ciel et de la terre, le remplit de fruits et de fleurs.

On dira que cette éducation est trop riche, trop pleine, trop savante. Mais l'art et la nature y sont pour charmer la science. La musique, la botanique, l'industrie en toutes ses branches, tous les exercices du corps, en sont le délassement. La religion y naît du vrai et de la nature pour réchauffer et feconder le cœur. Le soir, après avoir ensemble, maître et disciple, résumé la journée, « ils alloient, en pleine nuit, au lieu de leur logis le plus découvert, voir la face du ciel, observer les aspects des astres. Ils prioient Dieu le créateur en l'adorant, et ratifiant leur foy envers lui, et le glorifiant de sa bonté immense. Et, lui rendant grâce de tout le temps passé, se recommandoient à sa divine clémence pour tout l'avenir. Cela fait, entroient en leur repos. »

Cette éducation porte fruit. Gargantua n'a pas été formé seulement pour la science. C'est un homme, un héros. Il sait défendre son père et son pays. Il est vainqueur, parce qu'il est juste, et courageux avec l'esprit de paix.

Un droit nouveau surgit contre les Charles-Quint, contre les conquérants : « Foi, loi, raison, humanité, Dieu, vous condamnent, et vous périrez ; le temps n'est plus d'aller ainsi conquéter les royaumes. »

La vraie grandeur de Rabelais, c'est que tout en s'occupant d'un géant, d'un roi, d'un être exceptionnel, il élève l'homme même en toutes facultés, et au complet. Il le remue ce roi bravement et vigoureusement. Il le fait travailler. Il lui impose toutes sortes d'activité, de gymnastiques, que l'on eût jugées peu royales, battre en grange et fendre du bois. Il le fait non seulement travailleur, mais fabricateur, créateur.

L'enfant se crée son corps par une variété de mouvements bien combinée. On l'intéresse à toute création. On le mène chez les ouvriers pour les voir travailler. On le fait cultiver, planter, soigner des arbres. Enfin ce grand prophète, Rabelais, anticipant les temps qui ne sont pas encore, veut qu'il s'essaye à faire des engins, des machines qui remuent, travaillent elles-mêmes.

Dans le plan de Montaigne, au contraire, le défaut c'est de ne donner que l'idéal de la vie noble, haute et philosophique. En cela il tient trop et de sa propre caste, et de ses auteurs Xénophon, Plutarque, qui dans leurs essais d'éducation forment ce que le seizième siècle, les Amyot et autres, appellent le gentilhomme grec. C'est le citoyen souverain des cités reines, Athènes ou Sparte. Beaucoup de gymnastique, d'exercice, peu de travail proprement dit, point d'œuvres, point de créations. Si je regardais dans la main du noble élève de Montaigne, j'y verrais la peau douce, unie, d'une main qui ne fait rien du tout. Mais chez celui de Rabelais je trouverais les signes du vaillant travailleur, qui agit et produit, et je lui dirais : « Tu es homme. »

La tendance morale, au reste, est dans Montaigne plus haute qu'on ne l'attend de cet épicurien. « Dominer le plaisir et braver la douleur, apprendre le grand art de bien vivre et de bien mourir. » On reconnaît les sages, les austères de l'Antiquité. Mais à ce propos même, on doit dire à Montaigne que cet état de force et de sérénité, la vraie santé de l'âme, s'obtient bien moins encore par les raisonnements que par les habitudes du travail, par l'heureux alibi qu'il ménage à nos passions, par la diversion merveilleuse que donne au bas plaisir le haut plaisir : *Créer.*

Pacifique Montaigne, savez-vous le terrible de vos leçons? C'est que « *qui ne crée pas, détruit* ». La force d'âme que vous donnez à votre élève, qu'en fera-t-il? Comme ses pères, il la tournera vers la guerre. Le beau résultat pour un sage! vous aurez fait un *tueur d'hommes!*

Dernière observation : Montaigne, qui écrit aux temps où la foi barbarement intolérante noyait le monde de sang, Montaigne, dis-je, veut garder son élève de cette horrible maladie, et pour cela il lui fait voir de bonne heure la diversité des mœurs et des opinions humaines. Il le fait voyager. Il le promène par le monde. Mais n'a-t-il pas à craindre que, par un défaut tout contraire, il ne reste flottant et trop impartial, que sais-je? un douteur? un Montaigne? Fâcheux état de l'âme pour l'homme jeune, dans l'âge de l'action. L'action? mais son nerf, son ressort serait brisé. L'homme, en sa grande force, n'aboutirait à rien. Dès vingt ans, vingt-cinq ans, il aurait le malheur de ressembler à l'auteur des *Essais*, s'enfermerait déjà, pour songer, dans sa *librairie*.

S'il ne s'enferme pas, son indécision, sa vie noble et oisive, qui à loisir observe tout, sa douceur tolérante qui aime et qui hait sans excès, « qui se conforme aux mœurs publiques et les contredit peu », tout cela fera l'idéal aimable, mais un peu négatif de *l'honnête homme* de Molière et Voltaire, n'enfantera nullement le héros ni le citoyen.

Quelles que soient ces critiques, voilà déjà, au grand seizième siècle, les deux types d'éducation. Ils sont posés.

L'un avec une ampleur, une force, une richesse admirable, dans le *Gargantua*. Le petit monde, l'homme, a avalé le grand. L'a-t-il digéré? Pas encore.

L'autre type d'éducation est finement tracé par la main de Montaigne, un peu maigre, un peu pauvre, par certains côtés négatifs, autant que l'autre fut surchargé et exubérant. Mais enfin, c'est déjà une belle esquisse, vive et forte, une tentative pour donner, *non l'objet*, le savoir, — mais *le sujet* : c'est l'homme.

CHAPITRE III

Le dix-septième siècle. — Coméni. — Les Jésuites. — Port-Royal. Fénelon. — Locke.

Les types étaient posés, les deux éducations en face, toutes deux insuffisantes. Comment les associer ?

Science, conscience ! qui vous accordera ? Par quels moyens pratiques pourrait-on vous concilier ? C'est ce qu'il fallait deviner. Le nerf de l'une, la richesse de l'autre, il fallait l'art nouveau de les mêler ensemble. La tâche du dix-septième siècle était de trouver les méthodes de simplicité lumineuse, qui, concentrant, abrégeant tout, auraient donné à la science des ailes puissantes et légères pour l'enlever de terre, en supprimer le poids.

Descartes et Galilée, ces vigoureux génies, semblaient ouvrir la voie (et l'algèbre déjà donna l'aile aux mathématiques). Comment donc se traîne-t-il ce siècle avec des moteurs si puissants, d'abord horriblement malade, puis faible en sa vaine élégance et dans sa fausse splendeur?

Rien dans toute l'histoire qu'on puisse comparer à la Guerre de Trente-Ans. C'est la plus laide qui ait souillé ce globe. « Quoi! est-ce que les armées mercenaires de Carthage ou de Charles-Quint n'avaient pas montré ici-bas tout ce qu'on peut imaginer d'horreur ? » Oui. Mais l'originalité de la Guerre de Trente-Ans, c'est d'être un long calcul, d'être très préparée par une éducation, un art de faire des monstres. Dès la Saint-Barthélemi, « coup d'État incomplet », on avait travaillé ardemment et patiemment. S'emparant peu à peu des mères et des enfants, on arriva à faire des êtres spéciaux sans cœur ni tête, des automates destructeurs, admirables machines de mort (comme un Ferdinand II). De là, tant qu'on voulut, on eut, au second âge, des exécuteurs, des tueurs. Au troisième âge, on eut des produits inouïs en histoire naturelle, un engendrement effroyable de pourritures sanglantes, impossible à nommer. Rome enfanta Gomorrhe, qui enfanta Sodome, qui enfanta... Mais comment dire cela? Ici l'ulcère grouillant. Là la morte gangrène. Des villes devenues cimetières, que restait-il? Le rebut des soldats, des troupeaux misérables d'enfants, qu'on rencontrait, sauvages, devenus animaux et bêtes à quatre pattes, qui dévoraient l'herbe des champs.

L'excès des maux, venu à un tel degré, décourage. Les cœurs sont contractés, l'esprit même affaibli devant de tels spectacles. Des femmes, de divine tendresse, comme la pauvre Bourignon, qui s'y jetaient, devenaient folles. Nul n'aurait soupçonné que de là sortirait un génie de lumière, un puissant inventeur, Galilée de l'éducation.

Ce beau génie, grand, doux, fécond, savant universel, comme plus tard a été Leibnitz, était du pays de Mozart, de ces pays toujours écrasés par la guerre ou par la lourde Autriche, les pays demi-slaves. Coméni, c'est son nom, chassé de Moravie par les féroces Espagnols, y perdit la patrie, et y gagna... le monde. J'entends un sens unique d'universalité. D'un cœur et d'un esprit immense, il embrassa et toute science et toute nation. Par tout pays, Pologne, Hongrie, Suède, Angleterre, Hollande, il alla enseignant, premièrement *la Paix*, deuxièmement le moyen de la Paix, l'*Universalité* fraternelle.

Il a fait cent ouvrages, enseigné dans cent villes. Tôt ou tard, on réunira les membres dispersés de ce grand homme qu'il laissa sur tous les chemins. Entre ces livres d'abord, nommons-en deux qui sont deux larmes : *le Martyr de Bohême*, écrit sur la ruine d'un monde. Et *l'Éloge funèbre du grand Gustave*, cette épée de la paix, ce juste juge qui l'eût faite ici-bas.

Mais l'infatigable écrivain, dans presque tous ses livres, cherche ce qui pouvait, mieux encore que l'épée, terminer toute guerre : un système d'éducation, qui, appliqué aux nations diverses, diminuant leur diversité, effaçant des oppositions plus apparentes que réelles, préparerait la grande harmonie.

Sorti des doux Moraves, imbu de leur esprit, il s'adresse aux chrétiens d'abord, à l'Europe chrétienne. A l'homme ensuite, « *à tous!* »

A tous! Ici commence le vrai catholicisme, réelle universalité. La petite secte romaine (imperceptible sur la terre), par son exclusivisme, est anti-catholique.

A tous! Et plus de guerre des Turcs. Arrivez, Musulmans! Supprimons le Danube; nous vous tendons la main. — *A tous!* Arrivez, pauvres Juifs, échappés aux bûchers. *A tous!* aux courageux penseurs, si cruellement calomniés. Protestants, catholiques, vont s'embrasser enfin au tombeau de Gustave-Adolphe.

L'élan universel d'*énergie* (pan-ergeia), l'universalité de *lumière* (pan-agia), vont préparer celle d'*éducation* (pan-pædia).

Apprendre moins, et savoir davantage, c'est le but. Comment y va-t-on?

Là c'est le vrai génie. Le même homme, supérieur à sa science, planant sur son érudition, sort le premier de la verbalité. Il faut montrer, dit-il, *la chose avant le mot.*

La faire voir, la nommer ensuite.

Pour sentir ce coup de génie, il faut se rappeler qu'en deux mille ans l'école n'enseigna *que le mot.*

Il faut savoir aussi que celui qui disait cela, était en même temps le grand maître des langues, créateur de la linguistique, qui dans sa *Janua linguarum* donnait l'exemple des synglosses, et montrait que, les langues s'enfantant l'une l'autre, on en apprendrait dix bien plus aisément qu'une.

Eh bien, toute sa science, il la met sous ses pieds. Il l'ajourne et la subordonne. Il se refait enfant, s'adresse *aux sens* d'abord ; après viendra le jugement. Il sait être grossier. Il présente à l'enfant, lui fait voir et toucher les choses. D'abord le réel et le fait, l'exemple et la règle plus tard.

Présenter ces exemples, ces actes, ces objets, dans l'ordre heureux, facile, qu'indique la nature. Ne pas l'intervertir, si bien que chacun d'eux prépare la voie pour avancer plus loin.

Mais le maître, un maître quelconque, saura-t-il trouver l'ordre ? Pour y aider, il donne une encyclopédie d'images, un livre de gravures bien ordonnées qui puissent et diriger le maître et charmer, captiver l'enfant : *Orbis pictus sensualium*, 1658.

L'éducation *intuitive* est créée. Ce grand savant a déjà le génie naïf et réalisateur des Basedow, des Pestalozzi. Il dit les mots profonds qui les ont faits peut-être. En voici un : « Le maître doit semer des semences, et non des plantes toutes faites, des arbres tout venus. » Il doit se bien garder d'ingérer à l'enfant, par masses, un gros système qui étouffe et ne nourrit pas, mais délicatement lui insinuer les germes qui, dans sa chaleur et sa vie, vont gonfler, grandir, fleurir.

La paix de Westphalie, la paix des Pyrénées, étaient venues trop tard. On avait trop souffert. L'esprit en restait affaissé. Cela seul fait comprendre l'étonnant, le honteux succès de l'éducation mécanique, de l'enseignement bâtard et puéril d'*elegantia latinæ* que donnèrent les Jésuites, et que la cour, la bourgeoisie acceptèrent si avidement. J'ai décrit (je crois dans ma *Fronde*) l'organisation singulière du collège de Louis-le-Grand, pour quatre cents petits seigneurs, ayant (outre les maîtres) quatre cents bons *amis*, jeunes Jésuites, qui tendrement berçaient, gâtaient, mollement punissaient ces mignons.

Il est déplorable de voir des protestants et des libres penseurs (Bacon, Ranke, Sismondi, Auguste Comte, etc.) louer les Jésuites comme maîtres, excellents latinistes. Ils ont donc une connaissance bien légère de l'Antiquité. Ils n'ont évidemment jamais lu, ni connu les vrais, les grands savants du seizième siècle. Dans les mains des Jésuites tout devint faible et faux. Ces langues mâles et fières, que sont-elles dans leurs collèges? Combien molles et féminisées? Leur règne d'humanistes peut s'appeler, au vrai, l'avènement de la platitude.

Jamais, jamais le Diable ne fait l'œuvre de Dieu. Il en fait des contrefaçons ignobles et des caricatures.

Le fruit jésuite, issu de l'Italie pourrie, de la grotesque idylle de Tircis et de Corydon, empoisonna l'Europe. Ce fruit, ce fut le funeste idéal tout à coup à la mode, l'agréable petit seigneur, *le petit homme de cour*. Très digne adoration des mères que dirige Escobar. Cet enfant-là est le fléau du siècle. On le retrouve partout avec cette belle éducation. Des nations entières en furent transformées et gâtées. Exemple la Pologne que les Jésuites ont perdue.

Le fait saillant du dix-septième siècle vers son milieu et surtout vers sa fin, c'est une diminution étonnante de la taille humaine.

Aux géants Rabelais, Shakespeare et Michel-Ange, avaient dignement succédé Galilée, Descartes, Rembrandt. Mais voici que tout baisse. Corneille est un effort; il s'élance, il retombe. Molière, génie robuste, est fort plutôt que grand; et le délicieux La Fontaine n'est pour le fond qu'un fils exquis de Rabelais. Le reste, je l'avoue, m'assomme.

Le récitatif éternel de Bossuet, sur des thèmes épuisés où les grands mystiques avaient mis cent fois plus de cœur, ne peut se soutenir qu'avec ceux qui ignorent profondément le Moyen-âge. Non, la pompe n'est pas la grandeur.

Pascal, un bien autre écrivain, esprit si inquiet, a derrière lui quelqu'un qui ne le quitte pas. Qui? Le sire de Montaigne, et la nature humaine. C'est là l'abîme où il se sent glisser lui et son sombre orgueil et toutes ses bravades de dogme.

C'est un trait curieux du dix-septième siècle, et général. Il injurie Montaigne, mais toujours le regarde, le suit d'un pied boiteux, sous les formes flottantes de la réaction dévote.

Tantôt Montaigne, et tantôt Molinos. Voilà ce qui pour moi fait l'ennui de ce siècle, malgré tout son beau style. Il marche par deux routes, des compromis bâtards, équivoques, impuissants.

La résultante quelle est-elle ? L'horreur du grand, l'amour d'une certaine médiocrité. On ne veut rien que de moyen, *de raisonnable*. Et on ne l'atteint pas. Car, quoi de plus grand que la Raison ?

Cette pauvre moyenne qu'on trouve, est-ce au moins l'homme naturel? Non, c'est l'homme arrangé, l'*honnête homme*, Cléante ou Philinte, tellement modéré, équilibré, qu'il en est nul, — ni héros, ni savant, encore moins créateur, que dis-je ? *pas même l'amateur !* — homme de goût peut-être, mais se piquant de savoir peu, de vouloir peu, d'agir peu, — bref, de n'être rien.

Cet *honnête homme* est-il suffisamment honnête ? Oui, mais dans la mesure que comporte la Cour. C'est un demi-chrétien. Il pratique autant que le Roi, mais pas plus.

Le pis de tout cela, c'est que dans un monde tellement relatif, où rien de vraiment neuf, de fécond, n'est possible, l'effort, même sérieux, les caractères solides et sincères ne produiront rien. Demi-lumières, demi-vertus, demi-réformes ; au total, pauvreté.

Quel retard que le Jansénisme, et quelle perte de temps ! Les petites Écoles qui avaient du mérite, sont étouffées avant de porter fruit. L'éducation de Port-Royal (pour cinq ou six petits garçons) offre certainement dans la forme des améliorations réelles, mais elle n'atteint en rien le fond. Jusqu'à douze ans, l'étude en divertissements ; quelle étude ? un peu d'histoire sainte, de géographie, de calcul. Après douze ans, les langues, facilitées par de meilleures méthodes, mais nullement avec le souffle des grands savants du siècle précédent, des Scaliger, des Cujas, des Budé. L'Antiquité, au dix-septième siècle, n'est plus chose d'amour ni d'enthousiasme fécond.

Même le gentilhomme énergique que voulait Montaigne, avec les exercices violents et les voyages, eût dépassé le type honnête et modéré du siècle de Louis XIV. Cette fière figure aurait fait dissonance, n'eût pas eu la douceur du bon *sujet* et du *chrétien*.

Si Port-Royal est tel, que dire des amis des Jésuites, des éleveurs des princes ? Le dégoût vient surtout de les trouver si peu chrétiens. Ils ont oublié tout à fait l'austérité de ces dogmes terribles. Ils en ont peur, et, je crois, quelque honte. On ne peut pas montrer en Cour ce rude Dieu. Ce serait manquer de respect au véritable Dieu, le Roi.

Voyez le bon Fleury lui-même, le meilleur à coup sûr. Comme il craint de déplaire à son petit bonhomme, comme il veut l'amuser, le captiver et le faire rire. « Je voudrais que la première église où il irait fût la plus belle, qu'on l'instruisît dans un beau jardin par un beau temps, quand il serait de la plus belle humeur; que ses premiers livres fussent bien imprimés, bien reliés; que le maître fût bien fait, d'un beau son de voix, d'un visage ouvert, agréable en toutes ses manières. »

Quelque peu chrétien qu'on puisse être, la rougeur monte aux joues quand on lit (*Éducation des filles*) Fénelon, qui indique comme histoire *agréable* la descente du Saint-Esprit. — *Agréable*, dit-il, ainsi que les légendes de saint Paul et de saint Étienne. — On voit là combien peu il sent la gravité des choses, leur importance relative. Triste siècle, celui où un tel homme montre une telle pauvreté de cœur ! Il ne sent rien du tout de ce moment unique, où la flamme descend, où les langues de feu viennent pour délier la parole. Moment tel qu'il excède de grandeur le christianisme, l'a précédé, le suit, lui survivra.

Chez cet aimable abbé, chargé, à vingt-cinq ans (!) de convertir, diriger, confesser les pauvres jeunes protestantes, une chose fait froid, c'est que nulle part son livre ne nous montre la mère. C'est lui qui est la mère, une fausse mère, ni femme, ni homme, chargé de mener l'enfant tout doucement à l'enterrement monacal qui est son sort probable. Les temps sont durs, et les maris sont rares, surtout le mari riche qu'il souhaite et conseille. Elle sera religieuse. Pour cela, il vaut mieux qu'elle ne sache pas grand'chose. Il lui demande fort peu d'instruction, pourtant *un peu de procédure*, pour le cas où elle aurait des biens à administrer.

Ah ! *Jesule ! Jesule !* mon pauvre ami, que tu es rétréci, timide ici devant le monde, décent, poli et convenable !

Il dit des filles : « Elles naissent artificieuses. » Lui-même il est bien fille dans ces petites ruses qu'il conseille pour diriger l'enfant, le tromper dans son intérêt.

Avec cela, le livre est fort joli, plein de choses fines et de bon goût, de petite sagesse mondaine et féminine, mais triste, profondément triste. Et derrière un fonds sec. Que serait-ce si la pauvre fille avait un riche cœur ? un cœur à la madame Guyon, comme eut l'infortunée La Maisonfort, victime de Saint-Cyr ? J'ai parlé dans le *Prêtre* de cette maussade maison, et de sa sèche directrice, bien plus homme que Fénelon. Il est de mode aujourd'hui (chez les protestants même) de vanter fort cette Maintenon. On trouve judicieuse l'éducation faible et fausse qui apprenait très peu (moins que nos écoles primaires), et qui, sous une affectation mensongère de simplicité, créait des comédiennes. Elles faisaient un peu de ménage ; je le veux bien et je l'approuve fort. Elles travaillaient de l'aiguille, fort mal, si j'en juge par ce qu'on en voit aujourd'hui même à Versailles dans la chambre de Louis XIV. Ne dissimulons rien, Saint-Cyr ne fut créé que pour l'amusement du Roi. L'éducation par le théâtre y gâtait tout. La plus sage disait : « Si je joue bien, le Roi me mariera. » Ces gentilles Esther, occupées à apprendre toujours des fictions (tragédies ou proverbes, dialogues de la directrice), devenaient aisément de fines et fausses créatures. Exemple celle qui, dit-on, prenait toujours le plus beau fruit, et le meilleur morceau, innocemment, « par pure simplicité ».

Mme de Maintenon les connaît bien, prend contre elles d'étonnantes précautions. Elle leur apprend à écrire, et leur défend d'écrire. L'amie même est suspecte ; on ne peut causer deux à deux. Le prêtre est-il sûr ? Non. « Allez au confesseur ; faites ce qu'il dira, si vous n'y voyez de péché. » Le père même, le frère, ne peuvent voir l'élève que quatre fois par an, et devant une dame qui écoute et surveille ! On sent bien qu'une élève, si peu nourrie d'esprit, si suspecte de mœurs, va être tout à l'heure (brillant fruit de Saint-Cyr) une dame de la Régence.

Cet aplatissement de la France, épuisée et usée, ne se comprend que trop. Mais l'Angleterre victorieuse, qui fait alors la paix du monde, dans ce haut rôle politique, quel est l'état de son esprit ? Très pauvre, imitateur, médiocre et judicieusement ennuyeux. J'ai dit fort clairement, en 1688 (*Histoire de France*), à quel point les partis étaient faibles à l'avènement de Guillaume, impuissants et inertes, sans l'élan, le coup de collier que nos réfugiés leur donnèrent. L'âge imaginatif et l'âge fanatique ont passé. La grandeur de Shakespeare, la force de Milton, la robuste Angleterre de Cromwell, où sont-elles ? L'homme du temps, c'est Locke, et sa foi *raison-*

nable, son gouvernement *raisonnable*, sa *raisonnable* éducation.

Ce dernier livre avait le mérite d'être le seul ouvrage en règle et étendu sur la matière. L'auteur, qui est médecin, insiste avec raison sur l'éducation physique ; mais en général, pour le reste, qu'il est faible, sec, pauvre, loin, et de l'ampleur de Rabelais, et de la vigueur de Montaigne ! De ces grands hommes à lui, quelle chute ! Combien peu celui-ci a besoin des fortes vertus ! Sa morale est plutôt prudence, sa vertu négative, abstinence de vices plus que vertu. Rendre l'enfant sensible aux éloges et à la considération, l'avertir des grands avantages qu'elle donne à celui qui l'obtient, le rendre doux, civil, c'est l'essentiel. Dans un coin cependant, il dit négligemment (je crois en une ligne) « qu'il faut lui enseigner la Justice ».

Il veut l'instruction très modique et pratique, limitée à l'utile. Du français, un peu de latin, de calcul et d'histoire. Quelques mots d'histoire naturelle (spécialement pour les arbres fruitiers). De la religion, mais pas trop, quelque peu de Bible.

Il y a par moments de fort belles lueurs qui feraient croire qu'il a vu loin. Mais point. Tout d'abord il s'arrête. Par exemple, il conseille « que l'enfant fasse ses jouets ». Là il est bien près de Frœbel. Il ne va pas plus loin ; il fait un gentleman, et non un ouvrier. Il dit très sagement que, pour raison de santé, le jeune gentleman doit avoir un métier, tourneur ou jardinier. Mais, avec moins de sens, il ajoute les métiers de luxe, apparemment plus propres à un homme comme il faut. Qu'il soit parfumeur, vernisseur, graveur, qu'il polisse du verre ou bien des pierres précieuses.

Est-ce lui, ou son traducteur, qui ajoute à la fin une Notice détaillée sur l'*Éducation des enfants de France*? Pauvre sujet dont pourtant les Anglais, nos copistes d'alors, sous Guillaume et sous la reine Anne, étaient fort curieux, faut-il le dire? admirateurs.

CHAPITRE IV

Premier essor du dix-huitième siècle. — L'Action.
Voltaire. Vico. Le *Robinson*.

De Leibnitz et Newton jusqu'à nous, en cent cinquante ans, l'humanité a fait dans les sciences infiniment plus que dans les deux mille ans qui précèdent depuis Aristote. Le courant, retardé si longtemps, s'est précipité, et il a avancé, on peut dire, d'un énorme bond.

Phénomène étonnant. Ce n'est pas lui pourtant qui fait la première gloire du dix-huitième siècle. Le nôtre continue, d'autres continueront dans ces voies de découvertes scientifiques, d'exploration de la nature. Ce qui mettra à part le dix-huitième, c'est qu'il a recherché, définitivement révélé le principe intérieur auquel nous devons tout cela, *la force vive qui fait la puissance de l'homme*, l'activité de son esprit, — et ce qui régit l'esprit même, la *volonté*, — et dans la volonté ce qui la rend puissante et efficace, la *liberté*. Là, on a rencontré le fonds. « *La liberté, c'est l'homme même.* »

J'ai dit ailleurs comment, à travers ses mouvements divers qu'on croirait discordants, le dix-huitième siècle, posé réellement sur ce rail admirable, marcha très droit, pour atteindre son but, la générale restauration de l'homme, qui s'appelle la *Révolution*.

Il la fit dans les lois, dans la société, et plus profondément l'entreprit en dessous dans ce qui en est la racine, dans ce qui lui prépare l'élément social : l'art qui fait l'homme enfant, qui éveille, qui aide la liberté native. Cela s'appelle *Éducation*.

Rien n'aurait averti la veille de ce grand mouvement. Le dix-septième siècle décéda dans une caducité extrême, ne promettant qu'épuisement et faiblesse à son successeur. Sa dernière Renaissance bâtarde sous Louis XIII et à l'avènement de Louis XIV n'avait abouti qu'à des chutes.

Depuis Colbert, la France traîna trente-quatre années encore dans la vieillesse décrépite, interminable du grand règne, dans le ressassement éternel d'une question théologique, usée trois fois, dès 1600 par Molina, et jusqu'en 1700 mâchée et remâchée. L'esprit, l'argent, la vie et la race elle-même, tout paraissait tari. Tout maigrissait, séchait, des Arnauld aux Pomponne, et des Sévigné aux Grignan.

Le pis, c'est que l'Europe, ayant en tout suivi la France, participe à cette étisie. Plus de littérature. Sans la fabrique de Hollande, tout paraîtrait éteint. On fait des livres sur des livres. Critiques et manuels, traductions et compilations, c'est tout ce qu'on voit, dit Vico.

Un trait particulier du réveil de l'Europe qui étonne aujourd'hui, c'est que ses grandes voix s'élèvent fort à part, tout individuelles, et, ce semble, sans se connaître. Cela d'autant mieux marque que leur accord vient de plus loin, du fond, du plus profond de l'âme humaine.

Un Anglais, de Foë, prophétise la Révolution.

Un Français, Montesquieu, prédit la mort prochaine, imminente, du christianisme, qu'il fixe à quatre ou cinq cents ans.

Voltaire (contre Pascal et le christianisme) pose l'idée nouvelle : « Le but de l'homme est l'action » (1734).

L'Italie rompt enfin son long silence et dit (en 1726) : « L'humanité s'est faite elle-même par sa propre action. C'est l'homme qui forge sa fortune (*Fabrum suæ quemque esse fortunæ*). Il est son propre Prométhée » (Vico).

Cela d'un coup efface le *Discours* de Bossuet. C'est la création de l'Histoire.

Vico a-t-il un père? S'il en a, c'est Leibnitz, qui, cinquante ans plus tôt, avait dit : « L'homme est une force active, une cause qui agit incessamment. Tellement que l'idée d'existence ne lui vient que de cette cause intérieure qui est *lui*. »

Vico sent cela dans l'histoire, dans les mœurs et les lois. Du moment que ce sont des effets naturels de notre activité, on peut les expliquer dans le passé, les deviner dans l'avenir, les préparer, y préparer les futurs acteurs de l'histoire qui suivra.

Bientôt la politique, la société même, paraîtra au génie de Turgot une éducation.

La société est un tout très compliqué. Dans le milieu social, notre action se mêle de mille activités diverses. De l'humanité tirons l'homme. Observons-le à part. Dans le désert peut-être, le dénuement et l'abandon, nous pourrons mieux voir ce qu'il peut.

C'est la donnée féconde, admirable, du *Robinson*. Ce livre a un rapport avec celui de Cervantès, c'est que tous deux sont écrits par des hommes déjà avancés dans la vie et qui ont traversé tous les malheurs. L'Espagnol est un vieux soldat estropié, un pauvre prisonnier, qui conserve la plus jeune imagination. Foë, l'Anglais, déjà parvenu à cinquante-cinq ans, ruiné et méconnu, condamné et pilorié injustement, se console dans l'ennui de la campagne par un travail immense, se raconte des aventures et réelles et imaginaires, fait des voyages infinis par écrit. Tous deux témoignent d'une âme singulièrement ferme et calme, sans haine, sans rancune pour les hommes ou contre le sort.

La légende si ancienne de Robin-Hood, le vagabond des bois, ici s'est transformée ; elle est devenue maritime. Robinson est bien l'homme du temps où Foë écrivait, en 1719, le marin, le planteur qui va du Brésil en Afrique acheter des esclaves. Cela date le livre parfaitement. Cette année 1719, celle du système de Law, est l'époque où les Compagnies rivales de France et d'Angleterre se disputent la mer, les colonies. Tous les esprits tournent de ce côté. On ne parle alors que *des îles* (voy. ma *Régence*), de leurs fabuleuses richesses et des fortunes qu'on y fait. L'Anglais, contrebandier sur les terres espagnoles, ou commerçant de nègres en vertu de l'Assiento, se précipitait vers le Sud. Foë très sagement veut calmer l'imagination, dit ce que sont ces îles tant vantées. Son livre est un tableau qui rappelle, fort adoucies, les terribles misères qu'y endurèrent jadis les boucaniers abandonnés, ne vivant que de chair cuite au soleil. Il supprime les intolérables souffrances que leur causait la piqûre des insectes (voy. *Œxmelin*, etc.). Son naufragé n'est pas accablé du climat. Il travaille comme dans la campagne de Londres, où Foë écrivait. C'est la légende du travail évidemment qu'il voulait faire. Voilà la nouveauté, l'originalité du livre.

La situation n'est pas celle du pionnier moderne dans les terres illimitées de l'Amérique, appuyé derrière lui par le monde civilisé, et pouvant s'avancer à volonté, choisir sa station, ce qui diminue fort son esprit inventif, et le maintient assez grossier. Robinson est un prisonnier, enfermé dans une île, obligé de chercher et en lui et dans la nature. Il arrive peu préparé, et il faut qu'il devine, retrouve les procédés des arts élémentaires, nécessaires à la vie humaine. Cela est beau, instructif et fécond. On voit là, on apprend quels sont les biens réels, les choses vraiment utiles. Quelle joie pour Robinson quand, parmi les épaves, il retrouve la scie, les instruments du charpentier ! Que ces grossiers outils lui semblent préférables à l'or, à tous les trésors de la terre!

On peut dire que Foë a trop pitié de l'homme, qu'il ne suit pas sévèrement sa belle donnée. Lui laissant à portée le vaisseau échoué, il lui donne trop de secours. Le livre aurait été bien plus original si Robinson en eût eu moins, s'il eût inventé davantage. Mais alors le roman aurait moins satisfait la masse des lecteurs, spécialement des lecteurs anglais qui prennent grand plaisir à voir ce sauvetage, à voir ce naufragé trouver tant de bonnes choses, emmagasiner tout cela, qui s'associent d'esprit à ce ménage où, près du nécessaire, se trouve même le cher confortable. Foë flatte en ceci singulièrement l'esprit anglais. Il s'y conforme encore et lui donne l'illusion complète d'une histoire qui serait réelle, par le détail précis et minutieusement calculé de beaucoup de petits objets. Il semble moins habile à conserver l'illusion quand il exagère tellement le travail dont le plus laborieux des travailleurs serait capable. Ses canots, le grand, le petit, son chemin aplani pour traîner le grand à la mer, un canal long, profond, qu'il creuse lui seul, cela dépasse toute vraisemblance, étonne et refroidit un peu.

Trois points marquent très bien l'époque :

D'abord le commerce des noirs, l'esclavage, que l'auteur, ce semble, ne désapprouve nullement, et qui à ce moment faisait la source principale des richesses de l'Angleterre ;

Deuxièmement l'esprit biblique, la lecture de la

Bible, mais sans allusion à aucune Église spéciale. Dans cette époque intermédiaire le puritanisme a faibli, et le méthodisme n'a pas commencé, Wosley n'arrivera qu'après 1730 ;

Troisièmement un trait particulier : la mention fréquente des liqueurs fortes. L'entr'acte des idées favorisait l'avènement de l'alcoolisme et tout vice des solitaires. Hogarth, tout à l'heure, va nous en donner les tableaux. Déjà, dans *Robinson*, le rhum revient à chaque instant et sous tous les prétextes.

L'Angleterre se reconnut si bien, accueillit tellement le livre qu'elle le prit pour une histoire vraie. Il fut traduit sur-le-champ en français. C'est sur le continent, en France, en Suisse, en Allemagne, qu'on en apprécia la vraie portée systématique, et bien au delà même de ce que peut-être l'auteur avait voulu, senti. Son lourd habit biblique n'empêcha pas qu'il n'eût une action profonde. Il a, bien plus que Locke, inspiré, préparé l'*Émile*.

CHAPITRE V

Rousseau.

Rousseau, dans ses trois livres qui parurent en trois ans (la *Julie*, le *Contrat*, l'*Émile*), eut l'effet tout-puissant de ce rayon subit qui transfigure les Alpes, quand un vent matinal balaye le brouillard de la nuit. Ce paysage immense, vu du Jura, semblait une mer grise d'où à peine surgissait quelque île. Mais tout s'éclaire, tout ressort, éclate avec cent nuances diverses. C'est comme un monde créé tout à coup, sorti du néant.

Nuances fort diverses, plus ou moins vraies; beaucoup sont fantastiques, pleines de rêves encore, d'illusions. Au total, une grande lumière a envahi le paysage. Si tel détail nous trompe, l'ensemble est dans le vrai.

Ce puissant ouvrier, ce grand metteur en œuvre, qui eut certainement plus de talent que d'invention, méritait-il ce succès incroyable, le plus beau qu'homme ait eu jamais? Nous ne dirons pas : Non; nous ajournerons nos censures sur ses hésitations, ses reculs du jour à la nuit. Nous dirons plutôt : Oui. Il est sûr que ce grand coup d'art, cet éclat littéraire incroyable était mérité. Il partit d'un élan, d'un moment héroïque, d'une sublime crise du cœur.

Le moment où le pauvre, l'isolé, le déshérité, s'appuyant sur lui-même, *fait appel à la conscience*, retrouve, affirme l'harmonie, et, du fond du malheur, jure que *le tout est bien!*

Rousseau n'est nullement novateur. L'optimisme, depuis Leibnitz, depuis cent ans, était populaire en Europe, professé en Allemagne. Les déistes anglais l'avaient mis en honneur. Entre deux ombres absurdes, la férocité puritaine, l'imbécillité méthodiste, l'Angleterre avait eu comme un éclair humain, un appel au bon sens. Voltaire, en 1727, quand il revint de Londres incognito, encore exilé, ruiné, pauvre, et caché alors dans un grenier de Saint-Germain, écrit très noblement (contre Pascal et les pleureurs chrétiens) : « *L'homme est heureux.* Il y a plus de bien que de mal. »

Il le soutient de même dans ses *Discours*, ses lettres à Frédéric. C'est le grand cours du siècle : l'Optimisme et la Liberté.

L'affreuse Guerre de Sept-Ans et le désastre de Lisbonne, tant de maux coup sur coup, firent pourtant tort à la lumière. Voltaire eut son éclipse (voy. mon *Louis XV*). Il se trouvait aussi que la diffusion du mouvement encyclopédique, la variété des sciences, leurs progrès même, avaient l'effet momentané de trop disperser l'âme, de lui faire oublier sa force intérieure et son moi. Diderot l'éprouvait, comme aujourd'hui Comte et Littré. Des lueurs fatalistes passaient, troublaient le jour. Complication mauvaise qui aurait à jamais ajourné la Révolution.

Le dix-huitième siècle, fort différent du nôtre, a le cœur d'un héros. Chaque fois qu'il enfonce et baisse au fatalisme, il se trouve quelqu'un (un malade comme Vauvenargues, un pauvre homme comme Rousseau) pour frapper vivement du pied la terre et remonter, disant : « L'homme est libre. Le cœur, la conscience, c'est tout. Je suis heureux. L'homme est heureux. Le monde est bon. Le tout est bien. »

Les grands éducateurs depuis la Renaissance, traînant encore au pied leur boulet (Biblique et Chrétien), n'avaient jamais articulé cette confiance entière dans la nature. Elle est exactement *antichrétienne*, la pure négation du mythe de la nature déchue. Notez que les retours contradictoires de Rousseau, ses mollesses chrétiennes qui pourront revenir, seront des parenthèses tout à fait isolées, discordantes dans l'ensemble de sa doctrine essentielle, sans s'y harmoniser jamais.

Même dans la *Julie*, dans les langueurs dévotes de sa dernière partie, l'éducation est juste antichrétienne, contraire à la dure discipline qui ne veut qu'émonder, mutiler la plante humaine. Julie se fie à la nature, au point que, selon elle, l'éducation consiste à ne rien faire du tout. Laisser l'enfant jouer et vivre, se créer par lui-même, c'est le seul idéal de la belle raisonneuse (en même temps un peu quiétiste). Et le philosophe Wolmar, le père, le goûte assez. Il dit : « Le caractère ne change pas ; il reste quoi qu'on fasse. Donc, il ne faut rien faire. » Il semble fataliste, par respect de la liberté.

Nombre de sots ont pris cela au mot, ont dit : « Pourquoi l'éducation? » La négligence, la paresse, toutes les faiblesses maternelles s'en arrangeaient bien volontiers. Mais Rousseau même, avec un vigoureux bon sens, dans la *Julie* et dans l'*Émile*, se fait une terrible objection, c'est que cette éducation négative suppose un vrai miracle. Quel? *Un milieu parfait*, un si excellent entourage que l'enfant, ayant tout autour la vue du beau, du bon, s'améliore (rien qu'à regarder). Cela ne se trouve nulle part, moins chez Julie qu'ailleurs. L'enfant, entre deux cœurs *sensibles* (et plus amoureux que jamais), mollirait et dépérirait, atrophié dans cette langueur.

L'*Émile*, heureusement, ne suit pas l'*Héloïse*. C'est un livre très mâle. L'éducation d'amour, négative, expectante, ne va pas à ce siècle, en réalité énergique, et, parmi ses écarts, actif et créateur. L'*Émile* agit et crée. Tout y est art et énergie. En disant :

« *Nature agira* », il agit vigoureusement. Il est en cela concordant au grand but que posèrent Voltaire et Vauvenargues : « Le but de l'homme est *l'action.* »

C'est superbe de mise en scène. C'est bien autre chose que *Robinson*. Il y a bien là un naufragé, une âme échouée au rivage de la vie (*Sicut projectus ab undis navita*, Lucret.). Mais cette âme n'est rien encore, n'est point douée. Et vous avez la grandiose intuition du Prométhée, qui, d'un peu de terre, va faire l'homme.

Le tout triste et sublime. C'est un morne désert. Point de famille, ni père, ni mère (sinon pour l'allaitement). Rien que ce raisonneur, cet artiste, ce calculateur, qui vous travaille la petite momie. C'est très beau, et cela fatigue. On admire, mais c'est dur à lire. Il y a trop d'esprit, trop d'éloquence, trop de toute chose. Il montre un bras d'Hercule pour toucher une fleur. Il prend des gants d'acier pour bercer un enfant.

J'ai vu dans le Tyrol certain logis désert, un nourrisson tout seul. Du matin, les parents étaient à la forêt; un sauvage cours d'eau, armé de force énorme, fait pour tourner dix meules, d'un filet ménagé qui servait de nourrice, agitait, balançait l'enfant dans son berceau.

On sent trop bien partout qu'il n'a pas eu d'enfants, et qu'il n'en a vu guère. Dans sa vie vagabonde de musicien littérateur, n'ayant point de foyer (autre que sa pensée), il n'a jamais passé près de la cheminée les longues heures patientes qu'y passera Frœbel à voir l'enfant dormir, se réveiller, jouer.

Rien de plus éloigné du sentiment du peuple. Il n'a pas observé ce qu'offre le plus simple ménage, ce que sait le moindre ouvrier : c'est que *la famille du travailleur est une éducation de Justice* (voy. plus haut). Il n'a pas vu l'enfant frappé de l'exemple du père, sachant qu'il travaille pour lui, et qu'il *doit* le lui rendre, s'y essayant déjà, et, dans ses jeux, s'imaginant le faire.

Le Juste est-il en nous? et cette belle lumière luit-elle déjà dans le berceau? Il dit *oui* dans son premier livre. Puis, il l'oublie, dit *non* ailleurs.

Condillac a finement composé et décomposé l'homme-statue. Rousseau se fait tort en l'imitant, en employant ces artifices. Il brise l'unité réelle, si touchante de l'âme. Il en fait trois, ce semble. A l'en croire, le petit enfant ne comprendrait rien *que la force;* il faudrait durement, à ce pauvre petit, lui dire ce mot bref : « Je suis fort. » (Quoi de plus déplaisant?) Un peu plus tard, l'enfant ne comprend *que l'utile;* on le mène par l'intérêt. Et c'est plus tard encore, selon Rousseau, qu'il sent le beau, le bon, le juste, le devoir.

Quelle scolastique! quel esprit de système, tout contraire à l'expérience! Il ne s'aperçoit pas que par ce dur chemin, sans s'en apercevoir, il retourne au passé, cruel et sophistique. Ce triste enfant à qui on n'apprend que la force, m'a l'air du fils d'Adam et de l'homme déchu.

Ah! robe de Nessus qu'on ne peut arracher! Ah! levain savoyard de l'éducation catholique!... C'est de là qu'il a pris des finesses à la Fénelon, des machines qui trompent l'enfant « dans la bonne intention ». Quoi! lui mentir, quoi! la tromper, cette chère et faible créature, aimante et confiante, qui n'a que vous, se remet toute à vous! Comment en avoir le courage? Comment lui dire ce mot de tyran : « Je suis fort! »

Il y a de ces mots, des élans tyranniques, comme dans le *Contrat social*. Et, dans cette dureté, pourtant une bien grande vacillation. Qu'est-ce que ce Vicaire Savoyard? ce feint abbé qui parle, *et non Rousseau*. Rousseau n'est, dit-il, que copiste. Qu'est-ce que ce respect (douteux) pour la Révélation, violemment démenti dans ses *Lettres de la Montagne?*

Misère! misère! Et avec tout cela, l'effet total fut pourtant beau et grand.

Rousseau trouvait le siècle un moment indécis et comme embarrassé dans le réseau d'un progrès compliqué. Il le saisit, ce siècle, le remet en chemin, il lui rend la voie droite, d'un seul mot : « Conscience! conscience! »

Cela est magnifique.

La liberté morale, une fois attestée, relevée, toute liberté suivit dans les actes, les œuvres, les lois.

La liberté est une. Sociale, morale, économique, etc., le nom n'y fait rien; c'est toujours liberté, la liberté du cœur, d'où jailliront les autres.

On cria, mais en vain. Les chrétiens, les sceptiques, parfaitement d'accord, disaient : « Il se confie au cœur, si variable, au caprice individuel, à l'instinct si souvent faussé. » Mais si cette voix intérieure est *la même* par toute la terre; si, pour s'assurer, s'affermir, la conscience de chacun a la conscience de tous, n'est-ce rien que l'*accord de l'homme et de l'humanité?*

Un peu avant l'*Émile*, cet accord avait eu sa vive affirmation dans le grand livre de Voltaire (1757). Un peu après l'*Émile*, il eut sa démonstration admirable que l'on essaye en vain d'ébranler aujourd'hui. On vit se dérouler (1768), de l'Inde et de la Perse à nous, la touchante unanimité des plus grandes nations de la terre, la voix de cent peuples et cent siècles, répondant à Rousseau : Conscience! conscience! »

Ce beau siècle de foi, le dix-huitième siècle, fort du dogme suprême, la liberté morale, s'en va dès lors tout droit au but : 89.

Voilà la gloire d'*Émile*. Le fataliste élève l'enfant pour le tyran, Rousseau pour la Révolution.

CHAPITRE VI

L'Évangile de Pestalozzi.

L'immense résultat de l'*Émile* parut de cent façons, mais surtout par un mot qui éclata partout : *philanthropie*. Le grand patriote allemand, l'illustre Basedow créa ses instituts *philanthropiques*, maisons d'éducation, d'instruction *intuitive*. Ses très belles gravures, jointes à un admirable texte, renouvelaient Coménius, père vénéré de la pédagogie.

Nous avons vu comment, de l'horrible chaos de la Guerre de Trente-Ans, sortit l'éducation, le génie de Coménius. Notre cruelle Guerre de Sept-Ans éveilla le bon cœur, le grand cœur de Basedow. C'est de même, au milieu des malheurs de la Suisse, sur les ruines fumantes de Stanz, dans ces lieux tragiques et sublimes, sur le lac des Quatre-Cantons, que se fit, non le plan, non le [rêve de l'éducation, mais sa vive réalité. Nulle légende plus sainte dans la mémoire des hommes.

En 1798, les orphelins échappés au massacre, jeunes enfants de quatre à dix ans, furent mis dans un couvent à demi ruiné, et pour en avoir soin on appela un homme que beaucoup croyaient fou, l'ardent, le charitable Pestalozzi, qui, depuis vingt années, s'était ruiné plusieurs fois par des essais d'éducation. Il fallait un tel homme pour accepter une telle tâche, sans moyens ni ressources, sur ce terrain sanglant. C'était en octobre, une saison déjà froide sous les Alpes. Dans la seule chambre habitable de ce bâtiment saccagé, les fenêtres brisées laissaient entrer la pluie, les vents d'automne. Point de dortoir, point de cuisine. Nul sous-maître, nul aide. Voilà notre homme qui bientôt est entouré de quatre-vingts enfants, obligé de faire tout, bien moins maître que bonne, et, qui pis est, garde-malade. Ces petits malheureux étaient dans l'état le plus déplorable, en guenilles, et plusieurs couverts de maux, de plaies. Triste résidu de la guerre.

Au dehors, tout hostile, de grossiers fanatiques, un monde catholique et barbare qui, dans cet homme dévoué, voyait un protestant, qui perdrait ces enfants, pervertirait leur âme, bref, un suppôt du Diable, de la damnée Révolution.

Elle venait pourtant, cette Révolution, de délivrer la Suisse, toutes ses populations sujettes de Vaud, etc., opprimées par les vieux bourgeois, par les cités tyrans. Mais les malheureux montagnards des petits cantons, vrais taureaux d'Uri, d'Unterwalden, n'entendant rien, suivaient leurs prédicateurs furieux, des capucins, les agents de l'Autriche. Ils étaient si aveugles qu'à l'entrée des Français dans Stanz, comme on parlementait, ils tirèrent, ils tuèrent l'officier qui était en tête. De là un massacre cruel. Nos soldats, généreux et humains à Altorf, furent très féroces à Stanz. Malgré le zèle que mit le gouvernement à donner tout ce qu'il pouvait de secours, des rancunes profondes subsistaient, et l'on s'en prenait au pauvre homme.

Tout lui était contraire, tout semblait impossible. Il a écrit lui-même : « Il me fallait agir dans un chaos de confus éléments, de misères sans limites. Si je l'avais bien vu, j'aurais été effrayé et désespéré. Heureusement j'étais aveugle. Je ne savais guère ce que je faisais, mais bien ce que je voulais : *la mort, ou réussir*. Mon zèle pour accomplir le rêve de ma vie m'eût fait aller, par l'air ou par le feu (n'importe), au dernier pic des hautes Alpes. »

Quel était donc ce rêve ? Il l'explique bien peu, bien mal dans ses écrits. Ceux qu'il fit seul et jeune, avant sa grande expérience, sont faibles, vaguement humanitaires. Ceux qu'il fit vieux, aux temps de son succès, sont moins de lui que des ardents disciples qui lui prêtaient leur plume, trop souvent leurs idées, leur donnaient hardiment des formes arrêtées, étrangères au génie du maître.

C'est l'homme même qu'il faut atteindre en lui, ne tenant des écrits qu'on intitule de son nom qu'un compte fort secondaire.

Ce n'était pas un homme d'une pièce. Des hommes et des races diverses visiblement étaient en lui. Gauche et étrange en ses gestes, en ses actes, il avait au contraire dans la parole, non seulement la vive éloquence, mais la dextérité rapide pour la lancer, pour la reprendre, une finesse extrême pour trouver la vraie prise qu'offrait un jeune esprit, un art unique de l'éveiller, de faire qu'il trouvât, qu'il créât. Don singulier de faire des âmes.

C'est l'improvisation, au degré de puissance que n'ont point les brillants *trovatori* de l'Italie, la vide et faible muse qui aligne des mots. Lui, il improvisait des hommes.

Ce don brûlant, fécond, est-il plus dans les Allemands? L'Allemagne a, je crois, tous les génies, moins cette dextérité rapide. Elle est grande, profonde, avec *nescio quid plumbeum* qui fait un autre enseignement.

Né à Zurich, il eut pourtant bien peu le calme suisse, allemand. Il avait du sang italien. Sa famille, réfugiée en Suisse, était originaire du Tessin, du midi du Saint-Gothard. C'est là la rencontre des races, des climats, la lutte éternelle. Le soleil, l'avalanche ont leurs alternatives et leurs combats.

Et tout cela traduit dans l'homme. Sur ces versants des Alpes (du Tyrol au Tessin, et de là au Piémont, aux vallées Vaudoises), je trouve force génies fougueux, fils du torrent, fils de l'orage.

Pestalozzi enfant n'eut point la sécheresse ordinaire aux enfants. Il naquit tel qu'il fut toujours, étonnamment sensible et aveuglément charitable, ardent, impétueux pour redresser les torts, souffrant de tout ce qui souffrait. Ce qu'on trouverait de meilleur en ouvrant le cœur de la femme, en chaleur de bonté, en vivante palpitation, ce fut justement son génie. Il était laid, avec des yeux si tendres que nul n'y résistait. Les femmes comptent beaucoup dans sa vie. Son père meurt, et dès six ans il est élevé uniquement par sa mère, au foyer même (comme un petit grillon), toujours derrière le poêle. De là un être bien nerveux. Marié à vingt-quatre ans, il a une femme admirable qu'il ruine par sa charité. Ce qui peint bien la Suisse, cette excellente Suisse, ce sont ses deux servantes, Babely qui l'éleva, sauva le pauvre ménage de sa mère, et la vaillante Lisbeth, qui, le voyant lui et sa femme ruinés, toujours ruinés, les soutint quarante ans de son indomptable énergie.

Dès douze ans, à l'école, on l'appelait le petit fou. Pourquoi? Pour son aveugle élan à défendre le faible. Étudiant, il est encore plus fou. Il se jette dans les querelles du canton. Citoyen de Zurich, il ne peut supporter l'absurde tyrannie des citoyens sur ceux qui ne sont qu'habitants, leur monopole industriel, l'écrasement des petits métiers qui, l'hiver, auraient pu nourrir le paysan. Il lui faut fuir Zurich.

Il y avait en lui l'étoffe d'un révolutionnaire. On le sent dans ses *Fables*. La violente pitié qu'il avait pour les pauvres l'eût précipité dans ce sens; mais avec un parfait bon sens il comprit que, sous la révolution politique, il fallait une révolution morale, que les riches n'étaient pas seuls accusables, que les immenses masses pauvres (un infini! c'est presque tout le peuple) avaient leurs vices aussi qu'il fallait réformer; que, sans cette réforme, le changement des lois, de la Constitution, agirait peu pour eux. Le vice national, en Suisse, était l'ivrognerie; l'auberge était le gouffre où l'argent, la force, la vie, la moralité se perdaient. *Léonard et Gertrude*, faible petit roman qu'il fit, est dirigé contre l'auberge, l'aubergiste fripon, le fléau du pays. La femme reste sobre, et sauve la famille.

La providence, ici-bas, c'est *la mère*. Elle est pour ses enfants et l'exemple et l'enseignement. Par elle, ils vaudront mieux, et les générations seront renouvelées. Que serait-ce *si l'école pouvait être une mère*, si elle réalisait *pour tous* ce que la mère fait pour les siens? C'est le fonds principal du grand rêve de Pestalozzi. Ainsi d'un même coup puissamment révolutionnaire (révolution touchante, admirable, de la nature), il échappait au double vice des grands livres d'éducation qui l'avaient précédé. Rabelais élève un roi, Montaigne un prince, Locke et Rousseau un gentilhomme. Et Pestalozzi tout le monde.

Le gouverneur maussade qui nous attriste dans leurs livres, est heureusement licencié. La mère reprend ses droits; le charme et la tendresse de la femme vont réchauffer l'éducation. Elle prend dans ses bras, sur ses genoux, à sa belle mamelle son enfant, tout enfant. Elle en fait peu la différence. La *Charité* d'André del Sarte que nous voyons au Louvre en est la ravissante et sainte image. Tout ce qui souffre est sien. Elle accueille, elle prend, elle allaite, sans regarder qui. La mère inférieure disparaît; plus d'égoïsme étroit. *La vraie mère apparaît, l'école,* pour instruire, nourrir tout enfant.

C'était difficile. Pestalozzi, dans son premier essai (1775), veut donner l'aliment matériel aussi bien que l'autre; on le voit par les routes ramasser les petits vagabonds, orphelins ou abandonnés. Voleur d'enfants d'un nouveau genre, il en enlève de toutes parts, n'en a jamais assez. Mais comment les nourrir? En s'infligeant à soi-même la vie des mendiants, en s'ôtant le pain de la bouche; puis, en les faisant travailler. La nécessité fait ici d'elle-même le vrai système mieux que n'eût fait l'idée; c'est l'*association des trois vies naturelles* à l'homme : pour l'été, la *culture;* pour l'hiver, l'*atelier,* un peu d'industrie, d'art; et en tout temps l'*école.* Au métier, au sillon, il leur parlait partout. Les travaux monotones du corps étaient sans cesse avivés de l'enseignement. L'école, ailleurs prison, ennui et châtiment, ici était la récompense. Les œuvres les plus rudes étaient bonheur et joie, sous le charme de sa parole.

Le grand coup arriva, réalisa le vœu primitif de Pestalozzi. En 1798, par l'épée de la France, la Suisse fut vraiment délivrée des tyrannies gothiques, les Vaudois affranchis, et partout l'*habitant* égal aux *citoyens.* Le gouvernement éclairé qui se forma, secourant la coupable et infortunée Stanz, y appela Pestalozzi.

S'il y eut jamais un miracle, c'est celui-ci. Il fut le prix d'une foi forte, d'un merveilleux élan de cœur. Il crut, il voulut. Tout se fit.

L'acte énorme de foi qu'il y fallait, c'était de croire, en présence de cette tourbe dégradée de petits êtres déjà mauvais et vicieux, de croire, dire : « *L'homme est bon*. Tout est possible encore. »

Notez qu'ils se haïssaient tous. Les uns, enfants des riches, avaient horreur des petits mendiants qui se trouvaient leurs camarades, et ne cachaient pas leur dégoût. Et ces rudes enfants de la route n'étaient que trop portés à user de violence. Chose à voir désolante ! Dans ce troupeau si jeune, parmi tant de misères, déjà les haines sociales ! l'enfer en miniature ! Il fallait démentir ce qu'on voyait, et dire : « N'importe ! L'homme est bon. »

Dans un petit *Essai* qu'il venait d'imprimer cette année même, il posait cette base, principe de toute éducation. Le principe contraire est précisément ce qui fait que le christianisme, *anti-éducatif*, n'a pu faire qu'une *discipline*, le *castoiement* de l'homme et sa mutilation.

La transformation fut subite. C'est ce qui reste inexplicable, ce qui donne une idée étrange de la force du magicien. Il n'y fallut qu'un an. Tout fut changé. Ils furent, on ne peut dire comment, enveloppés, fascinés, subjugués. Ce nourricier infatigable, qui seul alimentait, soignait, occupait, amusait, qui, ayant parlé tout le jour, le soir les endormait de belles histoires, il fut à lui seul *tout*, exactement *la vie*. Ils gravitèrent autour, sous une attraction magnétique, le suivant pas à pas, ne pouvant le quitter.

Miracle sur miracle! Voilà tous ces enfants divisés qui se réunissent, qui s'aiment, à cause d'un centre si aimé. Tous disciplinés pour lui plaire; que dis-je? tous changés, généreux comme lui. A la nouvelle de l'incendie d'Altorf, il les rassemble, il dit : « Voici encore des orphelins; si j'en demandais vingt?... — Oh! oui! oui! — Mais il faudra manger moins et travailler plus!... — Ah! père, nous le ferons pour eux! »

L'homme est bon, cela est prouvé! Et le maître a sa récompense. Mais ce qui est plus fort, plus beau que l'élan d'un moment, c'est que tous essaient de l'aider. Les plus grands s'associent à son enseignement, l'imitent et se font maîtres. Comme en une famille, les aînés ont plaisir à enseigner les plus petits. Entre ces frères, chose admirable, il se crée des pères et des fils, une paternité volontaire. Ainsi, avant Bell et Lancastre, de la nécessité, de la bonne nature, naît l'enseignement mutuel, l'enseignement propre aux grandes foules, où un seul maître, avec ses petits moniteurs, peut instruire un peuple d'enfants.

Les Jésuites avaient cru que la différence d'âge était un obstacle à l'enseignement, les avaient séparés exactement par classes, écartant de l'école le beau type de la famille où les âges différents sont réunis, s'aident l'un l'autre. Mais ici, c'est l'école de la fraternité, c'est déjà la touchante image d'une société où le fort sert le faible, s'améliore en l'améliorant. Plus il verse l'esprit, plus il grandit de cœur.

La Suisse, en général peu amie de la France, doit pourtant reconnaître que le parti français, ses directeurs, Stapfer, etc., sentirent avec grandeur toute la portée de ces idées. L'envoyé de la République, l'éloquent et chaleureux Zschokke, étant venu à Stanz pour porter des secours, fut indigné de voir l'insolence de la bourgeoisie pour un homme si simple et si bon, un saint plein de génie. On le laissait tout seul, et nul ne lui parlait. Zschokke s'attacha à lui, et lui donna des preuves de respect et d'affection. Il se faisait souvent son serviteur, réparait le désordre habituel de ses habits, le boutonnait et brossait son chapeau.

Mais un matin, voilà encore la guerre qui brise tout. La coalition nous lançait sur l'Europe civilisée la férocité des barbares, l'horreur des manteaux rouges, les Croates, les Russes, le fameux massacreur Suvarow-Attila. Le Directoire de France, l'épée de Masséna couvrirent l'Europe et chassèrent les Barbares. Mais, avant, il fallut s'enfuir devant ce flot. Le miracle de Stanz, à peine accompli, fut perdu.

Pestalozzi s'était presque tué dans ce prodigieux effort. Malade et poitrinaire, brisé de corps, entier d'esprit, il recommence obstinément. Par grâce, il obtient (sans salaire, pour son pain seulement) d'être sous-maître d'une petite école que tenait une vieille femme à Berthoud, près de Berne. Là, il est accablé de dégoûts, de critiques. On l'attaque surtout comme négligeant le catéchisme officiel, priant toujours de cœur, faisant de la religion une chose vivante, élan toujours nouveau de reconnaissance et d'amour. « C'est un maître qui n'est pas un maître, disait-on. Enseignement pitoyable, si simple que toute bonne femme pourrait chez elle en faire autant. »

C'était l'éloge le plus grand qu'on eût su faire de sa méthode. Il fallut bien se rendre pourtant devant les résultats. Cet enseignement si libre eut les fruits les plus positifs (mars 1800). Au bout de huit mois seulement, les enfants lisaient, écrivaient, dessinaient, déjà calculaient, avaient des notions de géographie, d'histoire naturelle. On remarqua surtout qu'il avait su montrer que tout enfant est propre à quelque chose, qu'en chacun il avait deviné son talent naturel, son réel *ingegno*, et son but futur dans la vie.

Le gouvernement né de l'heureuse révolution qui avait mis l'égalité en Suisse, et alors dirigé par un de ces Vaudois récemment délivrés, consacra, couronna, on peut dire, en Pestalozzi la Révolution de l'enfance. Il lui fit donner par les Bernois leur château de Berthoud pour y placer son Institut (1801). Il décréta qu'une école normale y serait créée, où les maîtres, chacun pendant un mois, viendraient apprendre à enseigner. Enfin il déclara que Pestalozzi a trouvé *les lois universelles de tout enseignement*, les vraies lois qui président au développement des esprits (1802).

On sait comment Buonaparte, dans sa médiation perfide (1803), brisa l'unité de la Suisse, récemment établie, lui rendit sa faiblesse, sa forme hétérogène.

Les fruits parurent bientôt. Rétablis dans leur droit, MM. de Berne ne firent point d'école normale, et même retirèrent leur château de Berthoud à Pestalozzi. L'Institut, jusque-là tout allemand et d'hommes et de langage, dut bientôt s'établir dans la Suisse Française, à Yverdon, près du pays de Vaud, la jeune terre de la liberté.

Mais ces changements violents ne pouvaient plus détruire une chose si fortement fondée. Elle n'était ni château ni maison, ni bois ni pierre, mais une vie, une flamme vivante vers qui tout gravitait. La Suisse avait alors une belle fièvre d'éducation. Le progrès, suspendu dans la voie politique, semblait devoir reprendre dans cette autre voie plus profonde. A la restauration gothique que fit Buonaparte, on opposait ce mouvement qui dans dix ans devait donner un peuple tout autrement actif, éclairé, libre et fort. Ainsi l'Allemagne, après son malheur d'Iéna, avec une foi héroïque, espéra dans l'éducation (morale et gymnastique) et dans quelques années fit le jeune peuple qui vainquit.

Berthoud, puis Yverdon n'étaient pas seulement des écoles. C'étaient des asiles, et vraiment les églises de la charité. Les premiers lits qu'on eut furent pour les enfants pauvres, les orphelins. Les autres vinrent après. Rien de fermé. La vraie maison de Dieu. La caisse était ouverte; les riches y apportaient leurs pensions, les maîtres y puisaient pour les besoins de la maison. Dans cette grande ferveur, cette puissante richesse morale, l'argent comptait bien peu. C'étaient les pauvres qui apportaient le plus, qui furent les vrais trésors et les soutiens de la maison. Un garçon de dix ans, Ramsauer, petit valet d'abord et employé à tourner une roue, fut bientôt maître, bientôt le secrétaire, le bras droit de Pestalozzi, plus tard, en Allemagne, précepteur des princes et des rois. Un petit berger du Tyrol, Schmidt, un enfant prodige, apporta à l'école le don de faire de tête les calculs les plus compliqués. Un jeune Allemand de Tubingen, Buss, d'un génie artiste, qui dans sa ville n'eût été qu'ouvrier, enseigna à Berthoud le dessin, la musique, y mit partout le rythme et fit marcher l'école aux chants de Lavater, aux mélodies de la patrie.

De toute l'Europe, on venait voir le maître, s'animer à sa flamme. De son simple regard, la vie, le génie jaillissaient. Ritter, l'illustre géographe, en emporta le sens du globe, le génie de la terre. L'éducateur Fræbel, le sens de l'homme, la vraie intelligence de son génie naissant. Girard même, l'ami dangereux de Pestalozzi et son rival, avoue que « la lumière se fit pour lui », qu'il trouva sa méthode en visitant le maître et l'école qu'il a remplacée (*Enseign. de la langue maternelle*, 33).

Il était réellement une flamme, une vie. On le saisissait peu. Ses disciples, tous Allemands, avaient peine à sentir ses brûlants côtés italiens, sa vivacité welche. Dans leurs essais pour fixer, pour écrire cette flamme, la plupart n'étaient pas heureux.

Sa méthode, sans doute, était intuitive, comme celle de Coménius, de Basedow. Il apprenait surtout à voir et regarder, *mais non pas, comme eux, des images*. C'était sur les choses elles-mêmes, sur les objets réels qu'il appelait l'observation.

Dérive-t-il de Rousseau? Sans doute, mais, de bonne heure, il fait appel à l'âme, au bon cœur de l'enfant. Il ignore la division, dure et scolastique, de Rousseau, qui, au premier âge si tendre, ne parle que de force et de nécessité. Pestalozzi se fie bien plus à la nature et parle du bon tout d'abord.

Sa méthode était-elle socratique, interrogative, posant des questions adroitement pour tirer des réponses, accoucher les esprits? Le bon Tobler, de Bâle, le croyait. Le maître sourit. « Socrate, lui dit-il, interrogeait les gens qui déjà possédaient abondamment de quoi répondre. » Et, en fin montagnard, il ajouta : « Est-ce que tu as vu l'aigle prendre des œufs au nid où l'oiseau n'a pas encore pondu? »

Il dit ailleurs : « De tout ce vain babil en l'air vient certaine sagesse spongieuse qui n'a que la vie du champignon. Cela nous fait des hommes qui, pour avoir parlé de tout, se figurent savoir tout. »

Pestalozzi, dès l'âge de vingt ans, avait brûlé ses livres. Dans sa maturité et tant qu'il fut lui-même il en avait horreur, ne voulait regarder que le réel et la nature. Il se vantait de n'avoir pas touché un livre en trente ou quarante ans. Il défendait de lire, voulait que l'on trouvât et créât de soi-même. Ses disciples, au contraire, gardaient la foi aux livres, certain respect de l'imprimé. Ils auraient bien aimé à avoir un texte tout fait, et à y appliquer la méthode interrogative, comme celle de l'ingénieux Jacotot, qui éveille sans doute, mais fait de grands parleurs.

Il est curieux de voir comment tous comprenaient diversement Pestalozzi, le traduisaient de façon différente.

Son sage et froid ami, M. de Fellenberg, un patricien de Berne, réalisa son premier rêve, l'Institut agricole, avec un grand succès, mais dans un autre esprit. Les pauvres et les riches y furent à part. La terre et la culture furent l'objet supérieur, et l'homme une chose secondaire.

Dans son enseignement, Pestalozzi voulait que l'enfant s'attachât à trois choses : la *forme* de l'objet, le *nombre* ou la *dimension*, la *dénomination*. Ses disciples ou imitateurs prirent chacun une des trois choses, un des trois points de vue, et s'y tinrent exclusivement.

Schmidt, le calculateur, s'en tint au calcul et au *nombre*, fit des enfants prodiges, obtint l'étonnement, le succès, gâta l'institution, tyrannisa Pestalozzi.

Tobler, Blockmann, s'attachèrent à la *forme*, au relief, et ouvrirent la très féconde voie de la géographie physique, des plans modelés en argile. Rien n'était plus charmant après la promenade que de voir les élèves rapportant de la terre faire sur de vastes tables d'abord leur Yverdon, et le canton de Neuchâtel, puis la Suisse, l'Europe et le monde.

Pestalozzi ne place la *dénomination* de l'objet, le

langage, qu'après la forme, après le nombre et secondairement. Le Père Girard s'attacha au langage, qui chez lui redevint l'élément principal, essentiel, de l'enseignement. Retour grave au passé. Girard, sous forme libérale, fut, contre la méthode nouvelle, l'instrument tout-puissant de la réaction. Sa méthode est autoritaire. Dès le berceau, il veut que la mère, montrant à l'enfant les objets, le monde sensible, lui impose la foi de l'autre monde, l'invisible, le surnaturel, qu'elle donne à une âme à peine éveillée l'habitude d'esprit, meurtrière à l'esprit, de croire sur parole et de répéter sans comprendre.

Deux témoins, Ramsauer et le pasteur Vaudois (que cite mademoiselle Chavannes, 142), affirment qu'on ne lisait jamais la Bible chez Pestalozzi. Lui-même il était une Bible vivante et une religion de tendresse divine pour allaiter l'enfance. Du cœur, chaque matin, il tirait la prière efficace qui répondait juste au besoin du jour et à l'état des âmes.

Cet homme, d'un si libre génie, eut la douleur croissante de voir, de jour en jour, l'inintelligent formalisme, la scolastique sous des formes diverses, étouffer l'étincelle qui, dans ses premiers jours, avait jailli de lui. Sa méthode vivante alla, pour ainsi dire, se resserrant et se pétrifiant.

D'abord la grande idée, essayée à Neuhoff, de faire marcher de front *la culture*, *l'atelier*, *l'école*, est abandonnée à Berthoud. Plus de culture, plus d'atelier.

Cependant à Berthoud tout est encore vivant. L'école reste debout; l'enfant va, vient, se meut,

Yverdon est une école assise qui, à mesure que le maître vieillit, rentre dans les anciennes routines.

Trois murs à Yverdon montent autour de Pestalozzi. Le formalisme, de trois genres, l'enterre et le scelle au tombeau. Le calculateur Schmidt devient le maître de l'école ; on chiffre et l'on n'observe plus. L'allemand Niederer, d'esprit systématique, de formules abstruses, complique, habille à l'allemande les idées simples et vives du maître, et fait de lui un docteur d'Iéna.

Mais ce qui est bien pis, c'est la lourde influence de la réaction du passé. On y revient d'abord par la grammaire, l'enseignement du langage infligé aux petits enfants. La réaction continue par la Bible, l'aveugle emploi d'un livre si obscur, si scabreux, tissu de miracles. C'est Lausanne, Genève, qui étouffent Yverdon. Les désastres du temps, les catastrophes immenses de l'Empire, tant de pertes et tant de douleurs énervent, découragent l'esprit.

Quel changement pour ceux qui respirèrent l'air vif du dix-huitième siècle, et tombent tout à coup dans ce brouillard asphyxiant! Ils offrent le spectacle du pauvre oiseau qu'on met sous la cloche pneumatique, et à qui on soutire la vie. Beaucoup désespérèrent. L'auteur du *Dernier homme* (puissant esprit), Grainville alla chercher la paix au fond d'un canal de la Somme. Mademoiselle Mayer, l'élève de Prud'hon et sa charmante amie, lui surprit un rasoir et se coupa la gorge. Une mort plus lente et plus douloureuse fut celle de Pestalozzi.

Brisé par le grand âge, les grands travaux, devenu

étranger dans sa propre maison, dépendant de celui qu'il avait fait, son tyran Schmidt, il ne trouvait pas même de liberté dans son for intérieur. Le martyre de Rousseau, la sensibilité croissante, agitait cette âme trop tendre de mille troubles et de mille orages. Comme tant d'hommes alors, il vivait (il le dit dans une lettre de 93) entre le sentiment qui l'aurait fait chrétien, et le raisonnement qui le menait ailleurs.

Aurait-il eu regret de son œuvre immortelle d'avoir émancipé l'idée éducative, de lui avoir donné l'élan qu'elle a depuis? Est-il redevenu un misérable serf du passé, des vieilles sottises? On a tout combiné pour le faire croire. Et cependant c'est faux. Lorsqu'en 1808, le P. Girard, ce moine insinuant, vint observer son Institut, il admira tout, et seulement s'enquit *de l'instruction religieuse*, « n'y voyant pas la forme déterminée, précise ». Pestalozzi lui dit avec sa candeur admirable : « La forme? Je la cherche encore. — Pour la trouver, je suis, dans l'histoire, dans les langues, le progrès religieux de la nature humaine. »

C'est le sort des grands novateurs, lancés sur l'océan trouvé par eux, d'en ressentir le flux et le reflux. A certains jours ils ont leurs pénibles tentations. Quand la foule étourdie les oublie un moment, ou même, pour leur faire expier leur génie, s'insurge et les méprise, la funeste pensée leur vient : « Si elle avait raison? Et moi, qui suis-je enfin pour avoir seul raison contre le monde?... » — Puis, en frappant la terre : « Elle se meut pourtant! »

Ajoutez les misères, ajoutez l'abandon et les affaiblissements de l'âge. Dans un de ces moments, Pestalozzi ne put supporter Yverdon. Il alla se cacher dans la misérable cabane d'une vieille femme au sommet du Jura. Mais le désert lui-même n'apaisait pas son cœur. Il avait trop vécu de l'amour de l'enfance, et de tendresse paternelle. Cela le ramenait toujours au monde et à la vie, aux soucis, aux orages. Dans ses quatre-vingts ans, au moment de mourir, on lui fit visiter une institution d'enfants pauvres, créée d'après les siennes, et ces enfants, chantant un hymne en son honneur, lui apportaient une couronne de chêne. Dans son humilité, il ne put consentir à l'accepter, et dit (avec beaucoup de larmes) : « Laissez-la à l'innocence. »

Mot touchant d'un vrai saint, qui, après cette vie d'amour et de bienfaits, consacrée au bonheur des hommes, croit qu'on ne lui doit rien, incline son génie devant la pureté de l'enfance.

Mot aussi d'un vrai sage qui, à travers ses troubles, garda la foi moderne, et, contre le passé, dit au dernier jour : « L'homme est bon. »

CHAPITRE VII

L'Évangile de Frœbel.

J'ai chez moi le plâtre fidèle, le petit buste funéraire d'un enfant mort au sein de la nourrice, à peine âgé de sept semaines. Il mourut d'un accident. Il était né beau et fort, nullement indigne du moment et de la haute espérance que *Février* nous donnait de la renaissance du monde. Il devait avoir même sort, s'éteindre dans son berceau. Il n'est guère de jour ou de nuit qui ne ramène nos yeux à cette touchante énigme, cette image mystérieuse. Ce qui étonne dans un âge si tendre où la forme, molle encore, presque jamais n'est arrêtée, c'est l'air sérieux, le front chargé, plein d'aspirations, et tendu déjà, ce semble, d'un élan vers l'inconnu. Cette expression d'un effort brisé si tôt est pénible. On se reporte à soi-même. Est-il marqué des souffrances de la destinée maternelle ? Porte-t-il le poids des pensées, des grands travaux de son père ? Est-il arrivé dans la vie opprimé de ce long passé ?

Voilà les idées qui viennent. On est tenté de s'accuser de ce pauvre jeune destin, fini avant de commencer.

Douloureuses conjectures. Nuit d'ignorance, d'énigme sans réponse. Dix années après sa mort, la lecture du bon Frœbel et mes études anatomiques éclaircissaient un peu là-dessus mes ténébreuses pensées.

Ce grand homme a le premier, avec une finesse incomparable que donne seul un cœur maternel, expliqué le grand moment, la crise unique et décisive où l'enfant voit la lumière, le premier combat, si laborieux, qui se fait entre lui et le monde. Ce *moi* faible et incertain, le monde si insaisissable dans sa subite apparition, sont en présence et en lutte. Frœbel, avec ce don d'enfance, merveilleux, qui fut en lui, à force d'observer ces petits, a fini par se souvenir de ce moment si oublié. Il a été leur interprète, le voyant de ce passé, et, disons-le, son prophète (prophète se dit chez les Juifs du passé comme de l'avenir).

J'étais, dit-il, enveloppé d'un obscur, d'un profond brouillard. Mer uniforme et paisible. Ne rien voir, ne rien entendre, couché dans le demi-sommeil, c'est d'abord une liberté. On est complet, on se suffit. Mais sur ce fond monotone un matin vient éclater, en mille figures, la mobile, l'éblouissante, étourdissante Iris d'un je ne sais quoi qui s'impose. Au dehors? ou au dedans? rien ne le dit. Nul sens encore des distances. Lueurs, chocs, reflets, jeux légers de lumière, fuyantes couleurs! Ce tourbillon d'objets rapides semble toucher l'œil de l'enfant, lui passe incessamment dessus.

Aux premiers jours tout passif, il subit cette tempête. A mesure qu'il s'y habitue et qu'il en est moins troublé, son cerveau, lent encore, semble vouloir cependant deviner un peu ce que c'est. Mais à peine il peut se fixer sur un point, cet objet fuit, et un autre se présente. La pensée commencée se brise. Il se remet à deviner l'objet nouveau qui fuit encore. Fatigue, extrême fatigue pour la faible petite tête. Et c'est souvent ce qui lui donne un air sérieux, soucieux.

On est tenté de lui dire : « Quoi ! mon pauvre nourrisson ! tu as donc de grandes affaires?... As-tu donc entrevu déjà les futures douleurs, les combats de la vie? »

Oh! c'est réellement l'affaire grande, intéressante, entre toutes! Il s'y rattache, il s'y acharne, il ne se décourage pas. Il s'agit de voir en effet s'il sera toujours passif, si le monde pèsera sur lui, aura action sur lui, — ou si lui (qui est après tout la grande énergie humaine), il pourra prendre sur ce monde l'avantage de le deviner. Comprendre, c'est déjà un acte. S'il le comprend, il y concourt, il y mêle son action.

Il ne le peut encore. Il pleure. Sans s'en rendre compte, il dit, il veut dire en cette langue que la réalité l'opprime, que ce chaos fuyant, sans ordre, est un accablement pour lui, que lui il veut réagir, saisir du cerveau d'abord, de l'esprit, de la main plus tard, cet inconnu qui échappe sans cesse et se rit de lui.

A plonger dans l'obscur abîme de son enfantine pensée, on y trouverait en germe le mot du destin,

Œdipe en face du sphinx, disant : « Je veux savoir, comprendre, être roi de la grande énigme. Ou toi, ou moi, nous mourrons ! »

Au secours ! Ne laissons pas ce sphinx mortel du changement lasser, briser sa faiblesse par la rotation terrible qui sans repos par minutes lui présente de nouveaux objets. L'éducation est le secours compatissant qui ralentit pour l'enfant la fuite des choses, les oblige de lui arriver une à une, bien graduées, les oblige de poser paisiblement sous son regard, pour qu'il puisse dire à chacune : « Ah ! je te saisis enfin. Je te tiens, et je te fixe. Au lieu que tu agissais sur moi en m'étourdissant, c'est moi qui agis maintenant sur toi, du regard, du doigt. Je suis ton maître, je t'impose, tu es sous mon action. »

L'éducation *intuitive* qui saisit par le regard, l'éducation *active* étaient trouvées avant Frœbel.

Que fallait-il y ajouter ? « Agir, c'est *produire et créer*. »

Il est sûr que l'action n'est vraiment sûre d'elle-même, ne se sent vraiment l'action que quand elle a pu laisser un *résultat durable* et constaté dans les choses, quand aux choses elle a ajouté son empreinte personnelle, et les a vivifiées, personnalisées de soi.

Elles n'étaient que des choses : l'âme s'y met, et ce sont des œuvres. Voilà l'*action vivante*, l'art, l'éducation profonde qui tire de l'âme et y retourne, et qui en faisant des œuvres (jouet, statue, tableau, n'importe) fait une œuvre supérieure, l'âme de l'artiste lui-même.

Bref, l'homme n'est lui *qu'en créant*. Son vrai nom, c'est *Créateur*.

On a vu comment tout le siècle dernier était sur cette pente, depuis Robinson jusqu'au menuisier Émile. On a vu (*Hist. de France*), comment les bergers qui, dans les forêts d'Allemagne, sans outil que leurs couteaux, imitaient, sculptaient leurs moutons, étant chassés de Saltzbourg par la cruelle intolérance (en 1731), portèrent leurs petits arts au Nord. Ils fabriquèrent à Nuremberg et ailleurs ces gentilles filles de bois qui par toute l'Europe ont fait le bonheur de l'enfance, et réellement élevé nos petites filles humaines, suscitant l'instinct maternel, tous les travaux de l'aiguille, l'amour de la vie monotone de la femme assise au foyer.

Le pacifique génie de l'ouvrier allemand, l'esprit des forêts et des mines, était celui de Frœbel. Les forestiers de l'Allemagne sont les seuls qui aient conservé l'histoire des âges successifs, des mystérieuses alternances de ces belles vies végétales au milieu desquelles ils vivent, et dont chacun peut durer de cinq cents ans à mille ans. Les mineurs (du Harz et d'ailleurs), innocents sorciers de la terre, ont deviné, évoqué les gisements des métaux, les ont suivis dans les ténèbres, exploités et façonnés. Frœbel fut d'abord forestier. « Les arbres, dit-il lui-même, ont été mes premiers maîtres. » La mère des arbres, la terre, l'occupa dès son enfance, les minéraux, les cristaux, dont les formes régulières le charmaient; il en taillait en bois et de toute matière, et il les superposait. Cela lui donna le goût de l'architecture. Un jour, à Francfort, quelqu'un qui le voyait faire, lui dit : « Bâtissez des hommes. »

Ce mot le fit songer fort. Il alla à Yverdon voir le grand constructeur d'hommes, Pestalozzi. Cette école où toute l'Europe affluait, avait perdu de son mérite primitif. Les deux grandes mécaniques, le calcul et le langage (secondaires et subordonnés dans les premiers essais du maître) dominaient à Yverdon. L'enseignement mutuel, dont on abusait, y donnait le goût du parlage. Le silencieux Allemand, qui y fut quelque temps sans maître, par contraste eut pour idéal le travail paisible et sans bruit. Le Pestalozzi qu'il suivit ne fut pas celui d'Yverdon, mais le vrai Pestalozzi, celui de la première école de Neuhof, où la triple vie (la culture, l'atelier, l'étude) se mêlait selon les saisons. Voilà ce qu'il imita, voilà ce qu'il emporta.

Son originalité, bien rare, c'est qu'il était resté enfant, et que tel il fut toujours. Pour savoir ce que veut l'enfance, il n'avait qu'à regarder en lui, dans sa vie innocente et pure, qui n'avait que des goûts très simples. Mais sans cesse il comparait cet enfant qui durait en lui, avec ceux qu'il observait. Dès qu'une femme accouchait, dit madame de Marenholz, il s'établissait au berceau, muet et contemplatif, observait profondément la petite créature, la suivait dans ses mouvements, et peu à peu dans ses jeux, ses premières activités.

Les jouets d'art compliqué ne font qu'embrouiller l'esprit. L'enfant adore les formes élémentaires, régulières, dont notre goût, trop blasé, ne sent plus assez la beauté. Ce que dit Pascal, « qu'on ne peut dire beauté géométrique », l'enfant le dément tout à fait. La sphère, la forme ovoïde, etc., le ravissent. De même que la nature commence par les cristaux, la génération générale, l'esprit, à son premier degré, a l'amour de ces formes simples.

Il les associe volontiers, les combine, les superpose, en crée des assemblages, de petites constructions. Dès qu'il est un peu lucide et prend quelque patience, il est ravi de passer à cette *création à deux* que l'on fait avec la terre, le jardinage, la culture, où on dirige la nature, mais en obéissant soi-même à l'ordre un peu lent de ses lois.

Créer, produire! quel bonheur pour l'enfant! Si c'est son bonheur, c'est aussi sa mission.

Créer, c'est l'éducation.

Cet aimable fils de la paix, le bon Frœbel avait eu la douleur de voir les guerres, les destructions immenses des premières années du siècle, les triomphes de la mort. Il sentit la vie d'autant plus, n'eut au cœur qu'un mot : *créer*.

Plus de cris sauvages, plus d'agitations vaines et stériles. La Paix! la paix créatrice et féconde.

Ce qui charme dans son école, c'est qu'on n'entend pas de bruit. Quel doux silence! Et comment ces petits enfants bruyants sont-ils tout à coup tranquilles? C'est qu'ils sont heureux, ils font la chose précisément qu'ils aiment et que veut la nature ; ils font quelque chose, ils *créent*.

Nul autre bonheur en ce monde, que ce soit ou l'art ou l'amour, c'est la félicité de l'homme de communiquer sa vie, de la mettre aux choses aimées, d'adorer leur fécondité, et de regarder après, et de dire : « Cela est bon. »

Quelle douce paix (venez avec moi, jeunes gens, venez, vous en serez émus) de voir cette école paisible, cette belle jeune demoiselle, imposante d'innocence et toute aux sages pensées, qui conduit aisément un peuple. Au milieu des petites tables où l'on travaille tranquillement, elle a la placidité toute sereine de la Providence. Elle est bien mieux mère que la mère. Elle n'en a pas l'agitation, les préférences passionnées. Et l'enfant aussi est plus raisonnable, ne se sentant pas, comme avec la mère, le centre du monde. Il est bien moins exigeant. Il ne s'attend qu'à la justice, se résigne à l'égalité.

Oh! la belle petite cité de justice et d'harmonie! Dieu! si nos cités du monde pouvaient un peu lui ressembler!

Que le travail rend farouche! solitaire! ignorant des choses qui ne se rencontrent point exactement dans sa voie! Il nous courbe sur la terre, il voit le sillon qu'il gratte, et il ne voit point le ciel! Je m'en veux d'avoir senti si peu, si tard, le charme de l'enfance, son droit au bonheur, la fécondité des méthodes qui le rendent heureux.

La sauvagerie d'Émile et ses vues paradoxales m'avaient rebuté. Encore plus la *singerie* que recommande Fourier, qui ferait un imitateur. Supprimer le devoir, l'effort, les hauts élans de volonté, c'est avilir l'espèce humaine. Le *parlage* de Jacotot, propre à faire de beaux esprits, ne me plaisait pas davantage.

En janvier 1859, nous étions au coin du feu, occupés de quelque lecture. *Elle* entre. Qui? une inconnue, une aimable dame allemande, d'une grâce souriante et charmante. Mais jamais je n'avais vu une Allemande si vive. Elle s'assit comme chez elle... Et déjà nous étions conquis. Tout son cœur était dans ses yeux.

Ce fut un coup de lumière. Elle commença par dire... Mais que ne dit-elle pas? Tout à la fois du premier coup. Et nous acceptâmes tout, avant de répondre un mot.

Elle dit tout à la fois et sa doctrine et sa vie, la doctrine infiniment simple : « L'enfant est un créateur. L'aider à créer, c'est tout. » Dès lors plus de bavardage. L'enseignement silencieux. Peu de mots, des actes et des œuvres.

Cela m'entra dans la tête, aussi clair que le soleil, avec les fortes conséquences que peut-être la dame allemande n'aurait pas trop acceptées.

« Oui! madame!... Ah! que c'est vrai!... O la grande révolution! » En un moment, je vis un monde, la vraie fin du Moyen-âge, la fin du dieu scolastique, du Dieu-Parole (ou Dieu-Verbe), le règne du Dieu-Action.

Oui, l'homme est un créateur, un ouvrier, un artiste,

né pour aider la nature à se faire et se refaire, né surtout pour se faire lui-même, mettre sa flamme en son argile. Un monde nouveau commence. Tu as vaincu, Prométhée!

Je ne disais pas un mot de mes audacieuses pensées. Nous la regardions, l'admirions. Elle avait été fort jolie, et quoique marquée des signes de l'âge et de la douleur, elle était charmante, angélique. Je sentis sa pureté, une vie réservée tout entière, qui avait pu sur le tard avoir en toute sa fraîcheur une jeune passion innocente.

Madame de Marenholz, mariée à un seigneur âgé, dans une petite cour d'Allemagne, de bonne heure goûta peu le monde. A dix-sept ans, dans un bal, sentant la vanité, le vide de ces bruyants plaisirs, elle se mit à pleurer. Elle eut un enfant maladif qu'elle devait perdre bientôt et qu'elle menait aux eaux chaque année. Elle y était en 1850. On lui dit : « Avez-vous vu ce vieux fou que les enfants suivent? On ne sait quel charme il a, mais ils ne peuvent le quitter. Il leur fait faire tout ce qu'il veut. » Le vieux fou c'était Frœbel. La puissance qu'il exerçait sur les enfants, il l'eut sur elle, sur cette dame du grand monde, et cultivée, de tant d'esprit. Au premier mot elle fut prise, tout comme je l'ai été par elle.

Chaque année il la menait, elle et son enfant, aux forêts. C'était au milieu des arbres, ses amis, ses camarades, qu'il était tout à fait lui-même, le forestier des premiers jours. Les oiseaux le connaissaient. Il parlait couramment leur langue, surtout celle du pinson.

Arrivé à quelque clairière, il adorait le soleil, la principale forme de Dieu.

Comme Rousseau, il croit l'homme bon, et la nature non déchue. Comme Pestalozzi, il veut que cette nature bonne agisse, ait son plein développement. Plus directement qu'eux encore, il est libre du Dieu-Parole, du Fils, et adore le Père, le Dieu soleil de toute vie, générateur et créateur, qui veut qu'on crée comme lui.

La cruelle lutte du passé, de la vieille superstition pour éteindre Pestalozzi, s'est répétée contre Frœbel. J'ai vu avec admiration, mais aussi avec douleur, l'école aujourd'hui déserte qu'un chaleureux Français de Nîmes, M. le professeur Raoux, avait établie à Lausanne, à ses frais, dans son jardin, donnant (comme la dame allemande), donnant à cette œuvre sainte son temps, sa fortune, sa vie.

Nombre de femmes en Allemagne, tendres aux misères de l'enfance, ont créé et conduisent de pareilles écoles. Mais au milieu du fanatisme sec et dur des piétistes, elles ont peine à trouver grâce. Elles faiblissent, voulant faire croire que leur Frœbel est chrétien. Lui-même, il est vrai, vers la fin, comme Rousseau et Pestalozzi, il a accordé au temps, à l'obsession générale de faibles et molles paroles. Mais il faut examiner le fonds et la doctrine même pour voir qu'elle les exclut, les rejette, précisément comme la chair saine et vivante rejette un corps étranger qu'on y fourre en la blessant. Le vieux dogme *Consummatum est* impose le type du passé ; son nom est *imitatio*. Frœbel dit : « Point d'imitation », et il regarde l'avenir. S'il croit d'ailleurs que l'homme est bon, il supprime la double légende et de la Chute et du Salut, la mort de Dieu, et toute cette mythologie.

Les bonnes et timides femmes qui déguisent ainsi Frœbel sous l'habit évangélique, énervent un peu son école. Rien de plus joli, rien de plus coquet que les galants petits produits de ces enfants dirigés par les demoiselles allemandes. Ce n'est pas là du tout l'esprit doux, innocent, mais sauvage du Maître, du vieux forestier, adorateur du bon soleil qui crée et cultive avec nous, qui mûrit et la plante et l'homme. L'enfant de Frœbel n'est point ce délicat petit artiste de brillantes frivolités. Il est ouvrier, jardinier, et demain cultivateur. La religion de Frœbel est la sainte coopération de l'homme avec la nature, le travail modeste, fécond, du monde zoroastrique.

Entre tous les enfants, celui qui a besoin de Frœbel et bien plus que l'Allemand, c'est l'enfant français. Si mobile, il souffre, il meurt à la lettre sur ce banc où on le fixe pour lui faire faire l'exercice automatique de nos salles d'asile et de nos écoles. Il aurait le plus grand besoin de cette heureuse alternance des trois vies, atelier, jardinage, étude, qui change à chaque demi-heure. Mais nos maîtres font l'école pour eux plus que pour l'élève. Les parents même croiraient que l'enfant ne fait que jouer. La demoiselle française, plus agitée que l'allemande, précisément pour cela, aime moins ces petits mouvements qui interrompent à chaque instant ses pensées très personnelles. Bien peu aiment l'enseignement. La plupart continuent leurs rêves, leur petit roman intérieur, et les couvent tranquillement dans une école immobile, où rien ne se meut qu'en masse, par de rares mouvements uniformes.

Genève, qui le croirait? la sérieuse Genève elle-même, l'ancienne, l'admirable école de l'ouvrier qu'imita et suivit toute l'Europe, n'aime pas beaucoup la méthode de Frœbel, qui précisément fait de petits ouvriers.

Pour plaire aux parents, il faut altérer cette méthode, la rapprocher tant qu'on peut des routines ordinaires. On reconnaît là l'esprit qui tua Pestalozzi.

L'école, même modifiée, a pourtant d'heureux résultats. J'y ai vu fort récemment un petit peuple d'enfants qui me semblaient tous heureux. Ce qui était remarquable, c'était de les voir dans un lieu fort étroit pour leur grand nombre, faire des rondes très variées, souvent assez compliquées, avec une rare précision, à la fois libre et docile, qu'on aurait crue d'un autre âge. Ces chœurs étaient dirigés, menés, par une très intelligente et agréable demoiselle, qui nous frappa par la puissance qu'elle avait visiblement dans sa sage et douce énergie. Je sortais fort attendri. Mais les enfants sont bien fins. Un d'eux le vit, un petit enfant de six ans, de très charmante figure, du reste créature chétive. Il m'arrêta, se prit à moi et il me tendit les bras.

Je fus extrêmement surpris. Il semblait plus naturel que les aimables personnes, gracieuses, jeunes, toutes bonnes, que j'avais avec moi en cette visite, l'attirassent infiniment plus. J'eus besoin d'un grand effort, d'un peu de froideur apparente pour pouvoir dominer mon cœur. Je n'étais pas loin de me dire : « *Hoc est signum Dei!* Il me faut écrire pour l'enfance. » Je fus ferme, et, sans qu'une larme échappât, je baisai son front, sentant profondément qu'en lui en ce moment j'embrassais les générations à venir.

LIVRE IV

CHAPITRE PREMIER

L'Université. — Son autorité morale.

J'ai quelque droit de parler de l'Université. Je l'ai traversée tout entière, du plus bas au plus haut, à la sueur de mon front. J'y ai usé le meilleur de ma vie. Je n'ai pas fait de l'enseignement un marchepied, un passage d'un jour, pour aller parader dans la presse et le monde, monter aux places lucratives. J'ai suivi la longue filière légitime, Collèges, École normale, Sorbonne, Collège de France. Je n'y ai point regret. J'ai ajourné longtemps, mais couvé la production.

J'étais cependant écrivain, nullement dominé par l'enseignement, gardant un esprit libre, indépendant des préjugés de classe. Je pouvais d'autant mieux observer et juger cet estimable corps, porter un jugement sérieux.

Mais avant, il me faut conter un petit fait qui déjà en dira beaucoup.

Le ministre actuel avise un jour que les classes sont longues, infiniment trop longues, et que l'enfant est accablé. Il réunit, consulte les professeurs du premier collège de Paris, demande si l'on ne peut abréger les deux heures de classe, les réduire à une heure et demie.

Ceux qui ont enseigné, comme moi, savent qu'à cette dernière demi-heure, l'élève est ennuyé, n'entend plus et ne fait plus rien.

Une excellente enquête anglaise prouve ceci surabondamment. Elle établit qu'aux écoles de manufactures, l'enfant qui y est trois heures, apprend tout juste autant que l'enfant qui y reste six. (Enquête de M. Chadwick.)

Notez bien que l'ennui général, vers la fin, réagit sur le professeur, qui contient la classe à grand'peine, se fatigue, s'irrite la poitrine, souvent est sur les dents. Donc, on aurait pu croire que les professeurs consultés allaient répondre comme eût fait en pareil cas tout employé, accepter fort gaiement cette diminution de fatigue.

Qu'en direz-vous, mondains? Nos universitaires répondent au contraire, contre eux et leur poitrine, qu'il faut deux heures entières, et qu'on leur ferait tort en abrégeant, les allégeant.

Quel admirable corps, unique! mais un peu routinier!

L'Université est modeste, et fait peu parler d'elle. Elle ne fournit rien aux tribunaux. Cela est ennuyeux.

Rien, rien de romantique. On ne voit pas chez elle ces tragédies d'amour, ces Othello de séminaires que nous a, ces jours-ci, montrés Pont-à-Mousson. Nos élèves, rudes et mal appris, n'auraient ni trouvé, ni compris, la finesse plus que féminine de ces petits jésuites qui ont étonné à Bordeaux, qui en savent bien plus que les femmes. Reconnaissons ces supériorités.

Celle des Frères, tellement en lumière aujourd'hui par tant de drames judiciaires, éclipse incontestablement nos pauvres maîtres d'école (70,000 impies, dit M. Dupanloup). Ceux-ci, au milieu des tentations de la misère et de l'ennui, ne donnent aucune prise. Il est rare, et très rare, qu'ils aient affaire à la justice.

Nos professeurs offrent à leurs élèves, et aux parents mondains, le type édifiant de la famille. Ce que les Anglais disent des missions, de leurs ministres, « qu'elles civilisent les sauvages, surtout en leur montrant la famille accomplie », cela pourrait se dire très bien des universitaires. Connus, étudiés, par leurs exemples seuls, ils pourraient convertir les barbares de Paris.

J'ai connu parmi eux de véritables saints, à mettre dans la Légende d'or. Mais je parle plutôt de la masse, de ce grand peuple si modeste, obscur et voulant l'être, fort libéral (quoique discret, timide), de formes excellentes et sans le moindre pédantisme. Le monde a là-dessus de très fausses idées.

Quand j'y entrai, ce corps était moins agité qu'il ne le fut depuis. Nulle impatience. Aucune ambition.

Aucun besoin du bruit, du monde. L'amour de la littérature pour elle-même, et sans vue du succès. Plusieurs avaient un goût très spécial de l'enseignement. Le bon M. Mablin, linguiste supérieur, dont on se souviendra toujours, quand il perdit sa chaire, professa gratuitement dans une institution, pour le seul plaisir d'enseigner. M. Labrouste (l'obligeance, la bonté, la charité même), riche et pouvant se reposer, rechercha, s'imposa la position laborieuse de chef de Sainte-Barbe, où il fit un bien infini.

L'influence indirecte de ces hommes excellents fut pour moi admirable. Ma très vive imagination et mon ardeur d'esprit, en grand contraste avec ma vie solitaire et tout uniforme, gagnait fort au contact de cette douce sagesse. Je n'ai vu en nul homme l'égalité sereine et le calme de la vertu, plus qu'en mon camarade et collègue, M. Poret. Nul n'eut droit plus que lui d'enseigner la philosophie, dont il était un type si pur et si parfait. La philosophie écossaise pour qui étaient ses préférences et qui dominait dans nos chaires, moins haute et moins hardie que l'allemande, semblait très propre à faire des esprits modérés, plutôt que des héros. Au grand jour de Juillet, on a vu un professeur modeste de cette école, homme doux, pacifique, s'il en fut, s'immoler au devoir (Farcy, 27 juillet 1830).

L'Université est un corps très loyal, qui vit en pleine lumière. Les hommes y sont connus, très parfaitement appréciés, n'arrivant, ne montant de grade en grade qu'à force d'examens publics. Les livres y sont connus, et dans les mains de tous, autant que ceux des maisons ecclésiastiques sont inconnus, mystérieux. L'enseignement des jeunes prêtres se fait même en partie par des cahiers non imprimés, qui se transmettent, se copient et se recopient. Quelqu'un qui, en 1845, voulait connaître l'enseignement du Sacré-Cœur, apprit que c'était impossible, les livres étant faits par les dames, donnés aux seules élèves. qui ne peuvent pas même les emporter de la maison.

Dans l'Université, au contraire, tout est transparent et cristal. Chacun la voit de part en part. Son enseignement est identique, et s'il est modéré, il n'en est pas moins clair. Son principe contredit, dément, détruit le principe du Moyen-âge. Les petites hypocrisies que l'État ordonne et enjoint, ne sont que ridicules, inutiles et peu obéies.

Plus ancien, plus moderne que le christianisme, ce principe éternel est celui que Platon expose si bien dans l'*Euthyphron*, celui que Zénon enseigna avec tous les jurisconsultes, celui que Kant a formulé, et l'Assemblée constituante. Sur lui le Droit repose. Sans lui les tribunaux se ferment et deviennent inutiles. L'État, inconséquent, ne sachant ce qu'il veut, et ménageant le vieux dogme gothique, invoque à chaque instant le nouveau de 89.

L'Université est fidèle à celui-ci plus que l'État ne veut. Ses ennemis le savent bien, le disent avec raison. Sauf des nuances assez légères, ses livres officiels et ses chaires de philosophie enseignent la même chose : la souveraineté du Devoir, la primatie du

Juste, l'indépendance de la Loi morale. Ses chaires d'histoire, de littérature et de langues, dans l'infini détail, et même en choses qu'on croirait étrangères, transmettent le même enseignement.

MM. Tissot, Barni, dans les belles traductions de Kant, ont suivi cet esprit. Et M. Bénard, dans son excellent *Précis*, autorisé et adopté, le formule parfaitement : « La loi morale est par elle-même obligatoire. Manquât-elle par impossible de sanction en l'absence de toute puissance divine ou humaine pour la faire respecter, elle n'en conserverait pas moins son empire sur des êtres raisonnables et libres. Elle n'en serait pas moins inviolable et sacrée. »

Est-ce clair ? Et non moins clairement sort la conclusion de Platon, de Socrate, posée dans l'*Euthyphron*: « La loi morale précède la loi religieuse, en est la pierre de touche. Le saint n'est saint qu'autant qu'il est le juste. La Justice est la reine des mortels et des immortels. A elle seule de juger les dieux. »

Les dogmes varient fort. La Justice invariable les ratifie ou les condamne. Arrêts de conscience qu'on retrouve identiques à mille ans, deux mille ans de distance, il n'importe. Le dogme injuste, impie, *l'hérédité du crime*, la nature pervertie par la transmission du péché paternel, est déjà rejetée par Ézéchiel, Jérémie, comme il l'est deux mille ans après par la Révolution.

Nos amis sont terribles plus que nos ennemis. Ils font au parti du passé des concessions bien légères.

Je n'admets nullement l'étrange *distinguo* de MM. Littré et Saint-Marc Girardin qui, dans le *Journal des Débats*, concèdent au clergé de donner une *éducation*, tandis que nos écoles, disent-ils, ne donnent qu'*instruction*. Quiconque a enseigné, sait bien que les deux choses se mêlent, se confondent sans cesse. A chaque instant l'*instruction* a une influence morale qui est au plus haut point *éducative*, qui, éclairant l'esprit, règle aussi l'âme. La limite absolue entre ces mots est de vaine scolastique.

Voulez-vous cependant insister? Je redirai ce que j'ai prouvé tout à l'heure. Le clergé, si longtemps maître unique de l'*éducation*, n'a pu rien faire pour elle. Sa stérilité de mille ans le condamne à jamais. Elle résultait fatalement de son principe *anti*-éducateur, qui, croyant la nature perverse, la réprime et l'étouffe, bien loin de la développer.

Avec tous ses défauts, sa faiblesse timide, l'Université reste pourtant le seul gardien du principe de 89, du dogme de justice, hors duquel nulle éducation.

L'Église ne peut rien. Pourquoi? Non seulement pour son principe, pour sa haine de la liberté, mais pour la discordance de son enseignement.

Elle condamne la liberté, et elle enseigne l'histoire, les langues des peuples libres! quelle folie! quelle discordance! Mais songez donc, la Grèce et Rome, avec leur élan héroïque, leurs stoïciens et leurs jurisconsultes, qu'est-ce? sinon la révolte de l'âme contre l'ascétisme chrétien.

Le seul homme fort du parti, M. Veuillot, ainsi que l'abbé Gaume, contre l'esprit bâtard et classico-chrétien de M. Dupanloup, a dit très justement que jamais les païens ne devraient approcher des mains chrétiennes. Songez que l'ennemi personnel de saint Paul est, sera toujours Papinien. Fermez-moi cet Homère... Écartez ce Virgile... Tout cela, c'est blasphème. Horreur! le Prométhée d'Eschyle jurant la mort des dieux; le Caucase jugeant le Golgotha!

Le pêle-mêle de leur enseignement me fait pitié. Ils croient tout concilier en mutilant, châtrant la mâle Antiquité, lui ôtant justement tout ce qu'elle a de grand et de fécond. Ils font une Antiquité blême, honnête, modérée, bien apprise. Par bonheur, l'aumônier aimable et délicat des *Jeunes converties* leur fit la gentille Odyssée qui leur tient lieu d'Homère, un Homère de Saint-Cyr, lisible aux demoiselles. Livre neutre de vague et molle éducation, d'où le garçon sortira fille. On veut faire Télémaque et l'on fait Eucharis.

Jésuites et amis des Jésuites, ils ont pourtant de moi la circonstance atténuante. Ils n'ont pas tant qu'on croit apporté dans l'Église un nouvel esprit. Ils ont continué, poursuivi, avec plus d'adresse, le travail invariable de l'Église, l'amortissement de la volonté, de la liberté. Leur mérite spécial, c'est que par eux on a vu mieux la sottise du Gallicanisme, vu que les deux tyrans qui souvent se battaient, le Roi, le Prêtre, avaient même intérêt, même pensée au cœur : *Mort à la liberté!* De là ce grand succès de cour qu'eurent les Jésuites. Leurs collèges reçurent tous les petits seigneurs, et l'Université n'eut les classes moyennes, les enfants de la bourgeoisie, qu'en copiant les collèges des Jésuites, leurs funestes routines, leur mécanisme automatique.

Elle copia *dans la forme* du moins. Point du tout dans l'esprit. Ses honnêtes Rollin, ses dignes directeurs de Sainte-Barbe (Voy. J. Quicherat), inspirés de l'austère et noble Antiquité, écartèrent de l'école l'effémination des élèves du doux *Gésu*, s'abstinrent des mauvais arts qui faussent, usent la volonté. Dans l'Université l'élève, montant de classe en classe et trouvant à chacune un nouveau professeur, n'étant pas (comme chez ces Pères) suivi du même maître dix ou douze ans de suite, gardait une âme à lui, et ne devenait pas la triste dépendance, la propriété d'un autre homme.

Notre Université, en revanche, par trop innocente, dans son éloignement de l'esprit de captation, mérite le reproche contraire. Elle ne prend pas autorité. Ayant de son côté et l'honnêteté et la science, et ce qui est bien plus qu'aucune chose, la vraie force moderne, le principe dont nous vivons, elle retient sa voix, met la sourdine à son enseignement, a l'air de demander pardon d'avoir raison. Elle se contente d'être utile, ne parle point de ses succès, de sa fécondité réelle. Contre deux ou trois noms que citent toujours ses adversaires, elle aurait pourtant droit de dire que d'elle seule est sortie toute la littérature du temps, tous les grands noms de la science. Et, outre ses élèves, elle a énormément produit par ses professeurs mêmes dans l'art et dans l'érudition.

Ce qu'on voit peu, et qui est très réel, c'est que ce corps modeste, sans résistance bruyante, mais digne et affermi par ses nobles études, suit fort peu les passions, les divagations de l'État qui se jette à droite ou à gauche. J'ai vu cela trois fois. Enfant, sous le premier Empire, j'ai vu nos professeurs, les Leclerc, les Villemain, directement contraires au brutal esprit militaire qu'on aurait voulu inspirer. Sous la Restauration, autre passion ridicule; l'État tourne au clergé, et l'Université contre. Le lendemain du jour où Jouffroy fit l'article : « Comment les dogmes finissent », j'ai vu nos professeurs s'inscrire chez lui, suivre ses cours payés, devenir ses disciples. Et je vois aujourd'hui leur répulsion unanime pour enseigner l'histoire contemporaine que si imprudemment l'État leur imposait, et que très sagement ils réduiront à quelques dates.

« Du grec et du latin! des mots! des mots! des mots!... A quoi cela sert-il!... » A quoi? vous le voyez. L'esprit soutient le caractère. Ces langues sont bien plus que des langues; ce sont les monuments où ces fières sociétés ont déposé leur âme en ce qu'elle a eu de plus noble, de plus moralisant. Qui en vit, en reste anobli!

« Des mots? des sons? du vide? » Non, des réalités. Chacun de ces forts idiomes est un individu, une âme, une personnalité de peuple. Nous quittons le monde des ombres, où a rêvé le Moyen-âge. Nous touchons, en Grèce et à Rome, des personnes solides, les plus fortes qui furent jamais. La Grèce d'Aristote, si petite et si grande, qui d'un pas a conquis l'Asie; la Rome, qui créa l'empire méditerranéen, sont-ce là des êtres de raison? Cette réalité subsiste dans leurs langues. Le grec est l'*agora*, et tout le mouvement de ces cités se sent dans leur langage. Le latin est toujours l'*atrium* patricien, où le jurisconsulte rend aux clients ses *responsa*, le prétoire d'équité qui distribue le droit au monde.

Oui, ces langues, ce sont des âmes, de grandes âmes de nations.

Si vivantes elles furent que, tant de siècles après, qui les touche, y prend quelque chose de la puissante vie qui y reste toujours. J'ai vu enfant le temps le plus mort, le plus vide qui fut jamais, éteint pour la pensée, temps de destruction qui promena la mort sur l'Europe, et dont l'œuvre expressive a été le poème du *Dernier homme*. En dix années, dix-sept cent mille Français périrent (1804-1814), d'après le chiffre officiel. Combien plus d'hommes d'autres nations! Au foyer, faim et froid. Sur la tête un dôme de plomb. Voilà mon souvenir d'enfance. Les mystiques (l'*Imitatio* que je touchai) n'y ajoutaient que trop. Leurs consolations énervantes me mettaient sur la pente des résignations molles, m'enfonçaient doucement dans un marais profond. L'Antiquité, au contraire, et ses langues, ses littératures, son histoire, me refirent le cœur haut, pour mépriser la mort, dernière, misérable ressource, et dominer la vie par l'action. J'eus à seize ans mon moment stoïcien (j'en ai dit un mot dans *le Peuple*).

Depuis, la rêverie, les livres de Rousseau et d'autres qu'on lit à cet âge, eurent l'effet ordinaire de langueur énervante. L'Antiquité me releva encore par les jurisconsultes, la sagesse italique, le génie de l'histoire et l'éclair fécond de Vico.

Tels sont les hauts, les bas, par lesquels passe la jeunesse, un jour tendre, et un jour stoïque. Mais ce qui me soutint même en mes faibles jours, c'est qu'ayant vécu dans ce monde fort, j'eus peu le narcotisme, les mollesses d'esprit qui détrempent aujourd'hui. Je fus préservé du roman.

Le fin acier du grec me rendait difficile, et la gravité du latin, son ampleur, me donnaient la nausée du mesquin et du bas. Même en ce qui pourrait troubler un jeune cœur, aux chants passionnés, certaine noblesse relève tout, et j'y trouve parfois, dans Catulle et Virgile, l'homœopathie de la passion.

La leur est puissante, mais forte, point du tout énervante. Elle aide à tromper la jeunesse, à éluder la tyrannie de l'âge. La brûlante *Ariane* de Catulle, à certains jours de fête, ferme l'oreille aux bruits, aux séduisants appels des réalités inférieures. On a lu ; le soir vient, et la fête est passée. Un peu triste peut-être, mais fière, heureuse au fond de se sentir entière au travail de demain, la jeune âme s'endort en quelque chant sacré de l'héroïsme ou de la muse.

J'ai trouvé à tout âge un grand soutien à posséder (disponible toujours) ce puissant cordial. Il n'est pas seulement dans les œuvres sublimes, primitives, Eschyle ou Homère. Même dans l'art proprement dit, aux siècles littéraires, la noblesse et la grâce suffisent pour nous remonter dans une autre sphère morale. Un illustre savant du seizième siècle, qui sut l'Antiquité comme elle se savait elle-même, dit son impression d'un chant du pur esprit : « L'Empire de Charles-Quint fait pitié à celui qui a senti le chant d'*Horace à Melpomène.* »

CHAPITRE II

Réformes de l'Université.

L'enseignement de l'Université n'est pas, comme celui du clergé, discordant et contradictoire, moitié païen, moitié chrétien. Il procède d'un même esprit. Mais dans la forme il est peu lié et incohérent. Chaque branche d'études semble un objet à part, et n'est pas raccordé dans une harmonique unité.

Il faut considérer que, malgré son antique nom, cette fille de Charlemagne, cette fille de Philippe-Auguste, est véritablement très jeune. Telle que nous la voyons, elle ne date que d'un demi-siècle. Elle naît réellement au retour de la paix. Jusqu'en 1815, son maigre enseignement fut uniquement celui des langues classiques, et qu'on approfondissait peu. A la paix seulement, lorsqu'on put enfin se reconnaître, toute la science y entra tout à coup. Énorme invasion. Un jour l'histoire commence, un autre les études physiques, et mille choses presque en même temps. Tout cela de façon inégale et désordonnée, sans aucun souci de l'ensemble.

Chaque nouvel objet d'étude qui arrivait se faisait grande place, s'établissait en maître. Le zèle ardent des nouveaux professeurs, leur dévouement passionné, étendait sans mesure la part de leur enseignement. Exagération très utile, je pense, dans le premier moment, pour fonder fortement et sans retour ce que nos adversaires critiquaient, attaquaient et auraient voulu supprimer (l'histoire surtout). Parmi ces fondateurs nommons le savant, l'acharné, l'infatigable M. Poirson, qui fit nombre de fanatiques de ce nouvel enseignement.

Aujourd'hui, il convient de regarder l'ensemble, d'harmoniser mieux les études et d'en faire un tout organique. Chacune se simplifiera, s'associera aux autres. Toutes ensemble pourront concorder.

Autrefois, la lecture s'enseignait fort péniblement, lettre par lettre; autrefois, le dessin s'enseignait par détails isolés, ennuyeux, qui rebutaient, décourageaient l'élève; on dessinait un an la bouche, un an le nez. On donne aujourd'hui des ensembles, et le sens de la vie éveillé chez l'élève le soutient, hâte ses progrès.

L'analyse, le détail abstrait, vont bien aux esprits mûrs, mais aux jeunes esprits il faut offrir des masses, des ensembles, le concret plutôt que l'abstrait. Je voudrais qu'à l'école *le dessin* des objets vivants précédât le dessin des lettres, *l'écriture*. Dans les figures d'animaux, végétaux, l'enfant aurait d'avance plusieurs figures de lettres. *L'écriture précéderait la lecture*, bien plus difficile. Les cartes en relief, moulées par les élèves, précéderaient les cartes planes dessinées sur papier, et la géographie, un peu géologique, une *histoire de la terre*, amènerait à *l'histoire humaine*.

Histoire, langue, art, trois choses qui pour chaque nation doivent être présentées d'ensemble et non isolément. Pour les jeunes enfants qui commencent, j'aimerais qu'un même maître leur enseignât la Grèce, par exemple, en toutes ses manifestations, en tout ce qui fit son génie.

D'abord, à la façon de Pestalozzi, ils feraient une Grèce de terre ou de sable, un relief grossier du pays; puis une Grèce plus détaillée sur papier qu'ils aimeraient à colorier. Puis, sur ce sol, on ferait agir l'homme, la Grèce en ses grands traits historiques, victoires sur l'Asie, duel de Sparte et d'Athènes, conquêtes d'Alexandre. Mais quelle langue parlaient ces héros? La plus claire, la plus lumineuse qu'aucun peuple ait parlée. On en donnerait quelque chose, des mots (et fort peu de grammaire; il est stupide de commencer par là)[1].

L'art grec est une langue encore. J'aimerais fort que le même maître pût leur faire dessiner ces mer-

---

[1]. Si l'on donne un peu de grammaire, il faut que ce soit uniquement comme secours et simplification pour le devoir du jour. Et cela dicté et écrit, non pris dans un gros livre qui éblouit, embrouille, décourage d'avance, rien qu'à le regarder, par la complexité, l'immensité obscure d'un grimoire incompréhensible. — Ce n'est pas que ces pauvres petits, si on les attache à ce livre, n'y pénètrent, ne soient même très propres à cette étude (je tiens cela

veilles de sculpture et d'architecture (l'Hercule, par exemple, le Temple de Thésée), marquer combien cet art s'accorde à cette langue fine et forte, à cette histoire, à cette terre si ingénieusement découpée qu'elle semble elle-même un objet d'art.

Qu'un même homme ébauchât la Grèce aux quatre points de vue, cela serait beaucoup. Et la forte harmonie de cet enseignement étant assurée, des maîtres spéciaux les approfondiraient tous les quatre.

Je les voudrais d'accord, ces maîtres, sachant chaque semaine où en sont leurs collègues, se voyant, s'entendant entre eux. Il est déplorable aujourd'hui de voir la langue grecque enseignée sans nul rapport à l'histoire grecque. Les professeurs n'ont nulle connaissance de ce que leurs collègues font avec les mêmes enfants; ils ne se connaissent même pas.

« Mais cet enseignement harmonique d'une même chose, d'une âme de peuple, s'il est si fort, ne risquera-t-il pas d'influer trop, de faire de petits Grecs, de serviles imitateurs? »

L'objection serait grave, si l'on donnait un peuple seul, ou deux, comme on fait aujourd'hui, deux langues, la grecque et la romaine. Mais dans l'ensei-

---

d'un maître de grand mérite, M. B...). Dans l'âge singulièrement lucide et pur qui sépare les deux âges troubles (de l'époque lactée et de la puberté), les enfants de huit à treize ans ont une aptitude singulière pour saisir les choses subtiles. Mais cela fait trembler. Qui use de cette précocité, risque de les sécher, de les faire pour toujours délicats, faibles, arides (disons, d'un mot, *fruits secs*). Il faut tout au contraire leur donner des choses grossières, épaisses, saisissables et palpables, qui nourrissent sans trop affiner.

gnement nouveau que tout prépare, on verra mieux, et pour la langue et pour l'histoire, la place que ces peuples occupèrent dans le grand ensemble, leur rapport aux sociétés qui ont précédé ou suivi.

Sans faire nos élèves indianistes, on pourra par des synglosses élémentaires, leur donner le plaisir de descendre le fleuve des langues et des nations. De minimes changements, souvent d'une ou deux lettres, font couler certain mot, *père* ou *mère* par exemple, du sanscrit au grec, au latin, au français.

Le courant historique, le courant linguistique, vont ensemble naturellement. L'enfant voit que la Grèce et Rome ne sont point des miracles, mais des parties d'un tout immense. Trois points les signalent, il est vrai : leur puissant équilibre, leur très fine culture, leur élan héroïque. Mais cela n'empêche pas que ces deux grandes nations ne puissent être inférieures par tel côté à d'autres. La Grèce, par exemple, toute urbaine et artiste, a fait la guerre à la nature, l'a appauvrie; la Perse au contraire fécondée. L'héroïsme agricole de celle-ci évoquant les sources, les arbres, fit de son vaste empire le jardin de l'Asie.

Ce que je viens de dire se résume en un mot : *recomposer l'enseignement*, l'harmoniser, enseigner par masses et grands ensembles, des ensembles vivants.

Et ce que je vais dire se résume en un mot . *recomposer l'homme* même, ne plus le mutiler en exagérant telle partie, telle faculté, et supprimant les autres; ne pas détruire en lui les facultés actives, ramener dans la classe la vie et le mouvement.

Pestalozzi, à Stanz et à Berthoud, n'enseignait que debout et tenait debout les élèves. C'est à Yverdon seulement et dans la décadence de l'Institut qu'on les laissa s'asseoir.

Nos classes actuelles offrent un tableau tout contraire. On dirait des assemblées de petits paralytiques, de culs-de-jatte, de vieux petits scribes. J'y crois voir le concile des grenouilles que peint un monument indien (Voy. Max Müller), qui servilement, d'après le maître, répètent un coax! coax! éternel.

Ne pourrait-on alterner dans l'étude, tantôt debout, tantôt assis, user des tables hautes, écrire moins sur cahiers, et davantage sur l'ardoise?

« Mais tout cela rend l'ordre difficile, le rend même impossible en des classes nombreuses. »

Oui, c'est là le grand mal, la classe est trop nombreuse. Dès lors la discipline est le point capital, l'enseignement le point secondaire. Le professeur est accablé, écrasé d'une surveillance si difficile. Elle n'est efficace que par une sévérité excessive qui cloue l'enfant sur une place; mais plus il est ainsi fixé et immobile, plus grande est son inquiétude, son agitation intérieure et son besoin du mouvement.

On a brusquement délaissé, après quelques essais

insuffisants, la seule forme d'enseignement qui permît le mouvement, rendît l'enfant actif, l'*Enseignement mutuel*, qui, vers 1820, avait eu pourtant d'heureux fruits. Il avait le tort grave de donner à l'élève un esprit moins timide, plus libre, une plus vive et rapide initiative, le tort de faire des hommes. L'enseignement *autoritaire* où le seul maître est tout, a été rétabli dès la Restauration. En 1834, les résumés qu'on fit de la grande enquête d'alors, montrent déjà certaine préférence pour les écoles *les plus autoritaires*, les écoles ecclésiastiques, les écoles du respect servile, qui, au règne suivant, devaient tout envahir.

Un peuple calme et sage, de très grand sens pratique, la Hollande, a donné un exemple, déjà suivi de l'Angleterre. C'est d'employer, non pas des moniteurs quelconques, comme dans l'ancienne École mutuelle un peu trouble et un peu bruyante, mais quelques moniteurs choisis avec grand soin dans les plus sérieux élèves, et dans ceux qui se destinent à l'enseignement. Cela a réussi admirablement bien. Que ne l'essayons-nous aux écoles, aux collèges, dans les classes surtout trop nombreuses?

Les Hollandais et les Anglais les payent. Mais les nôtres, de nature plus expansive, payeraient plutôt, s'il le fallait, eux-mêmes pour qu'on leur permît d'enseigner. Le premier besoin du jeune âge, c'est l'activité, l'épanchement. Le supplice des classes dans l'enseignement actuel, c'est la passivité, l'inertie, le silence auxquels est condamné l'enfant. *Recevoir toujours sans donner jamais!* mais c'est le contraire de la vie. Son cours alterne ces deux choses; avidement elle reçoit, mais n'est pas moins heureuse de s'épandre et donner.

N'en déplaise aux maîtres, je dis que ce jeune maître improvisé, tout neuf et non blasé, enseignera bien mieux. Mille choses, lourdes et peu amusantes dans une grave bouche officielle, saisiront cent fois plus dans la vivacité charmante d'un enfant qui en cueillit hier la prime-fleur, et les redit avec l'amour, la grâce de la première révélation.

D'heureux signes se montrent. L'enfant sera moins malheureux. *Des collèges à la campagne* (comme Sainte-Barbe en a donné le premier exemple à Fontenay), c'est une heureuse innovation. Je ne voudrais conserver dans les villes que quelques externats indispensables aux citadins.

Les vacances au bord de la mer. Autre innovation très heureuse du ministre pour ceux qui n'ont pas de parents ici.

Je voudrais que, dès le collège, on commençât les promenades géologiques et botaniques qu'aura plus tard l'étudiant.

La gymnastique a peu d'attrait pour nos élèves. Notre jeune Français a besoin qu'on lui montre un résultat immédiat. Il demande toujours « à quoi bon ? » Tout ce qu'on lui dit de la force, de la santé, qui peut en résulter est lointain, ne le touche guère. La gymnastique a pu ravir les Grecs dont la vie était toute en spectacles et en fêtes, en combats animés d'une concurrence infinie. Elle a pu charmer l'Allemagne quand le patriote Jahn l'enseigna comme force, comme élément de résistance et de victoire future sur l'oppresseur du monde. Ici, elle est très froide, n'intéresse nullement l'élève. Il ne sent pas le but. Le bonheur, c'est d'agir pour un but bien compris, d'agir pour l'œuvre utile qui promet, qui amuse, qui flatte et soutient l'énergie, qui paye enfin son producteur.

L'école industrielle et l'école universitaire semblent barbares toutes deux en des sens opposés. Elles sont incomplètes. Elles gagneraient fort à prendre un peu l'une de l'autre, celle-là en culture élevée et celle-ci en action.

Je vais faire un vain rêve. Mais combien j'aimerais à voir nos mous collégiens visiter les mâles écoles d'industrie ou d'agriculture, y prendre certaines notions indispensables à tous, prendre surtout l'impression du travail efficace, fatigant, sérieux !

« Mais ils n'ont pas le temps ! » Je le nie. Je n'ai point l'avare superstition du temps. Je dis avec Coménius : « En travaillant moins d'heures, on apprend davantage. » C'est ce que j'ai montré plus haut par l'enquête de M. Chadwick.

CHAPITRE III

École industrielle.

Hors des cadres étouffants de l'État, de l'Église, qui si longtemps ont comprimé la France, son génie spontané a des éruptions remarquables d'art et d'industrie.

Vers 1750, tous les arts de l'ameublement s'élancèrent à la fois. La France par eux conquit l'Europe. L'ouvrier se meubla lui-même, et la fabrication du meuble à bon marché créa le faubourg Saint-Antoine.

Après 1815, ou plutôt 1818, lorsque les alliés partirent, la maison dévastée se refit. Draps, rideaux, habits, furent achetés. C'est le grand essor des tissus.

Le colossal ouvrage de nos chemins de fer fut celui de la mécanique et des grandes usines qui en firent le matériel. Labeur de trente années, moins actif aujourd'hui.

De ces trois mouvements, trois peuples sont sortis,

et de tout leur ensemble une France d'esprit nouveau, un peu moins aplati que celui des fonctionnaires. Depuis vingt ans surtout l'excès de la compression a fait de plus en plus rechercher les carrières du travail indépendant. Outre l'ouvrier seul ou petit fabricant (qui par exemple fait l'article de Paris), les administrations industrielles offrent une liberté relative. Leurs ingénieurs sont souvent de très libres penseurs, qui ne demandent à l'homme que le travail légitime, point de complaisance hypocrite. Quoi qu'il y ait à dire contre les compagnies, elles ont certainement un mérite, de n'être pas, comme l'État, en connivence avec le prêtre, de ne pas acheter son aide électorale en tyrannisant l'employé, de ne pas prêter au clergé main-forte contre la conscience.

En rapprochant les chiffres que donne M. Wolowski pour certaines professions (employés des chemins de fer, mécaniciens, contre-maîtres, ouvriers supérieurs du bâtiment, etc.), je trouve au minimum une France nouvelle d'un demi-million d'hommes qui peut plus librement penser et lire un peu. Même ceux qui travaillent des bras et sont proprement ouvriers, aidés maintenant par la machine, rentrent moins fatigués le soir, prennent un livre, tout au moins un journal. On imprime et on lit dix fois plus qu'en 1830, trois ou quatre fois plus qu'en 1848.

La supériorité de la France nouvelle, industrieuse, active, c'est de mêler un peu la pensée et l'action, la culture et le mouvement. L'homme y est moins durement spécialisé que dans la société antérieure.

Des classes excellentes ont surgi (en tête nos ingénieurs), qui mêlent heureusement les deux vies. Hommes véritablement complets, et, pour le mieux dire encore, *hommes*.

Grâce à Dieu, des carrières actives, de libres débouchés, s'ouvrent à côté des vieilles voies. La bureaucratie griffonnante, le malheureux destin d'êtres anti-naturels qu'on nourrit d'encre et de papier, ne sera plus la seule vie qu'on propose à l'enfant des classes cultivées. Il lui sera permis d'être homme, d'agir et de créer, de se créer lui-même en agissant sans cesse et dans l'art et dans la nature.

Saluons ici l'œuvre vivace et spontanée du vigoureux bon sens français. Je parle de l'*École centrale*. Notre École polytechnique, après le jeune élan pratique qu'elle prit de la Révolution, s'était envolée dans l'algèbre, tendait à devenir l'aristocratie du calcul. C'est alors que des hommes positifs, attachés aux réalités d'un humble et fort enseignement (un ingénieur, un chimiste, un professeur) prirent la place que la haute École avait laissée, et firent la leur, très près du type originaire de 94 qui avait été si fécond.

Institut très français. La France plus qu'aucune nation avait senti la solidarité des sciences. De la nouvelle École ressortit une chose nouvelle, ignorée de l'Europe, la *solidarité des arts*. On croyait jusque-là que notre esprit rapide, qui lie, généralise des choses très diverses, était un don brillant, puissant aux théories, nul en application. Et l'on aperçut tout à coup qu'en cent choses c'est la voie pratique. Nombre d'hommes sortis de la nouvelle École, de ce rayonnement des arts, réussirent en dehors du métier qu'ils avaient cherché, et fort aisément appliquèrent leurs aptitudes flexibles à des matières toutes nouvelles. J'y vois un serrurier devenu tout à coup un excellent ingénieur, qui de plus est encore un habile manufacturier. J'y vois un constructeur de machines à vapeur, qui, maintenant chimiste, est directeur d'une verrerie, etc.

L'Anglais a une éducation excessivement spéciale, et il est presque toujours enfermé étroitement dans cette spécialité. Il est fort dans un seul métier, ce qui n'est guère commode pour le besoin colonial. Dans tout établissement nouveau, dans telle situation lointaine et isolée, il faut plusieurs Anglais de métiers différents, tandis qu'un seul Français suffit.

Admirable flexibilité qui doit faire rechercher partout l'industriel français, qui semble lui ouvrir le monde, rendre l'émigration facile, si la vie devenait ici trop chère, difficile, impossible. Le liant, l'esprit sympathique des nôtres semblent les appeler, bien plus que l'Anglais taciturne, à parcourir, civiliser la terre. La rare solidité physique de nos hommes du Midi (Provençaux et Pyrénéens, etc.), la force sèche qu'ils ont, les soutient contre les climats dangereux beaucoup mieux que les peuples du Nord, sanguins ou lymphatiques, prenables aux maladies. Aux Indes, quand nous y primions, nous avions un rare avantage (que n'ont point du tout les Anglais), d'y vivre et d'y durer. Tous nos précédents historiques montrent combien le Français d'alors était voyageur. Sur un *oui*, sur un *non*, on prenait son chapeau, on partait « pour les îles » (c'était le mot du temps). — Mais aujourd'hui, c'est le contraire. Les déceptions ont été fortes. La France par deux fois avait couru le monde ; jadis le globe, et récemment l'Europe à main armée. Aujourd'hui elle est casanière. Elle répugne extrêmement à l'émigration.

Une belle et mâle École, c'est celle de Châlons. L'enfant, six heures debout, travaille du bras et de la main. Six heures assis, il dessine, il calcule, il étudie. Cela fait des hommes forts, intelligents, qui se plaisent au travail. L'enfant garde une sève un peu rude, mais loin des mauvaises pensées. Celui qui taille, lime ou bat le fer six heures par jour, dort bien, chaque matin s'éveille gai et plus fort que la veille.

C'est beau, mais un peu dur, surtout trop renfermé. J'y voudrais plus d'air libre, hors des fumées de l'atelier, quelque étude agricole, au moins comme délassement. Qui sait ce que fera un jour ce jeune homme élevé pour l'industrie ? A mesure que le champ de nos activités s'étend sur tout le globe, dans mille situations, il doit faire face à tout, faire mille choses imprévues. Même dans sa carrière ordinaire et prévue, ce futur contre-maître, ce faiseur de machines, pourra avoir, je l'espère bien, un jardinet pour lui et pour les siens. Qu'il n'y soit pas inepte. Dès aujourd'hui, au moins deux heures par jour, qu'il ait de la terre et du ciel. Qu'il respire autrement que dans des promenades forcées ou des luttes violentes, insensées, entre camarades.

Faisons des travailleurs et non pas des barbares. Accordons quelque chose à la culture morale. Quoi! rien sur la patrie, rien sur le but de l'homme, sur le monde, la terre, sur ces contrées où peut-être ils iront! Rien sur l'histoire de ces arts qu'on enseigne, rien qui y puisse orienter l'élève et le fasse planer au-dessus. Les esprits les plus positifs savent que, pour la pratique même, il faut dominer ce qu'on tient, en savoir les tenants et les aboutissants, savoir d'où l'on part, où l'on va.

La France, industrieuse certainement, est-elle commerçante? bien moins. En ce moment on veut l'éblouir, en montrant que le chiffre de ses exportations a augmenté. Sans doute; mais tout est relatif. Son commerce est bien peu de chose devant celui de l'Angleterre. Un seul port anglais, Londres, reçoit plus de vaisseaux que nos deux Frances, océanique, méditerranéenne, que toute la France réunie.

L'œuvre des chemins de fer a occupé beaucoup de monde, et l'École centrale a fait plus d'ingénieurs qu'elle n'en peut placer désormais. De ce travail, fait en grande partie, ils regorgent vers les manufactures. Mais ici l'industrie peut-elle croître indéfiniment?

Lorsque vers 1829 M. de Saint-Cricq, directeur des douanes, proclama l'encombrement commercial, nous rîmes, nous fûmes incrédules. Il était si réel qu'il fit la révolution de Juillet. A la veille de Février 1848, dans le rude hiver qui précède, l'encombrement revient, et le chômage. Au bout de vingt années, 1869, le voici revenu. Personne ne veut plus entreprendre.

Le gouvernement actuel, avec ses compagnies du Crédit mobilier et autres, l'essor qu'elles donnèrent à la Bourse, détourna dix années les capitaux de l'industrie et de l'agriculture, qui donne un intérêt si faible. Son traité du libre-échange, ouvrant en 1860 la France à l'industrie anglaise (écrasante par le bon marché), a fait du premier coup une énorme ruine. La Normandie ne peut se relever, dit-elle. Encore moins les forges du Nord.

Avec une telle politique, qui eût cru qu'un matin, en juin 1865, le même gouvernement proposerait à la France de se faire tout industrielle, de placer d'un seul coup toute la génération nouvelle dans les écoles d'industrie?

Le 21 juin 1865, le gouvernement autorise nos *deux cent cinquante et un collèges communaux* à supprimer l'enseignement classique, à lui substituer le nouveau qui formera des employés pour les manufactures, usines et grandes fermes, des comptables pour les maisons de commerce.

« L'ancien enseignement subsistera-t-il? » Oui, mais comme faible exception. *En chaque lycée impérial sera créée une école industrielle,* qui pourra s'appliquer les bourses du lycée, qui de plus assurera aux élèves sortants le spécial patronage de l'État pour leur placement. Avantages considérables par lesquels cette école, parasite si favorisée, pourra absorber le lycée.

Cette révolution, d'incalculable effet, ne va pas moins qu'à faire une autre France.

Les chaleureuses circulaires qui viennent à l'appui, rappellent que, dans la lutte des peuples industriels, le prix sera, non pas aux capitaux, aux bras les plus nombreux, mais à l'intelligence. Elles citent l'exemple de la Suisse, etc. (6 avril 1866.)

Les nouveaux règlements offrent nombre de choses véritablement excellentes. On sent partout la main de celui qui lui-même a pratiqué et enseigné. L'homme est là tout entier, de travail infini, d'ardeur prodigieuse, le plus zélé ministre qui fut jamais, avec tous les contrastes et l'impuissance d'une situation déplorable.

Les pages qui suivent étaient écrites avant qu'il ne sortît du ministère. Je n'ai pas cru devoir les effacer. Elles disent le bien, le mal, les torts, l'effort immense et la très grande volonté.

Destinée singulière! et tragique réellement! Étrange et bizarre aventure qu'on ne voit guère qu'aux gouvernements d'Orient, qu'on croirait se passer à Stamboul, à Bagdad, aux Mille et une Nuits. La fortune, cette capricieuse, voit au pays latin un homme de mérite, voué uniquement à l'étude et aux affections de famille, fort désintéressé surtout. Et, par une énorme méprise, elle l'enlève. Une nuit qu'il est là, travaillant, écrivant, il est empoigné, emporté par les airs, jeté aux palais sombres dont il connaît très bien l'histoire. Dans ces palais hantés d'ombres somnambuliques, quel contraste! un homme vivant, un homme de chair et de sang, qui a un cœur (un trop prenable cœur).

Que s'est-il passé là? Comment dans ce pays vertigineux a-t-il été leurré? Sous quel mirage a-t-il fait pacte avec l'abîme?

Que promettait-on? Tout. Que demandait-on? Peu. Moins que peu, presque rien. Il enseignait l'histoire. Eh bien! ne pouvait-il en ôter une ligne? en effacer un jour? faire que ce jour fatal ne fût point, n'eût jamais été? Si l'histoire, mutilée ainsi, est enseignée à ce grand peuple enfant qui va nous remplacer, demain tous seront morts, et ce jour mort aussi.

Mais qui ferait cela? Quel monstrueux miracle, impossible aux mortels! impossible à Dieu même! Non, Dieu ne peut biffer un jour. Un seul jour devenant un blanc, une lacune, tout avant, tout après en serait altéré. Cette écriture d'airain qu'on appelle l'histoire a un mystère terrible, c'est que les caractères enroulés l'un dans l'autre, s'enchaînent indissolublement. Pas une lettre n'en peut être arrachée. Que peut-on? Par-dessus, faire un léger plâtrage, par un fragile enduit dissimuler l'histoire, et superposer la légende. La crédule candeur de celui qui l'écrit, fera peut-être illusion.

Vain espoir, insensé. Mais celui qu'on leurrait, était séduit au fond d'une idée non moins vaine. Introduit par surprise et par malentendu dans ce Conseil sinistre de violence militaire, il apportait, croyait faire triompher l'idée fort discordante d'une grande transformation industrielle qui eût changé la France, fait l'Empire de la paix. Lui-même issu des ouvriers artistes que Colbert appela de Flandre aux Gobelins, il avait le travail dans le sang, dans la tête cette idée fixe. Ce fut sa tentation. Punie cruellement. Que n'endura-t-il pas? Les généraux, les prêtres, n'y étaient pas trompés : « Il était l'ennemi. » Ils raisonnaient très bien; ils disaient sans ambages : « Travail, c'est liberté. L'industrie, le commerce, ont fait Juillet 1830. » — Que répondre à cela? Rien de bien sérieux. Que l'on y aurait l'œil, que les écoles nouvelles, veillées de près, transmettraient leurs notes au pouvoir, qui jugerait ainsi chaque élève, déciderait de son placement. L'État fût devenu *placeur* universel... Roman étrange! A qui faire avaler cela?

Seul à ce tapis vert où tout était hostile, il donna ce spectacle d'un ministre affamé, d'un budget maigrissant qu'on rognait chaque jour. Il endurait toujours, dans un espoir toujours trompé. Chaque matin, il saisissait... le vide!... Un jour il eut en main l'*enseignement obligatoire*, mais le soir il ne l'avait plus. Un jour il croyait faire une grande chose, l'*instruc-*

tion des filles. Mais les préfets, mais les fonctionnaires, bien plus intelligents de ce qu'on veut là haut, l'ont fort peu soutenu. En ce point qui était le va-tout du clergé, l'État s'est bien gardé de défendre l'État, et le ministre est resté seul.

Seul. Ni l'État, ni le pays. Nul moyen de sortir sans livrer la place au clergé. Nul moyen de rester qu'au prix d'amers combats, dans la triste indigence d'un budget étranglé.

De là cet acharnement sombre au travail, aux détails. De là cet effort infini pour tant de petites réformes. Effort croissant. L'employé matinal qui, lui, vient avant l'aube, voit bien qu'il ne s'est pas couché. Le soir, il s'enveloppe, et ténébreusement s'en va par les collèges observer, noter, censurer. Et il n'arrive à rien. Des obstacles invisibles l'arrêtent, le captivent et le lient, obstacles faibles et mous, ces toiles d'araignées qui flottent dans les palais magiques, entravent et désespèrent. Comment sortir? Comment rester[1]?

---

1. Ait mihi : « *Vides super hoc tectum quæ ego suspicio? —* Cui ego : *Video super tegulum... — Aliud, non aspicis? —* Cui ego : *Nihil video. Si tu aliquid magis cernis, enarra. —* At ille, alta trahens suspiria ait : *Video ego evaginatum iræ divinæ gladium super domum hanc dependentem.* » (*Script. rer. Franc.*, t. I, p. 264; Greg. Tur., lib. V, chap. LI.)

CHAPITRE IV

École d'Agriculture.

Le grand agriculteur de Provence, M. Riondet, un regrettable ami que j'ai perdu naguère, ne désirait pas moins qu'une Université d'agriculture et tout un système d'écoles. Son esprit encyclopédique, frappé de la solidarité croissante des sciences et des arts, voulait que l'on fît à Paris une *École centrale agricole*, d'où rayonnerait la lumière. Elle créerait des professeurs qui, dans chaque département, au milieu d'une ferme modèle, formeraient à leur tour des maîtres pour tous les arrondissements.

Mon confrère, l'éminent historien des classes rurales, fin et profond penseur, M. Doniol, qui a pu étudier ces questions et en Auvergne et en Provence, insiste pour que la réforme, modestement commencée par en bas dans les notions d'agriculture que donnerait le maître d'école, soit seulement couronnée en haut par une section agricole ajoutée à l'École normale, et une à l'École centrale industrielle.

M. Duruy, manquant d'argent, avait eu l'idée (peu goûtee, du moins économique) de faire faire quelques cours au Jardin des Plantes. Ont-ils eu quelques résultats?

L'agriculture précède tout. C'est le fonds de la France. Et c'est par là qu'il faudrait commencer. L'industrie vient après. Fonds mobile et changeant. J'ai vu toute ma vie ses naufrages. Je vois toute la Seine-Inférieure couverte de ruines récentes. Je vois, du même coup, à l'est, au nord, cent forges ruinées. Roubaix, un moment soulevé, exagère le travail et tombe. Que d'aventures dans l'industrie! Tantôt ses propres fautes, tantôt l'encombrement la frappent, et tantôt telle fatalité du dehors qu'on ne peut prévoir.

Maintenant que penser des carrières dites libérales, qu'on encombre indéfiniment?

Assez de médecins, assez de procureurs. Trop, bien trop de fonctionnaires. Plus de soldats surtout, et plus d'écoles de soldats.

Fermons, je vous en prie, celle des destructeurs. Ouvrons, je vous en prie, celle des créateurs, des enfants de l'agriculture.

J'honore l'École de Médecine, mais si l'agriculture fait des hommes si bien portants, qu'il ne faille plus de médecins?

J'honore l'École de Droit. Seulement elle m'effraye. Lorsque j'en vois sortir tant de jeunes notaires, d'imberbes avocats, de petits avoués, qu'il faudra bien nourrir, je me dis : « Oh! que de procès! »

Un seul procès est bon, une seule guerre, un seul

combat, c'est l'aimable combat de l'homme et de la terre, la guerre qu'il fait à sa grande femelle, féconde, adorée, la Nature, qui se défend, résiste, afin d'être vaincue.

Mater! Terra mater!... Ah! que n'a-t-elle pas dans son sein! et quelle force de vie pour nous faire et se faire sans cesse malgré nous, et en dépit de nos sottises!

Dès qu'il y a mariage entre elle et nous, tout fleurit, tout se peuple. Ce n'est qu'arbres et fleurs, moissons, hommes.

Voyez-moi cette Perse antique, ses cent mille canaux souterrains qu'indiquent Hérodote et Malcolm. Elle peut, un matin, envoyer à l'ouest une armée de deux millions d'hommes. Voyez cette Italie qui, devant Hannibal, fait surgir de la terre un million de soldats.

Mais les peuples du Livre (Coran, Bible, Évangile) sont venus : juifs, musulmans, chrétiens. La Perse est un désert, l'Italie se dépeuple ou vit de blé d'Afrique. Et tous les bords de la Méditerranée sont chauves.

On sue à voir ici, en France, combien de fois la terre, et combien de fois l'homme ont baissé, se sont relevés. Je l'ai dit dans *le Peuple*. Les moments où le paysan acquiert la terre, sont marqués d'un élan étonnant de fécondité. Vers 1500, après Louis XI, dans les ruineuses guerres d'Italie, tout devrait s'épuiser. Mais les nobles qui partent, vendent à tout prix la terre au paysan. Tout refleurit. C'est le règne du *bon Louis XII*. De même après les affreuses guerres de religion, nobles et bourgeois vendent; le paysan achète, et la terre en vingt ans a doublé de valeur. C'est le temps du *bon Henri IV*. Mais avant 1700, Boisguilbert déplore l'horrible succion fiscale du grand règne qui força le paysan de vendre. « Il a pourtant encore fréquemment un petit jardin », dit l'abbé de Saint-Pierre (1738). En 1783, l'Anglais Arthur Young s'étonne de voir ici la terre si divisée. Le mouvement ne s'arrête pas. L'effort de la Restauration pour reconstruire la grande propriété n'y a rien fait. Le paysan achète à tout prix, et il a raison. Car la terre, c'est la liberté. Quelle distance du journalier si dépendant au plus petit propriétaire ! Cette terre, c'est la dignité, c'est la moralité, l'honneur.

Le vrai grand théâtre agricole, à l'ouest du vieux monde, me semble être ce pays-ci. C'est ici que la terre donne en toutes variétés sa plus fine énergie européenne, le vin (celle de l'Asie est le café). La terre de France a seule (et non pas l'Italie) la vraie forme organique, géminée, à double climat : climats océanique, méditerranéen. Le problème agricole est ici au complet, d'une complexité exigeante, qui oblige l'agriculture d'être une science. Aux grandes plaines du Nord, l'étude des engrais, la mécanique des outils suffisent; ce n'est que l'*abc*. Mais plus on va vers le Midi, l'énorme question des eaux s'élève, leur sage direction, leur répartition équitable, l'industrieuse irrigation; d'autre part, la question dominante des expositions qui, à chaque instant, changent tout, demandent non seulement le savoir, mais le tact, la divination, l'art supérieur et parfois le génie.

« Élargissez Dieu ! » Diderot, qui dit ce mot sublime, en savait-il la profondeur, les sens divers, admirables et féconds ?

Cela veut dire : Assez de temples. La Voie lactée pour temple, l'infini de Newton. Cela veut dire : Assez de dogmes. Dieu étouffe dans ces petites prisons !

Mais cela signifie surtout : Émancipons la vie divine. Elle est dans l'énergie humaine ; elle y fermente ; elle a hâte de s'épancher en œuvres vives. Elle est dans la Nature, y bouillonne, voudrait se verser en torrents.

Ne voyez-vous pas que la terre a envie de produire, et de vous enrichir, de donner des sources et des fruits, de créer des races nouvelles, plus saines et plus durables, de créer sans mesure des peuples et des moissons ?

Soyons intelligents. Fermons un peu les livres. Rouvrons le grand livre de vie. Travaillons ! Habit bas ! Délivrons cet esprit fécond qui veut sortir, ouvrons-lui les barrières. Écartons les obstacles, les entraves. Élargissons Dieu !

Voici ce que j'ai vu récemment en Provence.

Un fort mauvais terrain se trouvait près d'Hyères,

misérablement sec, rocailleux, qui jamais n'avait rien donné que lentisques et autres rudes plantes sauvages de végétation africaine. Point d'eau. Et tout au plein midi, rôti dès le printemps. Tout cela ne fait rien. Un habile homme voit ce que demande cette terre. Il l'achète et il la travaille, l'épierre, la brise, et la rebrise. Il lui donne ce qu'elle veut, la vigne. Que va-t-il arriver? « Elle sera brûlée, cette vigne. La culture même y aide. Les schistes durs, polis et qui semblent vernis, plus on les brise et les émiette, concentrent à chaque pied des foyers rayonnants d'innombrables petits miroirs qui tous lui lancent du soleil. Oui, sans faute sa vigne mourra. »

Tel est le mot du paysan. Et elle ne meurt pas pourtant; il y a quelque chose là-dessous. Le matin on observe; spectacle surprenant, tout est mouillé chez lui; autour tout est aride. Il pleut chez lui et pas ailleurs. C'est la toison de Gédéon qui, dans la Bible, a seule les eaux du ciel, et à côté la terre est altérée.

L'habile homme, M. Riondet, de superbe figure, une vraie tête d'ancien empereur[1], inquiète et rêveuse,

---

1. Cette belle tête, si triste, me reste à jamais dans l'esprit. Elle était une énigme. Il y avait beaucoup du conspirateur italien. Et en effet toujours il conspira le bien public. A la mairie, à l'hôpital, il ne trouva qu'obstacles, difficultés. Dans la question souveraine qui lui tenait le plus au cœur, celle des eaux, de leur distribution, il fut quelque temps juge, arbitre, mais dès qu'il essaya d'y mettre l'équité et un règlement sage, utile à tout le monde, il fut arrêté court. On tenait à rester en plein état sauvage. Ainsi de tous côtés il se trouvait captif. Son esprit, très actif, cherchait et regardait de tous côtés, en toute science. Rien de plus varié que sa bibliothèque; c'est un monument subsistant de son inquiétude, de ses curiosités infinies. Nul n'était plus discret. Des idées très hardies, très avancées, couvaient et fermentaient en lui. Mais il avait en même temps le plus grand sens pratique qui l'avertis-

et chargée de pensées, semblait un homme de mystère. Il avait particulièrement le don de trouver l'eau partout. Il la sentait, l'entendait sourdre, là où nous ne voyions qu'aridité. Lui-même fort discret, se communiquant peu, si ce n'est par des actes, il me faisait l'effet d'une source profonde, génie de la contrée, qui la sert en dessous.

Qu'avait-il vu ici? le secret de la vie pour tous ces climats africains. C'est que la nuit répare le jour. Elle verse de telles rosées que celui qui y reste, est mouillé jusqu'aux os. Pourquoi la terre n'en profite-t-elle pas? Elle est durcie par la chaleur du jour? Que faire? La

---

sait trop et ne lui laissait pas la félicité d'utopie. Donc, deux fois prisonnier, et du monde et de sa sagesse! Et tout cela en grand silence. Mais je le voyais bien. Et il me semblait être dans les prisons, les spacieux cachots, voûtes sur voûtes, que nous a peints Piranesi. Il s'y tenait fermé. Nulle échappée en lui. A peine en dix années je lui surpris un mot. On causait d'un asile où les indigents envoyaient leurs enfants sans avoir de quoi leur garnir le panier, de sorte que ces enfants avec tristesse voyaient manger les autres; lui il y suppléait, faisait faire de petites soupes. En parlant, la voix lui changea... « Ah! tu es homme! » dis-je en moi. Et je compris. Cet instinct bienfaisant le tournait vers l'agriculture où il croyait agir mieux pour le peuple. Mais, là aussi, il était arrêté. Les étonnants succès qu'il y avait ne lui suffisaient pas. Ils n'excitaient qu'envie. On ne sortait pas des routines. Il devenait très riche, mais que lui importait? son but était manqué. Sa passion secrète n'eut nul apaisement en ce monde. Son cœur toujours gonflé, et toujours contenu, lui devint peu à peu une grande difficulté de vivre. On trouva à sa mort qu'il l'avait eu énorme. Je l'avais toujours deviné.

Il écrivait et ne montrait jamais. Son livre, d'ingénieuse et si profonde expérience, n'a paru qu'après lui, publié par son fils adoptif, l'honorable M. Garcin (librairie Bixio, 2 vol.). Il n'a donc pu le voir ce livre, et là encore il n'a pas eu sa libre expansion. Il ne l'a eue que dans son testament, où il a tout laissé à la ville et aux pauvres. Legs de trois cent mille francs : crèches, école, hospice, hôpital, secours aux enfants, aux vieillards, sans parler de cette belle bibliothèque où moi-même j'ai puisé si souvent. D'ici, je la vois encore et j'y suis en esprit, je la revois variée, riche, sombre, comme il fut lui-même, peuplée des idées et des songes de son destin inachevé.

briser constamment. L'émietter, c'est l'ouvrir. Et voilà ce qu'elle demandait, cette pauvre terre. Elle halète, elle a soif, et personne ne la laisse boire.

Le paysan n'a garde de labourer entre les vignes. Il occupe les lignes intermédiaires par un méchant blé qui se brûle, ne donne rien. Comment lui faire entendre qu'il faut sacrifier tant de terrain? le laisser libre au soc qui, le jour, ouvre et prépare le sol à la rosée du soir? Non, la terre crie en vain, on la laisse à son aridité. La rosée tombe en vain; trouvant ce sol de fer, elle remonte et se vaporise. Elles ne peuvent s'entendre, se marier. Et c'est un divorce éternel.

Ici l'art est bienfait. En servant la Nature, il est plus nature qu'elle-même. Elle verdoie et le remercie.

Profonde est l'amitié entre la vigne et l'homme. Elle ne sait que faire pour le remercier et le récompenser. Elle s'épanouit, déborde en fruits superbes, en grappes d'or, qu'on paye au poids de l'or.

Bref, le petit terrain qui coûta six mille francs à mon agriculteur, chaque année en donne six mille.

CHAPITRE V

Écoles de Médecine et de Droit.

L'hirondelle de nos cathédrales, le martinet qui en peuple les tours, donne une scène émouvante quand de quelque maison voisine on la voit essayer et lancer ses petits. Si légers, ils ne risquent guère. Leur vol incertain, maladroit, est soutenu, bercé dans l'air sur le profond abîme. Ils jouent sans peur. Mais quelle alarme chez la mère! Ils jouent, les petits téméraires, et l'on croirait qu'ils rient de la peur maternelle.

Combien plus légitime l'inquiétude de la mère humaine, quand son petit devient un écolier, quand l'écolier devient étudiant, quand il faut l'envoyer au danger de ces grandes villes où tant d'autres périssent, à Toulouse, à Paris! L'abîme où nous voyons voleter l'hirondelle, qu'est-ce auprès de celui que le jeune homme affronte : la dissipation vaine, les bas plaisirs, l'énervation.

Danger très grand pour tous, énorme pour les nôtres, si liants, si précoces, ouverts à toute impression. D'autres races sont moins exposées. Chez tel peuple l'orgueil, la morgue innée; chez tel autre la prédominance de la faculté digestive, le pesant narcotisme, préservent le jeune homme pour quelque temps, lui donnent au moins un masque de sagesse. Ici, rien de cela. La supériorité nerveuse de notre race est son danger aussi. Elle l'expose tout d'abord, et chez beaucoup la flamme allumée à peine s'éteint tout à coup sans retour. Plusieurs à quinze ans, à vingt ans, sont finis qui en vivront soixante encore, faibles et médiocres, incapables de grands résultats.

Remarquons, en passant, qu'il s'agit aujourd'hui de mieux déterminer l'éducation propre à chaque nation, à chaque race. Énormes sont les différences. Nos maîtres, les grands éducateurs, ne s'en occupaient pas encore. Rousseau veut élever l'*homme*, en général, et croit qu'il est partout le même. Pestalozzi enseigne aux Français d'Yverdon comme il a enseigné aux Allemands de Berne. Frœbel ne nous dit pas les modifications que voudrait son système, si au lieu d'élever ses petits Allemands si dociles, il formait nos enfants vifs, impétueux, du Midi.

Le capital problème ici, c'est de savoir comment on sauve *la race*, cet élément nerveux, cette fine flamme qui, quand elle est gardée, met au-dessus de tout — savoir comment l'enfant, qui tout d'abord est homme, sera gardé jusqu'à vingt ans et plus.

Il n'y a pas à badiner avec le jeune Français, ni croire, comme sa bonne femme de mère, que son vieux catéchisme, qu'un peu de pratique religieuse qu'il a suivie peut-être pour elle en grommelant, va le garder ici du bal Mabile. Songez-y bien. Il tournera très mal, si on ne lui fait une passion.

Au lieu de le laisser traîner sur des éléments insipides, des manuels arides et ennuyeux, il faut le jeter à la mer, dans la grande mer de science, lui mettre en main des réalités fortes. Celui qui met dans l'eau le pied droit, puis le gauche, trouve l'eau froide, s'en va, ne sait jamais nager. Il faut le mettre à l'eau la tête la première.

Voici ce que m'a conté un illustre physiologiste, M. Serres : « Lorsque je vins de Montpellier ici, mon frère, qui était médecin, me donna un scalpel, et me dit : « Point de livres. Tu vas aller tout droit à tel amphithéâtre, et là avec les autres, tu te mettras à disséquer. Tu tailleras d'abord de travers, et puis mieux. La difficulté et l'obstacle, l'effort fera la passion. » Voilà ce qui s'appelle se jeter en pleine eau.

Un sauvage, Savart, en fit autant. Sans ressources, en 1816, il vint à Paris enseigner la physique qu'il ne savait pas. Il lui fallut chercher, trouver, créer. Et un matin il trouva l'Acoustique.

Les Peaux-Rouges pour dresser l'enfant font des chasses de cinquante lieues. Mais mille lieues ne sont rien dans la grande chasse à la Nature, l'infinie poursuite des sciences. Cette chasse, autant que l'amour, donne toutes les alternatives, toutes les phases de la passion. Subite intuition, ravissement de l'objet nouveau, ses résistances et ses fuites, inquiétudes, variations, le cœur au ciel ou à l'abîme, des réveils, des retours de joie et de fureur, la proie saisie, manquée, reprise... la curée de la découverte, la joie d'avoir trouvé, et le cri *Eurêka !*

La grande Isis est si charmante que, si elle a la bonté de déranger son voile, de se laisser voir tant soit peu, on entre en un désir, une curiosité sans bornes qui ne vous laisse plus respirer. Certes, il faut de l'amour, et beaucoup d'amour au jeune homme. Mais quand il a goûté de celui-là, pénétré au mystère de la Dame éternelle, les menus plaisirs lui sont peu.

Sa mère est effrayée de le voir entouré du bizarre appareil de toutes les sciences et surtout (quelle horreur!) d'ossements... Hélas! il est perdu! comme le voilà *matérialiste!...* Mais c'est tout le contraire. Laissons les mots, cherchons les choses. Moi, je vois que l'esprit de vie en lui abonde, surabonde, tellement que tout autour de lui est vivifié, animé. Ces os ne sont pas des os; ils se mettent à parler. Cet herbier desséché pour lui est tout en fleur, et les simples y reprennent tous les parfums des Alpes. Si la pierre, si l'inorganique, si la mort, réchauffée de sa jeunesse ardente, se met à vivre et à penser, admirez avec joie, laissez vos *distinguo*, vos scolastiques, et taisez-vous.

Le matérialisme est un âge et de l'individu, et de l'esprit humain. Ces noms si vagues et si peu définis, la matière et l'esprit, alternent dans l'histoire des sciences, et nous donnent mille fausses lueurs. Laissez les philosophes y blêmir. Pour la vie, pour l'histoire où j'ai vécu passablement, j'y vois à chaque instant les choses retournées à l'envers, des matérialistes héroïques qui donnent leur vie pour une idée, et des spiritualistes qui vont prier Dieu chez Fanchon.

Il est fort secondaire que l'émancipateur immense, Diderot, se soit cru et nommé souvent matérialiste, s'il a pu mettre en tout, de sa brûlante vie, un souffle, une âme nouvelle. Je m'inquiète bien peu si cette flamme ailée, si légère, qu'on nomme Voltaire, qui spiritualisa tout le siècle, parfois doute de l'âme en la prouvant sans cesse, et dégageant en tous le sens vif de la liberté. C'est tout le mouvement et le *processus* de ce siècle, son plus haut résultat, de dire : *la liberté est l'homme ; l'homme est la liberté morale*, et rien de plus. Toutes les libertés (au fond il n'en est qu'une) jaillirent de là par la Révolution, et constituèrent pour l'avenir le solide édifice du Droit et de la Loi. Matériel ou non, mais anti-fataliste, ce siècle nous laissa la plus grande œuvre de l'esprit.

Quoi de plus singulier, disons-le, de plus ridicule, que le désaccord, le duel des deux enseignements, des deux Écoles de Droit et de Médecine.

Allez en haut, devant le Panthéon. Entrez dans la première École. L'État y enseigne la loi, donc cette faculté qui peut obéir à la loi, *liberté morale*. Sans elle point de droit, point de responsabilité.

Allez en bas, à l'autre École. L'État enseigne justement le contraire. La mécanique humaine sert les fils, les ressorts de la fatalité. Ce moi, que je sentais comme un fait positif qui seul me met à même de connaître et juger tout le positif extérieur, ce moi est une illusion. Liberté, Loi ou Droit, vains mots. Donc défendre la Loi, la Liberté ? sottise. Révolution ? sottise. Plus de pénalité. Donc, respect au tyran. Telle est du fatalisme la conséquence rigoureuse.

Voilà les deux Écoles. Absurde discordance. Mais voici en pratique ce qui est plus absurde encore. C'est que la haute école, fondée toute sur la liberté, fournit encore en quantité des avocats sceptiques qui ne s'en soucient guère, vont plaider pour ou contre, et quantité de faibles et serviles fonctionnaires. Et l'école d'en bas, qui ne prêche que fatalité, quand le soir au café elle parle des affaires publiques, oublie entièrement son dogme fataliste, parle étourdiment d'être libre.

Fort noble inconséquence du futur médecin à vingt ans. Mais à vingt-six ou trente, il devient conséquent, très bon fataliste en pratique. Il respecte, il honore le fait uniquement, s'aplatit pour avoir une petite place, s'ouvrir un certain monde, certaine clientèle, devenir, s'il le peut, médecin d'un couvent. Sa mère l'admire alors, devient fière d'un si bon sujet.

Il est insensé, ridicule, funeste, que les deux Écoles s'ignorent à ce point l'une l'autre, que l'école d'en haut ignore le Fait et le réel vivant, que l'école d'en bas n'ait aucune notion du Droit.

Les deux étudiants semblent en vérité deux sauvages, l'un et l'autre abrutis de spécialité. Il y a ici une lacune énorme que je marquais ailleurs, l'absence d'une étude commune d'où divergent les deux Écoles.

Il y a certainement un intermédiaire à créer où elles trouvent leur concordance. Un cours doit exister où tous apprennent ce qui leur est commun, où le médecin voie ce qu'il doit connaître du droit, où le légiste voie ce qu'il doit apprendre du fait.

Je dis seulement *voie*. Il ne s'agit pas d'étude approfondie, mais de prévoir ce qui deviendra nécessaire, de connaître les voies et moyens par lesquels on pourra approfondir plus tard.

Le mot d'Auguste Comte, *sociologie*, me plaît assez pour ce cours intermédiaire. Je voudrais que, — donnant d'abord l'indispensable de la loi sociale, le droit et le devoir, — il enseignât aussi à chercher, à sonder le réel de la vie.

Partir d'en bas, montrer aux étudiants ce qui est nécessaire à l'un et à l'autre. *L'économie, surtout domestique*, individuelle, la vie et le ménage, alimentation, local, vêtement, etc. Avec une telle vie concordent telles *mœurs* nationales. Desquelles mœurs résultent telles *lois*.

C'est là que l'étudiant de la Nature apprendra

comme il fait et prépare le monde de la Loi. C'est là que le jeune légiste sentira que son code, ce livre qui semble si froid, est une concentration de vie.

On leur montre à l'un et à l'autre (par quelque longue chaîne sur un point important, suivi du fond des âges en ses variations), comment le temps, les mœurs, la vie, font et défont la loi, font, défont (même ce qui bien moins semble changeant) la médecine.

J'ai vu en soixante ans trois Frances de tempéraments différents, et partant trois médecines.

L'histoire de l'alimentation, si nécessaire au médecin, existe dans les lois, et c'est par le légiste qu'il devrait la connaître. Les *Acta* de Rymer, en me parlant sans cesse du commerce des laines et des cuirs, dès le commencement du quatorzième siècle, m'ont dit l'alimentation de l'Anglais.

L'aliment nous révèle en partie ce que sont les maladies régnantes. De là de curieux problèmes, où l'économie politique, le droit, la médecine, sont également intéressés. Criminalistes et médecins, tous doivent sérieusement peser ce qui sort de nos mœurs et du nouveau régime (viande, alcool et narcotisme).

Une question énorme aujourd'hui qui s'élève de même entre les deux études, et des lois, et de la Nature, c'est celle de l'*émigration*. Dans l'étouffement de notre Europe, il faut bien regarder dehors, non pour faire, comme jadis, des razzias et revenir, mais pour créer de solides établissements. L'*homme peut-*

il vivre partout? est-il vraiment le maître de ce globe? voilà le haut problème. Dans un très important article (*Dict. de Médecine*), le docteur Bertillon répond négativement, ce qui d'un coup supprimerait toutes conquêtes et guerres lointaines.

Où peut-on émigrer avec chance de vivre et réussir ? Quelles mœurs, quelle hygiène, quelles lois, conviennent aux colonies? c'est une science nouvelle dont l'une et l'autre école doivent s'informer également.

CHAPITRE VI

L'Étudiant en Droit.

Je ne plains pas l'élève en médecine qui a toujours en main la nature, la réalité, qui la voit et en elle, et dans son mouvement, son drame (mort et vie, nouveauté éternelle). Je plains l'élève en droit, voué aux livres à perpétuité, muré dans un seul livre, si aride au premier coup d'œil. Ce livre, œuvre du temps, produit d'un long passé, n'est pas sans grandeur, certes. Sa forme froide, abstraite, est très belle souvent dans sa simplicité. Mais cette noble et pure abstraction, par cela même, ne nous montre plus rien des précédents lointains, des causes et des révolutions morales d'où les lois procédèrent. C'est l'énigmatique beauté d'un de nos magasins actuels de produits chimiques, où tant de forces naturelles, de vies latentes à l'état de cristaux, élevés à la forme qu'on dirait supérieure, font par cela même oublier et la génération première (végétale, minérale) qui les prépara, et le travail chimique qui les a dégagées, mises à ce dernier résultat.

Nos anciennes Coutumes, les formules barbares, enfantines poésies de la jurisprudence qui m'ont tant occupé, charmé (dans ma *Symbolique du droit*), semblent toutes vivantes, donnent partout les mœurs qui les ont faites. Entre ces éléments primitifs du vieux monde, et notre Code de 1800, que de révolutions, que de transformations, d'épurations, d'abstractions progressives! C'est l'analogue de ce travail chimique qui a porté tant de substances naturelles de l'état mixte de la vie à l'état pur de sel et de cristal (le quinquina à l'état de quinine). Seulement que de choses ont disparu en route! Et ce sont justement ces choses qui rappelaient la vie. Tels éléments supprimés au creuset représentaient l'écorce amère du végétal sauveur, nous parlaient de son sol, de son paysage natal.

Entre nos études classiques, toutes concrètes, et notre étude du Droit, tout abstraite, il y a un saut dur et brusque. L'enfant de dix-huit ans, en pleine fleur de vie, et nourri de littérature, est jeté sans préparation, non pas au jeune Droit primitif, qui est encore une poésie, non à l'histoire intermédiaire de la génération du Droit, mais au Droit arrêté et fixe d'aujourd'hui, formulé en termes austères, précis, qui lui paraissent arides.

La France, au seizième siècle, a été pour l'Europe, on peut dire, l'oracle du Droit. Les rois, dans les questions les plus hautes (de successions princières, etc.), venaient solliciter une consultation de Charles Dumoulin. Dans ses voyages la foule le suivait. A Dôle où il devait rester un jour et faire une leçon, tout un peuple accourut, et, trouvant trop étroit le local où il devait parler, le démolit au moment même. Que signifie cette fureur, ce fanatisme de science? C'est qu'il n'enseignait pas la loi faite et fixée, cristal dur ou table d'airain, mais vivante, agissante, en voie de se créer, et dans *son devenir* (pour dire à l'allemande). La comédie sublime de la Loi qui joue l'éternelle dans ce monde changeant, et qui (pour être juste, être vraiment la Loi) s'infuse incessamment l'esprit vivant des mœurs, voilà ce qui ravit dans son enseignement. C'était la grande crise, la transformation des Coutumes. En ce grand interprète de la Coutume, on sentit le génie futur qui les unirait toutes, et l'on adora la Patrie.

Ni le talent ni la science ne manquent à l'École actuelle. Mais ses éminents professeurs sont captifs de sa constitution. Leur auditoire est double, et mêlé de deux classes de jeunes gens. Tels étudient le Droit pour le Droit, comme science. Tels, c'est le plus grand nombre, l'étudient comme métier. Ceux-ci qui vont être demain avocats, avoués, dans le combat, la mêlée des affaires, doivent, pour cette lutte prochaine, être armés de toutes pièces, recevoir de leurs maîtres un enseignement fort technique, être avertis par eux d'un infini de cas spéciaux, d'exceptions, d'arguties, de rubriques de palais.

Tout cela fait l'ennui de l'autre classe qui cherchait le Droit pour lui-même et sans intérêt de métier.

J'ai vu un illustre Italien, mon cher Montanelli, amoureux de la France, grand admirateur de nos lois, s'asseoir à quarante ans aux bancs de notre École, et forcé d'y apprendre ce qu'on dit pour les procureurs. Il est trop évident qu'il faudrait deux Écoles, au moins des cours distincts, les uns pour le métier, les autres pour l'étude générale dont tout citoyen a besoin, pour l'étude qui montre la loi dans son rapport avec les mœurs. Lente dans ses transformations, elle est pourtant l'image, fidèle avec le temps, de la société. Aujourd'hui, nos circonstances économiques, absolument nouvelles, puissamment, sourdement modifient la jurisprudence. On change sans paraître changer. Pour donner un exemple, si la Communauté prévaut en 1800, lorsque l'on fait le Code, c'est que la propriété en ce temps est plus stable. L'immense extension des valeurs mobilières, de la spéculation, et l'incertitude croissante ont rendu aujourd'hui faveur au Régime dotal.

Montrer toujours la loi dans le cadre des mœurs qui la firent et la modifient, c'est ce qui fait la fécondité de ces études. Pour le droit romain même, l'enseignement si érudit du seizième siècle, surchargé de littérature, avait ce grand mérite de ressusciter tout autour de ce droit la société d'où il sortit. Rome fut en Cujas avec toute sa richesse de génie, sa gravité, toutes ses nuances morales et une précision incomparable de langage. D'autres, plus mêlés à la vie, les

L'Hospital, les Dumoulin, eurent une connaissance profonde des hommes aussi bien que des livres, prirent la loi à travers les mœurs, dans l'orageuse société des temps où ils vivaient, y mettant leur vie même, leurs martyres et leur noble cœur.

Le monde aujourd'hui et l'école sont bien plus séparés. L'étudiant sent peu que son livre, c'est la société codifiée. Il est aveugle à leurs rapports.

« Mais, monsieur, si mon fils met un pied dans la vie, adieu pour les livres à jamais. »

Il y est des deux pieds, au moins par les plaisirs; mais nullement par l'étude active qui lui rendrait sensible l'accord des mœurs et de la loi.

« La vie y suppléera. Demain, rentré chez lui, dans la province et le métier, bon gré mal gré, il y prendra une intelligence plus nette de la société. Le maniement des choses l'initiera bien plus qu'aucune étude ne ferait aujourd'hui. »

Est-il sûr que la vie locale où vous le rappelez, supplée la vie centrale, qu'il y trouve la variété de faits, d'idées, l'extension d'esprit, que donne la grande ville?

L'étranger, le provincial qui y viennent un moment chercher les jouissances pour en médire ensuite, affectent de n'y voir qu'un gouffre de dépenses, d'excès (je le crois bien, surtout ceux qu'ils y font). Mais ceux qui y sont nés, ceux qui y ont trouvé tant de moyens de travail et d'études, un champ riche d'observations, savent que ces grands centres sont les seuls lieux qui donnent un sens sûr, profond de la vie. Chacun d'eux, bien connu, apparaît comme un organisme où elle se révèle en tout son jeu divers, ses fonctions, contrastes, harmonies et transformations.

Pour qui plane au-dessus, et qui garde des ailes, rien n'est plus curieux. Quelles ailes? une passion? une idée? bref, certaine poésie intérieure. Cela permet de voir, observer tout d'en haut, sans trop descendre. Si pourtant le vol va trop haut, on n'observe plus rien. Un voyage en ballon fait peu connaître le pays.

L'obstacle est le vertige, la variété du spectacle qui semble plus complexe qu'il ne l'est en effet. Le novice n'y voit qu'un chaos. Il faut y être orienté[1].

J'en ai vu et beaucoup, qui, au bout de dix ans passés ici, et davantage, rentraient dans leur pays sans rien connaître de Paris. Cent choses en cette immense ville lui sont communes avec bien d'autres capitales, et ne sont nullement propres à celle-ci, nullement caractéristiques du vrai Paris. Ce sont

---

1. Je dis orienté et renseigné; car, de soi-même, on ne s'y retrouverait guère. Pour sentir, pénétrer la vie dans son mouvement, il faudrait une expérience, une patience, une finesse que n'a pas le jeune homme. Là se présente une question : Qui l'y initiera, tout en le laissant libre et sans gêner son action? Trop vaste question pour la traiter ici. Quelques mots seulement, de mon observation personnelle, de ce que j'ai vu. Très rarement le père réussit à cela; il est ou occupé ou déjà endurci; il pèse trop, ou, s'il est trop facile, il perd en dignité et n'a pas d'action. Pour mille choses du monde, les femmes (mères, tantes, sœurs) valent mieux, voient et font voir tels points délicats, peu sensibles aux hommes. Parfois les sœurs aînées ont été admirables, ont fait des frères charmants (mais artistes indécis). L'idéal ne serait-il pas la personne qui aime le plus, et se donne le plus, la mère? Il faut

surtout ces choses, au fond non parisiennes, que regarde surtout l'étranger, le provincial. Et l'étudiant, s'il faut le dire, presque toujours reste en ce sens l'étranger. Avec des camarades, qui sont juste à son point, ne connaissent pas mieux le terrain, il croit faire des voyages infinis, des courses en tout sens, et vaguer à plaisir. Point du tout. Il se trouve au total qu'en dix années il a tourné dans un très petit cercle, peu varié : cours, examens, cafés, spectacles, bals, menus plaisirs vulgaires où tout ressemble à tout. Rien qui l'ait averti de cet énorme monde d'activité diverse. Il a vécu à côté de Paris.

Un juif que je connais, très réfléchi, qui voyage sans cesse, me disait l'autre jour : « La terre n'est rien. Le voyage le plus grand qu'on puisse faire, est de la Bastille à la Madeleine. » Voyage étonnamment et prodigieusement instructif pour celui qui saurait, comme lui, dans le détail, l'origine, la fabrication de tant de choses ingénieuses, si artistement exhibées, les qualités diverses, les prix toujours changeants. Premier monde inconnu.

pourtant des dons bien rares et d'esprit de suite, et d'adresse, de douce austérité, le dirai-je? de fine tactique pour ne pas peser trop, ne pas envelopper jusqu'à l'étouffement par l'excès de la passion. Si elle a tout cela, c'est certainement avec elle qu'il verra bien et vite. Par elle il entrera dans l'intelligence rapide de toutes classes, surtout des classes pauvres. À l'humble foyer, il verra mille détails instructifs de misères, d'intérêts, d'affaires, qui lui rendront vivante son étude des lois. J'ai vu en ce genre des miracles. Sous cette incubation puissante d'une mère supérieure, il devenait tout à coup homme. Trop affiné peut-être? Trop parfait? C'est mon doute. — J'en ai un autre encore. Ce guide, si charmant, l'initie à la charité certainement; le mène-t-il à la fraternité? chez la femme, c'est chose rare. Et pourtant le sens fraternel est le vrai rameau d'or qui éclaire et conduit à travers les forêts humaines.

Pourquoi ces changements ? Pour mille causes industrielles et sociales, salaires qui montent et baissent... Ah! ici nous touchons l'existence elle-même! Autre monde bien plus inconnu.

Dans la balance très précise des prix de toutes choses qu'il avait dans l'esprit, cet homme intelligent savait parfaitement pour combien y était le travail, le besoin, la misère, les vicissitudes des conditions laborieuses, la nourriture et le loyer, etc. Échelle variable qui, selon les degrés, augmente ou diminue, éteint la vie humaine.

Mais sondons cet abîme. Laissons les boulevards, et prenons la ville en largeur dans l'épaisseur énorme du quartier fabricant, Saint-Denis, Saint-Martin, le Temple et le Vieux Temple. Voilà l'un des creusets les plus grands du travail humain, le plus mobile aussi. L'immensité de Londres, ni la puissance mécanique de toutes les villes industrielles, n'offrent rien de pareil. Elles ont toutes des séries de travail très long et qui changent fort peu. Ici le mouvement infini d'arts et de procédés changeants a exigé, formé la main la plus flexible, d'une élasticité créatrice qui se fait à tout. Race à part et unique. Mais comment se fait cette race ? c'est le mystère du lieu. Cela est tellement local qu'à deux lieues de Paris on ne peut rien de tel. A plus forte raison, l'ouvrier transporté à Londres, à Berlin, ne pourra plus rien.

Toucher à ce foyer unique, irréparable, c'était la chose hardie, sauvage, qu'une administration tout à fait étrangère pouvait seule hasarder. Raser nos monuments, effacer nos souvenirs, ce fut dur et cruel. Mais pour nous, Parisiens, il est plus dur encore qu'en attaquant, rasant ce centre de Paris, on ait touché à la race elle-même.

Arrive ici, jeune homme. As-tu un cœur encore? Et tes veillées du bal, énervantes, qui donnent un lendemain si fade, te laissent-elles des yeux, un esprit pour comprendre? Eh bien, regarde, vois la réalité. Hier soir, tu bâillais au drame. Voici des drames autrement saisissants.

Tu t'ennuies sur la Loi, et tu la trouves aride froide, abstraite, insipide. Regarde ses effets. Tu vas voir à quel point elle est bienfaisante ou terrible, contient la vie, contient la mort.

De ce Code une ligne (sur l'expropriation) a détruit le Paris central et tous ses logis à bas prix. Quatre cent mille personnes n'ont point de domicile fixe, sont errantes dans la banlieue.

Voilà pourquoi tu as vu quelquefois, avant l'aube, quand tu reviens du bal à cinq heures du matin, des fantômes, des visages pâles, qui allaient à grands pas rejoindre l'atelier. La journée est ainsi doublée par la fatigue. Et ces doigts fatigués que feront-ils de nos arts délicats que seuls ils fournissent à l'Europe?

Une alimentation supérieure serait nécessaire. Mais le loyer, énorme et absorbant, affaiblit l'alimentation.

Pour détruire et bâtir, l'octroi toujours croissant rend l'aliment plus cher, donne une énorme prime aux falsifications. Le vin, bien d'autres choses n'entrent guère à Paris, et cent drogues y suppléent. Nous vivons de poisons, menons la vie de Mithridate.

Les lois municipales, et les lois financières, en vois-tu la portée?

Mon cœur regorge ici. Je ne t'en dis pas plus. Sous la loi désormais tu sentiras la vie.

LIVRE V

L'ÉDUCATION CONTINUE TOUTE LA VIE. — DE QUELQUES QUESTIONS D'AVENIR.

CHAPITRE PREMIER

Le progrès du métier.

Ce livre n'est-il pas fini? on peut le croire. Le patient jeune homme qui m'écoutait encore va me remercier. N'est-il pas quitte du dernier examen, avocat, médecin, industriel? N'entre-t-il pas dans sa carrière? La famille assemblée, qui reçoit ce docteur, voyant son assurance, ne doute pas qu'elle n'ait enfin atteint le but, poursuivi si longtemps au prix de tant de sacrifices. Sa mère l'admire, l'écoute, ravie, et croit sans peine qu'il sait tout, peut tout.

Lui qui revient du centre (quelque sage qu'il soit), regarde un peu de haut son lieu natal. Riche de l'enseignement général des hautes écoles, de formes et de formules généralisatrices, il plane, s'étonne même de sa facilité. Des obstacles infinis qu'il va rencontrer tout à l'heure, il ne se doute guère. Il croirait volontiers que l'émancipation politique (imminente) va tout aplanir devant nous. L'effet en sera grand, sans doute; la lourde machine qui pèse par en haut, s'allégeant et se relâchant, le mouvement vital va renaître, on le sent. Mais sachons bien aussi que cette vie nouvelle, délivrée d'un obstacle, crée des conditions graves, sévères, que l'on attend peu.

Elle est fort exigeante cette vie libre et forte, où vous allez demain vous gouverner vous-mêmes. Elle commande deux choses :

Que l'individu, attentif, veillant sur lui, *donne au complet sa force*, dégage et tourne au bien toutes ses énergies intérieures.

Deuxièmement, que, malgré cette tension individuelle, qui fortifie, augmente la personnalité, *il reste associable*, s'accommode et se prête aux sacrifices qu'implique toute association. Ne vous y trompez pas : plus vous desserrez la brutale machine politique, plus l'association vous devient nécessaire.

Donc, deux choses difficiles à concilier. *Être soi* au plus haut degré, ne pas descendre, comme font la plupart, au contraire, monter. Mais, dans cet élan ascendant, *vouloir monter ensemble*, harmoniser l'effort personnel à l'effort de tous.

Hautes vertus civiques, qui exigent un travail intérieur et constant, certaine éducation de soi sur soi qui dure toute la vie.

J'ai beau faire. Mon livre m'entraîne. Il ne peut

s'arrêter ici, il ne peut abandonner l'homme à l'heure la plus grave peut-être.

La règle capitale de cette éducation, la maxime qui la contient toute, est celle-ci :

« *On ne reste jamais au même état. Qui ne monte pas, baisse. Et qui n'augmente pas, diminue.* »

C'est le point : *Il faut augmenter.*

« Les astres, dit Laplace, perdent, mais ils regagnent. Ils ont en eux des forces réparatrices contre l'usure du temps. » N'en est-il pas de même du petit astre humain, de la délicate planète qu'on appelle homme, qui va, vient sur la grande? Je dis Oui hardiment. Et j'affirme bien plus : conduite habilement, la vie augmente en nous; en mille choses, avoir agi, c'est acquérir la force ou la dextérité pour agir davantage. Je l'établirai tout à l'heure.

Sujet immense, énorme. Je vais sommairement (hors de toute utopie, me tenant au certain) indiquer les points essentiels, menant de l'un à l'autre, qui sont en quelque sorte l'échelle de la vie.

1° Ce qui accable l'homme souvent dès le point de départ, c'est l'uniformité inattendue de ses devoirs nouveaux, c'est (après la libre jeunesse) de se voir condamné pour jamais *à la même* chose. De là l'ennui immense, le découragement du métier; j'essaye de lui montrer que *ce n'est pas même* chose, mais plus variée qu'on ne pense; on peut y découvrir des ressources pour l'âme.

2° A côté du métier (sans lui nuire, au contraire), la culture intérieure de lecture, de réflexion, aide incessamment l'homme, et, sans qu'il y paraisse, lui fournit en dessous un cordial puissant.

3° Mais rien n'y aide plus que l'action constante, le mouvement fécond, progressif de la vie publique.

Fort au métier, fort de vie intérieure, plus fort de vie civique, l'homme, au combat du monde, augmente jour par jour, devient un point d'appui pour ceux qui flottent, qui péniblement montent. Vrai sacerdoce moderne. A ce degré moral, nul dévouement ne coûte. On ne s'isole plus. Le plus fort est tout prêt pour l'association.

Dans le présent chapitre, je parle *du métier*, de ce sujet maussade et pénible entre tous, *l'ennui*.

L'école hier, la vie peu serrée et les théories. Aujourd'hui le métier, le devoir, les obstacles, la rude réalité.

Et que dit ce réel? Que pense-t-il de cette éducation brillante qu'apporte le jeune homme? Le mot d'Hamlet : « Des mots! des mots! des mots! » Il veut des faits! il veut des choses.

Dure est l'impression. — Celle qu'on a le soir, croyant la porte ouverte, et rembarré, relancé en arrière par l'immuable chêne qui vous renvoie le nez cassé.

Plus dure est l'ironie du monde, la cruelle indulgence, la pitié accablante, certain petit sourire... Rien n'amoindrit plus l'homme. Avant d'agir, le voilà aplati.

N'eût-il point ces dégoûts, souvent le métier seul blase, énerve, alanguit. A tort. Plus il est uniforme, plus il laisse à l'esprit certaine liberté élevée. Nos tisserands de Flandre, de Lyon, ces mystiques, ces socialistes, ont été des rêveurs, souvent d'esprit fécond.

Les métiers émouvants usent infiniment plus. J'ai vu des hommes éminents (Berryer, Marjolin, Magendie) excédés de travail, et las de succès même, chercher un peu d'oubli et de repos dans la musique, assidus aux concerts. Je ne sais si pourtant c'est là le vrai remède, si l'esprit écarté dans des voies trop diverses, n'augmente pas encore son ennui, son dégoût. Chaque art, fouillé à fond, offre, sans qu'on en sorte, des échappées heureuses, souvent des mondes à part et imprévus qui vous dédommagent de tout.

Même en regardant bien les métiers que l'on croit inférieurs, on peut voir que souvent tel au fond a un côté à lui, qui est art ou qui mène à l'art. Un petit cordonnier que j'ai connu, habile, dès quinze ans, aperçut que son métier touchait la sculpture, était un fin moulage qui implique un grand sens de la forme vivante, mobile, le sens du mouvement. Il est entré par là dans les arts du dessin. C'est un des plus charmants artistes.

Mais sans sortir ainsi de sa voie, sans chercher ailleurs, en restant dans son art, par le progrès du temps, on prend dans la pratique des procédés faciles, et souvent plus rapides, infiniment plus simples. La simplicité d'exécution ajoute étonnamment de force, souvent des effets grandioses. Pour parler encore des vivants, de celui qui sera nommé dans l'avenir le Michel-Ange de la caricature, quel chemin étonnant Daumier a fait depuis ses essais compliqués, infiniment spirituels, mais un peu grimaçants encore, jusqu'à ses puissantes gravures d'aujourd'hui même, d'un effet colossal. J'ai sous les yeux son Peuple du 24 mai. (*Il reçoit ses sujets.*)

Donc, le temps qui défait, nous fait aussi, ajoute à nos puissances. Nous nous sentons grandir. Cela mêle une joie virile à la mélancolie de l'âge. Nos maîtres ont hardiment exprimé cette joie, et il est curieux de la suivre dans leur progrès. Rubens, sorti de sa première manière, sombre, tout italienne, s'égaye étonnamment aux foudroyants tableaux du milieu de sa vie, dans les puissances exquises, suaves, qu'il atteignit enfin. Les portraits que Rembrandt nous a faits de lui-même (le Musée du Louvre en a cinq) marquent cela très bien. Au plus âgé, le grand magicien, arrivé à la toute-puissance, exprime une sérieuse mais ineffable joie de pouvoir dire au Temps : « Ah! tu as trouvé là ton maître! »

C'est le fruit de la vie. Il n'est pas réservé à ces géants-là seuls. Dans une sphère plus humble, ou d'art, ou de métier, celui qui se concentre et ramasse sa force, qui suit de près sa voie, qui ne s'est pas jeté aux quatre vents, et qui a profité du monde sans se donner à lui, celui-là dit au Temps, sans colère, avec dignité :

« Tu m'uses, mais de cette usure même je sais tirer parti, augmenter mon savoir pratique, croître d'expérience, et souvent de facilité.

« Tu m'uses, et tu me limes au bord. Cela n'empêche pas que, dans certaine enceinte où tu n'arrives point, je ne sente qu'en perdant l'on gagne, atteignant dans l'idée telle sphère inaccessible aux essais du jeune âge, même à l'âge moyen, trop absorbé encore au combat de la vie. »

Je dis encore au Temps : « Que tu le veuilles ou non, moqueur, respecte-moi. Car avec ces années où tu veux qu'on descende, je vais bâtir l'échelle des degrés ascendants, des puissances plus hautes que je sais me créer. La mort couronnera. Cela n'y gâte rien. »

CHAPITRE II

« Mon livre. »

Dans ma jeunesse un mot me frappait quelquefois, un mot que l'ouvrier, le pauvre, répétaient volontiers : « Mon livre. »

On n'était pas, comme aujourd'hui, inondé de journaux, de romans, d'un déluge de papiers. On n'avait guère qu'un livre (ou deux), et on y tenait fort, comme le paysan tient à son almanach. Ce livre unique inspirait confiance. C'était comme un ami. A tel moment de vide, où un ami vous eût mené au cabaret, on restait près des siens, et on prenait « son livre ».

On lisait beaucoup moins, avec un esprit neuf, on y mettait du sérieux, et la disposition qu'on avait ce jour-là. Selon qu'il faisait beau ou laid, selon qu'on était gai ou triste, heureux ou non, plus ou moins pauvre, ce livre complaisant se colorait diversement. Nul ami plus docile. Le camarade souvent qui vient vous voir est discordant; il vous vient gai quand on est triste. L'ami imprimé? non. Je ne sais comment il se faisait qu'il se mettait toujours à l'unisson.

On l'avait lu vingt fois. Il ne dominait point par l'attrait de la nouveauté, comme tant de livres d'aujourd'hui qui prétendent être neufs et s'imposent à ce titre. Ce livre aimé était réellement un texte élastique, qui laissait le lecteur broder dessus. Il ne pouvait donner l'information diverse des livres d'aujourd'hui. Mais en revanche il stimulait, éveillait l'initiative. La pensée solitaire, se lisant à travers, souvent entre les lignes, voyait, trouvait, créait. C'est ainsi que Rousseau, qui eut si peu de livres, ressassant son Plutarque, finit par y trouver et l'*Inégalité*, et le *Contrat social*, et tant d'autres de ses écrits.

Pour bien des jeunes cœurs qui ont besoin du rythme, le livre unique, su par cœur, est un récitatif qui soutient, qui anime, qui fait comme *la chaîne* du tissu des pensées, sur laquelle l'*ingegno* surajoute sa *trame* féconde. Pour beaucoup d'Italiens (un peu légers) suffit le Tasse. Pour moi, c'était Virgile; son demi-chant, très bas, me roulant dans l'esprit, n'interrompait jamais, harmonisait plutôt, soutenait l'incessant effort du travailleur.

Le curieux dans le livre unique, c'est qu'on y lit parfois bien mieux que ce qu'il dit, parfois tout le contraire. Voyez l'Américain avec sa Bible juive. De ce livre souvent servile et de passive attente, il déduit en pratique juste son opposé, l'élan illimité du moi et l'esprit d'action.

Un des grands stoïciens, fondateur du Portique, était un ouvrier qui travaillait la nuit de ses mains, gagnait sa vie, pour librement philosopher le jour. J'ai vu avec vénération un ouvrier (Ponty) qui ne voulut jamais que des métiers de nuit. Longtemps chiffonnier, puis veilleur au chemin de Saint-Germain, le matin, après un court somme, proprement habillé, il se mettait à lire, à penser, à écrire. Nature forte et sérieuse à qui la volonté si haute donnait une vraie distinction.

Que lisait-on alors? Les réimpressions de Voltaire furent avidement achetées sous la Restauration. Lecture assez confuse. Pour dégager l'esprit et le résultat net de ces grandes bibles polémiques du siècle précédent, il faut un degré rare de jugement, de lucidité.

Juillet et les années suivantes furent un volcan de livres, une éruption trouble d'utopies, de romans socialistes. Bibles nouvelles, bien plus confuses encore, mêlées d'idées ingénieuses et de chimères souvent touchantes par un sentiment vrai. Les hommes valaient mieux que les livres. Plusieurs furent des natures excellentes, adorables. En 1839, à Lyon, conduit par un homme très bon qui n'inspirait nulle défiance, je vis une chose attendrissante et dont le souvenir m'émeut toujours. Je vis la chambre nue d'un apôtre de ces idées, pauvre ouvrier sans pain, ses enfants maigres et chétifs. La femme (une vraie lionne) rôdait pour la pâture de la famille. Il s'était épuisé d'argent et de santé pour acheter, donner, répandre ces petits livres qui allaient nous faire tous heureux. Tout l'accablait, surtout sa femme qui haussait les épaules. Mais sa sérénité, sa douceur, étaient incomparables. Jamais je n'avais vu un cœur plus généreux, plus tendre. Son communisme était de tout donner, de se donner et sa vie même. C'était fait. Il était perdu, fort malade de la poitrine, mais toujours souriant, aimable et bon, sans haine pour la société.

Un tas de ces brochures était sur sa table. J'en lus. Ce qui me frappa, c'est que toutes partaient de l'idée d'*un miracle* qu'elles proposaient sérieusement : d'un trait biffer un monde et en refaire un autre.

Maladie singulière, incurable, de l'esprit humain. Depuis le 2 décembre, le grand flot des romans qui nous ont envahis, bien autrement fangeux, est dominé surtout par l'idée d'aventures, de bonheur improbable, de loterie grossière, l'idée californienne, de *gros lot* et de lingot d'or. Toujours la foi aveugle *au miracle*, au hasard, au coup d'État du sort, qui dispense d'effort, de travail, de persévérance.

Les livres qu'il nous faut, ce sont précisément les plus contraires à l'idée de miracle. Ce sont *les livres d'action*.

J'entends par là ceux qui apprennent à agir, à compter sur soi, la foi aux seuls effets du travail, de la volonté.

Des livres vrais d'abord. La vie est courte. Nous n'avons pas le temps de nous farcir l'esprit d'un tas de vains mensonges qu'il faudra oublier demain. Les enfants ont ici l'instinct droit de nature. Quand vous leur racontez quelque chose : « Est-ce vrai? » C'est le mot qu'ils disent d'abord.

Les voyages sont bons, sauf pourtant les mirages, les espérances vaines. Ils sont bons quand ils donnent la réalité crue, non l'idée romanesque des fortunes gagnées sans effort. Le héros du travail, lutteur infatigable, vainqueur de la nature, le *Robinson* est une histoire très vraie, et compilée de faits réels.

Les Robinsons de l'industrie, qui, sans bouger, ont fait des voyages si durs à travers tout obstacle, ce sont nos saints. J'adore ces sublimes voyages de nos grands travailleurs, ces montées admirables des Jacquart et des Stephenson.

Comment du lourd abîme où sur nous pèse un monde, on monte en soulevant la terre avec son front, leur vie le fait connaître. Mais avec ces légendes, ces bibles du travail, je voudrais avant tout la *Bible de la France*, l'histoire du long effort par lequel ce grand ouvrier, le peuple, d'âge en âge, a pu se faire lui-même. Nul pauvre travailleur, s'il refait en esprit le chemin de nos pères et les suit, ne succombera. Il sera soutenu et agrandi de la grande âme, la voyant dans ses luttes, heurtant, tombant souvent, souvent se relevant, et toujours inspirée d'indomptable courage et de jeune espérance.

Si l'on ouvre mon cœur à ma mort, on lira l'idée qui m'a suivi : « Comment viendront les livres populaires? »

Qui en fera ? Difficulté énorme. Trois choses y sont requises qui vont bien peu ensemble. *Le génie et le charme* (ne croyez pas qu'on puisse faire avaler au peuple rien de faible, de fade). *Un tact d'expérience*, très fin, très sûr. Et enfin (quelle contradiction!) il y faudrait la divine *innocence*, l'enfantine sublimité, qu'on entrevoit parfois dans certaines jeunes créatures, mais pour un court moment, comme un éclair du ciel.

O problème! être vieux et jeune, tout à la fois, être un sage, un enfant!

J'ai roulé ces pensées toute ma vie. Elles se représentaient toujours et m'accablaient. Là, j'ai senti notre misère, l'impuissance des hommes de lettres, des subtils. Je me méprisais.

Je suis né peuple, j'avais le peuple dans le cœur, Les monuments de ses vieux âges ont été mon ravissement. J'ai pu, en 1846, poser le droit du peuple plus qu'on ne fit jamais; en 1864 sa longue tradition religieuse. Mais sa langue, sa langue, elle m'était inaccessible. Je n'ai pas pu le faire parler.

Après l'horrible et ténébreuse affaire du 24 juin 1848, courbé, accablé de douleurs, je dis à Béranger : « Oh! qui saura parler au peuple? lui faire les nouveaux évangiles? Sans cela nous mourons. » Cet esprit ferme et froid répondit : « Patience! ce sont eux qui feront leurs livres. »

Dix-huit ans sont passés. Et ces livres où sont-ils?

CHAPITRE III

La vie publique. — L'autorité morale. — La magistrature spontanée.

Le plus fécond des livres, c'est l'action, l'action sociale. Le grand livre vivant, c'est la Patrie. On l'épelle dans la commune; puis, lisant couramment aux feuillets supérieurs, départements, provinces, on embrasse l'ensemble, on s'imprègne de la grande âme.

Grâce à Dieu, c'est chose jugée. Le réveil actuel renvoie dans leurs brouillards les sots humanitaires qui dirent en 1848: « Supprimons *la caste Patrie.* » De même les artistes étourdis qui dirent plus récemment: « Plus de France! le monde! »

Chaque patrie a deux caractères : premièrement celui d'un *organe spécial de la vie de l'Europe*, une corde de sa grande lyre, nécessaire et indispensable à l'harmonie totale, — et deuxièmement, le caractère d'un *système éducatif pour ses nationaux.* La France pour les siens est une éducation. De même l'Angleterre, l'Allemagne.

Cela sera réel de plus en plus, à mesure que chaque pays se créera librement son administration du plus bas au plus haut (depuis la petite commune jusqu'à l'assemblée souveraine), l'échelle progressive de la magistrature publique où chacun, en montant, se forme et se prépare au degré supérieur.

« Y faut-il beaucoup d'art? » C'est œuvre de nature, quand on laisse la nature agir. Dans les nobles pays de vie normale, comme aux États-Unis, cela se fait de soi. Très simple éducation, mais si puissante! et d'efficacité superbe! On l'a vu récemment; l'Europe, tellement supérieure en culture, a vu avec surprise, avec saisissement, sur la rive opposée, ces hommes, peu instruits, point du tout *élevés* (pour parler comme ici), un batelier, un tailleur, un brasseur, mener un grand empire, des armées de cinq cent mille hommes, des assemblées encore plus difficiles à manœuvrer. On voudrait bien savoir, dans le détail, au vrai, sans satire, sans panégyrique, comment, de degré en degré, chacun d'eux a pu tellement se faire l'esprit, le caractère. Lisaient-ils? Oh! bien peu, certainement; trop occupés d'agir, partagés entre le métier et les fonctions publiques. Et un matin, les voilà appelés à cette position terrible. Et ils firent face à tout. Ces hommes simples et rudes se trouvaient au niveau des énormes hauteurs où la Patrie les appela.

Spectacle magnifique, fait pour être envié. Je crois que cependant les sociétés plus cultivées (France, Allemagne, etc.) auront leurs procédés à elles, leurs arts de développement social; que l'éducation, par exemple en toutes ses formes et ses degrés y jouera un bien autre rôle qu'en Amérique, où elle s'arrête à une certaine moyenne d'utilité pratique. L'école, en notre Europe, sera organisée pour préparer, servir et l'action et la spéculation.

Turgot, avec génie, envisageant la vie entière comme une éducation, eût voulu que l'école préparât la commune, que de l'une à l'autre on passât sans secousse naturellement, que l'école fût déjà un degré de la vie publique, la commune un second, la province un troisième, de façon que l'on s'élevât, par un progrès sérieux, aux grandes vues sur l'intérêt général du pays.

Quelqu'un qui a bien de l'esprit (Dupont-White) fait cette objection aux idées de Turgot : « La commune moderne, dans sa petite vie municipale, simple partie d'un tout, est-elle bien la préparation naturelle aux fonctions gouvernementales? Ne resserre-t-elle pas les esprits dans le souci des menus intérêts et des misères locales? »

Il n'est rien de petit en ce qui fait le sort de l'homme. Il est fort nécessaire, selon moi, de connaître ces misères de localités. Ce détail, c'est le réel même. c'est la vie, l'homme vivant. Tant pis pour qui l'ignore ; tant pis pour le jeune lord qui, sortant d'Oxford ou de Cambridge, ira tout droit s'asseoir à la Chambre des Pairs. Pour notre étudiant français (vif et impatient. généralisateur), il est infiniment utile qu'à son retour dans sa localité, il plie et brise son esprit à la connaissance des choses qu'on prend sur le vif une à une.

Toutes particulières qu'elles soient, elles n'en sont pas moins générales en ce sens qu'une localité ressemble fort à l'autre; celui qui la sait bien, a beaucoup profité dans l'intelligence du tout. Plus le cercle est petit, les ressources minimes, plus l'ordre est nécessaire, la sage économie, la patience aussi et la dextérité pour le ménagement des personnes, si difficile entre voisins. Les plus hauts intérêts, la diplomatie des empires, sont souvent bien moins épineux. En regardant de près, on voit mieux; on distingue que sous les chiffres sont des hommes. On prend le respect de la vie. L'esprit formé à cette école n'arrivera jamais à ces cruelles abstractions de nos grosses têtes politiques dont le sauvage orgueil souvent abstrait un monde, l'extermine en bataille ou en révolution.

Ce livre n'est point de politique. Je n'entreprendrai pas de suivre l'influence que chaque fonction (administrative, judiciaire, etc.) aura sur l'homme qui la traversera. Je ne note qu'un point, c'est que presque toujours c'est justement au degré inférieur, la vie locale et communale, que se trouve le plus grand combat. Là, tout est serré et gêné. Famille et voisinage, ces mots aimables et doux qui semblent désigner des liens naturels, des facilités d'action, le plus souvent couvrent réellement ses obstacles et les épines où elle se débat à grand'peine. Mais là aussi la volonté s'exerce, le caractère se fixe, et s'il se forme en bien, la force en reste immuable et puissante, et la vie en montant ne semble plus qu'un jeu.

Je prends l'homme au moment où, déjà engagé dans sa carrière et établi dans sa localité, marié récemment ou près de l'être, il se consulte entre lui et les siens, regarde comme il se posera. Moment très capital, d'où suit la vie entière et privée et publique. Il n'a nulle part encore à celle-ci. Le rôle qu'il y jouera dépend du caractère qu'il va se faire, du plus ou moins d'autorité morale qu'il pourra prendre. Donc, avant la commune, avant la vie publique, regardons-le bien au foyer.

Le dirai-je? à notre époque soucieuse, inquiète, ce qu'il y a souvent de pire pour le conseil, c'est la famille. Elle tremble, aux débuts de « ce cher ami » et, dans la passion qu'elle a pour son avancement, lui inculque mille choses misérables, timides aujourd'hui, demain lâches. Ce serait le crime de Cham, si l'on découvrait trop ce qui se dit le soir au foyer en ce genre par la bouche la plus respectée. Répond-il quelque chose, défend-il quelque peu son âme, sa conscience, ce qu'il aurait encore d'idée noble, élevée? Rarement. S'il avait cependant tant de cœur qu'il hésitât et réclamât un peu, on dirait sans détour : « Oh! tu en reviendras. La vie, l'expérience guériront ces chimères... Garde-les, au reste, en un coin, à la rigueur, si tu y tiens, mais pour toi seul. Tu peux bien démêler qu'ici tous ne sont pas en dessous tout à fait ce qu'ils montrent en dessus. »

Jeune homme! fais-toi un ferme cœur contre ces

bas conseils et la basse sagesse qui vont venir de toutes parts. La petite prudence souvent c'est l'imprudence qui ne voit qu'aujourd'hui. Demain peut tout changer. Le monde va et vient. Les puissances pour qui on veut que tu sois lâche, sont les joujoux du sort qui les fait, qui les casse. Ce préfet, cet évêque, pour qui on te demande de te déshonorer et de faire l'imbécile, qui sait où ils seront dans quelques jours? Des vents, de grands vents sont dans l'air que l'on entend d'en bas. Est-ce trombe ou tempête? Le grand balayage de Dieu? Quand cela vient, nul ne résiste. Cela rase et emporte tout... le monde même!... Mais non pas l'honneur.

Je sais la longue guerre que tu vas soutenir, attaque du dehors et souvent du dedans. Pendant que tu regardes fièrement et sans peur le monde, l'ennemi, souvent c'est ton cœur même, tes chères affections qui travaillent et conjurent en toi. Il faut tout à la fois aimer, et te défendre, garder au plus profond des barrières, des remparts, comme un fort où ton âme te reste en sûreté.

Au Moyen-âge, quand un tel abri sûr existait, du dehors beaucoup venaient et campaient tout autour. Cela t'arrivera. Plus d'un viendra chercher l'exemple, le conseil, l'appui d'un ferme caractère. Dans tous les groupes d'hommes, bourg, village, atelier, quelqu'un est en avant, comme type ou modèle. Qu'il l'ait voulu ou non, on le suit. Il a charge d'âmes.

Le but où nous tendons, c'est l'association égale et fraternelle. Quelque égale qu'elle soit, elle ne se fait guère sans avoir un noyau autour duquel l'ensemble tourbillonne et s'agrège. La nature n'emploie pas un autre procédé. Au centre d'un cristal, vous rencontrez toujours le premier *nucleus* sur lequel s'est groupée la seconde formation, et puis la troisième, et tout ce qui s'est ajouté après.

L'esprit de défiance (souvent trop légitime), craignant tout centre fort d'attraction, est l'obstacle aujourd'hui. On se groupe; on se ligue; on ne s'associe guère. Ceux qui peuvent aider, restent souvent suspects, ayant bien rarement ce qui rassurerait, le sérieux accord des actes et des paroles. Même honnêtes, sincères et désintéressés (ce qui déjà est rare), ils sont inharmoniques, ne vivent pas *uno tenore*. conséquents à eux-mêmes, et par légèreté ils varient, se démentent. Ils n'obtiennent dès lors ni le respect ni l'ascendant.

L'autorité morale appartiendra surtout à ceux qui ne l'ont pas cherchée, qui, sans l'avoir voulu, sont devenus un centre par la gravité simple et la dignité de leur vie. Le monde, si flottant, s'arrange de lui-même autour de ce qui varie peu et peut servir de point d'appui.

Voici ce que j'ai vu en regardant de près en toutes conditions, et les plus humbles même.

Ce n'est pas le talent éclatant qui faisait cela. L'homme d'autorité était celui qui, outre le sérieux du caractère, avait deux qualités solides. Il était *efficace* (mot excellent du Moyen-âge), riche en œuvres et sobre en paroles, souvent très fort au métier spécial.

Mais, à côté du métier et de l'œuvre, il y avait en lui l'*homme*, l'homme de sens et de raison qui planait au-dessus, et jugeait largement (pour lui-même et les autres) en bien des choses qu'il n'avait pas apprises, qui n'étaient point de son métier.

Il était charpentier, je suppose. Et tel camarade le consultait, lui disait : « J'ai tel mal... Comment guérir ? — Quand tu ne boiras plus. »

Il était avoué. Il voyait arriver le plaideur jaune, étique, d'âcre humeur militante, voulant se ruiner. Il refusait l'affaire, voyait que le procès n'était rien que sa bile, son foie, l'envoyait se guérir.

De même, un médecin (que j'ai connu) avait pour voisin un jeune charbonnier, fort malade. La charbonnière, jolie, un peu légère, pleurait. Le docteur, sèchement : « Mais c'est de vous qu'il meurt, coquette ! » Elle pleura plus fort, mais changea. Il guérit.

Ainsi, on ne peut plus isoler le métier. La spécialité ne nous enferme plus. On sent mieux que tout tient à tout, et dessous on pénètre l'âme. L'homme moderne, qui a autorité, est pour ainsi dire prêtre au sens antique, et obligé de répondre à mille choses. Le sacerdoce primitif implique l'universalité. Au Moyen-âge, lorsque les grandes fêtes amenaient la foule au parvis, les malades entouraient le prêtre sur le seuil, le consultaient. Pour les procès, on entrait dans l'église, et le même homme, autour du bénitier, devenait arbitre, légiste, disait la coutume du lieu. Mais l'affaire est morale, un secret; entrez, déposez-le.

Souvent la maladie ou le procès tenait à ce secret du cœur.

Ainsi, le prêtre alors était tout, suffisait à tout. Mais comment? Disons-le. A force d'ignorance. Aveugle qui menait des aveugles, juge aussi incertain qu'ignorant médecin, il jetait à la foule l'oracle du hasard. Aujourd'hui, bien autrement forts dans nos spécialités diverses, nous pouvons mieux aussi en saisir les rapports, l'ensemble même par un sens élevé, et souvent par le cœur, qui nous étend aussi l'esprit.

Le peuple sait cela d'instinct, et il s'adresse à celui où il sent la *sûreté morale*, — le *sens compréhensif*, libre de préjugé de caste et de métier, — enfin un *cœur vivant qui pénètre et devine*.

Quel que soit son métier, il a le sacerdoce. Sa maison, c'est l'église, et c'est là que l'on porte ses doutes ou ses secrets. Bien des choses que pour rien au monde on n'aurait dites au prêtre (au membre dangereux de ce corps écrasant), on les dit au vrai prêtre, l'homme vraiment désintéressé.

Le difficile, ainsi que je l'ai dit, c'est la contradiction qu'un tel homme souvent trouve parmi les siens, et les tiraillements qu'il aura dans son intérieur. Rarement ils comprennent l'abnégation, le sacrifice. Un médecin qui renvoie le malade, un avocat qui renvoie le client et prévient les procès, pour la famille, c'est chose dure. Aux débuts surtout, quels obstacles et quelles réclamations! Son père croit qu'il est fou. Sa mère souvent en pleure. Que sera-ce si elle s'appuie d'une personne bien chère, mais innocente, aveugle, la jeune femme que tu viens d'épouser? Combien sera pénible ce combat du foyer! Elle est tout naturellement avec ta mère, dans les idées prudentes, timides même. Que devient-elle quand tu donnes un conseil courageux d'honnêteté à l'électeur flottant? ou quand tu prends la cause du pauvre homme contre une puissance? Ne dira-t-elle pas le mot d'anxiété qu'on lui souffle : « Ami! tu nous perds! »

Elle est jeune pourtant, et elle aime. Aux premiers temps surtout, elle donne prise. Son cœur n'est pas formé au beau, au saint, au grand. Il y suffit parfois d'une émotion noble qui tranche tout. Rousseau, dans un doute moral, fut fixé tout à coup, et sans raisonnement, par la sublime vue du pont du Gard. Souvent, il suffit d'avoir lu en famille *le Cid* ou *Horace* pour se trouver vaillant, pour que la femme dise : « Tu as raison, ami... Oui, sois grand! Garde ton cœur haut! »

A mesure que la vie avance, les choses changent peu à peu. On commence à le croire moins fou. Quand tout varie, et que lui seul il reste ce qu'il fut, on s'y fait; on prend même un certain respect pour lui.

Son père finit par dire : « C'est son tempérament. On n'y changera rien. Il restera un juste. »

Sa mère dit : « Quel dommage qu'il ne pratique pas! Sa vie enseignerait ce qu'il faut faire pour le salut. »

Et sa femme elle-même, témoin de toute chose, dans l'intime intérieur, le trouvant immuable, si ferme, mais si doux, ne regarde qu'en lui, y voit la loi vivante. Elle dit aux amies qui ne manquent jamais pour troubler le foyer : « Il est pour moi l'église. C'est ma religion. » Et à lui seul : « Je suis tout à toi!... Tu es fort! »

Quand un tel homme existe, son exemple, son influence, même indirecte, agit immensément, souvent en profondeur, avec une efficacité que les grands moyens collectifs ont infiniment moins. S'il est modeste et sage, ne se met pas trop en avant légèrement, d'autant plus chacun le regarde, le suit instinctivement[1]..

L'action personnelle, la propagande orale qui se fait d'homme à homme par la conversation, est encore l'influence la plus sûre, la plus forte. Deux mots en tête-à-tête, dits par l'homme estimé, ont souvent un effet décisif et durable. Ni le sermon, ni le journal, ni le livre n'allaient directement à la situation, au tour d'esprit, au besoin actuel de l'individu. Il est surpris

---

1. Celui dont on croira et suivra les paroles, c'est celui dont la vie, dont l'exemple muet, sans parole, impose et influe. J'ai connu aux Ardennes un homme fort et rude, un rustre qu'admirait le pays. Ce qui avait d'abord frappé les paysans, c'est que ses taureaux (fort sauvages) avaient pour lui un respect visible, une sérieuse considération. Ils l'aimaient et ils le craignaient. Ses terres étaient les mieux cultivées. Il payait tout comptant et en espèces sonnantes. Sa parole était rare, mais on disait : « C'est sûr. » Sans vouloir ni chercher l'ascendant politique, il l'avait fort utilement. Ses opinions libres, sans qu'il les eût prêchées, avaient converti bien des gens. Une association réelle (sans formules expresses) s'était faite, contre la lourde autorité qui pèse tant à la frontière.

Si le médecin était riche, n'était pas obligé d'exiger un salaire, grande serait son influence. Il est moins que l'homme d'affaires mêlé aux intérêts, moins tenté de chercher le sien. Les mères qui par l'enfant dépendent de lui si souvent, le consulteraient en cent choses où l'expérience de la vie qu'il acquiert leur serait un guide excellent.

Le pharmacien qu'on consulte gratis a, dans beaucoup d'endroits, autant,

de voir que très précisément ces deux mots vont à lui, à lui et à nul autre. C'est là ce qui agit.

L'étincelle électrique, la communication du lumineux fluide fait ainsi son chemin. Elle a tous les effets de l'association expresse et formulée. L'assimilation d'intérêts, d'idées, de sentiments, doit d'ailleurs toujours précéder.

Le foyer primitif est toujours un cœur d'homme. De là procéderont la flamme et la lumière. Ce ne sont pas les mots, la formule verbale, le cadre artificiel qui feront l'association. Il y faut pour ciment de bonnes et de riches natures, vivantes, solides et généreuses.

C'est ce qu'il faut créer d'abord.

plus d'importance que les médecins. Là il est l'oracle réel de la contrée. C'est un beau fait du temps que le progrès énorme et d'instruction et d'influence qu'on voit dans cette profession. L'ancien apothicaire, un peu ridicule, en eut peu. Mais venez vous asseoir, un jour de fête ou de marché, chez ce pharmacien de village. Vous serez frappé et ravi de voir tout ce qu'un homme peut faire de bien au pauvre peuple. Son conseil sage, utile (leurs maladies sont simples) est d'autant plus suivi qu'il est plus désintéressé. Deux sous d'herbes souvent, c'est toute la dépense. S'il est seul, la bonne femme qui est venue parler de son enfant, ne manque guère de parler d'autre chose. Moment précieux de confiance. On parle du fermage, on parle de l'impôt, de la misère qui fait les maladies. C'est là l'occasion où un homme de sens et de cœur peut tirer la pauvre créature du préjugé fatal qui fait le plus souvent le divorce intérieur, l'ennui, l'obstacle du mari. Celui-ci est moins serf du prêtre, et sans elle il aurait dans ses actes, ses votes, un peu plus de courage. C'est le salut pour eux si un conseiller sage fait comprendre à la femme qu'en appuyant l'Église elle appuie l'allié de l'Église, le système violent qui retient son fils à l'armée.

CHAPITRE IV

Avenir. — Littérature nouvelle. — Libres écoles.

Je n'ai promis que le présent, ce que l'on peut faire aujourd'hui, ou tout au plus demain. Vous voulez davantage? vous seriez curieux de ce que nous garde le temps futur? Rien de plus simple. D'innombrables utopistes sont prêts à vous le dire. Le métier de prophète n'est point du tout le mien. Il est, en vérité, trop aisé de prophétiser.

L'homme sérieux, le travailleur qui chaque jour se fait son avenir par le travail et l'effort personnel, s'attache aux choses très prochaines que créera son activité, qui dépendent de lui et de sa volonté. « A chaque jour sa peine », dit le proverbe. Vouloir, agir pour aujourd'hui, c'est le moyen d'agir d'une manière efficace. Voir trop loin, c'est souvent chose vaine et même dangereuse. Préoccupé de ces lointains mirages, on n'a pas forte prise sur ce qu'on tient, et parfois on le lâche. Même en le voyant bien, on ne distingue pas les obstacles intermédiaires qui nous séparent encore du but, les fossés à franchir avant d'y arriver [1].

Donc ne prédisons rien de lointain avenir. Ne nous amusons pas aux fantasques portraits des paradis futurs. Regardons au plus près ce qu'il faut faire demain, ce que, dès aujourd'hui, nous pouvons faire nous-mêmes.

Le premier point dont on ne parle guère, qui presse, qui doit tout précéder, c'est la création d'une littérature toute nouvelle, et vraiment sociale, c'est-à-dire fort contraire à la littérature malsaine, romanesque et bouffie, morbide, qui a dominé jusqu'ici. Elle était impossible, tant que nous pataugions dans la situation que le 2 Décembre avait faite. Elle l'est moins aujourd'hui. Un courant d'idées net et fort, parti du 24 mai,

---

[1]. Ceux qui se croient sûrs de voir au loin, ne disconviendront pas que pour atteindre ce lointain lumineux il nous faut d'abord traverser deux moments obscurs, deux crises, certainement salutaires, mais dont personne encore ne peut bien dire les caractères et la portée : 1° la centralisation brutale et mécanique (portée par nos tyrans à sa dernière tension), cette grande machine va casser. La vie renaîtra très féconde, engendrera l'ordre nouveau, un organisme vrai, la centralisation vivante que tout être animé se crée par l'accord de ses fonctions. Cela viendra certainement, mais à travers un monde trouble, que les pires influences de la localité pourront certainement exploiter : 2° dans l'industrie de même, dans la grande question du salaire, du travail (question chère et sacrée qui n'est pas moins au fond que celle du respect de la vie humaine), il y aura un passage obscur encore. Je ne m'en trouble pas outre mesure. Je me fie au bon sens des ouvriers, et vois avec plaisir que la forte majorité échappe au grand écueil (l'idée du bon tyran, protecteur des petits). Ils sentent aussi très bien qu'aujourd'hui, sur ces questions, c'est l'Europe qu'il faut regarder, tout le marché européen; que certaines conditions peuvent tuer telle industrie, ou la font fuir ailleurs (par exemple, les unis de la soie, qui ont passé en Suisse, etc.). J'ai l'espoir que cette grande révolution si juste s'accomplira par la discussion et le libre arbitrage.

a commencé certainement, qui déjà épure, éclaircit. J'ai vu avec bonheur, dès le lendemain, jaillir de tous côtés des talents ignorés, tous indépendants du passé, nullement dominés (comme nous autres le fûmes souvent) par les efforts de l'art qui faisaient tort à l'art. Plusieurs choses admirables ont paru, qu'on ne peut comparer qu'à Camille Desmoulins, supérieures à Courier, si laborieux, supérieures aux *Paroles d'un croyant*, qui ont le tort d'être un pastiche biblique, etc.

Ce n'est encore, je le sais bien, qu'une littérature de combat; c'est la joie de détruire, démolir le monde du Mal. Mais la jeune chaleur qui est dans tout cela s'étendra peu à peu et deviendra féconde, concevra le monde du Bien.

Oserai-je le dire? mais c'est ma vraie pensée, — tout livre est à refaire. Je ne veux pas dire que les nôtres doivent être absolument brûlés; mais, même en ce qu'ils ont de bon, ils manquent du fort caractère populaire que demande ce temps, et qui va signaler les œuvres de ceux-ci. Ce que j'ai dit plus haut de la difficulté énorme de faire des livres pour le peuple se modifie beaucoup par nos circonstances présentes, par les milieux nouveaux où se trouvent nos successeurs. L'air était si épais que nous (les hommes de mon âge), dans nos essais, dans nos élans sincères, nous étions comme en un solide où chaque pas exige un effort. Ceux-ci ont le bonheur d'agir, écrire, parler, dans un air respirable, léger et volatilisé, où tout mouvement sera facile.

Peut-on dire qu'on n'ait fait rien encore jusqu'ici? Oh! on a fait beaucoup, en sens inverse, pour faire haïr l'instruction. Rien de plus rebutant, de plus nauséabond que les petits livres techniques ou fadement sentimentaux qu'on veut faire avaler au peuple. Il les vomit, il s'en détourne, et s'en va boire plutôt l'âcre absinthe des romans corrosifs et des cours d'assises.

Cela changera-t-il? Oui, je n'en doute pas. Ces aliments de mort paraîtront dégoûtants dès que le peuple aura en abondance le cordial de vie. J'entends les livres sains, chaleureux, où il sentira l'âme amie, où il se trouvera lui-même en sa meilleure réalité; les livres où s'effacera la ligne déplorable qui sépare l'écrivain du peuple, où celui-ci dira en lisant : « C'est moi-même. Il me semble que je suis l'auteur. »

Qui fera ces livres? L'homme jeune, à ce premier élan de nature si facile. J'en vois de tels, très neufs, dans ces vifs esprits polémiques, sous forme militante pleins d'amour et de bienveillance. D'autres, ajournés jusqu'ici, ont, dans la seconde jeunesse, réservé, préparé des trésors de force organique. De ceux-ci, de ceux-là nous viendront des torrents de vie [1].

Le livre doit précéder l'école. Qu'est-ce que savoir lire? Rien du tout, si l'on n'a des livres à lire. Et

---

1. Quel rayon, quel réchauffement cette littérature porterait dans les lieux de mortel loisir, d'ennui et de tristesse, de longs jours, d'éternelles heures, la *Prison*, l'*Hôpital!* On fait si peu pour y vivifier, y ranimer les âmes! Ce ne sont pas des offices incompris, surannés, d'un autre âge, ce ne sont pas des

j'entends des livres attachants, attrayants, qui fassent désirer la lecture.

Sous la Restauration, on essaya les écoles mutuelles. Et sous Louis-Philippe il y eut velléité d'organiser l'enseignement primaire. Beaucoup apprirent à lire, lesquels n'ont jamais lu. Pourquoi? Mon Dieu, faute de livres !

Il faut des livres pour l'enfant. Mais il est plus urgent peut-être encore qu'il y en ait pour celui qui l'instruit ; qu'à côté de l'école préexiste la petite bibliothèque où le maître d'école aura son appui, son soutien, et puisera la vie chaque jour. Un enseignement tout oral, s'il était excellent, ne me déplairait

---

sermons ennuyeux qui moraliseront le prisonnier. Par de belles lectures, par l'art (l'art attrayant), par le réveil du beau, on peut rendre des ailes à son âme abattue. J'ai vu dans nos prisons de petites bibliothèques, quelques livres excellents (l'*Histoire* d'Henri Martin, Malte-Brun, la *Collection des Voyages*, etc.). Mais on en usait peu. Les lieux trop resserrés, le défaut d'air, de promenade, affadissent le cœur, ôtent toute activité d'esprit. La prison ne diffère que peu de l'hôpital. — Pour l'hôpital, je ne peux pas comprendre que nos médecins, si intelligents, ne voient pas que nombre de malades y meurent (à la lettre) d'ennui. L'ennui, et le retour que fait constamment sur son mal une âme inoccupée, doublent la maladie. Sauf les romans qui peuvent agiter trop, bien des livres soutiendraient, histoires, voyages, etc. La grande Commune de Paris (spécialement Chaumette), qui eut le peuple au cœur, un sentiment si vif du pauvre et des misères de l'homme eut l'idée excellente d'envoyer aux malades toutes les publications qui pouvaient les calmer, les rassurer sur les affaires du temps. Combien étaient malades de souci et d'inquiétude ! Représentez-vous le pauvre homme, enfermé derrière ces grands murs, parmi les bruits d'une telle ville, dont il n'arrive à lui que de tristes échos, accablé des pensées d'un tel moment, ne sachant rien, seul, faible, avec sa défaillante vie. « Mais non, tu n'es pas seul, dit la *Patrie*, sa mère. Je te suis, et je pense à toi. Je t'envoie nos pensées communes. Pour médicaments et remèdes, reçois de moi les belles nouvelles de la France. L'individu faiblit en toi, mais ce n'est rien. Français tu ressuscites, tu es fort, tu es grand. Tu te croyais malade ? Erreur. Tu es si bien portant que tu viens d'accabler la Vendée et l'Autriche, tu as vaincu deux fois (Wattignies et Granville). Tu ne peux plus mourir, car la France est guérie. »

pas. Les choses, avec un très bon maître, inspiré de bons livres, arriveraient vivantes à l'enfant et plus efficaces peut-être que par la voie du petit livre élémentaire.

La chose selon moi sacro-sainte, le lendemain du jour où la cruelle machine autoritaire se détendra, c'est la réparation due à son martyr, sa victime. Je soutiens que, de tous, celui qui a souffert le plus, c'est le maître d'école.

Dix mille, après le 2 Décembre, furent destitués du premier coup, et j'allais dire tués. Vraie Saint-Barthélemi de la faim. Ce furent les plus heureux. Comment dire les misères de ceux qu'on épargna, infortunés hilotes, devenus les valets (sonneurs, bedeaux, portiers), serfs tremblants du curé! Ce pauvre peuple (de 70,000 hommes si méritants) lorsqu'il pourra parler, dira ce qu'il souffrit dans la captivité si dure dont jamais n'approchèrent celles d'Israël et de Juda.

Si malheureux, si humble, il a vaincu pourtant. Comment? En restant respectable. Il s'est montré, dans son abaissement et dans les tentations de la misère, très honnête, très pur, si vous le comparez aux Frères que chaque jour les tribunaux nous ont fait connaître si bien.

Le prêtre, *c'est la monarchie*. En 1850, il le dit clairement en appelant le 2 Décembre le messie militaire, l'épée. (Dupanloup, *Éducation*, Préface.)

Et vainqueur, que fit-il? Il brisa le maître d'école. Cela dit clairement le nom de celui-ci : il est la *République même*.

De la liberté sortiront des écoles tout indépendantes, qui, selon les contrées, les futures professions, etc., donneront un enseignement heureusement varié, moins uniforme que celui d'aujourd'hui. Les localités comprendront combien leur seront profitables les dépenses de l'école. Cela viendra. Mais aujourd'hui se fier au village pour nourrir le maître d'école, c'est sans nul doute le faire mourir de faim.

Affranchi, relevé, il va être l'organe nécessaire de l'idée nouvelle, très zélé (ayant tant souffert). C'est par lui que la France pourra parler à ses enfants.

Il faut largement l'adopter, lui dire : « Tu es le fils légitime de la République », assurer son foyer, faire pour lui ce qu'on fait en Hollande et en Angleterre, autant qu'on peut, le marier. Sa femme enseignera les filles.

Cela ne suffit pas. Il faut (et c'est l'essentiel) entrer plus qu'on n'a fait dans l'intelligence de son sort. Il faut être à la fois et plus humain, et plus sévère qu'on ne l'a été jusqu'ici.

Quel est son mal? Quelle est la cause du blasement et de l'énervation où il tombe souvent de bonne heure, et qui rendent son enseignement fade et sans efficacité? Ce mal, c'est la monotonie intolérable de sa vie. Le mariage déjà y mettra des diversions (non nuisibles, utiles). Mais ce qui très directement le tirera de ce marais, c'est d'exiger de lui certain progrès, certaine étude nouvelle, qui, dûment constatée, lui vaudront un avancement. Vous allez dire : « Cela le distraira, et il enseignera moins bien? » Tout au contraire. Si l'âme est en santé, si l'esprit est vivant, cette énergie salubre se sentira en tout, vivifiera l'école. Avec l'homme ennuyé elle s'ennuie, elle n'est que langueur, rien que torpeur et bâillement.

M. de Lamennais, qui, dans son dernier âge plus nerveux que jamais, trouvait souvent des mots vifs et forts, à pointes d'acier, m'en dit un, certain jour, qui m'entra dans l'esprit. On parlait du prêtre, du haut état de l'âme qu'il y faudrait et qui se soutient peu. « Oh! dit-il, être prêtre!... on le sera de temps en temps. »

Enseignement, c'est sacerdoce. L'enseignement, pour bien agir, avoir son efficacité, exige une verdeur, une vigueur qu'on n'a pas toujours. On peut se demander si c'est un métier d'être maître. Peut-on l'être toute la vie?

On a de grands moments où l'on est digne d'enseigner. Toute parole alors porte coup, est sentie et reste ineffaçable. Mais ces moments sont rares; ils ont peine à se soutenir. La détente vient, certaine lassitude. On se trouve au-dessous de soi.

L'enseignement devrait, dans une société avancée, être la fonction de tous ou presque tous. Il n'est presque personne qui, à certains moments, parlant avec plaisir et force, aimant à épancher son âme, n'enseigne à son insu et excellemment bien.

Deux âges y sont très propres. Aux grands enseignements civiques, qui doivent mettre au cœur la patrie et l'humanité, il faut le chaleureux jeune homme, dans la force entière d'un âge non encore entamé par la vie, d'un âge riche de passions, et trop heureux de s'épancher.

Mais souvent au retour l'homme qui a agi, souffert, l'homme mûr qui sera vieux demain, trouve un sérieux plaisir à transmettre aux jeunes le fruit de son expérience, mille notions positives qu'il a recueillies par la vie. Le vieux n'aime que trop à parler; le prolixe Nestor n'est point un idéal d'enseignement. Mais quelle merveille, quelle belle aventure c'eût été, si Ulysse, au retour, le sage et le héros, bienveillant, se fût enseigné lui-même à Télémaque, à tous, eût transmis ce riche trésor de faits, de découvertes, et surtout sa grande âme invincible et sa patience !

Dans une société supérieure à la nôtre, et telle qu'elle sera un jour, *l'enseignement intermittent* sera, je n'en fais doute, un puissant moyen d'action. On saura profiter de ces puissances diverses, de l'élan du jeune homme, du recueillement du vieillard, de la flamme de l'un, de la lumière de l'autre.

On ne sait point tirer parti de la jeunesse[1]. On ne remarque pas qu'aux vacances des hautes écoles, souvent dans l'intervalle, entre l'école et le métier, les

---

[1]. L'honnête et incapable gouvernement de Février se fia à la Presse et crut le parti contraire à l'Association. Ce gouvernement innocent (et d'ailleurs emporté par la rapidité des troubles quotidiens) ferma les yeux sur ce qu'on lui disait : « On ne lit pas en France. » Premièrement, la France ne sait pas lire, sauf une petite élite des villes. Deuxièmement, cette élite lit bien moins qu'on ne croit, n'aime (au vrai) qu'à parler. On sait comment se fit l'embauchage du parti contraire, comment ses parleurs populaires et ses chansonniers ambulants parvinrent à réveiller la légende endormie. Cela était visible à tout

jeunes cœurs bouillonnent, souffrent de l'inaction. Ils voudraient se répandre. Leur chaleur naturelle d'elle-même alors est éloquente. Moments fort dangereux qui seraient fort utiles. Le volcan embarrasse, parce qu'on ne sait qu'en faire. Au lieu des jeux cruels de la chasse, lançons le jeune homme dans la propagande civique, scientifique, l'enseignement des choses qu'il aime, et qui, nouvelles pour lui, ont toute la fraîcheur, le charme de la nouveauté.

C'est cela justement qui serait efficace. Ce maître passager serait plus écouté qu'aucun professeur fixe. Pourquoi le théâtre d'Athènes avait-il tant d'effet ? Il était passager, ne durait qu'un moment, aux fêtes de Bacchus. Et, pour citer aussi une chose bien sérieuse : ce qui rend la justice anglaise efficace et de grand effet, c'est qu'en chaque lieu ses assises durent peu et d'autant plus saisissent toute l'attention.

---

le monde. Je retrouve les lettres qu'on écrivit alors à Lamartine et autres. On leur disait qu'au lieu de manifestes littéraires si vains qu'ils affichaient, il fallait employer un moyen plus grossier, qu'il fallait procéder par un puissant compagnonnage de jeunes gens zélés, qui eussent, de village en village, expliqué les bienfaits, raconté les histoires, et surtout enseigné les chants de la Révolution. Elle existait cette jeunesse. C'est par elle qu'il fallait agir. Des hommes ! des apôtres ! c'est tout. Moins de phrases. Des hommes vivants !

CHAPITRE V

De l'école comme propagande civique et comme échelle sociale.

L'enseignement un jour aura mille formes. La liberté sera féconde. Des instituts très différents répondront aux mille exigences, aux nuances infinies de la nature. Même dans l'enseignement élémentaire qui peut moins varier, certaines choses pourront différer. On n'enseignera pas un enfant de la Creuse, futur maçon, comme on enseignerait le petit marin de Marseille ou son jeune commerçant.

Plus nombreuses seront les écoles, plus on pourra se dispenser du système des grandes classes, très funeste, on le sait fort bien, et qui ne commença vers 1600 que par le nombre immense des écoliers entassés aux collèges. Combien il vaudrait mieux prendre les écoliers par petits groupes, élastiques et changeants, en raison des aptitudes et des progrès! Mais ceux qui suivent ce système avouent qu'il n'est possible que dans l'école peu nombreuse, comme furent celles de Pestalozzi.

La variété est féconde incontestablement. Mais elle l'est surtout quand elle se produit dans l'élasticité d'une harmonie vivante. La variété du chaos, diversifiant à l'infini des éléments sans rapport ni lien, serait stérile. Il n'est pas inutile de rappeler cela au moment où la grande machine de centralisation (forcée, tendue à mort par le gouvernement) va éclater. En ce jour elle est l'ennemi. Le spectacle va être singulier quand elle cassera. Imaginez le tonneau d'Heidelberg qui contient trois cents muids, perdant tous ses cercles à la fois. La rouge mer échappe de tous côtés. Il faut s'arranger pour qu'elle ne soit pas en vain dissipée, écoulée, perdue.

Centralisation, tyrannie, ces deux mots sont-ils synonymes?

Nullement en histoire naturelle. La vie centralisée, c'est la vie harmonique dans l'accord libre et doux de tous les organes à la fois. Chez l'homme bien portant, le mammifère, l'oiseau, etc., la centralisation est organique, un travail sympathique de toutes les parties et leur bonheur d'agir en parfaite unanimité.

Est-il sûr qu'au lendemain, quand nous aurons brisé le monstre, nous aurons tout à coup les éléments associables, les organes concordants qui peuvent nous donner l'unité supérieure, cette unité de vie qui dispense de la machine? Non, sans doute, non pas sans effort. Comment y arriver? A quelles conditions?

C'est qu'à mesure que l'unité mécanique et brutale

va se desserrer, se dissoudre, nous formions par l'association spontanée, par l'éducation (et celle de l'enfance, et celle de toute la vie) une puissante unité morale. Plus la vie locale reprendra, plus il faut rapprocher les âmes, et garder, tout en faisant notre patrie de village, le sens de la grande Patrie.

La supériorité terrible et dangereuse de la France est celle que l'on voit chez les animaux les plus élevés et aussi les plus vulnérables. Nous vivons par la vie centrale.

Songez-y bien : l'Italie, dans sa mort, a vécu par l'individu; elle eut des Pergolèse, des Vico, des Leopardi. L'Allemagne, en sa dispersion, sa nullité de vie nationale, vivait en ses étoiles, les Goethe et les Schiller, les Mozart et les Beethoven.

Ici, tout périrait avec l'âme commune. Sans la France, le Français n'est plus.

Il faut que la Patrie soit sentie dans l'École, présente, non seulement par l'enseignement direct de la tradition nationale, mais présente maternellement par sa justice exacte et attentive. La liberté locale sera chose excellente, avec certaine surveillance qui ne la laisse pas trop libre d'être injuste, inégale, au profit de l'aristocratie.

L'école, c'est déjà la commune en petit. L'on ne peut dire assez combien y pèse l'influence locale. La libre école, non payée par l'État, est celle justement qui tient le plus de compte des parents riches et importants. C'est un champ préalable où l'inégalité commence. Le maître n'est pas toujours injuste, mais souvent faible, trop indulgent, trop mou pour les enfants des puissants de l'endroit, de ceux qui lui nuiraient et le feraient mourir de faim.

L'école ne sera vraiment libre qu'autant que le maître verra auprès de lui une association active et énergique, qui s'intéresse à l'école et à lui, le soutienne au besoin et l'aide à être juste.

Les notables dont M. Duruy composait ce conseil dans la localité, ne rassurent point du tout. Il les veut ex-fonctionnaires ou anciens militaires, autrement dit gens faits à obéir et généralement routiniers. Je me fierais bien plus aux négociants retirés, au médecin surtout, au pharmacien, aux cultivateurs quelque peu instruits et beaucoup plus indépendants que les marchands (souvent serfs de la clientèle, chapeau bas devant les bourgeois). J'adjoindrais bien à ce conseil une dame veuve et sans famille, d'un esprit ferme et sage, surtout libre des prêtres, qui mettrait dans l'école ses soins et sa maternité.

Dans l'Allemagne protestante du Nord, le pasteur s'occupe fort de l'école, la domine, parfois y enseigne à certain jour, ce qui humilie le maître. Je veux, tout au contraire, que mon petit conseil l'honore, relève sa position. Certainement ce maître, dans l'uniformité de ses fonctions, peut rarement se cultiver lui-même, et il aurait beaucoup à apprendre avec ces personnes d'expérience (telles que le médecin, l'ancien négociant qui a voyagé, etc.). C'est en amis, et d'égal à égal, que par moments ils peuvent l'éclairer en cent choses utiles, qu'il n'aurait pas le temps d'apprendre, chercher pour lui et lui prêter tels livres qui peuvent élever son esprit, — sans le faire bel esprit, — et le fortifier dans sa voie.

La décoration de l'école, les cartes qui en couvrent et en égayent les murs, les globes si utiles, les papiers et crayons pour faire des cartes, les modèles de dessin, etc., tout cela dans nos communes pauvres demande l'attention du conseil, telles petites cotisations. Quelques couleurs, utiles aux cartes, mettraient le comble à la joie des enfants.

Mais ce que je demande bien plus, ce que je considère comme un très haut devoir et le premier de tous, c'est qu'assistant souvent aux leçons, par une observation discrète, on distingue, on pressente les enfants méritants, qui réellement seront les fils de la commune, encouragés, aidés, pour arriver à un degré supérieur d'instruction. C'est là que la justice est difficile à maintenir, parfois contre le maître même. Ménageant les coqs du village, il pourrait être bien tenté de croire que le plus digne est « un enfant bien né, le fils d'une bonne famille », celui de M. le notaire ou celui de M. le maire, de tel ancien fonctionnaire « qui fait bien honneur au pays ». Je suis sans préjugés; je vois que les bonnes familles ont souvent des enfants délicats, affinés. Mais la sève presque toujours manque. Leurs pères l'ont d'avance épuisée.

D'autre part, ce n'est pas la forte race grossière à son premier degré qui donne l'enfant en question.

Mais parfois au second, le fils du rude travailleur apporte avec la force entière d'une race toute nouvelle, l'étincelle de l'*ingegno*. Ce n'est pas tout maître d'école qui saura voir cela. Mais les hommes de tact et d'expérience, la sage dame surtout dont je parlais, le sentiront très bien. Celle surtout qui n'a plus de famille, de partialité maternelle, verra bien par le cœur, distinguera sur son banc la modeste petite créature (fille ou garçon, n'importe), et, sans parler, se dira : « La voici. »

S'agit-il d'une adoption? Non pas expressément. Les fils adoptifs, trop certains de leur sort, deviennent aussi mous que les fils. Avouons-le, l'hérédité a de nos jours des effets pitoyables. Pour éteindre un enfant, il suffirait de l'adopter.

Retenez votre cœur. Que l'enfant ne se sente pas trop soutenu et désigné. Qu'on le suive de près et sans mollesse, lui montrant seulement que, s'il continue, persévère, on le mettra à même d'apprendre davantage, même d'être envoyé à une école supérieure. C'est au jour décisif que sans détour on agira pour lui. Comment? En mettant bien au jour les titres solides qu'il a et qui pourraient être éludés. « Mais tel a tant d'esprit! a si bien répondu! » Fiez-vous aux épreuves écrites et aux notes de toute l'année. — « Mais le père de tel autre a rendu des services... » Cela ne suffit pas; si l'enfant ne mérite, son père n'est pas un titre pour qu'il écarte le plus digne.

Il a aussi un père, celui-ci. Et combien ce père,

pauvre manœuvre peut-être, va sentir son cœur relevé, si vous vainquez dans la bataille, si l'enfant qui mérite est envoyé par la commune à une école plus haute (celle du département).

Mais ce père, sans moyens, attaché au travail, ne peut guère l'y aider, ne peut l'y visiter souvent. Là, je me fie encore à la persévérante tutelle de mon conseil local. Que de choses manquent à un boursier! et combien misérable est sa condition!

Les gens qui s'intéressent à lui, qui le suivent des yeux, ne manquent pas d'occasion d'aller à la grande ville, de parler à ses chefs, de sorte que ceux-ci voient bien qu'il n'est pas isolé, oublié, un enfant perdu. La dame a bonne grâce en lui continuant, sans le gâter, son intérêt, l'animant et l'encourageant, lui faisant désirer de rester ce qu'il fut à son village : *le plus digne*.

L'école secondaire eût suffi autrefois. Elle eût appris tout ce que doit savoir l'ouvrier supérieur, le contre-maître, etc. Les choses ont fort changé. Dans bien des arts, la main de l'homme, l'ouvrier habile était tout. Dans les arts du fer, par exemple, mille choses étaient faites à la main, qui aujourd'hui le sont par la machine. C'est ce qui a permis de les donner à bon marché. Mais la machine est l'œuvre du calcul, de l'ingénieur. Voilà une aristocratie. L'éducation coûteuse qui mène là concentrerait cette haute classe dans les seuls enfants des gens riches.

Chose injuste! et de plus funeste! car la plupart des riches sont épuisés de race, n'ont que des enfants faibles (de corps et souvent d'esprit). De sorte que cette classe supérieure, les ingénieurs, se recruterait de plus en plus chez ceux qui ont le moins d'*ingegno*.

Chère commune! ne lâchez pas prise. Il faut que votre enfant, ce petit paysan envoyé à l'école secondaire du département et qui deviendrait contre-maître, monte encore. Ne lâchez pas prise. Est-on juste pour lui? Surveillez bien cela. S'il est là ce qu'il fut chez vous, s'il reste *le plus digne*, il faut qu'on le soutienne, que, dans cette grande ville de chef-lieu, l'influence aristocratique ne prévale pas sur ses titres, et qu'en vertu de son travail soutenu, de ses examens, il aille à l'École centrale.

J'entends la haute école, Centrale, Polytechnique, Normale, ou autre. Je veux dire qu'il faut qu'il arrive au plus haut.

Songez bien que le cœur de cent mille ouvriers, de cent mille paysans en sera relevé, mille haines et mille envies calmées. Ce que son père disait tout à l'heure, fier et résigné, ils le diront de même. La fatalité du travail, de l'inégalité (trop dure loi de ce monde!) pèsera moins s'ils disent : « Mon fils au moins peut être grand. »

CHAPITRE VI

De l'éducation par les fêtes.

L'élan de la fraternité, entravé, retardé jusqu'ici, sera la beauté et la force de la société à venir. Les concurrences étroites, les oppositions d'intérêts, qui rendent tout si difficile, diminueront. Comment? Par un changement subit de l'âme humaine? Il faudrait être bien simple pour le croire.

Elles disparaîtront beaucoup plus par un changement des milieux, des conditions matérielles. Nous ne resterons pas entassés, étouffés sur cet espace étroit, ce sombre petit coin de l'ouest de l'Europe. L'homme prendra décidément possession de la planète. Il y a de l'air et de la terre pour tous. Les problèmes sociaux qui nous accablent et nous semblent l'énigme du monde, ne touchent réellement que ce tout petit monde, extrêmement artificiel, que nous avons fait sur un point par l'accumulation de l'industrie. L'humanité en masse ne sait rien de cela.

La nature n'en sait rien; elle est riche, immense, prodigue, nous invite de tous côtés. Nous sommes sourds et nous l'accusons; nous restons là serrés, à nous manger les uns les autres.

Je suis ravi de voir que les travailleurs commencent à embrasser l'Europe du regard, l'Amérique, la terre. Ils jugeront bien mieux du possible et de l'impossible. Mille choses difficiles ou impossibles sur les vieilles terres d'industrie sont très faciles ailleurs, ouvertes à notre activité.

Qu'augurer de l'avenir moral du monde? Sera-t-il opposé au passé autant qu'on le croit? Les grands organes éducatifs, les mobiles très énergiques qui l'ont développé, changeront-ils? J'en doute. La propriété, l'art, la religion, etc., ces formes dans lesquelles a marché, progressé l'activité humaine, disparaîtront-ils tout à l'heure? Jusqu'ici on a vu par les yeux, ouï par l'oreille et digéré par l'estomac. Vieilles méthodes. Peut-on les changer?

Certaines choses se modifieront. Les Américains, par exemple, voyant que la propriété stimule, mais que l'hérédité endort, commencent à tenir compte de celle-ci beaucoup moins que nous. Ils augmentent ainsi l'action stimulante, l'industrie et l'effort qui tend à la propriété.

L'art, un autre principe éducatif de l'homme, ne disparaît pas plus que celle-ci. De nos jours, il a oscillé de la peinture à la musique. Mais, dans la peinture même, il a eu par le paysage un réveil, une vie nouvelle, originale, inattendue.

La religion n'est-elle qu'un berceau, un âge d'enfance où l'humanité bégaya? ou faut-il la considérer comme un de ces organes éducatifs inhérents à l'instinct humain et qui incessamment font l'échelle ascendante, le progrès des masses profondes? Toute l'histoire appuie cette dernière thèse. Et les adversaires de l'histoire, ceux qui en contestent l'autorité et ne se fient qu'à la logique, ceux-là, dis-je, dans leur logique, trouvent contre eux-mêmes un argument. Ces fins, ces délicats qui nous proposent leur régime (d'air pur et de raisonnement) avouent qu'une nourriture si légère ne peut aller qu'à certaines natures d'élite, qu'elle ne contentera qu'une école, une académie. Et l'humanité, je vous prie, qu'en ferons-nous? Que ferons-nous des femmes et des enfants? « Ce ne sont que des femmes. » Et des simples, des ignorants, des paysans? Direz-vous : « Ce n'est que le peuple. » Mais c'est à peu près tout le monde.

Pour moi, je vous avoue, rien ne m'est triste comme cet *a parte*, ce fin repas, ce délicat breuvage d'eau distillée et pure de tout principe vivant, qu'on déguste solitairement dans de petites tasses chinoises. Je suis grossier. Je veux des mets d'hommes et des aliments abondants et surabondants qui remontent le cœur, refassent la vie humaine; je veux une grande et vaste table où le genre humain soit assis.

Si je suis heureux d'une chose, c'est d'avoir, dans *le Peuple*, montré le droit des simples, qui est que leur instinct se trouve (à l'épreuve sérieuse) identique avec la raison. Dans ma petite *Bible* (non de moi, mais du genre humain), on voit que ces formules religieuses, non seulement furent la vie des nations, mais qu'elles restent vivantes en ce qu'elles eurent d'effectif, et aussi reviennent toujours (l'Inde dans sa tendresse pour toute vie, l'Égypte en son espoir, son effort d'immortalité, la Perse dans le labeur qui dompte, féconde la nature, etc.). Elles étaient la grande médecine, pharmacopée de l'âme, où, par des remèdes divers, on lui guérissait sa blessure, qui est le désaccord apparent de ce monde, le contraste affligeant qu'offrent à la première vue (mal compris) la nature et l'homme.

Le procédé connu de ceux qui biffent la religion, l'éliminent de ce monde, tient à ce qu'ils ne veulent en reconnaître qu'une, celle qui fit *Dieu homme*, supprima la *Nature*, ne chercha plus l'accord. C'est trop simplifier le problème. Si Nature est le mal, si le Bien, l'Être même est tout en l'homme Dieu, on arrive très vite par un chemin logique à voir en Dieu un simple reflet de la pensée humaine. La religion n'est rien qu'un miroir facile à casser.

Les religions robustes qui ne supprimèrent pas la moitié du problème, qui admirent la Nature, enseignèrent son accord avec l'homme, avec l'âme, pouvaient donner la paix. Nulle paix hors l'harmonie. Repousser la Nature et la mettre à la porte, c'est rendre la vie impossible, éterniser l'orage, la stérile agitation de l'âme humaine.

Le retour de la paix, la réconciliation des deux puissances, leur mutuel amour, depuis trois siècles éclate par une succession de grandes découvertes dont chacune nous donne ce qu'on peut appeler un dogme de Nature, une base fixe et vraie de religion.

Galilée a dit sa grandeur et Newton sa constance ; Lavoisier révélé son échange intérieur, son mouvement éternel de transformation, etc. L'invariabilité des lois n'est point contraire, comme on le dit à tort, à l'idée raisonnable d'une Cause commune et de l'universel Amour.

Croire le monde harmonique, se sentir harmonique à lui, voilà la paix. C'est la fête intérieure. Peuple, femmes, enfants, les ignorants, les simples, par un très sage instinct, ont en cette pensée leur vrai repos du cœur. L'Unité aimante du monde est la consécration du banquet fraternel. Ils y trouvent l'agape du dévouement commun, des ailes au-dessus des misères, du mesquin égoïsme. Le cœur dilaté devient grand.

Savez-vous bien, de tous les maux du monde d'aujourd'hui, celui qui me frappe le plus? C'est la *contraction du cœur*.

Phénomène physiologique désolant. Et à quoi tient-il? au sérieux de notre activité. Mais je le vois chez les oisifs. — Au souci des affaires? ceux qui n'ont pas d'affaires, n'en ont pas plus d'expansion.

Il tient réellement, ainsi que je l'ai dit, à notre triste éducation. Cette tristesse nous continue. Pourquoi?

Nous n'avons pas de fêtes qui détendent, dilatent le cœur.

De froids salons et d'affreux bals! c'est le contraire des fêtes. On est plus sec le lendemain, on est plus contracté encore.

Regardez les moyens impuissants, ridicules, qu'on a imaginés pour nous en tenir lieu, les fausses fêtes maussades d'Epsom, la cohue d'un grand peuple qui va là, non fraterniser, mais se coudoyer, parier. Nulle part l'Anglais n'est plus morose que dans cette entreprise, cet effort de gaieté, ce grimaçant sourire.

Que dire des mortes fêtes religieuses! ici désertes et là bouffonnes. Dans l'église anglicane, je me vis parfois seul. Dans l'église italienne, la farce populaire, mêlée cyniquement, avilissait les rites. Ici, le convenu, la froide hypocrisie est plus choquante encore. Les revirements brusques que montre notre histoire, ceux que nous avons vus, nous disent à quel point ce vieux culte monte ou baisse selon le thermomètre politique. L'église, pleine en 1713 pour le vieux roi, est vide sous la Régence, un an après. En 1830, elle est pleine en juin, et déserte en juillet.

Quel spectacle mélancolique de voir l'homme traîné à l'église par la femme, par la famille, l'intérêt de sa place, etc.! Que pense-t-il pendant qu'elle est là, distraite, regardant les toilettes? Aujourd'hui que ce culte n'a plus son mystère, son énigme, bien compris, et percés à jour, ses fêtes peuvent-elles être des fêtes? Comment me réjouir à ce Noël d'un Dieu qui n'est pas né pour tous (mais pour le petit nombre, imperceptible, des élus)? Comment être joyeux à Pâques? Ce jour de délivrance et de résurrection, qui a-t-il délivré? L'accord des deux tyrans prêtre et roi, au contraire, n'a-t-il pas enfermé, scellé l'humanité, le vrai Christ, au tombeau?

Ainsi rien dans l'église. Et rien dehors pour le cœur de la femme, pour l'enfant, l'ignorant. L'homme qui a en lui la lumière de l'idée nouvelle, y trouve sa fête intérieure. Mais, pour elle, la femme fidèle qui ne se sépare pas de lui, et qui reste au foyer, comme il est long ce jour, éternel ce dimanche! Lui-même, en pensant et lisant, ne sent-il pas que quelque chose manque, la communication humaine et fraternelle?

La vie grecque, si terrible d'action, de lutte, de péril, de guerres, eut cela d'admirable et qui compensait tout : *Elle était une fête.* Du berceau, par les fêtes, on allait au tombeau. Elles égayaient le mort même. Fêtes de la nature et de l'humanité. Fêtes de fiction dramatique et d'histoire nationale. Fêtes des exercices et de gymnastiques charmantes, de force et de beauté, qui créait l'homme même, faisait les dieux vivants qu'imita Phidias. Comment, avec une existence si radieuse, n'être pas gai? Peut-être on mourait tôt? n'importe. La vie n'avait été qu'un sourire héroïque.

Cela reviendra-t-il? Nulle raison d'en douter. L'éducation de l'homme se fera par les fêtes encore. La sociabilité est un sens éternel qui se réveillera. Nous verrons reparaître cette heureuse initiation qui, dès le premier âge, offrait à l'œil charmé du jeune citoyen un grand peuple d'amis, aimables, joyeux, bienveillants. En eux il avait vu Athènes. Jusqu'à son dernier jour, il emportait l'image de cette belle *Patrie vivante*. Ce n'était pas un être de raison. C'était une *Amitié* née des fêtes d'enfance, continuée dans les gymnases, aux spectacles où les cœurs battaient des mêmes émotions, amitié très fidèle à qui si volontiers on immolait sa vie, dans ces combats qui furent des fêtes, Marathon, Salamine, illuminées de la victoire.

« Comment fait-on des fêtes? » Quelle vaine question! Comment fait-on un dogme civique et une religion? Mais on ne les fait pas. Cela naît de soi-même. Un matin, on s'éveille... Tout a jailli du cœur. C'est fait. Hier, qui s'en serait douté?

Il faut peu pour faire une fête. On le voit bien en Suisse. Les jolis exercices des enfants, sous les yeux des parents attendris, cela, c'est une fête. Le théâtre civique qui plus tard jouera les héros, Tell ou Garibaldi, donnera une foule de fêtes. Les hospitalités amicales des grands peuples entre eux seront les divines fêtes de la paix, le concert, par exemple, que mille exécutants français et allemands nous donneront sur le pont du Rhin.

L'âme humaine est la même, infiniment féconde, on le verra. Des sots veulent faire croire qu'elle est finie, stérile. Même en ce temps fort dur, et dans des circonstances qui pouvaient nous glacer, en un demi-siècle s'est fait un progrès remarquable de goûts délicats, élevés, qui tiennent de bien près (qu'on me passe ce mot) à une augmentation de l'âme. Le goût des fleurs, de certains aménagements, inconnu en 1815, dit combien a gagné l'amour de l'intérieur. Le soin (souvent extrême) qu'on met à habiller l'enfant, même dans les conditions pauvres, est fort attendrissant. Mais ce qui a gagné surtout, c'est le culte des morts. Au commencement de ce siècle, on n'y faisait nul sacrifice, nulle dépense, et, s'il faut le dire, les tombes étaient peu visitées. Elles le sont peu encore dans les campagnes (surtout du Midi catholique). Le peuple de Paris, que les provinciaux croient à tort sec et égoïste, est de tous ceux que j'ai connus, celui qui fait le plus pour ses morts. La foule, au 2 novembre, est énorme aux cimetières. Chaque famille, il est vrai, va à part. Dès qu'on aura l'idée d'y aller avec ordre, d'ensemble, à certaines heures, et d'y communier ainsi dans le regret, ce sera une fête réelle, au sens antique, d'excellente influence sur les générations nouvelles et puissamment éducative[1].

Sans que l'on institue des fêtes, elles se feront,

---

1. Impressions graves et douces, et aussi très fécondes. Cela a été dit à merveille dans la brochure si belle du docteur Robinet (*Paris sans cimetière*, 1869). Le cimetière est un organe essentiel de la cité, une puissance de moralité. Une ville sans cimetière est une ville barbare, aride, sauvage. Que de saintes et bonnes pensées, quelle poésie du cœur vous ôtez aux vivants en leur ôtant leurs morts! Il est des états douteux, intermédiaires, où, pour ainsi parler, on a un pied au temple et un pied hors du temple, où l'on flotte, où l'on rêve. Pour cela l'ancien temple s'entourait de portiques où l'on errait, songeait. Ce vestibule du temple est aujourd'hui pour nous le cimetière. Celui de l'Est, surtout, a cet effet puissant. Des tombes on aperçoit le volcan de la vie.

surtout aux jours émus, et le lendemain des grands événements. D'elle-même se fit cette fête des fêtes, la plus belle qui fut jamais, la Fédération de 91 (que j'ai eu le bonheur de conter tout au long), cette sublime agape où l'Europe assista, où tous (de près, de loin) communièrent avec la France.

La clémente, la douce Révolution de Février, sans calcul, en faisait autant. Sans le complot qui changea tout en juin, nos banquets devenaient des fêtes religieuses. Les mères y apportaient leurs enfants. Les familles y étaient tout entières, unies de cœur, de voix, de touchante espérance. Tous pour la première fois devenus citoyens, réglant leur propre sort! La sainte égalité, la patrie pour hostie!

Qu'il eût été facile au 4 mars, dans la cérémonie qui se fit en l'honneur des morts de Février, d'avoir une vraie fête annuelle, vraiment nationale! Mais le gouvernement fort divisé d'alors eut l'idée pitoyable de tout faire à La Madeleine. Sûr moyen d'étouffer et d'étrangler la chose. Le détail m'est présent. Je vois encore à la place de La Concorde nos gardes nationales, mon maire David (d'Angers) à la tête de sa légion. Beaucoup de gens de lettres, d'artistes, de figures populaires, étaient là (on peut dire la France). Ce jour était encore très beau. Mais l'on se resserrait, on s'alignait en longue colonne, pour monter et entrer à l'étroite porte du temple grec. Je n'eusse pas respiré, et je ne montai pas.

Au bas d'ailleurs une chose retenait mes regards; tous les drapeaux des nations, le tricolore vert d'Italie

(*Italia mater*), l'aigle blanc de Pologne (qui saigna tant pour nous!). Jamais je n'avais vu le grand drapeau du Saint-Empire, de ma chère Allemagne, noir, rouge et or... Je fus attendri et ravi... Ah! je ne montai pas. J'avais là mon église, grande église du ciel... Je fis tout seul ma fête sous le ciel et en moi, attristé cependant d'avoir vu cette France rétrécie faire effort pour entrer au petit tombeau. Je m'en allai rêveur, roulant maintes pensées de lointaine espérance, me disant que le peuple se fera par les fêtes, aura sa grande école dans les Fédérations, les Fraternités d'avenir.

FIN DE NOS FILS.

TABLE DES MATIÈRES

LE PEUPLE

INTRODUCTION.

	Pages
A Monsieur Edgar Quinet.	1
Ce livre sort de l'expérience de l'auteur plus que des livres	2
Les statistiques sont insuffisantes	5
Nos peintres de mœurs sont peu fidèles	6
La France est mieux connue que l'Europe, et jugée plus sévèrement	*ibid.*
Ce peuple n'est pas celui qu'on a peint	9
La vie du peuple a une poésie sainte	10
Combien il a la vertu du sacrifice, et du sacrifice persévérant	*ibid.*
Exemple tiré de ma famille	11
Mon enseignement	21
Avantages du peuple, des *Barbares*	23
Mes livres : nouveau nom de l'histoire	24
La situation m'a obligé de parler	25

PREMIÈRE PARTIE. — DU SERVAGE ET DE LA HAINE.

CHAPITRE Ier. — *Servitudes du paysan*.	29
Mariage de l'homme et de la terre.	30
Acquisition de la terre avant la Révolution.	32
Arrêtée plusieurs fois, et encore aujourd'hui.	33
Le paysan a fait la terre.	36
Il en est amoureux.	37
Il emprunte pour continuer l'acquisition de la terre.	39
Il succombe; son irritation.	40
L'homme des villes s'éloigne.	41
On calomnie le paysan.	42
Noblesse et misère du paysan français.	43
Sa supériorité.	44
Peut-il rester propriétaire?	47
Il porte envie à l'ouvrier.	49

TABLE DES MATIÈRES

	Pages
Chapitre II. — *Servitudes de l'ouvrier dépendant des machines.*	50

- Le paysan émigre dans la ville. *ibid.*
- Il se fait ouvrier 51
- *Note.* Du machinisme. — S'étendra-t-il ?. 54
- Influence démocratique de la manufacture. 56
- Avilissement de l'homme qui dépend des machines. 57
- Condition meilleure de l'ouvrier solitaire. 59
- Immoralité, presque fatale, de l'ouvrier-machine. 61
- La femme. 64
- L'enfant, comparé à celui des campagnes. 65
- Sociabilité et bonté de nos ouvriers 66
- *Notes.* Des salaires. . . . . *ibid.*

Chapitre III. — *Servitudes de l'ouvrier.* 68

- Dureté de l'apprentissage. 69
- Existence inquiète de l'ouvrier moderne. 70
- Son ménage ; sa femme 71
- Ambition de la mère ; le fils devient artiste ? lettré ?. 74
- Souffrances de l'ouvrier lettré 75
- Culture qu'il se donne . . . . *ibid.*
- Poésies des ouvriers 78
- Essor universel vers la lumière. 79

Chapitre IV. — *Servitudes du fabricant* 81

- Nos fabricants sont les ouvriers de 1815, ou leurs fils . . . . . . *ibid.*
- Leurs embarras actuels. 84
- Leur dureté ; velléités d'humanité. 85
- Ils ne connaissent pas bien l'ouvrier. 87
- L'industrie française étouffe 89
- Elle lutte par l'art 90

Chapitre V. — *Servitudes du marchand.* 91

- Le marchand, tyran du fabricant. . . . . *ibid.*
- Le marchand est condamné au mensonge. 92
- Falsifications. 93
- Concurrence destructive. 95
- Le marchand comparé à l'ouvrier ; il est obligé de plaire. 96
- Sa famille surtout compromise. 97

Chapitre VI. — *Servitudes du fonctionnaire.* 99

- Mobilité de sa conduite actuelle. 100
- Faibles traitements. 101
- Le fonctionnaire est-il corrompu ?. 102
- Misère de quelques fonctionnaires. 103
- Profonde misère du maître d'école. . . . . *ibid.*
- Nullité volontaire de l'employé. 105

TABLE DES MATIÈRES

Pages

L'homme corrompu par la famille. 106
Soutenu par l'honneur militaire. 107
Vœu pour l'armée . . . . *ibid.*

Chapitre VII. — *Servitudes du riche et du bourgeois.* 109

L'ancienne bourgeoisie; la nouvelle, déjà vieille, n'a pas été
    rajeunie par l'industrie . . . . *ibid.*
Déclin rapide. 111
Inertie. 112
Frayeur de la bourgeoisie : terrorisme, communisme 114
Isolement du bourgeois, de l'enrichi qui s'est oublié. 116
Dans l'isolement s'est fait le vide. 118
Alliances de la bourgeoisie; l'allié solide, c'est le peuple. . . . 119
Fatigue, épuisement; le peuple renouvellera la vie et la science. 121

Chapitre VIII. — *Revue de la première partie. Introduction à la
    seconde* 123

Comment chaque classe aime la France. . . . . *ibid.*
Misères des classes supérieures. 124
L'homme devenu très sensible 125
Froissé par le Machinisme. 127
Machinisme administratif, industriel, philosophique, littéraire. . 129
Haines d'ignorance. 131
Le mal est surtout dans le divorce des hommes d'instinct et des
    hommes de réflexion. 132

DEUXIÈME PARTIE. — DE L'AFFRANCHISSEMENT PAR L'AMOUR.

La Nature.

Chapitre Ier. — *L'instinct du peuple : peu étudié jusqu'ici.* 135

On n'a guère peint qu'un peuple exceptionnel 136
Une classe peu naturelle, dépravée; ce n'est point là le peuple. . 137
Il faut le prendre dans sa masse, dans sa profondeur. 139

Chapitre II. — *L'instinct du peuple, altéré, mais puissant.* 142

Notre recherche n'est point extérieure. 143
Nous étudions le peuple dans son présent. 144
— dans son passé. . . . . *ibid.*
— dans ses rapports avec les autres peuples. 145
Le nôtre est-il poétique? 146
Il se défie trop de lui-même 147
Il garde pourtant son heureux instinct. 149
Bon sens et finesse de nos vieux paysans 151
Sagesse et grande expérience des vieilles femmes du peuple. . . *ibid.*

Pages

Chapitre III. — *Le peuple gagne-t-il beaucoup à sacrifier son instinct ? — Classes bâtardes*.................. 153

    Des nouveaux bourgeois........................ *ibid.*
    Vulgarité des enrichis........................ 155
    Effort des Anglais pour y échapper................ *ibid.*
    Supériorité des hommes qui ont voulu rester eux-mêmes..... 156

Chapitre IV. — *Des simples. — L'enfant, interprète du peuple*.. 158

    Simplicité d'esprit, de cœur.................... *ibid.*
    Les sages peuvent apprendre près des enfants........... 159
    L'enfant explique le peuple, l'Antiquité............... 160
    Logique précoce des enfants.................... 161
    Caractère divin des petits enfants, des mourants......... 162
    L'enfant le perd en grandissant.................. 165
    Il le reprendra à la mort..................... 166

Chapitre V. — *L'instinct naturel de l'enfant est-il pervers ?*..... 167

    L'enfant damné à sa naissance par le Moyen-âge......... *ibid.*
    Fécondité, mortalité, damnation.................. 168
    Enseignement subtil, éducation cruelle.............. 169
    L'amour et l'humanité réclament.................. 170
    Palliatif des Limbes........................ 172
    Victoire de l'humanité....................... *ibid.*

Chapitre VI. — *Digression. Instinct des animaux. Réclamation pour eux*........................... 173

    L'animal en rapport avec l'enfant................ *ibid.*
    L'Orient a reconnu la nature comme sœur ; fécondité....... 174
    La Cité grecque et romaine l'a méconnue ; stérilité........ 176
    Le Christ n'a pas sauvé l'animal.................. 177
    Le Diable vu dans les animaux................... 178
    Ils sont réhabilités par l'enfant.................. 179
    L'Église refuse de les recevoir.................. 180
    L'homme les lui amène à Noël et les fait rentrer dans l'Église.. 181
    La science vient de leur rendre leur place............ 183
    Que l'homme reprenne l'éducation de l'animal........... *ibid.*

Chapitre VII. — *L'instinct des simples. L'instinct du génie. — L'homme de génie est par excellence le simple, l'enfant et le peuple*........................... 185

    Les simples n'aiment pas décomposer............... 186
    Ils recomposent facilement.................... 187
    Ils sympathisent à la vie..................... *ibid.*
    Le génie réunit les dons de simplicité et d'analyse......... 188
    Le génie est par excellence le simple, l'enfant........... *ibid.*
    Il est peuple plus que le peuple.................. 189

TABLE DES MATIÈRES

Pages

Chapitre VIII. — *L'enfantement du génie, type de l'enfantement social* 192

L'homme de génie est fécond, parce qu'il réunit les puissances opposées. 193
En lui la critique ne tue point l'inspiration. 194
L'enfantement du génie. 195
Type de l'enfantement social, du combat et du sacrifice intérieur. 196
L'homme de génie s'améliore par son œuvre. 199
Il reste un des simples et les réhabilite. 200

Chapitre IX. — *Revue de la deuxième partie. Introduction à la troisième.* 201

L'instinct de l'enfant n'est pas pervers. 202
Ni l'instinct des peuples enfants. 203
L'Afrique aidera la France à se comprendre. 204
Nous devons aux instincts muets une voix, une protection. . . . 205
L'entrée dans la Cité du droit. . . . . *ibid.*

TROISIÈME PARTIE. — DE L'AFFRANCHISSEMENT PAR L'AMOUR.

La Patrie.

Chapitre Ier. — *L'Amitié.* 207

La grande *amitié* ou Patrie. . . . . *ibid.*
L'homme naît ami de l'homme. . . . . *ibid.*
L'inégalité ne fait point obstacle à l'amitié. 209
L'amour fait le premier du dernier. 210
La démocratie, comme amour et initiation. 211
Les premières amitiés. 212
Combien précieuses, entre riche et pauvre. 213
Ils sont nécessaires l'un à l'autre. 215
Concurrences, envies. *ibid.*
Magnanimité des généraux de la Révolution. 216

Chapitre II. — *De l'amour et du mariage.* 217

Le mariage devint impossible dans l'empire romain. 218
Inconvénient d'épouser une femme inférieure. 219
Inconvénient d'épouser une femme riche. . . . . *ibid.*
Bonheur du ménage pauvre. 220
Ce qu'on perd en délaissant la fille pauvre. 221
Utilité du mélange des races et des conditions. . . . . *ibid.*

Chapitre III. — *De l'association.* 224

Associations des pêcheurs normands. . . . . *ibid.*
Associations fromagères du Jura. *Note* sur Fourier. 225

	Pages
Plus d'associations en France.	227
Associations agricoles qui se dissolvent.	*ibid.*
La France est-elle moins sociable?	229
La prétention à l'égalité a tué le patronage.	*ibid.*
Le Français a beaucoup d'individualité.	231
Il ne se contente pas d'une société négative, coopérative.	*ibid.*
Il lui faut une société d'âmes.	232
Nulle société d'âmes sans le sacrifice.	233
Note. Corporations. — Organisation du travail. — Communisme.	*ibid.*

CHAPITRE IV. — *La Patrie. Les nationalités vont-elles disparaître?* 235

Les provincialités disparues au profit de la nationalité.	*ibid.*
La nationalité va se fortifiant.	236
Une âme de peuple a besoin d'un corps, d'un lieu.	237
La Patrie lui est un moyen de réaliser sa nature.	238
Nulle âme d'homme, nulle âme de peuple ne périra.	240
Nulle nation ne périra.	*ibid.*
Qu'adviendrait-il du monde si la France périssait?	242

CHAPITRE V. — *La France.* 244

Danger du cosmopolitisme, danger d'imiter.	*ibid.*
Danger pour la France d'imiter l'Angleterre.	246
L'Angleterre est riche.	247
La France est pauvre, pourquoi?	248
Parce qu'elle a eu le génie du sacrifice.	249

CHAPITRE VI. — *La France, supérieure comme dogme et comme légende. — La France est une religion.* 251

La papauté de la France.	*ibid.*
Son principe plus humain, sa tradition plus suivie.	252
La France est la fraternité vivante.	253
Elle peut s'enseigner comme dogme et comme légende.	255
Et fonder par l'enseignement la religion de la patrie.	*ibid.*

CHAPITRE VII. — *La foi de la Révolution. Elle n'a pas gardé la foi jusqu'au bout, et n'a pas transmis son esprit par l'éducation.* 257

Écoles normales primaires, centrales. 1794.	258
École normale.	259
École polytechnique.	260
L'École normale n'enseigne ni la France ni la Révolution.	261
La Révolution non préparée dans l'éducation.	262
Scolastique et rhétorique du terrorisme.	263
La Convention perd la foi.	264
Elle ne transmet pas le génie de la Révolution.	*ibid.*
Notes. La France a été sauvée malgré la Terreur, non par elle.	*ibid.*

TABLE DES MATIÈRES

Pages

Chapitre VIII. — *Nulle éducation sans la foi.* 266
    La foi dans la patrie. 267
    Comment on peut recouvrer la foi. 268
    La jeunesse nous rendra la foi. 269

Chapitre IX. — *Dieu en la patrie. La jeune patrie de l'avenir. — Le sacrifice.* . , ... 270
    La mère révèle Dieu. . . . . *ibid.*
    Le père révèle la patrie. . . . . *ibid.*
    L'école comme patrie enfant. 272
    Une première école, commune à tous, où ils sentiraient la patrie comme providence. 273
    La patrie enseignée comme dogme et légende. 276
    Elle seule doit initier au monde. 277
    La politique identique à l'éducation. 278
    Nos enfants nous rendront la force du sacrifice. 280
    Du sacrifice et du salut. 281

NOS FILS

INTRODUCTION.

De la situation. 285
Le principe nouveau : L'action. 286
Comment ce livre a été préparé. . . . . *ibid.*
Son actualité. 287

LIVRE Ier. — De l'éducation avant la naissance.

Chapitre Ier. — *L'homme naît-il innocent ou coupable ? — Deux éducations opposées* 299
    S'il est coupable, il faut le *châtier* 301
    S'il est innocent, il faut le *développer* 302

Chapitre II. — *Principe héroïque de l'éducation* 308
    Son idéal est l'*héroïsme créateur* 309
    De la nourriture morale de la mère pendant la grossesse. . . . 311

Chapitre III. — *Fluctuations religieuses. — La cloche. — Les mélancolies du passé* 316

Chapitre IV. — *Fluctuations religieuses et morales. — Naissance.* 323
    Les retours, les incertitudes 324
    Mais l'enfant, de son innocence, illumine et purifie tout. . . . 329

LIVRE II. — DE L'ÉDUCATION DANS LA FAMILLE.

CHAPITRE Ier. — *L'unité des parents* 331

    Cette unité, physiquement fatale, assure la vie de l'enfant .... *ibid.*
    Prépare son unité morale 333

CHAPITRE II. — *La mère.* — *Le paradis maternel.* — *L'enfant naît créateur* 336

    Elle le crée, est d'abord à elle seule son monde et son Dieu ... 337
    Mais il veut *être*, créer. 344

CHAPITRE III. — *La famille, l'asile.* — *Dangers dans la famille même.* 346

    Déchirement à sa première sortie de la maison .... *ibid.*
    Dangers intérieurs 347
    Le gouvernement de la Grâce, les gâteries 348
    Absorption, emportements des mères. 354

CHAPITRE IV. — *Le foyer ébranlé.* — *Grand danger de l'enfant* .. 358

    L'absence de l'enfant. Ennui. Mobilité. Humeur. 360

CHAPITRE V. — *L'enfant raffermit le foyer.* 363

    La mère veut l'élever 366
    L'enfant aura-t-il une gouvernante? un précepteur? 369
    Le père doit relever, assurer l'autorité maternelle 373

CHAPITRE VI. — *Culture supérieure de la mère.* — *Savoir trop pour savoir assez.* 375

    Du sens littéraire délicat, appliqué à l'éducation 376
    Des lectures propres aux femmes .... *ibid.*

CHAPITRE VII. — *Le devoir.* 384

    Le père est pour l'enfant une révélation de justice 385
    Propos de la table du soir. Première lueur religieuse. 391

LIVRE III. — HISTOIRE DE L'ÉDUCATION. — AVÈNEMENT DE L'HUMANITÉ.

CHAPITRE Ier. — *Anti-nature.* — *Inhumanité.* — *Écoles des frères.* 395

    Le catéchisme et l'entorse au cerveau 396
    L'effroi de l'enfant 398
    Guerre à la Nature. 401
    Comment elle se venge : l'école cruelle et corrompue 403

CHAPITRE II. — *L'âge humain.* — *Les deux types : Rabelais, Montaigne.* 405

    L'éducation encyclopédique du *Gargantua* 407
    L'éducation non scientifique qui cultive l'homme 410

TABLE DES MATIÈRES

Pages

Chapitre III. — *Le dix-septième siècle.* — *Coméni.* — *Les Jésuites.* — *Port-Royal.* — *Fénelon.* — *Locke* 413

Coméni trouve l'éducation intuitive : « Les choses avant les mots » 415
Affaiblissement. Médiocrité. Réformes bâtardes. 420
Le faible type de l'*honnête homme* .... *ibid.*
Médiocrité judicieuse de Locke. 424

Chapitre IV. — *Premier essor du dix-huitième siècle.* — *L'action.* — *Voltaire. Vico. Le Robinson* 427

Le credo simple et fort du dix-huitième siècle. .... *ibid.*
Voltaire : Le but de l'homme est l'action (1727, 1734) 429
Vico : L'humanité s'est faite par sa propre action (1725). .... *ibid.*
Foë (*Robinson*) : L'homme seul se suffit, se sauve par l'action. . *ibid.*

Chapitre V. — *Rousseau* 434

Le grand cours de ce siècle : optimisme et liberté 435
Optimisme de Voltaire, en 1734, de Rousseau, en 1756-1762. . . *ibid.*
L'Éducation de la *Julie* : laisser faire la nature. 436
L'Éducation d'*Émile*, très artificielle 437
Défauts et grandeur de ce livre qui relance le siècle dans sa voie. 439

Chapitre VI. — *L'Évangile de Pestalozzi* 442

Puissant effet de l'*Émile* en Allemagne .... *ibid.*
En Suisse : Pestalozzi (1775) 443
Son dévouement. L'éducation des pauvres et des abandonnés. . . *ibid.*
L'école est une mère, qui nourrira l'enfant 447
La triple vie : Culture, Métier, École. 448
La Suisse délivrée en 98. Le miracle de Pestalozzi à Stanz. . . . 451
Son institut de Berthoud, 1801 ; on déclare qu'il a découvert *la loi de l'éducation.* 452
La réaction. Il passe dans la Suisse française ; Yverdon (1803). . 453
Méthode intuitive. Peu de livres. Point de Bible 455
Fécondité admirable : Ritter, Frœbel, Fellenberg, Girard, etc. . . 456
La réaction. La ruine, le martyre de Pestalozzi (1808-1827) . . . 458

Chapitre VII. — *L'Évangile de Frœbel* 461

Lui seul a vu le brouillard, le chaos d'où part l'enfant. 462
L'éducation est un secours qui lui débrouille, ordonne ce chaos. . 464
L'enfant veut s'approprier ce monde, en agissant et créant. . . . *ibid.*
Frœbel sut rester enfant. Génie primitif et fécond du forestier, du mineur allemand 466
L'enfant naît géomètre, constructeur et jardinier 467
Plus d'imitation, de parlage. .... *ibid.*
Méthodes très différentes de Fourier, de Jacotot. 469
Mme Marenholz, l'apôtre de Frœbel. .... *ibid.*
Comment la réaction travaille contre Frœbel 471
Ma visite aux écoles de Lausanne et de Genève .... *ibid.*

LIVRE IV.

Chapitre Ier. — *L'Université.* — *Son autorité morale.* 475

    Excellence de son personnel. 476
    Elle enseigne généralement le vrai principe moderne, — les lan- 478
    gues et l'histoire des peuples libres, harmoniques à ce principe. 479
    Discordance de l'Église qui enseigne les Païens 481
    L'Université est timide, non servile ; elle ne suit point l'État
    dans ses fluctuations excentriques et violentes 483
    L'effet de cette éducation ; son beau nom *Humanités*. 485

Chapitre II. — *Réformes de l'Université* 488

    De ses divers enseignements, créés la plupart récemment, elle doit
    faire un tout organique. 489
    Enseigner davantage par masses simples et grands ensembles. . 491
    Indiquer le grand courant historique et linguistique, qui nous
    rattache aux origines et fait l'unité humaine dans l'espace et
    dans le temps 492
    Recomposer l'homme complet, ne pas oublier l'homme physique,
    le besoin d'air, de mouvement. 493
    Faire des classes moins nombreuses, en multipliant les jeunes
    maîtres. Excellence des *moniteurs* hollandais .... *ibid.*
    Mettre en rapport le collège et l'école industrielle 496

Chapitre III. — *École industrielle* 497

    L'industrie a créé un nouveau peuple .... *ibid.*
    Flexibilité du génie français. École centrale. 499
    Écoles d'Angers, de Châlons ; ce qui leur manque. 501
    La tentative immense de 1865 pour faire prédominer l'enseigne-
    ment industriel, subordonner l'enseignement classique. 503
    Efforts impuissants du dernier ministre. 504

Chapitre IV. — *École d'Agriculture* 508

    Opinions de MM. Riondet et Doniol sur son organisation .... *ibid.*
    C'est l'école de création qui doit précéder toute autre. 509
    La France est le grand théâtre agricole. 511
    Puissance et habileté d'un agriculteur du Midi 512

Chapitre V. — *Écoles de Médecine et de Droit* 516

    Comment on forme le jeune homme en le jetant dans le drame
    des études de la mort et de la vie 518
    Du désaccord singulier des écoles de Médecine et de Droit. ... 520
    Il faut un enseignement intermédiaire, qui montre comment le
    monde de la Nature prépare le monde de la Loi 522

Chapitre VI. — *L'Étudiant en Droit.* 525

    La France, au seizième siècle, a été le pape du Droit, en mon-
    trant mieux qu'aujourd'hui le rapport du Droit aux mœurs et à
    l'état social 526

        Ne faudrait-il pas deux écoles, l'une *pour tous*, l'autre pour les praticiens?. 528
        L'étudiant tourne dans un cercle d'habitudes fort limité, et s'ennuie de l'étude, parce que sous la loi il ne voit pas la vie . . . *ibid.*
        Terrible instruction que doit donner Paris 530

LIVRE V. — L'ÉDUCATION CONTINUE TOUTE LA VIE.
DE QUELQUES QUESTIONS D'AVENIR.

CHAPITRE Ier. — *Le progrès du métier* 535

        La vie, bien administrée, diminue moins qu'elle n'augmente. . . . 537
        Tout métier a un art en lui et développe souvent en nous des aptitudes supérieures 539
        Progrès des grands artistes (Rembrandt, etc.) qui n'ont atteint le sommet qu'au dernier âge. 540

CHAPITRE II. — « *Mon livre* ». 542

        On n'avait autrefois qu'un livre, et, le lisant toujours, on songeait, inventait. . . . . *ibid.*
        Réimpressions de Voltaire (1820). . . . . *ibid.*
        Livres socialistes, depuis 1830. 544
        Combien il est difficile de faire un livre populaire 545

CHAPITRE III. — *La vie publique.* — *L'autorité morale.* — *La magistrature spontanée.* 548

        Chaque peuple, chaque patrie, est une éducation . . . . *ibid.*
        L'éducation civique et pratique de l'Américain 549
        De l'échelle de la vie publique. L'école, la commune sont ses premiers degrés (Turgot) 550
        Utilité éducative de la vie communale. . . . . *ibid.*
        Les luttes de la commune, bien plus serrées, exigent un caractère très fort. . . . . *ibid.*
        Qui résiste (au besoin) aux amis et à la famille ? 552
        Comment cet homme aura l'autorité morale, utile à tous, comment il élève à lui sa famille même 554
        Il prépare et il groupe l'association locale. 556
        Note. Influences locales du cultivateur estimé, du médecin, pharmacien, etc., pour élever l'esprit du pays 558

CHAPITRE IV. — *Avenir.* — *Littérature nouvelle.* — *Libres écoles.* 560

        Je ne veux rien prévoir que ce qui peut se faire demain, ce qui dépend de notre activité. *ibid.*
        A la littérature anti-sociale une autre succédera (de civisme et de vérité). 561
        C'est l'école des hommes, sans laquelle l'école de l'enfant ne prendra pas sa vie nouvelle 562

Pages

Notes sur les lectures de prison, d'hôpital............ 563
Il faut vivifier, soutenir, régénérer le maître.......... 565
Le prêtre est *monarchie*, le maître est *république*........ *ibid.*
Comment son existence, trop monotone, reprendra le mouvement, le progrès............................. 566
Peut-on enseigner toujours?..................... 567
Tous, à certains moments, pourraient et devraient enseigner.... *ibid.*
Les volontaires de l'enseignement. — Combien on peut tirer parti de la jeunesse............................ 568

CHAPITRE V. — *De l'école comme propagande civique et comme échelle sociale*.......................... 570

Les écoles libres répondront à mille exigences variées........ *ibid.*
Variété cependant harmonique, que la Patrie, la France ralliera dans un même esprit....................... 571
L'école non aidée par l'État dépend d'autant plus des parents, des influences locales, aristocraties communales, etc....... 573
Il faut s'entendre et se grouper pour soutenir le maître qu'elles domineraient............................ *ibid.*
Soutenir l'élève méritant, et le faire arriver à l'école départementale, à l'École centrale..................... 574
Créer l'échelle de justice où tous pourraient monter du plus bas au plus haut............................ 577

CHAPITRE VI. — *De l'éducation par les fêtes*............ 578

Le monde changera-t-il autant qu'on le croit?.......... 579
Les grands organes éducatifs qui ont fait nos progrès (propriété, art, religion, etc.), peuvent-ils disparaître?........... *ibid.*
La religion ne finit pas; elle commence............... 581
La tristesse du monde, entre les fêtes mortes et les fêtes vivantes qui vont venir............................ 583
La vie grecque, si agitée, n'en fut pas moins une fête continue, graduée, puissamment éducative................. 584
Comment fait-on des fêtes? Cela naît, et ne se fait pas. — Dans la vie libre, elles naîtront, comme un retour de la nature... 585
Combien le peuple de Paris est sensible aux fêtes des morts... 586
Les fêtes de la Fédération de 91.................. 587
Notre fête du 4 mars 1848. — Ce qu'elle aurait pu devenir.... *ibid.*

FIN DE LA TABLE DES MATIÈRES.

IMPRIMERIE E. FLAMMARION, 26, RUE RACINE, PARIS.

www.ingramcontent.com/pod-product-compliance
Lightning Source LLC
Chambersburg PA
CBHW060303230426
43663CB00009B/1572